AF559447

In der Geschichte

Wolfgang Hardtwig

In der Geschichte

Historiker in West und Ost 1964–2024

Impressum

Bibliografische Informationen der Deutschen Nationalbibliothek
Die Deutsche Nationalbibliothek verzeichnet diese Publikation in der Deutschen Nationalbibliografie; detaillierte bibliografische Daten sind im Internet über http://dnb.d-nb.de abrufbar.

ISBN: 978-3-86408-331-0

Korrektorat: Dr. Malte Heidemann
Titelgestaltung: Stefan Berndt – www.fototypo.de
Grafisches Gesamtkonzept, Satz und Layout: Darius Samek– www.dariussamek.de

www.vergangenheitsverlag.de

Meinen Mitarbeitern
und den Teilnehmern
am Forschungs-Kolloquium gewidmet

Inhalt

Sprung in die Welt

Das hier vorgelegte Buch setzt die Lebenserinnerungen fort, die ich 2022 mit „Der Hof in den Bergen. Eine Kindheit und Jugend nach 1945“ begonnen habe. Dort ging es um das Heranwachsen in einer bildungsbürgerlichen Familie, die es 1943 auf einen oberbayerischen Bauernhof verschlagen hatte. Hier sollen nun die Jahre seit dem Beginn meines Studiums 1964 bis heute mit dem Schwerpunkt auf meiner Tätigkeit als Historiker an der Humboldt-Universität zu Berlin dargestellt werden. Es geht auf den folgenden Seiten anders zu als in der (vermeintlichen) Idylle des oberbayerischen Bergdorfs. Diese Feststellung betrifft nicht nur den Inhalt, sondern auch die Form der Darstellung. Sie muss notwendigerweise nüchterner ausfallen als die Schilderung der frühen Jahre.

Nach Studien-, Assistenten- und Privatdozentenjahren in Basel und München wurde ich zuerst auf eine Professur in Erlangen und dann, 1991, auf einen Lehrstuhl an die Humboldt-Universität berufen. Die ehemalige Friedrich-Wilhelms-Universität war im 19. und frühen 20. Jahrhundert zum Mittelpunkt der deutschen Universitätslandschaft aufgestiegen und sollte nach dem Willen der Politik nach der Vereinigung wieder in eine ähnliche Position gebracht werden. Dafür musste sie zumindest in den ideologieanfälligen Fächern von Grund auf reformiert werden. Das ging nicht ohne harte Friktionen und einen kompletten Neuaufbau des Instituts für Geschichtswissenschaft vonstatten – und ich geriet mitten in diese Kämpfe hinein. Auch die Stadt Berlin selbst wurde aus ihrem seltsamen Zustand zwischen Frontstadt im Kalten Krieg und insularer Beschaulichkeit gerissen. Der Hauptstadtbeschluss des Bundestages vom Sommer 1991 brachte eine gesellschaftlich-politische und urbanistische Transformationsdynamik voller Spannungen und Verwerfungen in Gang.

Als neuberufener Westler geriet ich in der Universität in die Position sowohl des Akteurs als auch die des Betrachters und in der Stadt in die eines Bürgers, der diesen gewaltigen Wandel täglich bei der Fahrt zwischen Wohnung und Büro und bei Wanderungen durch die alte Mitte Berlins sinnenfällig erlebte. Mit einem Terminus aus der Ethnologie hätte ich die eigene Position als die eines „teilnehmenden Beobachters" beschreiben können – wäre ich nicht selbst zu sehr in das Geschehen involviert gewesen.

Mir waren damals die singuläre Situation und meine Position darin bewusst. Ich suchte ihr mit Hilfe zweier Strategien einigermaßen gerecht zu werden. Im Tagebuch hielt ich, so gut es unter dem Druck der Anforderungen und des Zeitmangels ging, das alltägliche Geschehen fest, mit dem niedrigen Erkenntnishorizont, aber auch der Nahsicht und dem subjektiven Erfahrungsgehalt, den der Tagebucheintrag mit sich bringt. Und ich versuchte insbesondere in den Jahren 1992 bis 1994 in zwei Veranstaltungsreihen, diese emotional gefärbte Nahperspektive zu ergänzen durch die reflektierte und objektivierende Sicht professioneller Beobachter des Zeitgeschehens. Diese war freilich ebenfalls von dem emotional gesättigten Erfahrungsfundus der unterschiedlichen Intellektuellen- und Wissenschaftskulturen in Ost und West durchdrungen.

Bei der Durchsicht der Quellen für diese Niederschrift stelle ich erstaunt fest, wie viele der drückenden Probleme unserer heutigen intellektuellen und politischen Kultur damals, in den frühen 1990er-Jahren, bereits in nuce erkennbar waren und auch beim Namen genannt wurden; Prägungen durch jahrzehntelange Diktaturerfahrung und Meinungssteuerung im Osten und vielfach unreflektierte und selbstgewisse, auch primitive Siegermentalität im Westen. Vorurteile und Wahrnehmungssperren hier wie dort. Unverständnis für die östliche Lebenswelt und Lebensleistung im Westen und Unverständnis der liberal-kapitalistischen modernen Gesellschaft und ihrer politischen Ordnung im Osten. Gefühlsmäßige Verwurzelung in der Loyalität zu den hegemonialen Mächten im dualistischen Weltsystem des Kalten Kriegs. Und allerorten Kränkbarkeit und Unduldsamkeit im Umgang mit Menschen aus dem jeweils anderen System.

Mein Lebensweg im Zeitraum von 1964 bis heute umfasst nahezu sechs Jahrzehnte eines – aus heutiger Sicht – anfangs verhaltenen, seit 1989 aber grundstürzenden Wandels, erlebt und beobachtet in der Nussschale einer Existenz, die, heruntergedimmt in die Sekurität einer bürgerlichen Lebensweise, doch einiges von den Wellenbewegungen der Ereignisse zu spüren bekam. Viel Glück und ein wenig eigene Steuerungsbemühungen bewirkten, dass die Nussschale nicht umkippte oder an einem öden Uferabschnitt auf dem Trockenen landete. Wie sich davon erzählen lässt, habe ich in der Einleitung zum ersten Band erläutert. Andere oder gar bessere Formulierungen dazu wollen mir nicht einfallen. Angesprochen werden aber muss das Thema. Ich wiederhole hier also die entsprechende Passage und hoffe dabei auf das Einverständnis der Leserinnen und Leser: Die Erzählung kann die Form eines bloßen Berichts über die Abfolge von Ereignissen haben, einer breiten Schilderung des Lebens und seiner Buntheit, eines Gespinsts von Reflexionen, die mehr oder weniger fest an zwei Angelpunkten in der Zeit, Anfang und Ende, befestigt sind; schließlich eines diskursiven

Erzählens, das nach Ursachen und Wirkungen fragt. Es gibt den auktorialen Bericht von Erzählern, die vorgeben, das Ganze der erzählten Vergangenheit zu überschauen und die wahren Ursachen und Verflechtungen des Geschehens aus dem Verborgenen freizulegen; es gibt das bewusst perspektivische Erzählen von Autoren, die die Gebundenheit ihrer persönlichen Sicht auf die Vergangenheit literarisch einzuholen wissen; und es gibt die Erzähler, die die Fragmentiertheit ihres Wissens und Berichtens systematisch reflektieren und dieser Fragmentiertheit auch literarische Form geben. In der Realität wird die Erzählung immer eine Kombination aus diesen Idealtypen sein und das Schreiben seine eigene Logik entwickeln.

Doch sollte sich der Autor der Zugänge, die sich ihm jeweils aufdrängen, bewusst sein. Rein auktoriales Erzählen verbietet sich beim Niederschreiben von Erinnerungsskizzen von selbst, da sich der Autor der Verlässlichkeit seines Gedächtnisses nie sicher sein, aber auch aus dem Horizont seiner aktuellen Selbstbewusstheit und seines heutigen Wissens über die damaligen Vorgänge nicht herausspringen kann. Ein Erzählen nach dem Muster moderner fiktionaler Literatur, das die Lücken, Sprünge und Unschärfen der Erinnerung auch im Aufbau der Erzählung widerzuspiegeln vermag, ist dem Historiker unvertraut. Es empfiehlt sich also ein diskursives Erzählen ohne die Fiktion, einstige Gefühls- und Bewusstseinszustände, so wie sie wirklich gewesen sind, exakt darzustellen; ohne die Fiktion auch, das Geschehene hinreichend erklären zu können; und ohne die Fiktion schließlich, die Relevanz der unterstellten Zusammenhänge jeweils „richtig“ einschätzen zu können. Andererseits wird der Erzähler gerade bei autobiografischen Skizzen ohne die Fiktion eines sinnvollen Zusammenhangs der Zustände und Vorgänge zwischen einem gesetzten Anfang und einem ebenso gesetzten Ende nicht auskommen können. Er braucht eine – wenn auch noch so subjektive – Begründung für sein Schreiben, denn was hätte das Erzählen für einen Sinn? Sie besteht in der Fiktion eines durch die bloße Existenz des autobiografischen Erzählers mehr oder weniger deutlich gegebenen inneren Zusammenhangs der dargestellten Ereignisse, unterhalb aller selbstverständlichen (auto)biografischen Illusionen und Irrtümer. Dass es sich dabei wirklich nur um eine Fiktion handelt, wie manche modernen Theoretiker meinen, erscheint mir unwahrscheinlich. Persönlich will ich mir den Glauben daran, dass es etwas gibt, was einen Lebensgang ungeachtet aller Brüche, Kontingenzen und vom Erzähler unterstellten fiktiven Zusammenhänge im Innersten zusammenhält, nicht nehmen lassen.

Alteuropa und moderne Welt. Studieren in Basel

Die Studienjahre habe ich als eine Zeit kaum getrübten Glücks in Erinnerung. Ich kam weg von zu Hause, die Nöte und Beschwernisse der Schulzeit waren vergessen, es begann etwas Neues und Abenteuerliches. Zwar gab es ein grundsätzliches Problem: die Finanzierung. Aber hier griffen die Mechanismen von familiärer Solidarität. In Basel lebte eine entfernte Verwandte aus dem Nürnberger Familienzweig, Sophie Grether. Sie stammte mütterlicherseits aus einer alten Basler Familie, die durch Pharmaziehandel zu beträchtlichem Wohlstand gekommen war. Sophie war die Witwe des Erlanger Theologen Oskar Grether, einer bemerkenswerten Persönlichkeit. Wo er hinkam, zog er mit seiner Körpergröße von über zwei Metern die Blicke auf sich und hieß daher in seinem Bekannten-, Kollegen- und Schülerkreis gern der „Finger Gottes". Wegen seines Nonkonformismus blieb er im „Dritten Reich" und auch längere Zeit danach ohne Berufungschancen, wurde aber von seinen Fakultätskollegen gern mit den schwierigen Bereinigungsaufgaben nach 1945 betraut. Seine prekäre Stellung erschließt sich aus der Ernennung zum Oberassistenten im Oktober 1944, zum Diätendozenten für Alttestamentliche Theologie im Juni 1946 und zur Ernennung zum außerplanmäßigen Professor im Mai 1947. Einen Namen machte er sich als Verfasser einer kanonisch gewordenen „Hebräischen Grammatik". Vierzigjährig erlag er einem Herzversagen und ertrank bei einem Bad in der Nordsee. Seine unstudierte, ungemein kluge, tatkräftige und zugewandte Frau gab ihrem Leben einen neuen Sinn als langjährige Vorsitzende des Basler Frauenvereins, einem Stützpfeiler des Basler

Wohltätigkeitssystems, für den es jedes Jahr einen Haushalt von mehreren Millionen Franken zu verwalten galt. Sophie Grether brachte in ihrem schönen Haus im Nonnenweg nahe dem Spalentor zunächst meine Schwester und später auch noch eine Kusine für einige Studiensemester unter. Für mich finanzierte sie die Unterbringung in einem evangelischen Studentenheim ganz in der Nähe.

Das Alumneum in der Hebelstraße 17, in dem ich logierte, war ein Gebäude aus dem 17. Jahrhundert, mitten in der langen und schmalen Häuserzeile, die von ähnlichen Fassaden gesäumt war und an deren Ende sich das kantonale „Bürgerspital" befand, ursprünglich im 18. Jahrhundert das Stadtschloss des Großherzogs von Baden. Das Haus war im Lauf der Jahrhunderte mehrfach ergänzt und erweitert worden und bestand jetzt aus dem alten dreigeschossigen Hauptbau mit dem Gesicht zur Hebelstraße und den hofartig in den großen Park hineinragenden Flügeln für die Studentenzimmer und die Wirtschaftsräume. Die von den Herbergseltern bewohnte Beletage zierten schön

Gartenseite des Alumneums in Basel, Hebelstraße 17

bemalte Paneele aus dem 18. Jahrhundert. Die – ausschließlich männlichen – Studenten waren in Ein- und Zweibettzimmern untergebracht. Ich stieg von Semester zu Semester auf, vom Zweibettzimmer im Erdgeschoss gleich neben dem Eingang zum Zweibettzimmer im zweiten Stock und schließlich zum Einbettzimmer im ersten Stock.

Geleitet wurde das Heim von einem international bekannten Theologen, Professor Oskar Cullmann, und seiner schmalen, ausgemergelt wirkenden Schwester, einem stadtbekannten, durchaus liebenswerten Musterexemplar an Altjüngferlichkeit. Im spartanischen Speiseraum präsidierten die beiden jeweils an einem der zwei langen Tische, an denen wir dreimal am Tag zu festgesetzter Zeit und gleichsam wohlgescheitelt Platz nahmen und nach dem vom studentischen Senior gesprochenen Gebet die Mahlzeiten zu uns nahmen. Die Speisen wurden gekocht und hereingereicht von zwei italienischen Frauen mittleren Alters, zu denen sich ein näherer Kontakt niemals ergab. Am oberen Ende der beiden Tafeln regierte entweder das – selten lebhafte – Gespräch des schon betagten Theologen Cullmann oder ein nur gelegentlich unterbrochenes Schweigen. In größerer Entfernung vom Kopf der Tafel wurde die Unterhaltung lebhafter, in Gang gebracht meist von den drei oder vier Medizinern unter uns und einem frohgemuten und ungenierten französischen Theologen namens Jean-Marie aus dem Elsass. Cullmann bot viel Anlass zu grotesker Nachahmung und Spott. Er war auf Vortragsreisen weit in der Welt herumgekommen und von seiner Kirche zudem zum offiziellen lutherischen Konzilsbeobachter beim Zweiten Vatikanum (1962–1965) in Rom bestellt worden. Bei Gelegenheit einer Privataudienz bei Papst Paul VI. hatte dieser ihm einen seltenen Bibeldruck aus dem 16. Jahrhundert zum Geschenk gemacht. Solche Würden und Besitztümer boten dem alten Herrn bei Tisch in regelmäßigen Abständen Gelegenheit, seine Verdienste den jungen Leuten wieder in Erinnerung zu rufen, indem er etwa fragte: „Waren Sie schon in Rio de Janeiro?“ oder: „Haben Sie auch ein Chalet in Chamonix?“. Der Student antwortete jeweils wahrheits- und erwartungsgemäß mit „Nein, Herr Professor“, worauf dieser, behaglich zurückgelehnt und wegen seiner krankheitsbedingt mit kleinen Häkchen an der Brille hochgezogenen Augenlidern von oben herabschauend, die rechte Hand zu einer Art Segensgeste erhob und befriedigt erklärte: „Aber ich!“ Im Übrigen strahlte er eine würdige Güte aus und wurde von uns durchaus respektiert. Dazu trug sicher auch bei, dass sein persönlicher Assistent, ein kluger und ein wenig spöttischer etwa 35-jähriger Wiener, gelegentlich verlauten ließ, der alte Herr habe längst seinen Glauben verloren. Ich habe mich manchmal doch gefragt, wie sich der – immerhin hochangesehene und vielgefragte – Theologe dabei wohl gefühlt haben mag.

Im Kreis der etwa 25 Bewohner des Alumneums, das ursprünglich nur für evangelische Theologiestudenten gedacht war, nahm deren Zahl kontinuierlich ab. Daher war die Leitung des Hauses, zu der noch der alte Eduard Thurneysen gehörte, einer der ersten und wichtigsten Mitstreiter Karl Barths bei der Begründung der „Dialektischen Theologie“ Anfang der 1920er-Jahre, dazu übergegangen, auch Vertreter weltlicher Fächer aufzunehmen. So gab es den einen oder anderen Philologen oder Kunsthistoriker, vor allem aber Mediziner, zum Teil aus Skandinavien und den USA. An den Skandinaviern konnte man die Auswirkungen der heimischen Prohibition studieren. Sie neigten zu, natürlich geheimen, Alkoholexzessen, bei denen sie ganz unter sich blieben. Vor allem die Mediziner mischten die etwas quietistische Atmosphäre des Hauses mit einem belebenden Quantum an herbem Witz und Zynismus auf. Besonders tat sich dabei ein kleiner sommersprossiger jüdischer Kommilitone aus New York hervor – und klagte dabei auch heftig über das unnötige Latein-Lernen-Müssen. Sein Studium in Basel nahm allerdings ein vorzeitiges Ende. Eines Tages saß er mit traurigen Augen bei Tisch und verabschiedete sich – durchaus wehmütig – für immer. Gern hatte er uns wiederholt sein besonders schönes Exemplar des in Medizinerkreisen so geschätzten Modellskeletts vorgeführt. Eines Tages hatte er es unter seinem Kittel auf seinem Körper festgeschnallt und den Mantel dann beim Sezieren in der Pathologie geöffnet. Die Universitätsleitung bewies wenig Sinn für diesen kleinen Spaß, was wohl auch den aus Pietätsgründen besonders strengen Sitten beim Sezieren geschuldet war, und erteilte unwiderruflich das Consilium Abeundi.

Insgesamt dominierte aber im Alumneum immer noch der ernsthafte Ton schweizerischer Kandidaten für das Pfarramt, aufgelockert durch den einen oder anderen Norddeutschen oder Württemberger, die am ehesten noch das kritische Element verkörperten – durch Naserümpfen über die Theologie Oscar Cullmanns und sonstiger Basler Koryphäen, vor allem aber durch die immerwährende Klage darüber, dass Karl Barth nun doch kein „Kränzchen" bei sich zu Hause mehr abhielt. „Kränzchen" hieß in Basel ein Kolloquium ernsthafter Art mit kleiner Teilnehmerzahl. Unsere norddeutschen Theologiestudenten fanden das Wort nicht gewichtig genug und protestierten heftig, als Cullmann einen kleinen hausinternen Lesezirkel, den wir fakultätenübergreifend gegründet hatten, als „Kränzchen" bezeichnete. Auf das Barth'sche Kolloquium vor allem hatten sie gehofft, als sie beschlossen hatten, in Basel zu studieren. Überhaupt hatten nicht nur die Theologie, sondern auch die Geistes- und Sozialwissenschaften durch das kurz zuvor erfolgte

Ausscheiden sehr alter Koryphäen und anerkannter Sonderlinge ein klein wenig an Glanz eingebüßt: Karl Barth und Karl Jaspers – die im Übrigen gerne gleichzeitig gelesen hatten, zum Verdruss vor allem der ihretwegen nach Basel geeilten deutschen Studierenden; Wolfram von den Steinen und Edgar Salin, Mediävist der eine und Nationalökonom der andere und beide entschiedene Georgeaner. Ich selbst hatte das Glück, gerade noch rechtzeitig vor dem nächsten Generationenbruch in Basel eingetroffen zu sein. In meinem dritten Semester starb der Germanist Walter Muschg 64-jährig mitten aus seinem prallen akademischen Alltag heraus an einem Herzinfarkt. Bald danach hörten die Historiker Werner Kaegi und Edgar Bonjour auf, ebenso der Kunsthistoriker Joseph Gantner und der Archäologe Karl Schefold, Georgeaner auch er.

Der erste große Modernisierungsschub nach 1945 stand der Universität aber noch bevor. Das hatte Nachteile, aber vor allem für Studenten wie mich, die nach einigen Semestern wieder nach Deutschland zurückgingen, auch den Vorteil, den Universitätsbetrieb alten Stils – noch dazu in einer bemerkenswerten Spätblüte – kennenlernen zu können, ohne in ihm steckenzubleiben. Das betraf zunächst die Räumlichkeiten. Das Historische Seminar, das waren drei oder vier größere Zimmer unter dem Dach eines hohen alten Gebäudes am Stapfelberg. Sie enthielten die – sehr überschaubare – Bibliothek, die zu einem beträchtlichen Teil aus der nachgelassenen Privatbibliothek eines früheren Ordinarius und Burckhardt-Editors, Emil Dürr, bestand. Man stieg über eine steile Treppe von der Breiten Straße aus hinauf. Das Institut lag also mitten in der Altstadt und strahlte einen starken, wenn auch etwas modrigen Hauch von altdeutscher Romantik aus. Von „Institut“ konnte man eigentlich nicht sprechen, denn weder saßen die Professoren dort, noch gab es ein Sekretariat, immerhin aber einen Assistenten, der pro Woche zwei Stunden Dienst tat. Das Kunsthistorische Seminar logierte, mit modernerer Ausstattung, im Erdgeschoss des Kunstmuseums, eines Neubaues von 1936, entworfen von dem Basler Architekten Rudolf Christ und dem Stuttgarter konservativ-modernistischen Baumeister Paul Bonatz, dessen Bahnhofsbau gerade mit Ausnahme der Hauptfassade dem Mammut-Projekt „Stuttgart 21" zum Opfer gefallen ist. Auch das Germanistische Seminar war in einem alten Gebäude untergebracht und verbreitete, obwohl weiträumig, die Aura eines intimen Studienorts in einem alteuropäischen Stadtambiente.

Kollegiengebäude der Universität Basel um 1960

Die Wege, die man durch die Altstadt zu gehen hatte, waren kurz genug, um überall rechtzeitig anzukommen, ausgehend vom gemäßigt modernen, angenehm überschaubaren Kollegiengebäude von Roland Rohn aus dem Jahr 1939 am Petersplatz. Sie führten mitunter auch den Rheinsprung entlang und quer über den immer in großer Stille daliegenden Münsterplatz – so wie auf dem berühmten Altersfoto mit Jacob Burckhardt, das ihn, die Abbildungsmappe unter dem Arm, auf dem Gang zur Vorlesung im damaligen Kollegiengebäude auf dem Rheinsprung zeigt. Zu jeder Jahreszeit lag die Aura eines von modernem Leben durchpulsten, aber doch spätmittelalterlich-frühneuzeitlich geprägten Architekturensembles aus schmalen Häusern, hohen Giebeln, geformten Fassaden aus rotem Sandstein in den Straßen, Gassen, Treppen und baumbestandenen Plätzen des alten Stadtkerns, aber auch über den bürgerlich-wohnlichen Stadterweiterungszonen des 19. Jahrhunderts jenseits des Spalentors, etwa rund um das Parkgelände der alten „Schützenmatte".

Schweizerischer Wohlstand und schweizerische Aufgeräumtheit unterstrichen die Atmosphäre der Frische, die sich vom Rheinstrom her unaufhörlich erneuerte, wenn nicht gerade ein Hauch von Föhn oder, im Hochsommer, aus dem Rheingraben herandringende brütende Hitze über der Stadt lag. An den Rändern von Altstadt und Neustadt des 19. Jahrhunderts schlug hie und da der großstädtische Verkehr herein, verlief sich dann aber bald. Von den Chemiewerken rheinaufwärts war kaum etwas zu bemerken, und die Skandalaktionen der Firma Roche, wie das Ablassen stark giftiger Brühe in den Rhein, lagen noch in einer weiteren Zukunft. Bei jedem Gang durch die Stadt spürte ich die einzigartige Ausstrahlung dieses Stadtkörpers. Dass das Studienglück dieser ersten drei Semester mir auch die Stadterfahrung verschönte und romantisierte, will ich heute gerne zugeben. Der Ort und seine Universität hatten es mir so angetan, dass mein erstes eigenes Proseminar, 1969 erstmals und dann noch öfter gehalten, von der „Deutschen Stadt um 1500" handelte. Natürlich hängt die Qualität einer Universität nicht von den Räumen ab, in denen sie forscht und lehrt. Aber es macht für die Lebensqualität von Forschenden und Lehrenden schon einen Unterschied, ob sie sich in einem ansprechend-urbanen Ambiente bewegen oder in einem auf die grüne Wiese oder in ein Neubauviertel gesetzten gesichtslosen Betonblock aus den 1960er- oder 70er-Jahren. Nicht der Unterschied zwischen Alt und Neu gab dabei den Ausschlag, sondern die kommunikative Qualität der Architektur – das heißt, dass auch Neubauten mitunter einen gewissen Charme entwickeln konnten, wie bei der sogenannten „Bahnhofshalle" in Bielefeld. Deutsche Universitätsneubauten aus dieser Zeit sind doch überwiegend von erschreckender Einfalls- und Lieblosigkeit. 1989 hatte ich bei einem – erfolglosen – Bewerbungsvortrag in Bochum, dem sogenannten „Vorsingen", die Genugtuung, dass einer der Professoren aus der Berufungskommission, der sich über meinen Vortrag offenbar über die Maßen erregt hatte, sich auf dem Weg zur Diskussion ein paar Räume weiter hoffnungslos verirrte. Mein Bedauern, in Bochum nicht reüssiert zu haben, hielt sich dann auch in Grenzen.

Der zweite große Vorteil meines Basler Anfangssemesters lag in den noch ganz vorbürokratischen Studienformen. In der Geschichtswissenschaft gab es noch keine getrennte Zuteilung von Lehrkontingenten und Scheinen an Alte, Mittlere und Neuere Geschichte, jedenfalls nicht außerhalb des Rahmens der Schweizerischen Geschichte. Es gab auch keine Proseminare. Interessenten an bestimmten Einführungsveranstaltungen belegten ein spezielles Seminar, etwa in Paläografie, oder einen mittellateinischen Lektürekurs. Schon im zweiten Semester drang ich in das Hauptseminar von Werner Kaegi über das „Basler Konzil" vor und musste dafür weder irgendwelche Scheine vorweisen noch eine Hauptseminararbeit schreiben. Eine solche war erst im zweiten Hauptseminar vorgesehen, nachdem man sich im ersten „etwas umgesehen" hatte. Ich ging also zu Semesterbeginn einfach in Kaegis Sprechstunde und bat darum, teilnehmen zu dürfen. Auf seinen Einwand hin, das sei doch etwas verfrüht, behauptete ich, eigens seinetwegen aus Deutschland gekommen zu sein – und wurde mit dem Satz aufgenommen: „Dann freue ich mich, Sie dort zu sehen." Grundkenntnisse in der Technik des wissenschaftlichen Arbeitens erwarb ich gleichzeitig in einem gründlichen germanistischen Einführungskurs. In der Kunstgeschichte hatte der Ordinarius Joseph Gantner vor den Eintritt ins Hauptseminar eine Folge von drei Proseminaren jeweils zu den Gattungen „Architektur", „Malerei" und „Plastik" gesetzt, die er selbst abhielt.

Vom ersten Semester an in direktem Kontakt mit den Professoren zu studieren, war damals in Deutschland in den Massenfächern wie Germanistik, Geschichte und Kunstgeschichte schon kaum mehr möglich. Gewiss, es gab auch Nachteile: die unsystematische Grundlagenausbildung in der Geschichte; die gelegentliche Neigung der bedeutenden alten Herren zum Schwadronieren und Geschichtenerzählen; vor allem die Hemmung, für banale Fragen der Studienorganisation die Sprechstunden der Ordinarien aufzusuchen – und mit den Assistenten, sofern es sie gab, hatte man noch sehr viel weniger zu tun als mit den Professoren. Die damals in Deutschland schon fest institutionalisierte Belehrung der „Undergraduates" durch Assistenten bot demgegenüber beträchtliche Vorteile: das frische und ehrgeizige Engagement des akademischen Nachwuchses, die flache Hierarchie und intensivere wie breitere Kommunikation im Seminar und danach, die fehlende Fremdheit zwischen weit auseinanderliegenden Generationen. Andererseits sollte man das weiter ausgreifende und tiefere Wissen der Älteren, ihre größere pädagogische Erfahrung, die manchmal, wenn auch keineswegs immer, ins Gewicht fielen, nicht unterschätzen, ebenso wie auch die Aura bedeutender Gelehrter und die subkutane Wirkung ihrer Autorität. Die fehlenden Technikkenntnisse in der Geschichtswissenschaft konnte ich nachholen, als ich mein erstes eigenes Proseminar vorzubereiten hatte. Joseph Gantners Proseminare in der Kunstgeschichte fand ich zwar manchmal etwas schlicht angelegt, sie beeindruckten mich aber doch als souveräne Hinführung zu den Werken. Und an Kaegis ganz und gar unpädagogischen Hauptseminaren faszinierte mich der quirlige und unkonventionelle Redestrom des quecksilbrigen kleinen Mannes mit dem großen kahlen Schädel.

Bei dem Germanisten Walter Muschg landete ich im dritten Semester im Hauptseminar über „Die Lyrik Mörikes". Hier herrschten zahlenmäßig auch schon Verhältnisse, wie ich sie bald darauf in München vielfach antraf. Das Seminar fand mit rund achtzig Teilnehmenden in einem der geräumigeren Hörsäle statt. Persönlicher Kontakt mit dem großen Mann ergab sich in den zweieinhalb Semestern meines Studiums bei ihm nur drei Mal: zunächst in Gestalt eines kurzen Wortwechsels vor der versammelten achtzigköpfigen Mannschaft nach einer Frage von ihm, der abrupt mit seiner Aufforderung endete: „Bleiben Sie sachlich!" Dann bei der Rückgabe der Seminararbeit, die er gründlich korrigiert hatte, abschließend aber mit einem von ihm nur in zwei Sätzen erläuterten „ungenügend" bewertete; und schließlich in einem Rencontre am Ende des zweiten Semesters, als ich mir nach der Vorlesung sein Testat zu holen hatte. Er schaute mich, nachdem ich mich in einer langen Schlange schrittweise nach vorne gearbeitet hatte, kurz an, beugte den Oberkörper ablehnend nach hinten und äußerte abweisend: „Ich kenne Sie nicht!“ Meine etwas betretene Antwort – „Ich war aber bei Ihnen im Seminar“ – genügte ihm.

Mein ursprüngliches Berufsziel war das Lehramt für Deutsch und Geschichte an Gymnasien. Daher stand zunächst die Germanistik im Vordergrund des Studiums. Ich hörte beim Altgermanisten Heinz Rupp Vorlesungen über einen Stoff, der mich nicht wirklich interessierte. Eine Klausur in Althochdeutsch ging beinahe schief. Der spätere Literaturwissenschaftler (Lausanne und Zürich) und bekannte Autor Christiaan Hart Nibbrig und ich saßen nebeneinander und übersetzten beide irrtümlich dieselbe falsche Stelle aus dem vorgegebenen Text von Notker dem Deutschen. Als Rupp bei der korporativ

Der Germanist
Walter Muschg, vor 1945

vorgenommenen Notenvergabe den Fall ausdrücklich ansprach, erbleichten wir zunächst beide, bevor die Entwarnung kam; wir hatten beide nicht viele, vor allem aber ganz unterschiedliche Fehler gemacht, sodass wir trotz des gemeinsam falsch gewählten Textes brauchbare Noten bekamen.

Neben dem eher unbeteiligt absolvierten altgermanistischen Pflichtprogramm standen strahlend im Zentrum des Germanistikstudiums die Vorlesungen von Walter Muschg. Er war einer der Stars der Universität Basel – zu Recht. Seine Laufbahn hatte er zunächst als Lyriker und Dramatiker begonnen, und unter den Studierenden kursierte hartnäckig das Gerücht, er habe die Ausgaben seiner frühen dichterischen Versuche später selbst aufgekauft. 1936 mit 38 Jahren bereits auf den Basler Lehrstuhl gekommen, hatte er dort alsbald auf verschiedene Weise von sich reden gemacht. Thomas Mann erwähnt ihn mehrfach in den Tagebüchern aus seiner Zürcher Zeit, teils weil kurz über ein gemeinsames Zeitschriftenprojekt nachgedacht worden war, teils weil die scharf kritische Haltung des Basler Professors seinem Werk gegenüber Thomas Manns Missfallen erregte. Zeitweise erwog er, sich wegen der Grenznähe zu Deutschland in Basel niederzulassen, die Ablehnung des dortigen Germanisten sprach dann aber doch für Zürich, zumal er in der dortigen Literaturszene mit dem befreundeten Emil Oprecht, der nicht nur seine Werke, sondern auch die von Mann mitherausgegebene Zeitschrift „Maß und Wert“ (1936–1940) verlegte, und mit der Nähe zum bedeutenden Zürcher Schauspielhaus gut vernetzt war. Muschg war mit mehreren seiner Werke auch in Deutschland bekannt geworden. Sein Hauptwerk, die „Tragische Literaturgeschichte“ von 1948, erschien 1969 in vierter Auflage und noch 2010 kam eine weitere Auflage auf den Markt. Das Buch ist ein Unikum und alles andere als ein Produkt strenger Literaturwissenschaft. Es bietet vielmehr eine Art Poetologie auf der Grundlage biografischer Problemlagen und Konflikte der Dichter. Es geht letztlich darum, die Schöpfungen des dichterischen Menschen nach Typen ihres Weltbezugs zu beschreiben und zu klassifizieren. Im ersten Kapitel unterscheidet Muschg unter der Überschrift „Weihe" die Typen „Magier", „Seher", „Sänger" und im zweiten Kapitel „Die Entweihung" die „Gaukler", „Priester" und „Poeten". Zu den „Magiern" zählt Muschg etwa den jungen Goethe sowie die Romantiker einschließlich Wagner und Nietzsche, Rimbaud und Rilke; zu den „Gauklern" die „literarische Unterwelt der mittelalterlichen Spielleute", „bürgerliche Vaganten" wie Johann Christian Günther, Lessing, den „Wanderer Goethe" sowie die europäischen „Poètes maudits" des späten 19. Jahrhunderts, Baudelaire, Verlaine, Rimbaud, Wedekind. Dann wechselt die Perspektive des Buches und wendet sich – wie man ironischerweise mit Thomas Mann sagen könnte – den Leiden und der Größe der Meister zu sowie der dichterischen Verarbeitung ihrer tragischen Lebensumstände: Armut, Leiden, Liebe, Schuld usw. In meiner ersten Seminararbeit überhaupt, die erwähnte über Mörikes Gedicht „An eine Äolsharfe", hatte ich mich vorsichtig, weil ich mich dabei nicht recht wohlfühlte, an dieses Modell angelehnt – und bekam dann zu hören: „So arbeitet man heute nicht mehr." Die Bewunderung für Buch und Autor bekam einen leichten Dämpfer, der aber das Vergnügen an Muschgs Vorlesungen nicht minderte.

Muschg war ein kämpferischer Gelehrter und mischte die Literaturkritik der Nachkriegszeit gerade auch in Deutschland kräftig auf. Er zählte zu den Schweizer Autoren und Literaturkritikern, die in der partiellen geistigen Lähmung der späten 40er- und frühen 50er-Jahre in Deutschland „einsprangen" und für frische Impulse sorgten, wie Max Frisch und Friedrich

Dürrenmatt, Max Rychner oder auch Emil Staiger. Methodisch wie temperamentsmäßig war Muschg der Antipode zur reinen textlichen Strukturanalyse und zum inhaltlichen Klassizismus seines Zürcher Kollegen Staiger, der dementsprechend auf die deutsche Literaturwissenschaft der zwei unmittelbaren Nachkriegsjahrzehnte einen sehr viel größeren Einfluss gewann. Muschg, der sofort nach dem Krieg wieder den Kontakt nach Deutschland suchte, hatte 1956 unter dem Titel, „Die Zerstörung der deutschen Literatur", eine Sammlung von Rezensionen aus der Nachkriegsgeschichte herausgebracht, in denen er die Sterilität der in Deutschland damals noch angesehenen Literatur der „Inneren Emigration", also von Autoren wie Werner Bergengruen, Hans Carossa und Ernst Wichert, beklagte und sich für die in Deutschland noch so gut wie unbekannte Emigranten- und Außenseiterliteratur etwa von Alfred Döblin, Hermann Broch und Hans Henny Jahnn eingesetzt hatte. 1961 war eine Studie „Von Trakl zu Brecht. Dichter des Expressionismus" gefolgt. Zudem engagierte sich Muschg stark für die politische Dichtung des „Jungen Deutschland". So war es denn auch kein Zufall, dass der junge Rolf Hochhuth ausgerechnet in Basel auftauchte, wo ich ihn gelegentlich zum Seminar eilen sah und wo er Muschg zum Betreuer seiner Dissertation wählte.

All diese Frage- und Frontstellungen waren auch in Muschgs Vorlesungen mehr oder weniger gegenwärtig. Ihr Besuch glich einer kultischen Handlung für alle Literaturinteressierten. Muschg war selbst ein „Magier", genauer gesagt ein Vortragsmagier. Der immer in einen dunklen Anzug gekleidete Mann näherte sich mit kurzen Schritten auf Füßen, die an den Spitzen weit auseinandertraten, dem Pult, öffnete seine schmale Mappe, die nie mehr enthielt als das Vortragsmanuskript, wandte sein Gerhard-Hauptmann-artiges Haupt dem Publikum zu – und sofort senkte sich atemlose Stille über den Raum, immerhin größter Hörsaal, Nr. 1, oder bei einer einstündigen Poetikvorlesung über den großen Saal des nahegelegenen Bernoullianum. Muschg war ein immer enthusiasmierter, mitunter auch zorniger Rhetor. Einmal hörte ich Hart Nibbrig neben mir murmeln: „Gottvater spricht" – es war keinesfalls ein nazarenischer Gottvater, eher ein michelangelesker. Ich hörte seinen – gerade bei Klassik und Romantik stehenden – Zyklus bis zu Muschgs plötzlichem Tod kurz vor Weihnachten 1965. Unvergesslich sind mir bezeichnenderweise nicht die Passagen über Goethe und Schiller, sondern die über Heinrich von Kleist und Jean Paul, über Tieck und Wackenroder, über Eichendorff und den „Absturz ins Triviale" bei Fouqué und Zacharias Werner. Unvergessen auch, mit wie nachdrücklichem Feuer er Gedichte des „Jungen Deutschland" rezitierte und besprach: Heines „Deutschland, ein Wintermärchen" und vereinzelte „Gedichte an Mathilde" aus der „Matratzengruft". Heines antipathetische Subversion und sein grimmig-verzweifelter Humor auf dem Sterbelager hatten es ihm angetan – ebenso wie die Kampflieder Georg Herweghs und Ferdinand Freiligraths: „Reißt die Kreuze aus der Erden/Kreuze sollen Schwerter werden" oder „Herwegh, eiserne Lerche". Im Seminar konnte Muschg aufbrausen und hartnäckigen Widerspruch, den alt gewordene Doktoranden aus den hinteren Reihen gelegentlich vorzubringen wagten, förmlich niederbrüllen – oder auch die versammelte Studentenschar vor sich anfahren: „Was sehe ich hier – zwanzigjährige Greise", wobei der zugleich drohende und singende Ton seiner Stimme noch sekundenlang über den erstarrten Körpern der „Greise" lag. Gleich darauf beklagte er, dass niemand mehr Gedichte kenne, und deklamierte unvergleichlich eindrucksvoll aus Gottfried Kellers „Siebenundzwanzig Liebesliedern" mit der nach dem Höhepunkt des dritten Wortes der ersten Zeile, dem „Spiegeln", unaufhaltsam abfallenden Kadenz der lebenslangen Entfernung vom Glück:

Ich will spiegeln mich in jenen Tagen,
Die wie Lindenwipfelwehn entflohn,
Wo die Silbersaite, angeschlagen,
Klar, doch bebend, gab den ersten Ton,
Der mein Leben lang,
Erst heut noch, wiederklang,
Ob die Saite längst zerrissen schon.

Gegenüber dem herrischen Rhetoriker Muschg stellte der Kunsthistoriker Joseph Gantner eine geringere Herausforderung dar. Das lag auch daran, dass ich das Fach eher kavaliersmäßig betrieb, zum Vergnügen und für die „Bildung", nicht mit der ernsthaften Vorstellung, damit später mein Geld verdienen zu müssen. Dass im weiteren Studienverlauf dann doch die Literaturwissenschaft auf der Strecke blieb und ich als zweites Nebenfach im Rigorosum Kunstgeschichte wählte, war damals noch nicht abzusehen und hat mich selbst überrascht. Gelegentlich träume ich heute noch, ob ich mich nicht besser auf die Kunstgeschichte konzentrieren solle, und sehe mich träumend auch nach einem passenden Habilitationsthema um. Tatsächlich sind das Albträume, da sie die Möglichkeit verpasster Alternativen andeuten. Aber letzten Endes fiel mir die Entscheidung für die Geschichte dann doch leicht. Sowohl bei der Literatur wie bei der bildenden Kunst schreckte ich davor zurück, immer nur mit Artefakten und dem permanenten Spiel mit dem – nicht einmal immer nur schönen – Schein und, wie mir damals schien, der Beliebigkeit seiner wissenschaftlichen Deutungskategorien zu tun zu haben. Konkreter, handfester und lebendiger war da schon das Handeln selbst, wenn auch nur im defizienten Modus der Vergangenheit. Dass auch die Geschichte nur über sublime und in gewisser Weise ebenso beliebige Deutungssysteme zu erschließen ist, entging mir damals noch, war auch in damaligen Studiengängen noch kein so selbstverständlicher Bestandteil der methodischen Einübung in die Kunst der Interpretation wie seither. Immerhin wurde ich schon im zweiten Semester in den altmodischen Bücherzimmern des Historischen Seminars mit Johann Gustav Droysens Historik bekannt gemacht – was mir dann selbst in München noch einen deutlichen Vorsprung gegenüber den gleichaltrigen Kommilitonen verschaffte. Droysens „Enzyklopädie und Methodologie der Geschichte" von 1857 war das deutschsprachige Grundlagenwerk zur Theorie der Geschichtswissenschaft, das, über ein Jahrhundert hinweg mehr oder weniger vergessen, als wichtigster Bezugspunkt für die in den 1970er-Jahren anlaufenden neuen geschichtstheoretischen Debatten diente.

Auch Gantner war kein Stubengelehrter, doch lag seine Sturm- und Drangzeit schon weit zurück. Er hatte sich um 1930 in der für die Moderne ungewöhnlich offenen Bürgerstadt Frankfurt/Main als Kunstkritiker für den Expressionismus und überhaupt für die aktuellen Strömungen der Gegenwartskunst engagiert und in einem Buch Strukturähnlichkeiten zwischen der romanischen und der modernen Plastik herausgearbeitet. Jetzt konnte es vorkommen, dass kurzfristig Frontstellungen und Deutungskämpfe aus der Zeit der klassischen Moderne an die Oberfläche traten, so etwa, als er nach dem Tod von Wilhelm Worringer im März 1965 in der Vorlesung einen ausführlichen Nekrolog über diesen vortrug und dabei vor allem das Verdienst seines Bestsellers „Abstraktion und Einfühlung. Ein Beitrag zur

Stilpsychologie" von 1908 für die Anerkennung des Abstraktionsstrebens in der modernen Kunst würdigte. Doch solche Momente blieben vereinzelte Sternstunden. Vorlesungen und Seminare boten in der Regel eine gediegene Einführung ins kunsthistorische Handwerk, das er selbst in den ersten Jahren seiner Basler Amtstätigkeit etwa durch die Herausgabe mehrerer Bände zur Inventarisierung der Kunstdenkmäler der Schweiz praktiziert hatte.

An den Gantner'schen Proseminaren sagten mir nicht zuletzt die äußeren Umstände zu: die schönen Räume, das Café und überhaupt die Atmosphäre des Kunstmuseums sowie der Flor der Kommilitoninnen, wobei das Fach insgesamt noch sehr viel stärker „männlich" dominiert war als heute – ebenso wie die Geschichtswissenschaft. Selbst wenn ich nicht wirklich tief einstieg in das Fach, so erhielt ich doch nicht zuletzt durch die systematisch angelegten Proseminare Gantners eine gewisse Trittsicherheit im weiten Gelände dieser Disziplin, die mir später immer wieder zugutekam. Daneben lernte ich in einer Übung des außerordentlichen Professors und Direktors des Historischen Museums in der Barfüsserkirche, Hans Reinhardt, im Basler Münster genau hinzuschauen – und unbefangen meine Erkenntnisse von mir zu geben. Die Schweizer Mitstudierenden äußerten sich einfach nicht. Sie starrten auf die Pfeiler, Lisenen, Kapitelle und Triforien und waren durch keine Bemühung des Dozenten dahin zu bringen, einen Seheindruck oder eine These verlauten zu lassen. Das gab der Veranstaltung im Kreis von nur fünf oder sechs Adepten etwas Quälendes, das noch auf die Spitze getrieben wurde durch die Mühe, die der Dozent mit dem Hochdeutschen hatte. Die qualvolle Suche nach Worten endete aber sofort, wenn er Gelegenheit fand, ins elegant und lustvoll gesprochene Französisch überzugehen.

Von Problemen mit dem Fluss der Sprache wurde Joseph Gantner dagegen nie behelligt. Er verfügte über eine Redebegabung, die ihn – für Kunsthistoriker eine besonders wichtige Fähigkeit – unabhängig machte vom Manuskript, sodass er sich jederzeit vom Pult abwenden, einen langen Stab ergreifen und die im abgedunkelten Raum an die Rückwand projizierten Dias erläutern konnte. Ergiebig war eine Michelangelo-Vorlesung, forschungsnah und anschaulich, wenn auch etwas in die Breite gehend. Das Themenangebot der Basler Kunstgeschichte war noch ganz „klassisch" – Architektur und Plastik des Mittelalters, Renaissancekunst in allen ihren Formen und Übungen vor Originalen, was die traditionelle Prägung in einer Stadt, in der es an Barock weitgehend fehlte, naturgemäß verstärkte. Bei Gantner verband sich diese Prägung mit dem Hochmut eines Ästhetizismus, für den nur die Beschäftigung mit den Meisterwerken der europäischen Kunstentwicklung infrage kam – was die bodenständig handwerkliche Inventarisierungsarbeit nicht ausschloss, in die ja immer, zumindest am Anfang, auch ein national-kulturelles Motiv hineinspielte. Aber er konnte die strenge Kanonisierung auch übertreiben. Ein Basler Kunsthistoriker und Restaurator, Rudolf Wackernagel, der es in der Enge seiner Heimatstadt nicht mehr ausgehalten hatte und in München am Bayerischen Nationalmuseum und am Lenbachhaus tätig war, erzählte mir gelegentlich, dass er einst von Gantner gefragt worden war, worüber er promoviere; seine Auskunft „über Prachtkutschen im 19. Jahrhundert" hatte Gantner mit dem Satz quittiert: „Bei mir promoviert man über Leonardo!"

Die Michelangelo-Vorlesung, zu der sich fast alle jüngeren Hauptfachstudierenden einfanden, schuf allerdings wirklich eine „Basis fürs Leben". Gerade im heutigen Studienbetrieb erscheint mir eine gründliche Einführung in einige „große"

Themen wichtiger denn je. Das gilt für die Kunstgeschichte, in der sich die Konturen des Faches in einer unkontrollierten Schwemme von „Objekten" einerseits, einer methodisch nicht immer kontrolliert betriebenen Bildwissenschaft andererseits aufzulösen droht, ebenso wie für die Geschichtswissenschaft. Hier kann man heute sein Studium abschließen, ohne sich jemals etwa mit dem Staatensystem der Frühen Neuzeit, der Französischen Revolution, dem Bismarck-Reich oder der Weimarer Republik beschäftigt zu haben; ein Seminar über die Hexenverbrennungen und über die Symbole der Europäischen Union genügen, um die Berufslaufbahn des Historikers einzuschlagen. Das bedeutet nicht nur eine fatale Verarmung an historischem Grundlagenwissen, sondern schadet auch der Fähigkeit, historische Sinn- und Begründungszusammenhänge herzustellen, die auf solches Basiswissen angewiesen sind. Und wie soll eine der wichtigsten Aufgaben von Geschichtsunterricht und Geschichtskultur bewältigt werden, wenn es an dieser Fähigkeit mangelt: im rapiden kulturellen, ökonomischen und politischen Wandel unserer Tage das unverzichtbare Maß an Kontinuität zu sichern und dadurch Sinn- und Wertorientierung zu geben?

Nicht zu den kunsthistorischen Essentials, sondern mehr zu den gesellschaftlichen Ereignissen zählte Gantners regelmäßige einstündige Montagabend-Vorlesung im Hörsaal 1. Hier sprach er über den „Impressionismus" oder über „Goya und Picasso". Das war der Typus von Vorlesung für ein breiteres Publikum, ein Crêpe-de-chine-Kolleg, wie es etwa in den 30er-Jahren Wilhelm Pinder oder der Theaterwissenschaftler Arthur Kutscher in München gehalten hatten. In den ersten zwölf Reihen drängten sich ältere Herren und vor allem Damen aus der „guten" Basler Gesellschaft. Als gewöhnlicher Student musste man rechtzeitig da sein oder von Freunden einen Platz belegen lassen, um sich überhaupt noch einen Sitzplatz zu sichern. Aber auch die Studierenden strebten wegen der Attraktivität der Themen zu dem akademischen Event, auch wenn, zumindest für meinem Geschmack, der Erkenntnisgewinn gering blieb. Beeindruckend war vor allem der elegante Fluss der Rede, meist von der Mitte eines der seitlichen Aufgänge des aufsteigenden Saales aus vorgetragen, mit Blick auf die Abbildungen an der Frontwand, wobei die Hilfskraft an den beiden Diaprojektoren jeweils nach einem Schlag des Meisters mit dem Stock auf den Boden das nächste Foto einschob. Hier herrschte nicht die Arbeitsatmosphäre der Michelangelo-Vorlesung, sondern der leichte und angenehme Erregungszustand des Dabeiseins, des Sehens und Gesehenwerdens (ein Faktum, das die stets auf Understatement bedachten Basler niemals zugeben würden), des Sichtreffens, die Sensation von Verdunkelung und Wiederbeleuchtung des Raumes, die Annehmlichkeit, schöne und allseits bekannte Bilder ansehen und in gewandten Redegirlanden beschrieben hören zu können.

Zu den wirklichen Höhepunkten des Kunstgeschichtsstudiums in Basel gehörten die Exkursionen, von denen zumindest eine in jedem Semester stattfand. Sie wurden nicht von den einzelnen Dozenten im Rahmen ihrer Lehrveranstaltungen organisiert, sondern waren Unternehmungen für alle Studierenden. An dreien davon habe ich teilgenommen und bin heute noch dankbar dafür, dass ich diese Erfahrung machen durfte. Das mag etwas emphatisch klingen, aber ich empfand es doch als etwas Besonderes, mit den Studienkollegen in dieser Weise unterwegs zu sein. Das erste Mal ging es um die Klosterreform von Hirsau im Gefolge der cluniazensischen Reform und ihre architektonischen Konsequenzen – also um den Besuch von Hirsau im Schwarzwald und um die Architektur der Parler, wofür die Hl. Kreuzkirche in Schwäbisch Gmünd angesteuert wurde. Da Tiefenbronn und Colmar nicht weitab lagen, versammelten wir uns auch noch um den Magdalenenaltar von Lukas Moser und um den Isenheimer Altar von Matthias Grünewald.

Die zweite Exkursion fiel kürzer aus und führte zunächst nach Zürich, wo der Zürcher Ordinarius Eduard Hüttinger in einer, wie ich fand, wenig erhellenden Weise durch das Museum führte. Dann aber wurde die Sammlung Reinhart in Winterthur angesteuert. Die Sammlung war damals noch nicht geteilt in eine Stiftung mit der Kunst des 19. Jahrhunderts, die in den Besitz der Stadt Winterthur übergegangen ist und dort in einem entsprechenden Gebäude untergebracht wurde, sowie die Sammlung Oskar Reinhart „Am Römerholz" mit Hauptwerken der alten und neuen Kunst, für die auf dem Berg neben der Villa Reinhart eine neue kleine Museumslandschaft entstand. Die dem Sammler wichtigsten Werke waren seinerzeit noch im Wohnambiente der flach auf dem Hügel lagernden Villa untergebracht, die der Genfer Architekt Maurice Turrettini 1913 bis 1915 für den Industriellen Henri Sulzer-Ziegler erbaut hatte. Sie hingen im Wohn- und im Esszimmer an der Wand, und auf diesem oder jenem Möbelstück stand eine kleine Plastik von Maillol oder Giacometti. Bei dieser Exkursion ging es nicht darum, einzelne Werke mit Vortrag und Diskussion ausführlich zu besprechen, wie das in den kalten Kirchen der herbstlichen Architekturexkursion geschehen war. Vielmehr standen an diesem heißen Sommertag die Sammlung als solche im Vordergrund, der Geschmack und die individuellen kunsthistorischen Interessen von Oskar Reinhart sowie Hinweise auf das eine oder andere Gemälde. Viele waren so berühmt, dass fast jeder sie kannte, obwohl sie hier ganz in den privaten Lebensalltag des Sammlers einbezogen waren. Tatsächlich fehlte den Räumen jegliche museale Aura, man fühlte sich ganz einfach in die großzügige und elegante Villa eines sehr wohlhabenden, vor allem aber sehr geschmackssicheren Mannes versetzt.

Ich erinnere mich an einen Brueghel sowie an die unauslöschlich im Gedächtnis haftenden Porträts des Ehepaars Cuspinian vom jungen Lucas Cranach. Vielleicht haben sie sich mir besonders eingeprägt, weil ich in der Kaegi-Vorlesung gerade Feuer gefangen hatte für die Humanisten. Zum sommerlichen Ambiente passten die Cézanne-Bilder mit dem Mont Sainte-Victoire und einige andere Hauptwerke des Impressionismus. Zumindest in der Rückerinnerung dominiert indessen der Sammler und Mäzen selbst, Oskar Reinhart, diesen ganzen Besuch, obwohl – abgesehen von den Honneurs Gantners – niemand Gelegenheit hatte, mit ihm zu sprechen. Der soignierte, weißhaarige, sehr alte Herr saß im korrekten Anzug mit Krawatte aufrecht, wenn auch von Kissen gestützt, schwer in einem tiefen Sessel und drückte jedem der vorbeidefilierenden Besucher kräftig die Hand – die einzige Bewegung freilich, die ihm sein Körper noch zu erlauben schien. Als ich mich vor dem 85-jährigen Patriarchen verbeugte, erinnerte ich mich plötzlich, schon in ganz anderem Zusammenhang von Oskar Reinhart gehört zu haben.

Auf einer der frühen Reisen mit meinen Eltern waren wir über den Sustenpass ins obere Rhônetal hinuntergefahren und nahe Sion auf ein kleines Sträßchen nach Norden abgebogen, um das zwischen Wein- und Obstplantagen gelegene Schlösschen Muzot aufzusuchen. Oskar Reinhart hatte es Anfang der 1920er-Jahre erworben und dem immer schutz- und unterstützungsbedürftigen Rainer Maria Rilke zur Verfügung gestellt. Wie so oft auf diesen Familienreisen hatte ich nicht die geringste Lust verspürt, in der brütenden Augusthitze von meinem Abenteuerbuch aufzuschauen oder gar das Auto zu verlassen, aber die Eltern waren unerbittlich. So steht mir der verwunschene Ort tatsächlich immer noch vor Augen, in dem der Dichter drei Jahre vor seinem Tod in einem letzten großen schöpferischen Aufschwung „Signale aus dem Weltall" – wie er selbst in einem Brief schrieb – empfing und in wenigen Tagen den Zyklus der Sonette an Orpheus niederschrieb. Unbekannt war mir damals allerdings noch, dass Oskar Reinhart auch den im Ersten Weltkrieg in die Schweiz emigrierten und extrem sparsamen Hermann Hesse bis zu dessen Tod in dem berühmt gewordenen Haus in Montagnola im Tessin beherbergt hatte.

Nachdem der Studententrupp die Winterthurer Villa mit ihrer kostbaren Ausstattung verlassen hatte, erinnerte ich mich auch wieder an das Grab Rilkes. Es liegt an die südliche Chorwand der Pfarrkirche des kleinen Ortes Raron gelehnt auf einem hohen Felsrücken mitten in dem hier schon ganz flachen, aber von den hohen Bergen des Wallis gesäumten Rhônetal nahe Muzot. Man steigt von dem Ort Raron eine steile Treppe zu der bescheidenen spätgotischen Kirche hinauf. Von dort aus geht der Blick weit über das Rhônetal und zur Bergkette gen Süden hinüber. Am südlichen Langhaus schaut ein gewaltiges Fresko des Heiligen Christophorus aus dem 15. Jahrhundert in die Richtung der unauffälligen Grabstätte. Deren einziger Schmuck besteht in einem einfachen Stein, in den der berühmte Spruch eingemeißelt ist: *„Rose, du reiner Widerspruch, Lust / Niemandes Schlaf zu sein unter so vielen Lidern."* Wirklich verstanden hatte ich die Verse nicht, in Erinnerung geblieben sind sie mir aber schon. Dass ich nun vor dem Mäzen Rilkes stand, der diesen auch persönlich gekannt hatte, empfand ich als aufregend – und vor allem als höchst befremdlich, hatte ich doch das Gefühl, von der Gegenwart Rilkes durch weit mehr als durch ein halbes Lebensalter getrennt zu sein. Wahrscheinlich hat sich die Klarheit der Erinnerungsfragmente aus verschiedenen Zeitschichten in meinem autobiografischem Bewusstsein auch erst durch die Erinnerung ex post herausgeschält.

Auf einer handfesteren Ebene liegt, dass mir der alte Herr die Exkursion nach Winterthur überhaupt erst ermöglicht hat, indem er Studierenden, die die Exkursionskosten nur schwer aufbringen konnten, mit einem Zuschuss unterstützte. Noch nicht abzusehen war damals, in der Mitte der 60er-Jahre und inmitten der unangefochtenen Schweizer Wohlhabenheit, die notwendig auf die bewundernde Anerkennung durch die Nachwelt folgende Entmythologisierung von Stiftern und Mäzenen durch die Wissenschaft. Sie erhält durch die aktuellen Auswüchse von Sammeln und Stiften von Kunstwerken in Zeiten der materiellen Wertsteigerung alles Originalen gegenüber der umfassenden Reproduzierbarkeit immer neue Nahrung. Die Zeit der intensiven Erforschung des Sammler- und Mäzenatentums besonders im Deutschen Kaiserreich begann erst Anfang der 1980er-Jahre, gefördert durch das neue Interesse jetzt auch der Historiker an Kunst- und Museumspolitik, vorangetrieben aber auch durch das Bedürfnis, den Beitrag reicher jüdischer Unternehmer zur Kulturförderung im späten 19. und frühen 20. Jahrhundert angemessen zu würdigen. Oskar Reinhart hatte seinen Reichtum von seinem Vater geerbt und sich lebenslang auf das Sammeln und Fördern konzentriert. Sein Verdienst ist daher hauptsächlich das eines kunstliebenden und künstlerisch umfassend qualitätsbewussten Nachgeborenen. Mein persönliches Bedürfnis nach Historisierung und kritischer Distanzierung vom Sammler- und Mäzenatentum im Stile Reinharts ist – wie ich gerne zugebe – gering. Dafür hat sich mir der Nachmittag auf dem Berg in Winterthur mit den großartigen Bildern und dem aufrecht diszipliniert dasitzenden, aufmerksam schauenden und lebhaft Hände drückenden alten Mann zu sehr eingeprägt. Für uns Studierende bot dieser Nachmittag das Kennenlernen einer der bedeutendsten Privatsammlungen der Welt, aber auch die Begegnung mit dem wahrhaft markanten Repräsentanten einer versunkenen Epoche und eines untergehenden sozialen und kulturellen Milieus. Für die reglos dasitzende Gestalt des alten Reinhart brachte der Besuch der Studierenden in seiner Sammlung vielleicht noch einmal den Abglanz eines langen und singulären Lebens in die drückende Gegenwart des Alters. Sehr viel ernster als die Explorationen in der Basler Kunstgeschichte nahm ich das Studium der Geschichtswissenschaft. In den historischen Vorlesungen von Werner Kaegi spürte ich auch deutlich festeren Boden unter den Füßen als in der Literaturwissenschaft oder Kunstgeschichte. Zunächst hatte ich in jugendlicher Strenge gemeint, auf die weiträumigen Hauptvorlesungen der Koryphäen verzichten zu sollen, um in den ersten Semestern die für nötig erachteten Basistechniken und -kenntnisse in den spezielleren Lehrveranstaltungen der Nichtordinarien zu erwerben und mich dann den höheren Fragen guten Gewissens zuwenden zu können. Nach den ersten Basler Wochen hatte ich aber festgestellt, dass ich damit wesentliche Erkenntnismöglichkeiten verschenkte und orientierungslos im Klein-Klein verfrühter Spezialisierung steckenzubleiben drohte. Auch musste ich mir entgegen der Ideologie, die ich mir vor dem Hintergrund des väterlichen Schicksals und eines allgemeinen Ressentiments gegen die „Großkopferten“ aller Art zurechtgelegt hatte, eingestehen, dass die „Ordentlichen und Öffentlichen Professoren“, wie sie damals noch überall hießen, also die Lehrstuhlinhaber, zumindest hier und jetzt einfach besser waren als die „Nichtordinarien“. Zu diesem Befund mögen optische Verzerrungseffekte beigetragen haben: Es waren eben die Ordinarien, welche die stoffreichen und weit ausholenden Übersichtsvorlesungen anboten – oder für sich reserviert hatten; es waren die Namen, von denen man entweder schon etwas gehört hatte oder die im studentischen Palaver im Café oder auf den Fluren in aller Munde waren; es waren die Trampelpfade in die Hörsäle der Koryphäen, auf denen man dann alsbald mitlief, statt unverdrossen den Übungen oder Vorlesungen mit fünf bis fünfzehn Teilnehmenden zuzustreben. Schon im vierten Semester, in München, waren im Vergleich zu Basel die Wertschätzung von Ordinarien und Nichtordinarien und auch die Verteilung der Studentenmassen sehr viel ausgeglichener, wenngleich auch hier die „Ordinarienuniversität" zunächst noch in voller Blüte stand.

Werner Kaegi las in einer in Deutschland schon längst ausgestorbenen Tradition „Geschichte des Mittelalters und der Neuzeit" in einem achtsemestrigen Zyklus. Es passte gut, dass ich bei meinem Studienbeginn auf das Spätmittelalter (1250–1494) traf und in drei Semestern den Zyklus bis 1648 hören konnte. Das 19. und das 20. Jahrhundert fanden in Basel zumindest in der Allgemeinen Geschichte gar nicht statt, wenn man von einer USA-Vorlesung absieht, die der Privatdozent, spätere Basler Ordinarius und Herausgeber des Archivs für Reformationsgeschichte, Hans Rudolf Guggisberg, anbot. Kaegis Vorlesung war weitgehend frei von den bewusst-unbewussten rhetorischen Künsten und dem Blick in die Ferne knapp über die Köpfe der Hörenden hinweg wie bei Muschg oder dem unaufhaltsamen Gantner'schen Redefluss. Bis heute ist mir rätselhaft, wie der kleine Mann mit dem kugelartigen Kopf bei mir die gespannte Aufmerksamkeit und das leise Glücksgefühl erzeugte, seiner Darstellung einer sehr fernen und doch faszinierenden Welt lauschen zu können. Seine Erzählung entwickelte sich wie ein unendlicher Fries bewegter Gestalten und halb ausgeleuch teter Hintergründe. Die klare Gliederung trug sicher dazu bei, auch der freie Vortrag, der aber das Publikum selbst in Anrede und Blick kaum einbezog, sondern eher wie ein versonnenes Selbstgespräch wirkte. Nichts an dieser Vorlesung war spektakulär, die Haltung des Dozenten hinter dem Pult locker und konzentriert, die Bewegung beim gelegentlichen Umblättern der Notizen sparsam, die Stimme leise und die eines alten Mannes, aber wohltönend.

Der Baseler Historiker Werner Kaegi, um 1966

Konsequent durchgehalten, selbstverständlich und unangestrengt wirkte der europäische Zuschnitt der Vorlesung. In seinem Rahmen kamen die Staatsbildungsprozesse in Frankreich und die Wirren der Rosenkriege in England zur Sprache; das europäische Netzwerk des Humanismus mit einer leichten Betonung der Rolle Basels und des Oberrheins; der Aufstieg des burgundischen Staates mit seinem inneren Widerspruch zwischen der hochgemuten, aber unzeitgemäßen spätmittelalterlich-ritterlichen Selbststilisierung der Dynastie bei Karl dem Kühnen und dem handwerklich-kaufmännischen Reichtum der flandrischen Städte; die Rivalität der italienischen Städte und ihrer führenden Geschlechter mit einem deutlichen Schwerpunkt auf Cosimo I. de' Medici, die innerkirchliche Reformbewegung von Thomas a Kempis und seiner „Devotio moderna" sowie der konziliare Protest des frühen 15. Jahrhunderts. Eine eigene Vorlesungsstunde galt dem Kirchenstaat; Spanien und Portugal wurden nicht vergessen, der gefahrvolle Weg der portugiesischen Seefahrer entlang der afrikanischen Küste und die Vereinigung der spanischen Länder durch Ferdinand und Isabella. Eine große Rolle spielten die spanische Heiratspolitik des Hauses Habsburg sowie die Reichspolitik Maximilians in ihren Erfolgen und Rückschlägen zwischen dem Tiefpunkt der habsburgischen Reichsgeschichte unter dessen Vater Friedrich III. und ihrem Höhepunkt unter seinem Enkel Karl V. Bis heute erinnere ich mich daran, wie Kaegi, nachdem er die Niederlagen und die zeitweise fast aussichtslose Bedrängnis des Hauses Habsburg zwischen widerspenstigen Reichsfürsten und dem aufrührerischen Ungarnherrscher Matthias Corvinus dargestellt hatte, mit leisem Lächeln resümierte: „Zu den Herrschertugenden gehört auch die Fähigkeit zum reinen Überleben."

Hier kamen in meinem Kopf wieder einmal zwei ganz unterschiedliche Wege der Unterrichtung und Anschauung zusammen: die vom Vater während einer Fahrt durchs Inntal erzählte Geschichte, wie sich Maximilian, der „letzte Ritter", bei der Jagd auf einen Hirsch in den tatsächlich furchterregenden Felstürmen der „Martinswand" bei Innsbruck verstiegen hatte und nur durch ein Wunder gerettet wurde; und die abschließende Feststellung Kaegis zum Maximilianskapitel, das Innsbrucker Grabdenkmal des Kaisers mit seinen überdimensionierten Figuren in Erz stehe jenseits des Mittelalters und atme den Geist der Schwerindustrie. Breit trug Kaegi den Einmarsch des französischen Königs Karl VIII. in Italien 1494 vor, als Beginn einer neuen Epoche, die geprägt war von der intensivierten Rivalität innerhalb der italienischen Pentarchie Mailand, Venedig, Florenz, Kirchenstaat und Neapel/Sizilien sowie dem sich verschärfenden Kampf zwischen dem deutschen Kaiser- und dem französischen Königtum.

Forschungsgeschichtlich beeindruckte mich ein Abriss über die „Wurzelzieher der Renaissance“, Paul Sabatier, Henry Thode und Konrad Burdach, die die Anfänge des neuen Geistes über Franz von Assisi und Dante immer weiter bis ins Hochmittelalter zurückverlegt hatten. Erfreulich unspektakulär war demgegenüber die Schilderung Luthers und der Reformation ohne alle Gründeleien in der Frühgeschichte des Augustinermönchs und ohne allzu starke epochal-weltgeschichtliche Posaunenstöße. Noch in den 1990er-Jahren habe ich mich in der Erinnerung an diese Vorlesung gelegentlich über die Fixierung deutscher Historiker auf die Singulariät Luthers und des „deutschen Geistes“ gewundert. Manchmal glaubte ich dann auch die Stimme Gerhard Ritters in seiner Luther-Biografie zu hören, die ich im Anschluss an die Vorlesung gelesen hatte. Lebhaft, aber ohne besondere Akzente, stellte Kaegi auch den Teil der Reformationsgeschichte dar, zu dem er selbst in den 20er-Jahren mit seiner Leipziger Promotion bei Erich Brandenburg geforscht hatte – das Verhältnis der beiden mit der Reformation sympathisierenden Extreme der humanistischen Bewegung zueinander: des aktivistischen, frühnational bewegten Reichsritters Ulrich von Hutten und des irenischen, vorsichtigen Stubengelehrten Erasmus von Rotterdam.

Es war dann auch, um der Zeit vorzugreifen, durchaus als Hommage an Kaegi und seine Vorlesung gedacht, dass ich 1982 das Thema „Ulrich von Hutten. Zum Verhältnis von Individuum, Stand und Nation in der Reformationszeit“ für die – damals in München noch übliche – Habilitationsvorlesung vorschlug. Als hilfreich erwies es sich auch, dass sich gelegentlich beim Bücherholen in der Staatsbibliothek München eine lange Unterhaltung mit Volker Press über Hutten ergeben hatte. Kaegis Dissertation von 1925 hatte noch in einem engen

Zusammenhang mit einer Kontroverse gestanden, die in der Mitte der 20er-Jahre zumindest bei den Historikern Wellen schlug: Der nationalliberale Historiker und Reichstagsabgeordnete Paul Kalkoff hatte in zwei dicken Büchern gegen Ulrich von Hutten den Vorwurf erhoben, durch sein undiszipliniertes Vorgehen im Stil der Fehden des 15. Jahrhunderts gemeinsam mit Franz von Sickingen die Reformation und damit am Ende auch die Reichsautorität gefährdet zu haben. Aktuell berührte sich das Thema dagegen mit der in den 1970er- und frühen 1980er-Jahren heftigen, aber jetzt langsam auslaufenden Debatte zwischen Historikerinnen und Historikern in Ost- und Westdeutschland über das marxistisch inspirierte Theorem der „frühbürgerlichen Revolution". Es wurde von jüngeren westdeutschen Historikern wie Thomas Nipperdey, Rainer Wohlfeil, Peter Blickle und Heinz Schilling geradezu begierig aufgegriffen, da es mit seinem sozialökonomischen Ansatz der in national- und kirchengeschichtlichen Schematismen erstarrenden Reformationsforschung neues Leben einhauchte. Es entwarf neue Fragestellungen und Untersuchungsfelder und befriedigte zugleich das agonale Bedürfnis, sich und das eigene, als „bürgerlich" diffamierte Wissenschaftsverständnis gegen ein politisch motiviertes, aber intellektuell herausforderndes Alternativmodell aus dem gegnerischen Bruderstaat im Kalten Krieg zu behaupten. In Beziehung zu setzen waren die keineswegs per se harmonierenden Freiheitsimpulse religiöser und säkular-humanistischer Art, der prekäre Zusammenhang von Freiheit und Nationalität und die Schwierigkeit, als Mitglied des Reichsritterstandes einen tragfähigen Boden in einer sich wandelnden Gesellschaft und Staatlichkeit zu finden. So war ich Anfang der 1980er-Jahre in eine, wie ich fand, bemerkenswerte Zwischenlage zwischen drei Zeitschichten geraten: die aktuelle, in der es vor allem um die

Modernisierung und „Verdichtung" der Verfassungsstrukturen im Reich und um den Aufstieg des Kapitalismus ging; die der 20er-Jahre mit ihrem hochgepuschten Nationalismus und der Frage, welche Kräfte das Reich immer wieder so geschwächt hatten, dass es trotz seines Aufstiegs vor 1914 im Weltkrieg hatte unterliegen müssen; und die ursprüngliche und eigentliche Zeitschicht, die der Reformation selbst.

Ich selbst partizipierte als Person und Historiker an mindestens vier Zeitschichten: als der 37-Jährige des Jahres 1991 an der unmittelbaren Gegenwart, als der 21-jährige Student im Basler Hörsaal an der Gegenwart der 60er-Jahre; und indem ich im Hörsaal einem Dozenten lauschte, der vor unvordenklich langer Zeit, lange vor meiner Geburt und vor dem epochentrennenden Ereignis des Zweiten Weltkriegs, in den bereits in mythisches Dunkel getauchten 20er-Jahren das Thema bearbeitet hatte. Dieser war wiederum selbst von einem Gelehrten betreut worden: von Erich Brandenburg, dessen weltbildprägende Studienzeit in den mittleren Jahren des Deutschen Kaiserreichs gelegen hatte und mit dessen Hauptwerk, das ich in der heimischen Bibliothek gelegentlich angeschmökert hatte, ich mich tief ins 19. Jahrhundert zurückversetzt fühlte. Dabei lagen für mein subjektives Zeitgefühl die 20er-Jahre kaum weniger weit zurück als die Jahrzehnte des Kaiserreichs. Sehr viel anschaulicher als das Kaiserreich war mir bei meinem damaligen Kenntnisstand die Reformationszeit. Hier ist nicht die Rede von der objektiven Beschleunigung der Geschichtszeit im Übergang zur Moderne seit dem späten 18. Jahrhundert und der unmittelbaren Präsenz jahrhunderteweit zurückliegender Vergangenheiten in den Zeiten davor – so wie etwa eine „Geschichte der heiligen römischen Reichs Freyen Stadt Augsburg" in zwei Bänden (1743–1758) von Paul von Stetten mit größter Selbstverständlichkeit auf die Rechtsgrundlagen der Stadt im Mittelalter und auf die Goldene Bulle von 1356 als geltendes Recht verweist. Die Rede ist vielmehr von unserer subjektiven Zeiterfahrung und ihrem Verhältnis zu dem, was wir als objektive Geschichtszeit unserer reflektierenden Erinnerung zugrunde legen. Golo Mann hat gelegentlich vorgerechnet, dass sein eigener Geburtstag im Jahr 1910 nur eineinhalb Lebensalter von Goethes letztem Liebesabenteuer im Jahr 1823 entfernt lag, wenn man von der Lebenszeit Ulrike von Levetzows ausgeht, die 1899 hochbetagt starb; im subjektiven Zeitempfinden dürfte der Abstand allerdings mehr als ein Dutzend Generationen betragen. Subjektiv den entscheidenden Zeitschnitt legt der Moment des eigenen politischen Erwachens. In gewisser Weise ist vor diesem einzigartigen Moment des Bewusstwerdens alle Vergangenheit gleich weit entfernt. Wir ziehen dann nachträglich Achsen in diese uns fremden Zeiten ein, geleitet durch Tradition und Methoden, die uns ein Näher oder Ferner der Geschehnisse nahelegen – eine Achse zum Beispiel der familiären Erinnerung, die in der Regel bis zur Großvätergeneration und nicht weiter zurückgeht. Wir erweitern dann möglicherweise das familiäre Gedächtnis nach hinten, wenn die Familie etwa noch eine irgendwie „prominente" Persönlichkeit vorweisen kann, an die sich die Erinnerung klammert. Wir lernen das Denken in Kategorien der historischen Zeit im Geschichtsunterricht und stellen möglicherweise zwischen der ersten und der zweiten Achse eine Verbindung her. Aber wir lernen auch, in den Gedächtnissen der Institutionen zu denken, in denen wir tätig sind und die unser Leben mitbestimmen: der historischen Zeit der Stadt, in der wir leben; dem Gedächtnis einer Universität oder Verwaltungsbehörde, eines Staates oder – in früheren Zeiten – der herrschenden Dynastie. Sich zwischen diesen Zeitschienen zu bewegen, einzelne Punkte darauf zu verknüpfen – das lässt sowohl die vergangenen Geschehnisse wie unsere sogenannte Gegenwart in jeweils neuem Licht erscheinen, auch weil wir persönlich Erfahrenes in immer neuen Legierungen mit der vermeintlich objektiven Überlieferung verschmelzen. Ulrich von Hutten bleibt so für mich mit dem Erinnerungsbild des lehrenden Kaegi verbunden und mit der abstrakteren Vorstellung des nationalpolitischen Streits um geschichtliche Gestalten in der Weimarer Republik. Gewiss denke ich, wenn ich eine alte Postkarte von Michelangelos David in Florenz oder eine Abbildung von Manets Déjeuner sur l'herbe sehe, nicht augenblicklich an die entsprechende Diaprojektion in der Vorlesung von Joseph Gantner im Wintersemester 1964/65 in einem Basler Hörsaal – beim dritten oder vierten Blick darauf dann aber meistens doch. Wer es als akademischer Lehrer geschafft hat, durch sein erklärendes Wort die Situation der Übertragung von Wissen oder Erkenntnis im Ohr oder Auge des Zuhörers bzw. Betrachters zu verankern, dem ist es gelungen, „Überlieferung“ zu schaffen. So kommt die Beschäftigung mit der Vergangenheit zu einem Höchstmaß an Lebendigkeit.

Revolte oder Karriere. Studieren in München

Der Studienwechsel von Basel nach München bedeutete einen tiefen Einschnitt: von einer aus deutscher Sicht kleinen an eine sehr große und von einer noch ganz ehrwürdig beschaulichen Ordinarienuniversität inmitten eines alteuropäischen Stadtensembles zu einer Massenuniversität in einer von residenzstädtischen Funktionen, aber auch einer weitreichenden Industrialisierung geprägten Landeshauptstadt mit fast einer Million Einwohnern. Hier wurden manche Vorlesungen in Massenfächern wie der Germanistik von 300 bis 500 und einzelne Seminare von achtzig bis 120 Studierenden besucht. Zudem stand das deutsche Universitätssystem vor einem gewaltigen Umbruch – vielleicht dem größten in seiner 400-jährigen Geschichte, denn der Übergang von der vormodernen „Familien-Universität" (Peter Moraw) zur modernen „Forschungs-Universität" zwischen 1750 und 1850 hatte sich sehr langsam vollzogen. Vor allem ging es bei diesem aktuellen Umbruch erstmals nicht ohne vielfach gewaltsame Auseinandersetzungen innerhalb der heiligen Hallen ab.

Für mich persönlich war der Ortswechsel verbunden mit dem Wechsel von einem schmalen Einzelzimmer in dem kleinen, altmodischen, frequentierten Alumnat – der Ausdruck passt mit seiner Patina viel besser als der auf moderne Sachlichkeit und größere Zahlen hindeutende des „Studentenheims" – in einem Gebäude und in einer Straße aus dem 18. Jahrhundert in ein geräumiges Eckzimmer in der großbürgerlichen, aber inzwischen schon recht abgewirtschafteten Wohnung in der Münchner Friedrichstraße, die mein Großvater bei seinem Rückzug aus Berlin nach München 1936 angemietet hatte. Jetzt hauste darin während der Woche mein Vater zusammen mit meiner Germanistik studierenden Schwester und einem oder zwei weiteren studentischen Untermietern. Die Friedrichstraße verläuft parallel zur Leopoldstraße mitten in Schwabing und trug und trägt heute noch das Gepräge eines gediegenen Wohlstands, zumal die vereinzelten, aber massiven Kriegsschäden an den großen Mietshäusern aus der Zeit um die Jahrhundertwende inzwischen beseitigt waren. Nebenan, auf der Leopoldstraße und rund um den Wedekindplatz, existierte eine – überschaubare – heimische Künstlerszene aus bürgerlichen Literaten, dem Milieu des Kabaretts um die „Lach- und Schießgesellschaft" von Sammy Drechsel, Dieter Hildebrandt und Ursula Herking und auch noch um den altehrwürdigen „Simpl" in der Türkenstraße, vor allem aber aus dem Milieu des aufstrebenden jungen deutschen Films mit Werner Enke und Rainer Werner Fassbinder. Bei meinen abendlichen Rundgängen konnte ich gelegentlich unauffällig daherkommende Promis wie Erich Kästner oder Ingeborg Bachmann aus einem Lokal treten sehen, Bachmann in ihrer später oft beschriebenen Attitüde der zarten, schutzbedürftigen Hilflosigkeit zwischen zwei aufmerksam bemühten älteren Herren; und Kästner bepackt mit zwei Einkaufstüten in Begleitung seiner Freundin. Es gab noch Kneipen, in denen sich noch nicht – wie wenige Jahre später – die Vergnügungstouristen von überallher drängten, die sich wenige Jahre später auch über die mit Ständen fragwürdigsten Kunst- und Schmuckangebots gesäumte Leopoldstraße schoben. Dieser ganze Betrieb stand in den späten 60er-Jahren noch in den Anfängen. Die heute so durchgreifende Gentrifizierung gab es damals noch nicht. Aber das optische Erscheinungsbild von Ludwig- und Leopoldstraße sowie des Geschwister-Scholl-Platzes mit seinen Springbrunnenschalen zwischen den Flügeln des Universitätshauptgebäudes auf beiden

Seiten der Ludwigstraße litt bis 1972, dem Jahr der Olympischen Spiele, unter dem lärmigen U-Bahn-Bau.

Der Unterhaltungs- und Vergnügungsbetrieb wurde dominiert durch die zahlreichen Kinos, von denen viele ein anspruchsvolles- oder zumindest profiliertes Programm boten. Am Rande der Altstadt in der Theatinerstraße und am Odeonsplatz lagen die „Theatiner-Filmkunst" und das 2011 eingegangene „Filmcasino", im Zentrum Alt-Schwabings das „Occam" mit seinem exquisiten Angebot alter und exotischer neuer Filme. Im kleinen „Türkendolch", an der Ecke Türken-/Schellingstraße schräg gegenüber dem „Alten Simpl", konnte man sich alte und neue Western reinziehen, während das ABC- und das Leopoldkino an der Münchner Freiheit die ambitionierten neuen Filme brachten. Jeden Mittwoch fand im „Arri" nahe dem riesigen Neurenaissancekasten der Kunstakademie in der Nachtvorstellung um 23 Uhr ein auch von mir und meinen Freunden gern besuchtes Happening statt. Frustrierte Studierende, altgediente Doktoranden, Studienabbrecher und ein paar Sonstige brachten Trompeten, Trillerpfeifen und andere Lärmwerkzeuge mit und veranstalteten zu einer nie endenden Serie von Eddie-Constantine-Filmen ein geräuschvolles, die Handlung begleitendes und interpretierendes Spektakel. Dieses Unwesen endete erst lange nach Abschluss meines Studiums, als ein betrunkener Zuschauer seinem Vordermann eine Bierflasche auf den Kopf schlug und das Lichtspielhaus von jetzt ab Körperkontrollen am Eingang vornahm.

In den großbürgerlichen Wohnungen Schwabings und der Maxvorstadt gab es die traditionellen Studentenbuden in Untermiete, zunehmend aber auch die neuen Wohngemeinschaften ganz unterschiedlicher Prägung, vom rein pragmatischen Zusammenleben in einer einzeln oder gemeinschaftlich gemieteten Wohnung bis zu den politisch, lebens- und besonders sexualreformerisch ambitionierten „WGs". Sie machten in der bürgerlich-konservativen Presse Schlagzeilen, umso mehr, als sich aus ihnen sehr bald tatsächlich die Crème der entstehenden studentischen Protestbewegung rekrutierte. Ging man zu einer abendlichen Fete – das war damals der gängige Ausdruck – bei männlichen oder weiblichen Studienfreunden, so bekam man öfter mal einen Joint angeboten – allerdings nicht von meinen eigentlichen Freunden, sondern eher von deren Freunden oder Freundinnen. Mein eigener Bekanntenkreis reichte nur an den Rand dieses Milieus, er rekrutierte sich hauptsächlich aus der personenreichen Wohngemeinschaft meines ebenfalls in München studierenden Schulfreundes Severin, aus Arbeitskolleginnen und -kollegen am Historischen Seminar und aus Bekanntschaften, die sich in den Institutsbibliotheken von Geschichte und Kunstgeschichte sowie mitunter in den Hörsälen beim Anhören einer Vorlesung oder dem Besuch eines Seminars ergaben.

Die Neuere Geschichte an der LMU hatte seit 1948 ganz im Zeichen eines herausragenden Gelehrten gestanden: Franz Schnabel. Er war einer der bedeutendsten deutschen Historiker des 20. Jahrhunderts und politisch einer der einsichtigsten neben Friedrich Meinecke, der sich allerdings erst in seiner Lebensmitte zum Demokraten und Vernunftrepublikaner wandelte. 1949 geriet Schnabel nach einem kritischen Bismarck-Artikel noch in eine Kontroverse mit Gerhard Ritter, dem unverdrossensten Verfechter der kleindeutsch-protestantischen Tradition in der Historikerzunft, die sich insgesamt im „Dritten Reich" nicht eben mit Ruhm bedeckt hatte – wobei Gerhard Ritter selbst aus seinem ernsthaft-moralischen Nationalprotestantismus heraus in aktive Opposition zum NS getreten war. Schnabel resignierte schließlich gegenüber der penetranten

Energie Ritters und seiner Gesinnungsfreunde. Seine Isoliertheit in der Zunft in den 20er-Jahren und das Erlebnis der NS-Gewaltherrschaft hatten ihn wohl trotz seiner ursprünglichen liberalen Fortschrittsgläubigkeit, wie sie sich im Technikband seines Hauptwerks niedergeschlagen hatte, inzwischen kulturpessimistisch gestimmt. In München zog er sich – immerhin schon sechzig Jahre alt – weitgehend auf die Lehrtätigkeit zurück. Binnen kurzem galten dort seine Vorlesungen in der Großen Aula oder im Audimax als Ereignisse, zu denen nicht nur die Geschichtsstudierenden, sondern auch die sprichwörtlichen „Hörer aller Fakultäten" zu pilgern hatten. Sie beschrieben diese Vorlesungen später unisono als anschaulich, übersichtlich, aus der Tiefe eines umfassenden Überblicks über die gesamte Neuere Geschichte geschöpft, gespeist aus der Forschung, aber auch aus der Erfahrung des früheren Schulmannes, dass ein Publikum nicht überfordert werden dürfe. Schnabel verstand sich jetzt wesentlich als historisch-politischer Erzieher für eine Generation, die auch für ihr praktisches politisches Handeln dringend historischer Bildung bedurfte.

Leider kam ich zu spät nach München, um selbst noch eine seiner Vorlesungen hören zu können. Immerhin hatte ich noch in der Schulzeit einen starken Eindruck von ihm durch seine gelegentlichen Radiovorträge gewonnen. Auch um diese Vorträge wob sich bereits die Legende: Schnabel erschien jeweils zum vorgesehenen Zeitpunkt im Funkhaus, zog eine Karteikarte mit der Gliederung aus der Tasche und besprach dann frei, ohne sich jemals zu versprechen, und exakt terminiert seine 45 Minuten Sendezeit.

So bedeutend Schnabel war, so sehr wies seine dreizehnjährige Amtszeit am Institut auch ihre Schattenseiten auf. Schnabel konzentrierte sich ganz auf Vorlesung und Seminar.

Als Gelehrter alten Stils verließ er den heimischen Schreibtisch nur für seine Lehrveranstaltungen und Sprechstunden und um seinen Pflichten als Präsident der Historischen Kommission bei der Bayerischen Akademie der Wissenschaften nachzukommen. Seinen Literaturbedarf deckte er aus der eigenen Bibliothek, schließlich ging es jetzt nicht mehr um materialintensives Forschen, sondern um das neuerliche Durchdenken der ihm seit langem vertrauten Sachverhalte. Auch diese Bibliothek war mythenumwoben. So berichteten einzelne seiner Studierenden, Schnabel habe ihnen für ihre Seminar- und Qualifikationsarbeiten, ohne zu zögern, notwendige Werke, auch seltene Ausgaben, von zu Hause mitgebracht. Seine private Bibliothek war allerdings so umfassend nicht, wie die Fama sie gemacht hatte. Als studentische Hilfskraft fiel mir nach Schnabels Tod 1966 die Aufgabe zu, die Bestände zu inventarisieren. Sie repräsentierten eine typische, aber nicht außergewöhnliche Gelehrtenbibliothek ihrer Epoche. Sie enthielt viele Standardwerke zur deutschen und, wenn auch deutlich bescheidener, zur europäischen Geschichte der Neuzeit. Schwerpunkte lagen bei der Reformationszeit, über die Schnabel selbst gearbeitet hatte, und auf seinem hauptsächlichen Forschungsfeld, der deutschen Geschichte vom ausgehenden 18. Jahrhundert bis zur Bismarck-Zeit. Hinzu kamen einige ältere Quellenwerke und antiquarisch wertvolle Ausgaben sowie die deutsche belletristische Literatur vom ausgehenden 18. bis zum Ende des 19. Jahrhunderts – aber nichts mehr, was für Schnabel selbst zeitgenössische Literatur gewesen wäre. Insgesamt bot diese Bibliothek also ein Spiegelbild der geistigen Interessen des deutschen Bildungsbürgertums in seiner weltoffenen Ausprägung, mit einem klaren fachlichen Zentrum, aber auch – bei aller Weite – rückwärtsgewandt. Nach meinem Eindruck war die Bibliothek von Werner Kaegi sehr viel umfangreicher und entschiedener gesamteuropäisch ausgerichtet, mit deutlichen Frankreich- und vor allem Italien-Schwerpunkten. Allerdings stand Kaegi auch das weiträumige Stiftungshaus der Universität am Münsterplatz 4 zur Verfügung. Allein bis man zu dem geräumigen, bibliotheksartigen, aber keineswegs mit Büchern überfüllten Wohn- und Empfangszimmer mit dem Blick auf den Rhein vordrang, hatte man einen langen Flur zu durchschreiten, in dem sich ein großes Lexikonwerk an das andere reihte, von der Encyclopedia Britannica über den Grand Larousse bis zu etymologischen Wörterbüchern der italienischen Sprache. Franz Schnabel lehrte an einer Universität, die gerade mit großen Schritten ins Zeitalter der Studentenmassen eintrat – das war im Grunde ein unhaltbarer Zustand geworden, das Festhalten eines alten Mannes am Stil einer untergehenden Gelehrtengeneration. Die Berufung eines Nachfolgers erwies sich als äußerst schwierig und dauerte daher auch vier Jahre. Der zu dieser Zeit wahrscheinlich prominenteste Neuzeithistoriker und Herausgeber der Historischen Zeitschrift, Theodor Schieder, lehnte ab, in unüblich krasser Form, indem er seine Entscheidung über die Presse verbreiten ließ, bevor er das Ministerium informierte. Auch Karl Dietrich Erdmann in Kiel, Verfasser des Gebhardt-Handbuches zur deutschen Geschichte Band IV über die Weimarer Republik und das „Dritte Reich", lehnte ab. Für die beiden international angesehenen Historiker dürften dabei der desolate Zustand des Münchner Historischen Seminars und ein zu schmales Angebot maßgeblich gewesen sein. Nunmehr machte das Bayerische Kultusministerium Nägel mit Köpfen, teilte den Lehrstuhl und berief zunächst Fritz Wagner aus Marburg für die Frühneuzeit und ein Jahr später den Berliner Historiker Walter Bußmann für das 19. und 20. Jahrhundert. Beide Lehrstühle wurden jeweils mit einer Akademischen Rats-, drei Assistenten- und zahlreichen Hilfskraftstellen ausgestattet und der Etat für den überfälligen Neuaufbau der Bibliothek enorm erhöht. Zum Sommersemester 1967 bezog das Institut einen angemieteten Neubau in der Ainmillerstraße 8, etwa zehn Gehminuten vom Hauptgebäude entfernt inmitten des betriebsamsten Schwabing. Versprochen war der alsbaldige Neubau eines Historicums, in dem dann alle geschichtswissenschaftlichen Abteilungen vereinigt werden sollten. Es dauerte allerdings bis 2002, dass an der Ecke Türken-/Schellingstraße die versammelte Historikerschaft einziehen konnte.

Das Gebäude in der Ainmillerstraße bot nun zwar mit fünf Stockwerken und rückwärtigen Anbauten genug Raum für die Lehrstühle und Bibliotheken für Neuzeit, Mittelalter, die Münchner Besonderheit „Bildungsgeschichte" und die Osteuropäische Geschichte. Da es aber als Geschäftshaus geplant worden war, erwies es sich für die universitäre Nutzung als einigermaßen unpraktisch. Aber insgesamt war nun doch der Schritt aus dem Nachkriegsprovisorium mit dem bedeutenden Einzelgänger Franz Schnabel in ein Institut getan, das den Andrang der Studierenden zumindest im Prinzip bewältigen konnte. Die für heutige Verhältnisse unvorstellbar große Zahl der Assistenten übernahm jetzt die Einführungsveranstaltungen – und es zeigte sich bald, dass damit keineswegs eine Überversorgung eintrat.

Fritz Wagner hatte in München studiert und sich habilitiert, hatte aber auch, nicht zuletzt aus religiösen Gründen, Distanz zum NS-Regime gewahrt, den Eintritt in die NSDAP abgelehnt und damit zunächst auf die Berufungschancen auf eine Professur im „Dritten Reich" verzichtet. Materiell war er über die Runden gekommen, weil seine Frau, Tochter eines pietistischen Elberfelder Bankiers, wesentlich zum Unterhalt beigetragen hatte. 1947 war er auf den Marburger Lehrstuhl von Wilhelm Mommsen berufen worden, dem einzigen Ordinarius für Neuere Geschichte, der nach 1945 seines Amtes enthoben worden war. Wagner war kein Kämpfer, wie sich in den Studentenunruhen zeigen sollte, aber er hatte sich mit einer gewissen eleganten Raffinesse dem Zugriff des NS-Regimes entzogen. Die Vorlesungen des Münchner Privatdozenten vor 1945 waren laut dem späteren Bericht einer Freundin meiner Mutter, die ihn Anfang der 40er-Jahre gehört hatte, sehr wohl auf einen „nationalen" Grundton gestimmt. Aber sein Geschichtsbild war, durchaus im Einklang mit der älteren Lehrtradition der deutschen Neuzeithistoriker, gesamteuropäisch ausgerichtet, mit einer Erweiterung zur Weltgeschichte durch eine Vorlesung zur Geschichte des britischen Weltreichs. Darüber hatte er selbst eine Vorlesung bei Karl Alexander von Müller gehört, und jetzt hörte ich seine Vorlesung gleichen Titels. Außerdem besuchte ich seine Vorlesung über französische Geschichte im Zeitalter des Absolutismus, profitierte aber auch von der Lektüre eines von ihm im Alber Verlag 1951 herausgegebenen Bandes „Geschichtswissenschaft" mit zentralen Texten zur Geschichtstheorie von Thukydides bis Jacob Burckhardt. Beste Voraussetzungen also, bei ihm ein planvolles und breit fundiertes Geschichtsstudium fortzusetzen. Aber Wagner war als Persönlichkeit zu verbindlich-höflich und zurückhaltend – was er gern als „liberal" deklarierte – und als Forscher und in der Lehre zu wenig eindrücklich, um mir wirklich als Vorbild für meine eigene Berufslaufbahn zu dienen.

Nach dem Magisterabschluss 1969 rückte ich auf eine Stelle mit der amtlichen Bezeichnung „Wissenschaftliche Hilfskraft mit den Bezügen eines Verwalters der Dienstgeschäfte eines wissenschaftlichen Assistenten" vor. In dieser Eigenschaft „begleitete“ ich im Sommersemester 1969 das Wagner’sche Hauptseminar über die Französische Revolution. Er dachte dabei vor allem an Robespierre und Danton und ihren Streit. Der Seminarplan, den ich erstellte, sah aber möglichst viel Strukturgeschichte vor, von der Agrarkrise über die Grande Peur bis zur Sozialstruktur der Jakobinerklubs. Dieser Seminarbegleitung verdanke ich die Einarbeitung in dieses Grundthema der Neueren Geschichte, ohne die ich mich später nicht an die Edition eines der ungedruckten „Hauptwerke“ von Jacob Burckhardt gewagt hätte, der „Vorlesung über das Revolutionszeitalter“.

Wagner pflegte mit seinen Mitarbeitern, den älteren aus Marburg mitgebrachten und mir als jungem Neuzugang – insgesamt drei Assistenten und einem akademischen Rat – jeden Donnerstag um 13 Uhr, nach Seminar und Sprechstunde und vor der zweistündigen Vorlesung von 15 bis 17 Uhr, in der nahegelegenen Gaststätte Leopold Mittag zu essen. Dort kamen die

Der Frühneuzeithistoriker
Fritz Wagner,
ca. 1960er-Jahre

üblichen Themen zur Sprache: die Seminare, Zahl, Qualität und Verhalten der Studierenden – ein wenig, nur sehr oberflächlich, Politik, Nachrichten aus dem Kulturleben, Fragen der Hochschulpolitik. Nicht zur Sprache kam das „Dritte Reich" und schon gar nicht die Einstellung und das Verhalten einzelner Akteure damals. Wagner war Frühneuzeithistoriker und hielt sich aus allen zeitgeschichtlichen Debatten heraus – und das, obwohl er sich selbst nichts vorzuwerfen hatte – außer allenfalls, dass er unter dem Druck der finanziellen Notlage der Privatdozenten seit 1940 mehrfach und dringlich, aber vergebens um die Aufnahme in die Partei gebeten hatte. Das Konkreteste, was ich selbst jemals von Wagner am Mittagstisch über die problematische Vergangenheit zu hören bekam, war der Ausdruck seines Erstaunens darüber, als wie nationalistisch er die „verba magistri" seines Lehrers Oncken empfunden habe, als er jetzt, nach vierzig Jahren, wieder einmal in seine damaligen Mitschriften geschaut habe. Uns Mitarbeitern wäre es nicht eingefallen, Wagner nach Erlebnissen oder gar Einstellungen aus der Zeit des „Dritten Reichs" zu fragen. Wenn sein ältester und vertrautester Assistent, Harm-Hinrich Brandt, das Thema einmal eher beiläufig anschnitt, kam es nach meiner Erinnerung zu keinerlei nennenswerter Rückäußerung. Von Wagners Seite war dabei sicherlich auch bewusste Vermeidungsstrategie am Werk, aber nicht nur. Die Zeitgenossen sprachen einfach nicht darüber, auch wenn sie nichts zu verbergen hatten – es sei denn, sie wurden ausdrücklich auf- oder herausgefordert. Dann konnten sie äußerst dünnlippig werden, wie es etwa von dem allseits verehrten Mediävisten Hermann Heimpel überliefert ist. Zwar bekannte Heimpel hie und da in öffentlicher Rede, seine „Generation" habe sich „schuldig gemacht". Persönlich von Studierenden darauf angesprochen, konnte er dabei aber sehr unangenehm werden; so jedenfalls berichtete mir einmal Hans-Ulrich Wehler am Telefon und ging dann zügig zu fragwürdigen Texten von Werner Conze aus dem „Dritten Reich“ über, die er, Wehler, nach ersten Lektüreeindrücken schleunigst wieder weggelegt habe. Aber auch von Seiten der Jüngeren war dabei nicht nur Feigheit oder interessengeleitetes Wohlverhalten im Spiel, sondern auch die Ignoranz und das Desinteresse der „Kinder“ gegenüber den Erlebniswelten und Erfahrungen ihrer „Eltern“. Zudem verbot sich im Umgang mit solchen älteren Herren ein ins Persönliche hinüberführendes Gespräch, auch wenn das Zeitalter des Duzens zwischen Professoren und Studierenden bei den jungen Dozenten gerade anbrach. Schließlich hatte man „Respektspersonen“ vor sich, die das auch bei engen Arbeitszusammenhängen und gelegentlichen – sehr seltenen – privaten Kontakten blieben. Was das Leben und die Schriften älterer Professoren anging: Mit Heimpel-Werken hatte ich im Studium bereits eine befremdliche Erfahrung gemacht. Ohne mir irgendetwas dabei zu denken, hatte ich für eine mediävistische Seminararbeit Ende der 1960er-Jahre ein Buch von Heimpel aus dem Jahr 1938 aus der Münchner Staatsbibliothek bestellt. Heimpels Name war mir geläufig, weil ich kurz zuvor in seinem Kindheits-Erinnerungsbuch „Die halbe Violine“ (1919) geschmökert und dieses charmant, wenn auch nicht besonders ergiebig gefunden hatte. Ich staunte dann nicht schlecht, als ich im Vorwort von „Deutschland im Mittelalter“ eine Eloge auf den „Führer“ und auf das „Dritte Reich“ las, das Glanz und Macht des deutschen Reichs der Stauferzeit wiedererstehen lasse. Damals wunderte ich mich erstmals über die Leichtigkeit, mit der mancher Historiker die Zäsur des Jahres 1945 hatte überspringen können. Mit meinen Erfahrungen am Mittagstisch mit Wagner habe ich dieses Erlebnis später aber auch nicht zusammengebracht.

Mein Verhältnis zur Studentenrevolte seit 1967 war anfangs zwiespältig. Als Geburtsjahrgang 1944 und als Inhaber einer materiell wie intellektuell überaus nützlichen Hilfskraft- und seit 1969 Assistentenstelle an einem Lehrstuhl mit wohltuend freier Arbeitsatmosphäre war ich eigentlich schon zu alt und zu „etabliert“, um mich der Revolte anzuschließen. Zudem waren meine persönlichen Erfahrungen mit der Universität bis dahin – wie auch später – überwiegend positiv. Andererseits fand ich, geprägt vom desaströsen universitären Schicksal meines Vaters, den Satz des früheren überzeugten Nationalsozialisten und später glaubhaft demokratisch gewendeten, intellektuell brillanten und allseits hochgeschätzten Göttinger Mediävisten Hermann Heimpel inmitten der Turbulenzen, die deutsche Universität sei „im Kern gesund“, skandalös. Zwar teile ich auch heute noch Jakob Burckhardts Überzeugung, dass die Universität eine „metaphysische Notwendigkeit“ sei, doch als Historiker weiß ich, dass auch der zwingendsten metaphysischen Notwendigkeit immer wieder in sehr ungenügender Weise Genüge getan wird. Dass unter den Talaren vielfach noch der „Muff von tausend Jahren“ steckte, war nicht zu bezweifeln. Aber dieser Eindruck stützte sich weniger auf eigene Erfahrung als auf das, was es über vielfache Missstände zu hören und zu lesen gab. Der eine oder andere persönliche Eindruck kam freilich hinzu.

Der notorische Andrang der Studierenden zu den Lehrveranstaltungen der Ordinarien und die krasse Hierarchie zwischen den Lehrstuhlinhabern mit Sekretariat und Mitarbeiterstäben von bis zu zwölf Personen einerseits und Nichtordinarien ohne jede Ausstattung, bei den Privatdozenten auch nach wie vor praktisch ohne Besoldung, erschienen mir inakzeptabel und auch dysfunktional. Hinzu kam der manchmal unerträglich ambitiöse und selbstherrliche Auftritt mancher Pultstars. Der

Mit Assistentenkollegen
im Biergarten, um 1975

Germanist Hermann Kunisch etwa schwadronierte zunächst in der überfüllten Aula der Münchner Universität über Beethovens 9. Symphonie, die „wie ein Felsblock mitten in der Landschaft des 19. Jahrhunderts“ stehe. Danach besann er sich, dass er ein Buch, aus dem er zitieren wollte, in seinem Büro zwei Stockwerke höher vergessen hatte, forderte einen Hilfsassistenten auf, es zu holen und rief ihm, als er durch den Mittelgang den langen Weg von der ersten Reihe zum rückwärtigen Ausgang strebte, noch nach: „Und gießen Sie die Zimmerpflanze, sie dürstet.“

Beim Besuch der selbst im Audimax immer überfüllten Vorlesungen des unzweifelhaft bedeutenden und übrigens auch gegenüber den Traditionen seiner Zunft im 20. Jahrhundert kritischen Germanisten Walter Müller-Seidel schwankte ich zwischen Faszinierheit von den gebotenen Inhalten und der

Ablehnung des ans Groteske streifenden Auftritts. An seinem Platz angekommen, warf sich Müller-Seidel mit seinem ganzen langen Oberkörper tief gebeugt über das Pult und verlas einen publikationsreif ausgefeilten Text, wobei er in einer Dreiviertelstunde höchstens vier oder fünf Mal einen scheuen Blick ins Publikum wagte und seinen Lesefluss nur immer wieder einmal mit einem pedantischen Literaturhinweis unterbrach – „vgl. unser Schriftenverzeichnis Nr. 127".

Zählte Müller-Seidel zu den „Leuchttürmen" der Geisteswissenschaften an der LMU, so ließ sich das von dem Mittelalterhistoriker Johannes Spörl nicht sagen. Er hatte zwar als bewusster Katholik dem NS-Regime ablehnend gegenübergestanden, sich aber nur geringe wissenschaftliche Verdienste erworben. Seine abendlichen Seminare arteten regelmäßig in gesellige Veranstaltungen aus, die ab einem bestimmten Zeitpunkt den Charakter von Besäufnissen annahmen. Seine Mitarbeiter hatten sie bis zum Abschluss gegen 1 oder 2 Uhr morgens durchzustehen, oft dann auch in der professoralen Küche, vor dem Eisschrank mit den harten Getränken. Wer sich nach etwa 22 Uhr noch verabschieden wollte, musste damit rechnen, ernstlich angeraunzt zu werden. Für Prüfungskandidaten empfahl es sich dringlich, vor dem Tag der Wahrheit mindestens einige dieser Sitzungen absolviert zu haben – so jedenfalls ging die Rede. Ich selbst unterzog mich der Prozedur einmal kurz vor dem Rigorosum, zog um Mitternacht trotz aller vorherigen Warnungen von Kollegen Leine, wurde aber am nächsten Morgen angeraunzt, weil ich zur Terminabsprache vorsichtshalber nicht wie vereinbart um 8, sondern erst um 9 Uhr angerufen hatte.

Dann gab es da einen ungemein vitalen und auch originellen Ordinarius für Bayerische Geschichte, Karl Bosl, und seine mit achtzig oder hundert Studierenden überfüllten Hauptseminare in einem großen Hörsaal. Er rückte an der Spitze von sechs oder sieben Mitarbeitern aus Uni und Akademie an. Diese mussten in der ersten Reihe sitzen, sich als „Heiducken" anreden und gelegentlich abfragen lassen. Im Grimm'schen Wörterbuch liest man dazu: „Heiducken ... in Ungarn heimischer Volksstamm, der in seiner Nationaltracht vornehmlich am Hof von Ungarn und Polen Kriegsdienste leistete" – der Wortstamm „Duck- ... ducken" kommt hier nicht von ungefähr. Wenn sich ein Mitarbeiter erdreistete, nicht anwesend zu sein, überzog ihn der Professor mit Drohungen über seine fernere Zukunft. Üblicherweise las ein Student sein Referat in rund sechzig von den neunzig Seminarminuten vor. Der Rest der Zeit verging mit Hinweisen des Professors vor allem darüber, wo, wann und was er selbst zu dem behandelten Thema publiziert hatte. Alle anderen Studierenden, die ebenfalls ihre Referate geschrieben hatten, waren zur Rolle des reinen Zuhörers verdammt. Hier ist bei mir eine Allergie entstanden – und eine klare Vorstellung davon, wie man es nicht machen soll.

Derselbe Großordinarius trug freilich auf zwei Schultern. Hochetabliert, wie er war, schleppte er doch noch ein gewisses Rebellentum mit sich herum. Wissenschaftlich mochte es sich aus seinem Selbstverständnis als moderner Gesellschaftshistoriker und daher Außenseiter in einer noch überwiegend politikgeschichtlich orientierten Zunft begründen, biografisch aus seinem Aufstieg aus einfachen Verhältnissen und aus dem Schuldienst im Bayerischen Wald. Einer seiner Studenten, der später bei ihm das Staatsexamen ablegte, war Günther Kopp, Anführer der gegen den professoralen Muff von tausend Jahren rebellierenden Fachschaft Geschichte, ein begnadeter Büttenredner und als Fachschaftssprecher auch Mitglied des Fakultätsrats. Als eines Tages der Umgang mit den Störungen der Lehrveranstaltungen durch Studierende auf der Tagesordnung stand, nahm er die Beratung heimlich mit einem Tonbandgerät auf und spielte die Aufnahme anschließend vor der gleichzeitig anberaumten Vollversammlung der Geschichtsstudierenden ab. Als Fritz Wagner daraufhin die Relegation des Studentenvertreters verlangte, steckte der Großordinarius dem Studentenvertreter diese Information, woraufhin die Fachschaft dazu aufrief, Wagners Vorlesung zu sprengen. Die Agitation lief nicht nur unter den Geschichtsstudierenden, sondern auch durch die Münchner Studentenheime, sodass sich ein großer Teil der Münchner Protestszene im Hörsaal 133 des Hauptgebäudes einfand und den von den Eingängen aus amphitheatralisch nach unten zum Pult hin abfallenden Saal bis zum letzten Stehplatz füllte. Ich saß in einer der unteren Reihen und empfand die Atmosphäre in dem bereits vor dem Eintritt des Professors in fieberhafte Erregung versetzten Auditorium als ausgesprochen bedrohlich, zumal abzusehen war, dass die ganz hinten postierten Aktivisten die Ein- bzw. Ausgänge jederzeit blockieren konnten. Wagner arbeitete sich durch die dichten Reihen der Protestierer nach unten zum Pult vor und begann seine Vorlesung, die nach wenigen Sätzen durch Buhrufe und Trillerpfeifen unterbrochen wurde. Kopp schwang sich aufs Podium vor das Mikrofon und trug – durchaus wirkungsvoll – seine Anklagerede vor. Anschließend erhielt Wagner noch einmal das Wort, es gab ein kurzes Hin und Her, bevor der soignierte alte Herr sein Manuskript wieder einpackte und sich durch die tobende Menge – physisch unbehelligt – zum Ausgang schob. Günther Kopp absolvierte übrigens unrelegiert sein Staatsexamen und wirkte später als wohlbestallter Geschichtslehrer an einem bayerischen Gymnasium.

Eine ähnliche Szene im selben Hörsaal erlebte ich auch in einer Imperialismus-Vorlesung von Walter Bußmann. Der hatte sich freilich keiner Untat wie Wagner schuldig gemacht. Die universitätsweite Protestszene fehlte, es handelte sich um eine ganz „normale" Störung. Der Vortragende sollte vom Pult gedrängt werden, um Platz zu machen für eine politische Agitationsrede nach dem Motto: „Was interessiert uns der Imperialismus von damals angesichts des heutigen, viel schlimmeren". Bußmann war allerdings nicht der schmale, distinguiert-elegante, nach außen zurückhaltende ältere Gelehrte wie Wagner, sondern ein ehemaliger Generalstäbler, vital, umgänglich und mit einer kraftvollen preußischen Offiziersschnarre ausgestattet. Er schob nach wenigen Sätzen den studentischen Redner vom Mikrofon, erklärte mit dröhnender Stimme und großer Geste, er habe am Vorabend im Schweiße seines Angesichts die Vorlesung bis tief in die Nacht hinein für die hier anwesenden ernsthaft Studierenden vorbereitet und wolle sie jetzt auch halten. Angesichts des kämpferisch-kraftvollen Auftritts des Profs und des heftigen Applauses der hör- und mitschreibwilligen Studierenden – darunter auch ich – gaben der Agitator und seine in diesem Fall nur wenigen Anhänger auf und verließen den Saal. Solche Szenen, die sich auch in den Seminaren abspielten, häuften sich im Sommer 1968 universitätsweit, von der zeitweiligen Besetzung des Rektorats und von Fakultätsbüros ganz abgesehen. Nicht jeder der meist älteren Herren – Frauen auf Professorenstellen waren noch die große Ausnahme – war zum Kämpfer geboren wie Bußmann oder der 1972 von der Freien Universität Berlin nach München berufene Thomas Nipperdey.

Ein ungutes Gefühl bekam ich auch, wenn ich gelegentlich eine der studentischen Vollversammlungen besuchte. Hier war dann die gesamte universitäre Protestszene versammelt. Vertreter der gemäßigten Studentenvereinigungen tauchten entweder erst gar nicht auf, oder sie wurden in kurzer Zeit von den aus-

Kundgebung gegen die Notstandsgesetze, Alter Botanischer Garten, 28.5.1968

gebufften radikalen Agitatoren und der erregten Menge ihrer Anhänger im Publikum vom Podium vertrieben. Eine Chance, mit ihren Positionen durchzudringen oder sie auch nur vortragen zu können, hatten sie nicht, dafür war die studentische Vollversammlung nicht der richtige Ort.

Manchmal ging ich zu Podiumsdiskussionen mit Aktivisten der Studentenbewegung. Ich erinnere mich an eine Diskussion mit einem der Brüder Wolff über die Russische Revolution. Ob es der spätere Cellist war oder der spätere Verleger von Stroemberg/Roter Stern mit seinen exquisiten Editionen der Werke Hölderlins und Kafkas, aber auch des nordkoreanischen Diktators Kim Il Sung, kann ich leider nicht mehr sagen. Der Redner beklagte, wie der Sozialismus durch die imperialistischen Kräfte systematisch unterdrückt worden sei. Ein beherzter Student wagte dagegen die Frage, wie der Redner die Stalin'sche Kulakenverfolgung und die Moskauer Schauprozesse beurteile. Die Antwort, derlei sei als Reaktion auf den Einmarsch der imperialistischen Mächte und ihren Kampf gegen die Russische Revolution um 1920 zurückzuführen, überzeugte mich nicht. Überhaupt irritierte mich das Geschichtsbild der neomarxistisch inspirierten politischen Bewegung. Die Niederschlagung des Ungarn-Aufstands und die Unterdrückung der polnischen Unruhen von 1956 lag gerade zwölf Jahre zurück und dass die Erinnerung an den Bau der Berliner Mauer und den Grenzstreifen quer durch Deutschland im Sommer 1961 völlig verschwunden zu sein schien, ging über mein Verständnis.

Als ich an der gewaltigen zentralen Demonstration gegen die Notstandsgesetze teilnahm, war ich zunächst überzeugt, das Richtige zu tun, ohne freilich über die Hintergründe und die einzelnen Bestimmungen wirklich Bescheid zu wissen. Der Staat schränkte gerade in einer vor dem Hintergrund der deutschen

Geschichte bedenklich erscheinenden Weise die Freiheitsrechte ein – so jedenfalls lautete die allgemeine Meinung. Er usurpierte Macht, und dass er sich damit in bedrohlicher Weise als „autoritär" erwies, war selbstverständliche, nicht weiter hinterfragte Überzeugung in der aufgeklärt-fortschrittlichen Studentenschaft, zu der ich mich zählte. Der Demonstrationszug, der sich durch die Ludwigstraße schob, war endlos. Mehrfach schlossen sich große gewerkschaftliche Gruppen an, was jeweils als Akt der Solidarisierung jubelnd begrüßt wurde. An diesem Tag spürte ich aber auch den aufputschenden Sog, sich mit einer „Masse" einig zu fühlen, und die enthemmende Machtsuggestion, die von ihr ausgeht. In welchem Umfang die Vorstellung von „Masse" eine Abscheukonstruktion ist, dazu gedacht, den in der bürgerlichen Vorstellungswelt bis dahin meist unterbürgerlichen Partizipanten einer solchen Masse Individualität und Personalität abzusprechen, begriff ich erst wirklich, als ich in den 70er- und 80er-Jahren die großartigen Aufsätze meines langjährigen Assistentenkollegen Klaus Tenfelde über die Bergarbeiterschaft im 19. Jahrhundert las. Sie eröffneten mir einen ganz neuen Blick auf die soziale Welt im Industriezeitalter. Schließlich hatte ich noch als Schüler im Geiste des verbreiteten bürgerlichen Kulturpessimismus Ortega y Gassets Bestseller über den „Aufstand der Massen" von 1929 gelesen. Der Massenaufmarsch in der Ludwigstraße befriedigte damals zwar mein antiautoritäres Ressentiment. Aus dem Jahr 1968 geblieben ist mir aber auch die Einsicht, dass die Teilhabe an einer solchen „Masse" einen dubiosen Bewusstseinszustand von „Gemeinschaft" und Macht suggerieren kann.

Zudem war ich im Sommer 1968 Zeuge eines abstoßenden Happenings im Lichthof der Münchner Universität. Walter Bußmann hielt bei einer Erinnerungsfeier für die „Weiße Rose"

Demonstrierende mit Transparenten und Plakaten in der Luisenstraße, Mai 1968

Störung der Gedenkfeier für die Geschwister Scholl im Lichthof der LMU, 23.2.1968.

die Rede. Nach wenigen Sätzen unterbrach ihn ein präzise einsetzendes Höllenspektakel aus Trillerpfeifen, Sprechchören, Gebrüll und von der Galerie geworfener Spruchbänder. Bußmann hielt mit der Stimme eines preußischen Generalstabsoffiziers – plus Mikrofon – dagegen, musste dann aber doch aufgeben. Im Lichthof herrschte Chaos. Und niemand kümmerte sich um den sehr alten Herrn, der verstört durch die aufgewühlte Menge stolperte – den Vater von Sophie und Hans Scholl. Dieses Bild hat sich in mir festgesetzt.

Für mich entschärfte sich die Frontstellung gegen die alte „Ordinarienuniversität", deren Vorzüge ich neben ihren Nachteilen noch mitbekommen hatte, durch einen tiefgreifenden Stilwandel des universitären Lebens. Er hatte wenig mit der Studentenrevolution, aber viel mit dem Vordringen der um 1930 geborenen, später so genannten „Flakhelfergeneration" auf die Professorenstellen zu tun. Diese Generation erlebte die 1950er-Jahre laut einem Wort des Mediävisten Arno Borst als „euphorischen" Aufbruch in eine vom angelsächsischen Vorbild geprägte Ära des überfälligen Traditionsabbaus und der Demokratisierung. Im Zuge der von Georg Picht losgetretenen Debatte um die deutsche „Bildungskatastrophe" mit zu geringen Abiturienten- und Studentenzahlen und veralteten Methoden sowie Inhalten der Lehre diskutierte und initiierte sie bereits seit den frühen 60er-Jahren grundlegende Reformen im Universitätswesen. Außerdem trug ein persönlicher Faktor dazu bei, dass ich die studentische Bewegung immer kritischer sah.

Seit dem Wintersemester 1969/70 hielt ich regelmäßig ein eigenes Proseminar. Da es am Montag von 9 bis 11 Uhr stattfand, zu einem Zeitpunkt also, zu dem Institut und Universität von Woche zu Woche noch nicht geklärt hatten, wie sie sich gegenüber eventuellen Störungen verhalten wollten, bekam ich in meinem Proseminar mehrfach den Störungswillen der Protestszene zu spüren, wenn eine neue Aktionswoche angesagt war. Da ich einige „revolutionsbewegte“, zum Teil auch gleichaltrige Studierende gut kannte und manche der hochschulpolitischen Forderungen nach wie vor berechtigt fand, versuchte ich es zunächst mit dem Zulassen langer Debatten über diese Fragen, um dann aber doch auf die geordnete Abhaltung des Seminars zu bestehen. Das eine oder andere Mal ging es mit diesem Verfahren gut, dann aber verschärfte sich die Konfliktlinie, da die Störer das Prinzip durchschauten und ich selbst auf der anderen Seite des Palaverns müde wurde und mein mir wichtiges Seminar abhalten wollte. Zum Konservativen wurde ich dadurch nicht. Die Universität musste reformiert werden, ein Prozess, der allmählich – und mit teilweise auch fragwürdigen Folgen – immer mehr Fahrt aufnahm. Gleichzeitig radikalisierte sich die 68er-Protestbewegung um 1969/70 und mündete mit ihren radikalsten Vertretern in den RAF-Terrorismus, der das öffentliche Leben in Bann schlug und erst mit dem Suizid Meinhofs 1976, der Entführung der Landshut ein Jahr später, dem dann gescheiterten Versuch, die RAF-Häuptlinge freizupressen, und dem Selbstmord von Ensslin, Baader und Raspe im Oktober 1977 vorläufig endete.

Wie schon in Basel, besuchte ich auch in München Vorlesungen und Seminare in Kunstgeschichte, immer noch eher en passant als in der Absicht, daraus ein prüfbares „Nebenfach“ für eine Promotion zu machen. Von einer Freundin hörte ich, man habe unbedingt in die Vorlesung von Erich Hubala zu gehen, der als vom Ordinarius Wolfgang Braunfels missgünstig angesehener Privatdozent am Institut eine untergeordnete Rolle spiele und ein charismatischer, allerdings auch persönlich schwieriger akademischer Lehrer sei. Ich ging also in seine Vorlesung – er las gerade über „Münchner Kirchenbauten". Der große und moderne Hörsaal im neugebauten Nordtrakt des Hauptgebäudes, in dem sich auch das Institut und seine Bibliothek befanden, war bis zum letzten Platz besetzt und erfüllt von einem gespannt-erwartungsvollen Stimmengewirr, bis der Dozent straffen Schrittes, wenn auch auf kurzen Beinen, eintrat und sich während der Abdunkelung des Raumes für den Lichtbildervortrag atemlose Stille über das Auditorium senkte. Die markanten Gesichtszüge des Redners mit den angestrengt hochgezogenen Augenbrauen wurden, wenn er sich von seinem Manuskript weg und mit dem Zeigestock in der Hand den an der Wand hinter ihm projizierten Abbildungen zuwandte, von der Pultlampe zuckend und mit einer leicht dämonischen Anmutung ausgeleuchtet. Die Rede floss keineswegs stolperfrei dahin, ein leichter böhmischer Akzent und zahlreiche Austriazismen verliehen der Sprache einen exotischen Anflug. Manchmal setzte ein kurzes Stottern ein und markierte einen Moment gesteigerter Konzentration des Redners und besonderer Bedeutung des Gesagten. Hie und da lösten Bild und zugehöriges Wort bei mir geradezu Erleuchtungserlebnisse des Sehens und Begreifens aus. Dann lag für mich tatsächlich so etwas wie die Suggestion im Raum, es spreche, wenn auch stockend und mit den Worten ringend, der Weltgeist persönlich. So widerfuhr es mir mehrfach, wenn der Dozierende etwa eine Bernini-Figur besprach oder Grund- und Aufriss von San Andrea in Mantua diskutierte. Wenn ich dann, möglichst gleich im Anschluss an die Vorlesung, die entsprechenden Passagen etwa in Pope-Hennessy's kapitalem dreibändigen Werk über die italienische Plastik nachlas, stellte ich freilich fest, dass der Weltgeist sich schon sehr viel früher einmal schriftlich und in einer nüchterneren Form zu dem Thema geäußert hatte. Das gab momentan einen Stich der Enttäuschung, hinderte aber nicht, dass ich auch der nächsten Vorlesung mit unverändert gespannter Aufmerksamkeit folgte. Der Andrang zu Hubalas Seminaren war groß, und er konnte es sich leisten, hohe Zugangshürden zu errichten. Es gelang mir aber, mit Hinweis auf mein Hauptfach Geschichte in ein Hauptseminar über den Salzburger Barock aufgenommen zu werden. Zu liefern hatte ich eine Seminararbeit über den Bau der Kollegienkirche von Fischer von Erlach, wobei mir als Historiker aufgegeben wurde, den Anteil des Bauherrn, des Erzbischofs Ernst von Thun, an Bauplanung und Entwurf besonders herauszuarbeiten. Die mehrtägige Salzburg-Exkursion, die an das Seminar anschloss, bildete mit dem Augenschein an Ort und Stelle in den diversen Kirchen, in der Residenz und im Schloss Mirabell im sommerlich-heißen Salzburg und mit den langen abendlichen Diskussionen in den Räumen des dortigen Kunsthistorischen Instituts den letzten Exkursionshöhepunkt meines Kunstgeschichtsstudiums.

In einer dieser Vorlesungen sah ich auch zum ersten Mal meine baldige Freundin und spätere Frau, Barbara Heine. Sie studierte Kunstgeschichte, Archäologie und Paläografie, hatte ihre ersten kunstgeschichtlichen Gehversuche noch in einem Proseminar bei Hans Sedlmayr gemacht, mit großer Begeisterung und lebenslanger Geschmacks- und Methodenprägung ein Bernini-Hauptseminar mit Romexkursion bei Hubala absolviert und saß jetzt in der Vorlesung etwa auf derselben Höhe rechts einige Plätze seitwärts von mir. So weit ging das Geschehen am Pult und an der Projektionswand dann doch nicht, dass mir die aufmerksam vorgebeugt dasitzende, auf Anhieb sympathische Gestalt in dem knapp sitzenden blauen Jäckchen und mit dem reizenden Profil entgangen wäre. Mein Glück – und bald auch

Kummer – wollte es, dass sie im Vorraum des Kunsthistorischen Seminars regelmäßig die Bibliotheksaufsicht führte, wo man sie unkompliziert ansprechen und kennenlernen konnte. Solche Gelegenheiten suchte ich nun häufig, vor allem am Abend bis zur Schließung der Bibliothek um 21 Uhr. Es ließ sich gut mit ihr plaudern, denn sie hörte aufmerksam zu, war selbst nicht auf den Mund gefallen und verfügte über einen raschen, wohltuenden Witz. Meine häufigen Besuche und langen Bibliotheksaufenthalte, für einen Nebenfächler eher ungewöhnlich, schienen ihr zuzusagen, und so ergab sich eins aus dem anderen. Allerdings bereitete es mir zeitweise doch Kopfzerbrechen, dass auch andere, ihr fachlich sehr viel näherstehende und offensichtlich wohlvertraute Kommilitonen solche Unterhaltungen im ansprechenden und unaufwendigen Bibliotheksambiente und überhaupt ihre Gesellschaft schätzten. So musste ich dann vor allem an Donnerstagabenden zusehen, wie sie inmitten einer sichtlich vertrauten und eingespielten Truppe verschwand, um, wie ich später erfuhr, die Abendöffnung der Alten Pinakothek zu nutzen und gemeinsam und gründlich besonders geschätzte Bilder zu analysieren.

Es dauerte daher noch drei Jahre, bevor die beiderseitigen „Nebengeräusche" verklungen waren und wir uns endgültig zusammentaten und noch einmal weitere Jahre, bevor wir 1974 heirateten. Mit dem Heiraten hatte man es in unserer Generation schon nicht mehr so eilig und bei mir spielte altmodischerweise noch eine Rolle, dass ich es erst „zu etwas gebracht", d.h. promoviert und eine vergleichsweise solide Assistentenstelle erreicht haben wollte, bevor ich mich auf dieses beunruhigend verbindliche Abenteuer einlassen konnte. Was uns zusammen geführt hatte, die gemeinsamen (kunst)historischen Interessen, trug auch wesentlich dazu bei, uns im Auf und Ab des Lebens, und bedingt durch unterschiedliche Arbeitsplätze in Berlin und München viele Jahre weit voneinander entfernt lebend, zusammenzuhalten. Liebe und Arbeit auf einem Feld gemeinsamer Interessen, diese Verbindung gibt eine tragfähige Basis für eine lebenslange Gemeinschaft in – wie bei der Trauung biblisch unter dem gewaltigen Fresko des Jüngsten Gerichts von Peter Cornelius in der Ludwigskirche beschworen – „guten wie in schlechten Tagen".

Kunst und Geschichte. Jacob Burckhardt

1969 begann die Arbeit an der Promotion. Dass ich als Thema Jacob Burckhardt wählte, entsprang einem ästhetisch-poetischen Enthusiasmus für die Alte Kunst. Ich wollte, angeregt von der Lektüre Heinrich Wölfflins wie Jacob Burckhardts, den „Transmissionsriemen“ zwischen den historisch rekonstruierbaren Bedingungen für die Entstehung bedeutender Kunstwerke und dem Werk selbst und seiner Gestalt erfassen. Mir schwebte vor, die Begründungszusammenhänge zwischen Herrschaft, Gesellschaft, Religion und formaler Gestaltung aufzudecken – also dem Geheimnis der ästhetischen Autonomie so nahe zu kommen wie nur möglich. Nach meinem damaligen Verständnis hieß das: diese Autonomie so weit wie möglich aufzulösen in einem Verfahren, das man nach einem später allgegenwärtigen Terminus des Ethnologen Clifford Geertz „dichte Beschreibung“ der Entstehungszusammenhänge von Kunst nennen könnte. Eine Zeitlang suchte ich nach einem exemplarischen Kunstwerk wie etwa dem Prager Hradschin mit dem Veitsdom, den ich freilich damals nur aus Abbildungen kannte, dann – ein wenig realistischer – der Michaelskirche in München mitsamt dem Jesuitenkolleg. Sofort allerdings drängten sich die praktischen Schwierigkeiten eines solchen Themas auf: Latein, das ich brauchen würde, konnte ich nur dürftig von der Schule her; das Lesen alter Handschriften hatte ich zwar in einer Übung des Paläografen Peter Acht probiert, war aber wenig begeistert von der Aussicht, dafür viel Zeit aufwenden zu müssen. Außerdem waren Kirche und Kolleg keineswegs unerforscht. Vor allem schreckte mich die Aussicht, dass ich auf diesem Weg für meine eigentliche Fragestellung nichts wirklich Neues würde beibringen können, weil die einschlägigen Quellen, so viel war mir schon klar, dazu keine zureichenden Auskünfte hergeben würden.

Ich musste also einen anderen Weg einschlagen, am besten über einen Geschichtsschreiber oder Theoretiker, der der Fragestellung schon einmal gründlich nachgegangen war. Ein glücklicher Augenblick in meinem Leben gab mir die Idee ein, Jacob Burckhardt als Wegweiser und Medium für mein wissenschaftliches Problem zu wählen. Zwar fand ich, dass dieser Ansatz über die Interpretation der Texte eines zwar originellen, aber auch außenseiterischen Schweizer Gelehrten arg demütig sei, aber ein seltsamer Instinkt sagte mir auch, dass der bescheidene Zugang die Gewaltigkeit der Aufgabe sinnvoll ausbalancierte. Auf Burckhardt verfallen war ich weniger, weil ich ihn schon gründlich gelesen, sondern weil ich nach Bildungsbürgerart den „Cicerone" auf meinen ersten Italienreisen im Gepäck geführt und dann in Basler Hörsälen und beim Gang über den Münsterplatz ein allgemeines Burckhardt-Fluidum aufgesogen hatte. Dass mir die gründliche Lektüre exemplarischer Texte auf die Dauer mehr zusagen würde als das Recherchieren in Archiven, ahnte ich. Im Sommer 1968 war ich zum Italienischlernen an die Universität Perugia gegangen und hatte die „Kultur der Renaissance" mitgenommen. An manchen Spätnachmittagen vor der Kirche San Michele auf einer leichten Anhöhe am Rande der Stadt sitzend, hatte ich mit der Lektüre begonnen. Mehr als die Überzeugungskraft des Buches trieben mich die Hochstimmung, an einem der beschriebenen Handlungsorte mit seinen festlichen Aufzügen, Machtkämpfen und Tyrannenmorden zu verweilen, sowie das allgemeine Wohl- und Heimatgefühl, das mich in jungen Jahren beim Aufenthalt in alten italienischen Städten erfüllte. Von dem Buch selbst allerdings glaubte ich nicht allzu viel halten zu dürfen. Zwar rissen mich die ersten drei Kapitel in den Sog der Erzählung um das Verhältnis von Macht, Amoralität und gesteigerter kultureller Vitalität hinein. Zudem hielt mich die permanent aufgebaute Spannung zwischen dem Katastrophencharakter des politischen Geschehens und dem Glanz der kulturellen Leistungen in den italienischen Städten in Atem, den ich ja auch unmittelbar, wenn auch in einem romantisch anmutenden Verfallsstadium, vor Augen hatte. Aber ich fand, Burckhardt erzähle bloß und erkläre nicht wirklich. Was genau woraus folgte, blieb unklar – ein Befund, der mich auch später noch irritierte. Zudem war von den Kunstwerken selbst kaum die Rede, eher von den Künstlern, ihrer Ruhmsucht und monumentalen Gesinnung; von den Humanisten und ihrer Eifersucht aufeinander und ihrer Kriecherei bei Hofe; von tyrannischen Machtmenschen und ihrem rätselhaften Bedürfnis, sich mit geistigen Größen zu umgeben.

Dass ich das Rätsel der ästhetischen Autonomie nicht wirklich würde lösen können, wurde mir umso klarer, je mehr ich las, bei Burckhardt selbst, aber auch bei anderen historischen Gewährsleuten wie Alois Riegl, Max Dvořák oder – noch einmal – Heinrich Wölfflin. So waren es am Ende wahrscheinlich doch die Prosa und die Themen Burckhardts und die, wie mir schien, ebenso glückliche wie ungeheuerliche Möglichkeit, die halbe Kulturwelt Alteuropas auf einem zwar schmalen, aber methodisch legitimen Pfad durchwandern zu können, die mir bald schon nach der ersten Idee die Gewissheit gaben, das richtige Thema gewählt zu haben.

Im Übrigen konnte – oder musste – ich bald feststellen, dass ich nicht der einzige war, der an dieser Fragestellung arbeitete. Über meine Freundin und spätere Frau, Barbara Heine, die 1970 in Kunstgeschichte über Max Joseph Wagenbauer, einen

Landschaftsmaler der Münchner Schule um 1800, promovierte, erfuhr ich von einem Kreis jugendlicher „Revolutionäre", die aus dem Kunsthistorikerverband heraus eine Art Sezession gebildet hatten, nach dem Ort des Geschehens, dem Kunsthistorikertag in Ulm 1968, „Ulmer Verein. Verband für Kunst- und Kulturwissenschaft" genannt. Informeller Anführer war Martin Warnke, Professor für Kunstgeschichte in Marburg, der mit einer außergewöhnlichen Dissertation über den Medici-Zyklus von Rubens hervorgetreten war. Ich stieß auf seinen Aufsatz „οἷα εἶναι δεῖ [hoia einai dei], ein kunsthistorischer Splitter", in der Festschrift für Hans Kauffmann (1968), der mir die Augen für die jahrtausendealte Tradition der Idee der ästhetischen Autonomie in der alteuropäischen Kunsttheorie öffnete. 1970 brachte Warnke in einem Sammelband „Zwischen Wissenschaft und Weltanschauung" die Beiträge einer Tagung des Ulmer Vereins heraus, in dem er selbst die harmonistisch-idealistische Sprech- und Denkweise der höchst beliebten „Blauen Bücher", die dem deutschen Bildungsbürgertum Hauptwerke der Alten Kunst mit dem noch vom Wilhelminismus beeinflussten idealistischen Schwulst präsentierten, unerbittlich dekonstruierte. Aus der häuslichen Bibliothek kannte ich einige dieser Bücher. Sie erfüllten für mich nicht durchgehend, aber in den meisten Fällen den Begriff des „Kulturgeschwätzes" – ein Terminus, den ich in einem Radiovortrag von Ernst Bloch aufgeschnappt hatte und jetzt gern verwendete. Warnkes Studie hatte als Vortrag auf dem Kunsthistorikertag 1968 für größte Empörung in den Reihen der alten Garde gesorgt und löste eine erbitterte Polemik gegen die jungen „marxistischen" Bilderstürmer aus.

Im Zuge der Arbeit, mit fortschreitender Quellen- und Literaturlektüre, verschob sich allerdings die Fragestellung der Dissertation. Ins Zentrum trat mehr und mehr Jacob Burckhardt, der Geschichtsschreiber als Zeitgenosse und Diagnostiker des „Revolutionszeitalters". Um wirklich beurteilen zu können, wie originell Burckhardt als Zeitkommentator gewesen war, blieb mir nichts anderes übrig, als unmittelbare Vorgänger, Zeitgenossen und akademische Lehrer, also Niebuhr, Ranke und Droysen, auf ihre Revolutionsfühligkeit und -deutung hin zu untersuchen sowie – wenn auch nicht in der Absicht auf unmittelbare Verwendung – die Revolutionshistoriografie von Edmund Burke über Tocqueville, Quinet, Michelet bis hin zu Heinrich von Sybel und die neueren Klassiker Alphonse Aulard und Albert Mathiez zumindest oberflächlich zur Kenntnis zu nehmen.

Wirklich entscheidend aber für das Konzept der Dissertation wurde, dass ich inzwischen auf Reinhart Kosellecks Meisteraufsatz „Historia Magistra Vitae. Über die Auflösung des Topos im Horizont neuzeitlich bewegter Geschichte" (in der Festschrift für Karl Löwith, 1967) sowie auf seine Studie „Der neuzeitliche Revolutionsbegriff als geschichtliche Kategorie" (in: Studium Generale, 1969) gestoßen war. Damit verfestigte sich die Polarität von Alteuropa und moderner Welt als beherrschende Struktur in der Sicht auf die europäisch-abendländische Geschichte. Auf der Suche nach sozial- und verfassungsgeschichtlichen Fundamenten für die These eines tiefen Kontinuitätsbruchs zwischen Alteuropa und moderner Welt wurde ich fündig in Otto Brunners gerade frisch in der zweiten, erweiterten Auflage erschienenen „Aufsätze zur Sozial- und Verfassungsgeschichte in neuer Sicht" sowie auf seine faszinierende Studie „Adeliges Landleben und europäischer Geist, Leben und Werk Wolf Helmhards von Hohberg, 1612–1688" (1949). Sie zeigte durch die Analyse einer – mehr oder weniger typischen – Adelsbibliothek aus dem Niederösterreich des 17. Jahrhunderts die Kontinuität der Bildungs- und Vorstellungswelt des weltlichen Herrschaftsstandes vom altgriechischen „oikos" bis an die Schwelle des Übergangs zur agrarischen Marktwirtschaft auf. Einigermaßen fassungslos nahm ich zur Kenntnis, dass das grundherrliche Wirtschaften eines sonst in der Geschichte nicht besonders hervorgetretenen oberösterreichischen Adligen auf Grundsätzen beruhte, wie sie schon in griechischen Traktaten aus den vorchristlichen Jahrhunderten beschrieben waren. Von Brunners NS-Verstrickung wusste ich damals nichts, ein hoch renommierter Hamburger Ordinarius (seit 1959) war einem 25-jährigen Doktoranden in diesen Jahren nicht weiter verdächtig. Aber auch wenn ich darüber mehr gewusst hätte – an meiner Bewunderung für sein Buch und seine Aufsätze hätte das nichts geändert.

Eine ästhetisch-historische Bildungserfahrung auf einer zusammen mit Barbara unternommenen Reise durch Oberitalien verlieh dieser Leseerfahrung kurz darauf optische Evidenz. An einem frischen, wolkenlosen Tag im September 1972 besuchten wir eine der Brenta-Villen nahe Vicenza – die Villa Valmarana –, eines der typischen Landhäuser des venezianischen Patriziats, mit einem Freskenzyklus von Giovanni Battista Tiepolo. Barbara war damals einem bestimmten Tiepolo-Motiv auf dem großen Altargemälde „Die Verehrung der hl. Dreifaltigkeit durch Papst Clemens" in der Münchner Alten Pinakothek auf der Spur. Wir hatten also eine Reiseroute mit wichtigen Tiepolo-Werken ausgewählt. Es war ein festlicher Sonntagmorgen, als wir an der zwischen weinbewachsenen Hügeln fernab der Stadt gelegenen Anlage ankamen. Die Villa war bewohnt, die Familie hatte sich für die knapp bemessene Besichtigungszeit zwischen 10 und 12 Uhr zurückgezogen, doch sah und hörte man die Kinder im Park spielen. An den Wänden der in strenger Symmetrie aufeinander folgenden Räume prangt ein Freskenzyklus mit klassischen mythologischen Themen, dargestellt nach der epischen Gestaltung in Torquato Tassos „Gerusalemme liberata". Den Tugendkanon der alteuropäischen Adelswelt mit ihren Wurzeln im homerischen Zeitalter in leuchtenden Farben und in Formen von erlesener Eleganz als Ambiente für die Feiertage einer heutigen, allerdings sehr privilegierten, Familie in einer nach römischem Vorbild entworfenen Villa zwischen den Hügeln der Brenta – das war ein Augenblick von außerordentlicher historischer Prägnanz. Die Beharrungskraft der Lebens- und Bildungswelt Alteuropas – eindrücklicher konnte sie nicht vor Augen geführt werden. Daran änderten auch der rassige Maserati in der Toreinfahrt und der seitab abgestellte Traktor nichts, die unmissverständlich darauf hinwiesen, in welchem Zeitalter wir wirklich lebten – ganz abgesehen davon, dass wir selbst wieder in unseren dunkelroten schmutzigen, unpraktisch massigen alten Opel meines Vaters zu klettern hatten.

Lektüre- und Seheindrücke zusammen formten also die Vorstellung einer „schönen" und, jedenfalls im Vergleich zur Moderne, gesellschaftlich relativ stabilen Welt. Dass sich dieses Bild so hervorragend zur Kontrastierung mit der raumfressenden, vielfach ungemein hässlichen und politisch katastrophenträchtigen industriellen Moderne mit ihren sozialen Verwerfungen eignete – von der postindustriellen war damals noch nicht die Rede –, steigerte nur seinen Reiz. Allerdings regten sich bei mir auch schon methodische und geschichtstheoretische Vorbehalte gegen einen solch zugespitzten Dualismus von Alter Welt und Moderne. Wie ein Passepartout schloss er unbegrenzte Deutungsmöglichkeiten auf, fasste den Deutungshaushalt vergleichsweise handlich zusammen und suggerierte für den Gesamtverlauf der Geschichte eine wohltuende Überschaubarkeit. Mit Kosellecks Konzept der„Sattelzeit" zwischen 1750 und 1850, das zudem mit Hilfe der Begriffsgeschichte so hervorragend empirisch belegt schien, ließen sie sich allerdings beschwichtigen, zumal es mit Burckhardts Theorie eines bis zur Gegenwart weiter treibenden „Revolutionszeitalters“ seit der späten Aufklärung so verblüffend harmonierte.

Als Zuspitzung des ganzen Unternehmens erschien es mir immer reizvoller, hinter der vielgerühmten anschaulich-sinnlichen Sprache Burckhardts und dem für sein Denken ausweislich der „Weltgeschichtlichen Betrachtungen“ zentralen Begriff des Geistes die „alteuropäischen“ Denkfiguren zu entschlüsseln, die es ihm erlaubten, so überzeugend von einer kulturellen Grundlage des alten Europas jenseits aller einzelnen nationalen Kulturen, Staatsbildungen und Handlungsformen auszugehen. Zunftkonform und arbeitsökonomisch war es dabei nicht, in diesem Denken ohne eigentliche philosophische Begrifflichkeit und explizite Theoriebildung ein kohärentes Modell jenes „Geistes“ zu rekonstruieren, den Burckhardt in den von seinem Neffen Albert Oeri herausgegebenen und mit „Weltgeschichtlichen Betrachtungen“ betitelten Vorlesungen „Über das Studium der Geschichte“ so emphatisch beschwor. Einen großen Schritt voran half dabei der hundertseitige Artikel „Geist“ im Grimm'schen Wörterbuch, den der Philosoph und Philologe Rudolf Hildebrand um 1900 geschrieben hatte und der 1966 ein zweites Mal in einer Einzelausgabe erschienen war. Neben seinem unmittelbaren Ertrag brachte er mir einen lebenslangen Respekt vor der Gelehrsamkeit und intellektuellen Ordnungsleistung solcher Lexikonarbeit ein. Als der dtv-Verlag 1989 einen Nachdruck des ganzen Grimm'schen Wörterbuches zu einem sehr moderaten Preis herausbrachte, zählte ich daher auch zu den Käufern – ohne dass ich fortan allerdings einen angemessenen Gebrauch von dem Riesenopus gemacht hätte. Es ging mir beim Kauf wahrscheinlich ähnlich wie Hunderten anderer Spätbildungsbürgern, die, frappiert von der plötzlichen Möglichkeit, das mythische Werk für die heimische Bibliothek kauften und damit nicht nur ihre philologischen Interessen bedienten, sondern auch einer gewissen national-geistigen Nostalgie erlagen. Wie mir später der Lektor Walter Kumpmann erzählte, war niemand überraschter vom Erfolg dieses verlegerischen Einfalls als der Verlag selbst. Der Versuch, eine philosophische Struktur in Burckhardts Geistbegriff zu bringen, führte wenig überraschend zu Platon und Aristoteles persönlich zurück. Wenn alle Staats- und Gesellschaftstheorie bis tief ins 19. Jahrhundert und letztlich bis heute auf das griechische Denken zurückgingen, warum dann nicht auch Burckhardts „Geist". Dass diese These entwickelt und guten Gewissens auch niedergeschrieben werden konnte, verdankte ich neben einem gewissen philosophischen Interesse, das mich im Studium einige Lehrveranstaltungen in der Philosophie hatte besuchen lassen, meinem im letzten Jahr verstorbenen Philosophenfreund Severin Müller, der meinem Wissen mit ausführlichen philosophiegeschichtlichen Extemporationen und sehr präzisen Hinweisen zum Text nachhalf.

Während ich von 1969 bis 1972 an der Promotion saß, las ich, wie es sich damals gehörte, Karl Marx' frühe Schriften und versuchte, die dazu gehörigen Passagen der Hegel'schen Rechtsphilosophie zu verstehen – was zu verblüffenden Evidenzerlebnissen führte. Daneben schmökerte ich in Herbert Marcuses „Eindimensionalem Menschen", der mir allerdings – das platte Wortspiel mag hier erlaubt sein – allzu eindimensional vorkam. Ich mühte mich mit Aufsätzen von Jürgen Habermas, die in einem schwarz broschierten Raubdruck „Arbeit, Erkenntnis, Fortschritt" (1970) vorlagen. Intellektuell leichter zugänglich fand ich seinen damaligen Bestseller „Erkenntnis und Interesse“ (1966). Er stellte das generationenspezifische Misstrauen gegen jede als absolut deklarierte Wahrheit und die Interessengebundenheit aller Erkenntnis philosophisch eingängig dar. Ich sah hier – vielleicht in einer gewaltigen, aber produktiven Simplifizierung – die von Burckhardt in der ersten seiner Vorlesungen „Über das Studium der Geschichte“ entwickelten Gedanken über „unsere Beschränktheit“ in einer ehrwürdigen philosophischen Überlieferung und Denkströmung fundiert. So entstand in meinem Kopf ein merkwürdiges Konglomerat aus auf den ersten Blick unvereinbaren Bildungserfahrungen und Erkenntniserlebnissen: der spätbildungsbürgerlich-ästhetischen Verehrung für die Welt des Südens und ihrer Kunstwerke; einem idealistischen Glauben an die ästhetische Autonomie des künstlerischen Werks; und der Ablehnung der späthistoristischen Historiografie mit ihrer Staats- und Politikzentriertheit, ihrer kleindeutsch-protestantischen Fixierung, ihrer erbitterten und gnadenlosen Bekämpfung jeglicher, auch einer nicht unpolitischen Kulturgeschichtsschreibung, wie sie Jacob Burckhardt in seinen historischen Hauptwerken betrieben hatte.

Der Abschluss der Dissertation fiel zusammen mit einer folgenreichen lebensgeschichtlichen Zäsur. Fritz Wagner, der Doktorvater, wurde emeritiert und auf dem Nachbarlehrstuhl zur Geschichte des 19. und 20. Jahrhunderts verabschiedete sich nach den turbulenten Münchner Jahren Walter Bußmann in die wissenschaftlich ertragreiche Stille des entsprechenden Lehrstuhls an der Technischen Hochschule Karlsruhe. Ihm folgte nach heftigen internen Debatten im Münchner Institut Thomas Nipperdey von der Freien Universität Berlin. Er übernahm sogleich das Zweitgutachten für die Burckhardt-Arbeit und hatte zuvor schon für das Sommersemester 1972 ein Oberseminar über Jacob Burckhardt angekündigt. Teilnehmer waren außer mir nur der mit einer geschichtstheoretischen Arbeit frisch habilitierte Philosoph Hans Michael Baumgartner sowie der Schweizer abgesprungene Kuriale Bernhard Hasler, der, betreut von Nipperdey, auf der Basis seines vorherigen Zugangs zum vatikanischen Archiv die Entstehung des Unfehlbarkeitsdogmas auf dem ersten Vatikanischen Konzil 1870/71 erforschte. Sein zweites einschlägiges Buch „Wie der Papst unfehlbar wurde" erschien bereits 1980 mit einem Vorwort von Hans Küng in zweiter Auflage. Bei Gelegenheit bekam ich mit, dass Walter Brandmüller, Kirchenhistoriker und Mitglied des päpstlichen Komitees für Geschichtswissenschaft, Nipperdey brieflich beschimpfte, wie er eine solch verfehlte Arbeit als Dissertation habe annehmen können – und wie dieser den Zensurversuch energisch zurückwies. Im Verlauf des Seminars bot mir Nipperdey dann an, die Sitzung über das Kapitel zur „Historischen Größe" in den „Weltgeschichtlichen Betrachtungen" zu leiten. Danach trug er mir seine dritte, noch unbesetzte Assistentenstelle an.

Thomas Nipperdey, um 1990 (Foto: Isolde Ohlbaum)

Thomas Nipperdey, 1927 geboren, gehörte zur „Flakhelfer"-Generation der deutschen Historikerschaft. Sie hatte das „Dritte Reich" und den Krieg noch mit klarem Bewusstsein erlebt und daraus die entsprechenden politischen Schlussfolgerungen gezogen. Als promovierter Philosoph hatte Nipperdey nebenbei das historische Handwerk am Lehrstuhl von Theodor Schieder in Köln und als Stipendiat am Max-Planck-Institut für Geschichte in Göttingen gelernt und sich mit einer wegweisenden Studie über die Organisation der Parteien im Deutschen Kaiserreich habilitiert. Er war einer der Stars unter den Nachkriegshistorikern und hatte vor seiner Berufung nach München bereits mehrere Rufe abgelehnt. Seine akademische Karriere hatte über einen Geschichtslehrstuhl an der Technischen Hochschule Karlsruhe an die Freie Universität Berlin geführt, mitten in die Studentenrevolution 1967/68. Sogleich nahm er, wie mir sein älterer Kollege von der Osteuropageschichte, Werner Philipp, gelegentlich erzählte, seine vom tumultuösen Geschehen vielfach überforderten Kollegen an die Hand beim Kampf um die „Freiheit der Wissenschaft". So hieß dann auch die 1970 gegründete professorale Gemeinschaft (BFW), der er sich anschloss und in der er eine führende Rolle übernahm. Das trug ihm das Attribut „konservativ", wenn nicht sogar „reaktionär" ein, obgleich er der SPD beigetreten war. Gewiss gehörte er von Anfang an zum konservativen Flügel, und ich bin mir sicher, dass er in späteren Jahren diese Partei nicht gewählt hat. Nach seiner Ankunft in München ließ er in aufgeheizten Diskussionen im Hörsaal diese Mitgliedschaft gerne durchblicken. Die anfänglich hochgeputschte Erregung der Studierenden legte sich dann bald, wenn er sich langsam und umständlich eine Zigarette anzündete und in zäh gedehnten Sätzen seine Position in aller Ruhe zu erklären begann. Politisch konservativ mag er seit den Berliner Jahren geworden sein. Von der Basis seiner philosophischen Belesenheit aus engagierte er sich in der in diesen Jahren heftigen geschichtswissenschaftlichen Theoriediskussion und kritisierte mit guten Gründen den gerade grassierenden „Relevanz“-Begriff, der bei den „Progressiven“ die explizite politische Parteinahme der Geschichtswissenschaft begründen sollte. Nipperdeys politisches Engagement galt jetzt der in sozialdemokratischen Bundesländern infrage gestellten Eigenständigkeit des Geschichtsunterrichts in den höheren Schulen und der Autonomie der Wissenschaft in der Universität. Das galt damals als konservativ, vor allem aber war es, wie sich heute einmal mehr deutlich zeigt, richtig. Im Historischen Seminar agierte Nipperdey außergewöhnlich souverän und innovativ, indem er die Besetzung der nach seiner Ankunft in München frei werdenden Lehrstühle mit hochkarätigen Kollegen (Gerhard A. Ritter, Eberhard Weis, Christian Meier) durchsetzte. Wissenschaftlich war Nipperdey alles andere als konservativ. Noch in den 60er-Jahren hatte der damals gerade einmal vierzigjährige Mann zahlreiche bahnbrechende Studien u.a. zur Parteien- und Verbandsgeschichte, zur Geschichte des Nationaldenkmals und der Volksschule in Deutschland sowie einer Hinwendung der Geschichtswissenschaft zur Historischen Anthropologie geschrieben. Er war ein strenger Wissenschaftler, aber, wenn es sein musste, auch ein großer Polemiker vor dem Herrn. Als akademischen Lehrer fand ich ihn in meinen Assistentenjahren problematisch, weil ihm jedes pädagogische Interesse fehlte. Aber als Erforscher und Darsteller von Geschichte ragte er heraus. Seit den ausgehenden 70er-Jahren wandte er sich neben seinem immer noch gewaltigen Pensum an wissenschaftsorganisatorischer Gremientätigkeit dem Projekt einer „Deutschen Geschichte“ im „langen 19. Jahrhundert“ zu. Das gewaltige Werk absorbierte zunehmend alle seine Kräfte, zumal seit den späten 80er-Jahren eine unheilbare Krebserkrankung bei ihm ausgebrochen war. Es gelang ihm aber in einer schier unvorstellbaren Kraftanstrengung, der Krankheit auch noch den dritten und letzten Band seiner Deutschen Geschichte 1800 bis 1918 abzuringen, bevor er 1992 im Alter von 65 Jahren starb. Mit solch einem Kaliber als Chef fertigzuwerden, war nicht einfach, zumal der persönliche Umgang mit ihm sich manchmal als ausgesprochen kompliziert erwies. Aber er gewährte mir so viel Freiraum, wie ich brauchte, erwies sich meiner Arbeit gegenüber als unerwartet geduldig und verhielt sich in gesundheitlichen und wissenschaftlichen Krisen als bedingungslos loyal gegenüber seinem in mancher Hinsicht ebenfalls recht schwierigen Mitarbeiter.

Für mich war jetzt die Wahl eines Habilitationsthemas angesagt. Nach der Dissertation zur Historiografiegeschichte schwebte mir eine kulturgeschichtliche Arbeit auf sozial- und/ oder politikgeschichtlicher Grundlage vor. Nach einigem Überlegen kam ich auf die Idee, die Geschichte einer Stadt im Übergang zur Moderne zu untersuchen. Aus praktischen Gründen bot sich München an, obwohl mir unter dem Gesichtspunkt der Modernität und ihrer Probleme eine typische Industriestadt wie Dortmund oder Essen lieber gewesen wäre. Eventuell bestehende Beziehungen zur bayerischen Landeshauptstadt oder zu der ersten Stadt, die ich überhaupt erlebt hatte, waren mir nicht bewusst. Das 20. Jahrhundert war mir noch fremd, und der eigentliche Reiz der Frage nach dem Strukturwandel der Stadt lag hier – wie schon bei der Historiografiegeschichte – beim Übergang von Alteuropa zur modernen Welt. Stadtgeschichtlich lag die Zäsur hier nicht primär in der „Sattelzeit", sondern bei den Urbanisierungs- und Industrialisierungsprozessen des 19. Jahrhunderts. Also: München zwischen 1819 – dem Jahr der neuen Gemeindeverfassung – und 1914. Das war der Plan. Nipperdey war einverstanden und schien erleichtert, dass ich ein handfestes Thema gefunden hatte. Zu handfest allerdings, wie sich zeigen sollte.

Um 1975 eine wissenschaftlich ergiebige, den Ansprüchen einer modernen Sozialgeschichte genügenden Stadtgeschichte zum 19. Jahrhundert zu schreiben, war ein anspruchsvolles Unternehmen. Es gab kaum Beispiele und Vorbilder. Eine stadtgeschichtliche Forschung zur Moderne existierte in Deutschland nur in Spurenelementen. Die Stadt im Mittelalter – das war traditionell ein großes Thema, das auch nach dem Ende der Blütephase einer nationalliberalen mediävistischen Stadtforschung in den 1920er-Jahren noch oder wieder gepflegt wurde. Zur Frühen Neuzeit hatte sich – teils in der Fortsetzung der mediävistischen Forschung, teils im Umkreis des Interesses an den Residenzstädten des Absolutismus – ein eigener, wenn auch kleiner Forschungszweig herausgebildet; in dem von Heinz Stoob gegründeten und geleiteten Münsteraner Institut für Städteforschung hatte er sich sogar institutionalisiert. Große Aufmerksamkeit erfreute sich – mit einem langen Vorlauf in der älteren Geschichtsschreibung – neuerdings die Erforschung der deutschen Stadt des 15. und frühen 16. Jahrhunderts unter der leitenden Fragestellung der Reformationsgeschichte.

Für das 19. Jahrhundert dagegen gab es zwar, wie für die früheren Epochen, eine reichhaltige antiquarisch-heimatgeschichtliche Literatur zu vielen Städten. Sie enthielt auch manche korrekt ermittelten Fakten, entsprach aber in keiner Weise den Bedürfnissen einer modernen Wirtschafts-, Sozial- und Institutionengeschichte, von der politischen Geschichte ganz zu schweigen. Es war – um in Nietzsches Typologie zu sprechen – „antiquarische“ Geschichtsschreibung reinsten

Wassers, betrieben und publiziert vorzugsweise im Rahmen der zahlreichen „Historischen Vereine" – der Stadt München, Oberbayerns, Nürnbergs o.Ä. Das Spektrum dieser Art von Stadtgeschichte reichte und reicht von Untersuchungen etwa über das Zunftschild der Bäcker in Nördlingen oder Soest 1520 bis 1565 bis zur Geschichte einzelner Gewerbe, Stadtteile, kirchlicher oder bürgerlicher Kunstwerke oder zu Gebrauchsgegenständen. Hinzu kam die eine oder andere ältere juristische Dissertation über das Kommunalverfassungsrecht, Festschriften einzelner Unternehmen oder Verbände wie etwa der Handelskammer, ganz vereinzelt auch die eine oder andere neuere Dissertation über kommunale Kulturpolitik in den 1920er-Jahren oder über Bauordnungen des 19. Jahrhunderts. Zudem war – und blieb – es das in der Sache selbst gelegene Hauptelend der Stadtgeschichte, dass es praktisch und theoretisch sehr schwer ist, mit einer gründlichen Recherche über die einzelne Stadt hinauszukommen. Allgemeinere Aussagen setzten ein Niveau an Einzelforschungen voraus, das erst über Jahrzehnte hinweg erarbeitet werden musste. Allerdings gab es einzelne Lichtblicke: Ein paar Aufsätze über die zögerliche Politisierung der Stadtverwaltung in Bochum im späten 19. Jahrhundert (Helmut Croon), eine Monografie über die Stadtverordnetenversammlung in Bielefeld und dann eine Untersuchung über diejenigen Oberbürgermeister des Kaiserreichs, die es in der Weimarer Republik zu einem Regierungsamt in Berlin gebracht hatten (Wolfgang Hofmann). Es entstand gerade ein langer Aufsatz mit dem schönen Titel „Umständliche Erläuterung der seelischen Störung eines Communalbaumeisters in Preussens größtem Industriedorf, oder: Die Unfähigkeit zur Stadtentwicklung" über Probleme der Stadtplanung im Zeitalter unbeschränkter liberaler Eigentumsrechte und des Rückzugs von Staat und Verwaltung aus dem öffentlichen Raum (Lutz Niethammer). Eine Studie für Berlin verband exemplarisch historische und sozialgeografische Aspekte (Ingrid Thienel) und für Bochum gab es eine erste, vor allem demografisch arbeitende Monografie einer Industriestadt (Wolfgang Köllmann). Eine für Historiker handhabbare stadtsoziologische Forschungsmethodik lag noch in den ersten Anfängen. Die Lektüre von Arbeiten der „Chicagoer Schule" half nicht wirklich weiter und von einer irgendwie anwendbaren Raumsoziologie war weit und breit nichts zu sehen.

Was mich vorrangig interessierte, waren, ausgehend von meiner frühen Stadtwahrnehmung, die Lebensformen, die sich unter den Bedingungen des knappen Raums, des verdichteten Wohnens und des kapitalistischen Wirtschaftens herausbildeten. Im Grunde schwebte mir eine Geschichte der entstehenden modernen Urbanität vor – mit einem starken Anteil der anschaulichen Erscheinungsform von Urbanität im Stadtbild und seiner Umgestaltung unter dem Vorzeichen der Moderne.

Angesichts der Forschungslage musste allerdings so gut wie alles von Grund auf neu erarbeitet werden: Die auch in München tiefgreifende Industrialisierung, der damit verbundene Wandel der Bevölkerungsstruktur, das Funktionieren der Kommunalverfassung und ihre, sehr zögerliche, Anpassung an den Strukturwandel von Gesellschaft und politischem System auf der Ebene von Land und Reich; das Verhältnis der städtischen Selbstverwaltung zum Staat; die Entstehung der modernen Leistungsverwaltung am Ende des Jahrhunderts und das allmähliche Eindringen der Parteien in die kommunalen Gremien; die Politisierung der Kommunalpolitik und ihre Bedeutung für Magistrat und Bürgermeister; das lokale Vereinswesen und seine Bedeutung für die Honoratiorenpolitik sowie – übergreifend und vorrangig – das Verhältnis von Bürgertum und Arbeiterschaft insgesamt. Dazu kamen als besondere Interessenschwerpunkte die Formen und Konzepte von Stadterweiterung und der am Ende des Jahrhunderts einsetzenden Gesamtstadtplanung und die Repräsentation der politisch-gesellschaftlichen Ordnung in Städtebau und Denkmalskultur.

Ich arbeitete mich durch die vorhandene lokalgeschichtliche Literatur und versuchte im Stadtarchiv, die Gewerbepolitik der Münchner Gemeindegremien über die hundert Jahre des Industrialisierungs- und Urbanisierungsprozesses zu erfassen. Ich wurde vertraut mit den das Jahrhundert durchtönenden Klagen der Gewerbetreibenden und stieß auf den verblüffenden Sachverhalt, dass zwischen der Preisgabe des Schutzes für das eingesessene, über 600 bis 700 Jahre zünftisch oder quasizünftisch organisierte Handwerk durch die sogenannte „Sozialgesetzgebung" der 1860er-Jahre und der Mittelstandsagitation der frühen NSDAP nur knappe sechzig Jahre lagen – eineinhalb Generationen, in denen sich das auf Statik fixierte Subsistenzdenken des zünftlerisch denkenden Handwerks und Kleinhandels der Dynamik der kapitalistischen Konkurrenzgesellschaft nur wenig angepasst hatte. Ich staunte über die gelehrten Denkschriften des zuständigen Magistratsrates Klausner, der um die Jahrhundertmitte die Erscheinungsformen des Pauperismus diskutierte, von Adam Smith ausgehend die Chancen und Risiken von Gewerbefreiheit erwog und zum Schluss immer wieder zu dem Ergebnis kam, dass angesichts der Risiken für den „Nahrungsspielraum" des alteingesessenen Gewerbebürgertums dieser nicht allzu sehr beschränkt werden dürfe, dass man also bis zu der – irgendwann zweifellos fälligen – Einführung der völligen Gewerbefreiheit noch etwas zuwarten solle. Ich las über die um die Jahrhundertwende entbrennenden Kämpfe um die Frage, ob München „Industriestadt" werden oder „Kunststadt" bleiben solle – wiederum ein Thema, das in der Mythisierung Münchens als „Hauptstadt der Bewegung" und der Frühgeschichte des „Künstlers" Hitler seit 1933 eine große Rolle spielte.

Allmählich sah ich ein, dass dieses ganze Pensum nicht zu schaffen war. Vor allem musste ich erkennen, dass mir für die Lösung einiger unabweisbarer Fragen das wissenschaftliche Instrumentarium fehlte. Es mangelte mir an wirtschafts- und sozialgeschichtlicher Ausbildung und Kompetenz. Um sie mir jetzt noch neu zu erarbeiten, fehlten mir Zeit, Geduld und vor allem die Überzeugung, dass ein solches Unternehmen für mich langfristig sinnvoll sei. Weder in Basel noch in München hatte es während meiner Studienzeit in den philosophischen Fakultäten entsprechende Veranstaltungen gegeben. In Vorlesungen gehört und in Seminaren „gelernt" hatte ich politische Geschichte und ein wenig Historiografiegeschichte. Die Basler Spätmittelalter- und Frühneuzeitvorlesungen umfassten zwar die europäische Geschichte insgesamt und bezogen naturgemäß Kirchen- und Religionsgeschichte sowie – integriert in den Rahmen der politischen Geschichte – Ideen- und Kulturgeschichte ein, wobei es dann um die „Devotio moderna", die konziliare Bewegung oder den Humanismus ging. Dass Fritz Wagner in seiner Münchner Frankreichvorlesung das Steuersystem Ludwigs XIV. besprach, fiel mir zwar auf, riss mich aber nicht vom Sitz. Dass Walter Bußmann in seiner Imperialismusvorlesung einmal systematisch Imperialismustheorien besprochen oder das Stichwort Sozialimperialismus ausdrücklich diskutiert hätte, ist mir nicht erinnerlich. Gerade deshalb erschien mir Wehlers „Bismarck und der Imperialismus" als wahre Offenbarung, obgleich er offenkundig die sozialkonservative Instrumentalisierung des Imperialismus heftig übertrieb. An seiner Darstellung der Konjunkturzyklentheorie und ihrer Anwendung auf das frühe Kaiserreich ebenso wie an Jürgen Kockas freilich erst 1973 erschienener „Klassengesellschaft im Krieg 1914–1918" konnte ich sehen – besser, musste ich widerwillig zur Kenntnis nehmen –, dass ich mich auf solchen methodischen Pfaden niemals trittsicher würde bewegen können. Es war schmerzhaft, das zu akzeptieren.

So kam mir der Schwung abhanden, den man für die langjährige und entbehrungsreiche Arbeit an einem Opus magnum unbedingt braucht – denn ein solches musste die Habilschrift natürlich werden (obwohl ich mir das keineswegs eingestand). Die Intensität der Bemühungen und der Zeitaufwand ließen nach, zumal eine andere Aufgabe in den Vordergrund trat, die mich nach anfänglichem Zögern immer mehr in Anspruch nahm und schließlich wirklich interessierte: die Geschichte des Begriffs „Verein" in Deutschland.

Dieses Thema reißt auf den ersten Blick nicht jeden vom Sitz. Ich kam dazu auch durch puren Zufall oder vielmehr durch die Macht der Umstände. Seit einigen Jahren war das Großprojekt „Geschichtliche Grundbegriffe. Historisches Lexikon zur politisch-sozialen Sprache in Deutschland" (acht Bände, 1972–1997) im Gange. Es war aus einer schon in den 20er- und 30er-Jahren vor allem von deutschen Philosophen erkundeten Methodik der Begriffsgeschichte hervorgegangen. Das Konzept stand zunächst in einem konservativ-modernitätskritischen und nationalpolitischen Kontext. Ausgangspunkt war der Befund, dass zentrale Begriffe auch unserer heutigen politischen Sprache ursprünglich im griechischen Staats- und Gesellschaftsdenken geformt worden waren und aller seitherigen Staats- und Gesellschaftstheorie zugrunde lagen. Zwar hatten sich in Antike, Mittelalter und Frühneuzeit ihre Konnotationen immer wieder verschoben, verengt, erweitert, aber im 17. und vor allem im 18. Jahrhundert hatte ein tiefgreifender Wandel ihrer Bedeutungen eingesetzt. In der von Reinhart Koselleck sogenannten „Sattelzeit“ zwischen 1750 und 1850 war er noch einmal entschieden vorangeschritten. In einem monumentalen Lexikonprojekt, dem „Historischen Wörterbuch der Philosophie“ hatten Philosophen um Joachim Ritter kurz zuvor die Historisierung der philosophischen Begriffe zu kodifizieren begonnen. Das zunächst in überschaubarer Dimension konzipierte Projekt weitete sich im Lauf der Jahrzehnte, fortgeführt von Ritter-Schülern wie Karlfried Gründer, immer mehr aus und erschien schließlich in dreizehn Bänden von 1971 bis 2007. Das Konzept führte dabei weit über eine rein lexikalische Zusammenfassung des Wissens hinaus zu intensiven Forschungen, die in eine Fülle umfangreicher und origineller Begriffsgeschichten mündeten.

Für die „Geschichtlichen Grundbegriffe“ hatte Nipperdey den Artikel über das Stichwort „Verein“ übernommen und mich beauftragt, dafür eine Materialsammlung und ein „Halbfertigprodukt“ zu verfertigen, aus dem er dann den endgültigen Text erstellen wollte. Ich machte mich an die Arbeit und begann mich allmählich auch für das Thema wirklich zu interessieren, das mir zunächst ganz ferngelegen hatte. Es bot die Gelegenheit, anhand des Vorkommens von „Verein“ und der älteren Referenzbegriffe „Sozietät“, „(Privat-) Gesellschaft“ und „Genossenschaft“ in Texten zur Theorie von Gesellschaft und Staat der Erosion der ständischen Gesellschaft und des absolutistischen Staates im 18. und frühen 19. Jahrhundert nachzugehen und die Transformation der alteuropäischen „res publica cum imperio“ zur modernen liberalen, auf den Freiheitsrechten des Individuums beruhenden Gesellschaft und zum freiheitlichen demokratischen Staat zu verfolgen. Dabei konnte ich mich auch erstmals wirklich mit den Strukturen und der Dynamik der modernen Gesellschaft vertraut machen. Im Studium war der Zeitraum zwischen 1648 und 1870 weitgehend ein Leerraum geblieben. Zwei oder drei Jahre kümmerte sich Nipperdey nicht weiter um das Projekt, schließlich fiel das Lemma „Verein" auch erst im letzten Band des Großunternehmens an. Allenfalls fragte er gelegentlich nach, ob ich an der Arbeit sei. 1980 wollte er dann aber doch ein Ergebnis sehen. Ich überreichte ihm die bis dahin erarbeiteten 300 ausformulierten Seiten für den auf sechzig bis siebzig Manuskriptseiten geplanten Artikel. Nach einer Woche gab er mir das Konvolut zurück und sagte. „Schreiben Sie noch die fälligen Seiten zu Lorenz von Stein und Otto von Gierke und reichen Sie das Ganze als Habilschrift ein." Ich tat wie geheißen und legte den Text im Oktober 1981 vor. Im Sommer 1982 hatte ich endlich die doch mit einigem Aufwand verbundene Prozedur der akademischen Initiation mitsamt Vortrag und Kolloquium zu einem Thema der Stadtgeschichte und der Probevorlesung zu Ulrich von Hutten und der Reichsritterbewegung um 1500 absolviert. Dem persönlich vielfach recht schwierigen Chef und akademischen Mentor gebühren bis heute Dank und Respekt für seine Geduld und Loyalität im Umgang mit dem ebenfalls schwierigen Mitarbeiter.

Lust am Disput oder: Zur Theorie der Geschichte

Zu den prägenden Eindrücken meiner Berufslaufbahn als angehender Historiker gehörte bald nach der Publikation der Dissertation die erste Teilnahme an einer Tagung. Dass Tagungen, Konferenzen und Workshops zur wissenschaftlichen Arbeit gehörten, war mir zu dieser Zeit eine weitgehend unbekannte und fremde Vorstellung. Zu Zeiten Jacob Burckhardts hatte es keine Tagungen gegeben. Von meinem eigenbrötlerischen und in der Zunft nicht reüssierten Vater her hatte sich das Diktum festgesetzt, dass letzten Endes doch immer nur einzelne Köpfe entscheidend sind. Wilhelm von Humboldts forschungs- und bildungspolitische, in die Universitätsverfassung und -ideologie eingegangene Maxime vom Arbeiten in „Einsamkeit und Freiheit" nahm ich durchaus wörtlich. Insofern brachten mir die ersten Erfahrungen mit dem gerade jetzt verstärkt aufblühenden Tagungswesen wirkliche Bildungserlebnisse ein.

Im Lauf des Jahres 1975 rief Jörn Rüsen an, der sich mit seiner Dissertation „Begriffene Geschichte. Genesis und Begründung der Geschichtstheorie J.G. Droysens" (1969) einen Namen gemacht hatte, bereits auf einer Professur saß und gerade mit ersten Aufsätzen seine Publikationstätigkeit als „Cheftheoretiker" und -didaktiker der deutschen Geschichtswissenschaft begonnen hatte. Er sei von Alwin Diemer, Philosoph an der neu gegründeten Universität Düsseldorf, um einem Vortrag für eine Konferenz zum Themenkomplex „Begriff und Konzeption der Forschung im 19. Jahrhundert" gebeten worden, den er aus Termingründen nicht wahrnehmen könne, ob ich diese Aufgabe nicht übernehmen wolle. Ich wollte und produzierte einen gleichnamigen Vortrag, der 1978 in dem von Diemer herausgegebenen Sammelband mit dem genannten Titel gedruckt wurde. Er erschloss mir – über die ersten Lektüren der frühen Koselleck-Aufsätze hinaus – den Zugang zur Begriffsgeschichte im Stil der „Geschichtlichen Grundbegriffe". Indem ich den Wortgebrauch von „Forschung" in den einschlägigen Lexika des 18. und frühen 19. Jahrhunderts und in den Theorieschriften der zeitgenössischen Historiker untersuchte, stellte ich fest, dass der Kollektivsingular „Forschung" sich erst gegen Ende dieses Zeitraums als konsistenter Terminus herausgebildet hat und so die Transformation von der alteuropäischen „Kunde" zur modernen Wissenschaft als „Arbeit" widerspiegelt. Die begriffsgeschichtliche Methode und ihre Ergebnisse überzeugten mich, dass es sich lohnte, auch andere Fragestellungen damit zu erschließen.

Die einprägsamste und nachhaltigste Erfahrung diskursiven Denkens und Arbeitens konnte ich 1978–1982 im „Arbeitskreis für Geschichtstheorie" machen, der zweimal im Jahr in den Räumen der Reimers-Stiftung in Bad Homburg tagte. Nipperdey schleuste mich als 34-jährigen Assistenten in die illustre Runde führender theorieinteressierter Historiker und geschichtsinteressierter Philosophen und Philologen zunächst als Protokollant ein, der aber bald zum ständigen Mitglied avancierte. Hier erlebte ich die Granden der Zunft in Aktion, vortragend, diskutierend und abends beim Umtrunk gelehrt oder gelockert konversierend, Interna und Klatsch austauschend. Spiritus Rector des Unternehmens und der bei weitem sachkundigste Kopf in Theoriefragen war unbestritten Reinhart Koselleck. Er hatte auf dem Heidelberger Historikertag 1970 einen grundlegenden Vortrag über die Theoriebedürftigkeit der Geschichtswissenschaft gehalten, mit dem er die Frage nach Sinn und Funktion des Einsatzes von Theorien in dem seit jeher primär auf seine Empiriefundierung gestützten Fach etabliert hatte. Er hatte damit allerdings auch die seit der Mitte der 60er-Jahre verschärft auftretende Spannung zwischen „Traditionalisten“ meist schon gesetzteren, und „Progressisten“ meist jüngeren Alters vertieft. Er schöpfte aus einem Fundus philosophischer und philologischer Bildung, die weit jenseits dessen lag, was „normale“ Historiker aufzubieten hatten, und argumentierte ebenso mühelos mit Thukydides oder Augustinus wie mit Kant oder dem damals völlig unbekannten Philosophen, Historiker und „Geschichtstheoretiker“ Chladenius aus der Mitte des 18. Jahrhunderts. Aus seinen Heidelberger Studienjahren und seinem ab 1953 entstandenen intensiven Kontakt zu Carl Schmitt brachte er ein geschärftes ideologie- und begriffskritisches Bewusstsein mit. Zudem verlieh sein jahrzehntelanges Nachdenken über eine Theorie der historischen Zeit(en) jedem seiner Diskussionsbeiträge und Vorträge einen Zugriff – ein von Koselleck bevorzugter Terminus – und eine Tiefenschärfe, die sein Argumentieren wie aus einer höheren Sphäre des Wissens und des Denkens erscheinen ließen. Dabei war sein Auftreten frei von intellektueller Eitelkeit, er folgte den Redebeiträgen der anderen Teilnehmer, an seiner Pfeife saugend, immer hellwach.

An philosophischer Bildung kam ihm von den Historikern Thomas Nipperdey am nächsten. Er hatte in Köln hauptsächlich bei Nikolai Hartmann Philosophie studiert und dieses Studium auch mit einer Dissertation über Hegels Geschichtsdenken abgeschlossen. Diese Arbeit war allerdings unpubliziert und in der Forschung daher ganz folgenlos geblieben. Gelegentlich schien der Hintergrund geschichtsphilosophischer Bildung in Nipperdeys Redebeiträgen und vor allem später im ersten Band seiner „Deutschen Geschichte“ in dem Kapitel über Hegel und die Hegelschüler auf, aber Nipperdey war kein großer Debattierer und fiel deswegen am Konferenztisch der Reimers-Stiftung in Bad Homburg auch nicht weiter auf. Zudem war er in diesem Kreis der rührigste und meistbeschäftigte Wissenschaftspolitiker und durch die Mitgliedschaft in zahllosen Gremien auch Wissenschaftsorganisator und Gutachter, sodass ihm manchmal die dauerhafte Überanstrengung und die daraus folgende phasenweise Übermüdung förmlich ins Gesicht geschrieben standen. Als Debattierer brillierte dagegen der Philosoph Hermann Lübbe. Temperamentvoll, mit weit ausholenden Armbewegungen gestikulierend, spitzte er seine Argumente zu und wartete immer wieder mit einer zwar komplizierten, aber schlagenden neuen Wortschöpfung auf. Er war ganz auf seine eigene Arbeit an einer Theorie der historischen Erklärung als Erzählung fokussiert und konzentrierte seine „Auftritte" auf diese Thematik, stieß damit aber in der Historikerrunde meist auf wenig Gegenliebe. Zudem hing ihm – wie auch Nipperdey – seine Rolle als führendes Mitglied des Bunds „Freiheit der Wissenschaft" an, der in den hochschulpolitisch so bewegten 1970er-Jahren um die Wahrung des notwendigen Minimums an Autonomie von Wissenschaft und Universität gegenüber einer auf Gesellschaftsveränderung zielenden Hochschulpolitik kämpfte – vielfach mit Erfolgen, von denen auch die Kritiker und Verächter des „Bundes" gern profitierten. Die Rezeption von Lübbes wie auch von Nipperdeys Schriften hat dadurch in manchmal skandalöser Weise Einbußen erfahren, gerade auch bei theorieinteressierten jungen Historikern. Lübbe trug zu dieser Missachtung allerdings auch insofern selbst bei, als er nach seiner wegweisenden Dissertation über die sogenannten „Ideen von 1914" kein größeres, eigenständiges „zweites Buch" mehr verfasst hatte und weitgehend in der Rolle eines geschätzten, immer originellen und zugespitzt argumentierenden Vortragsredners und philosophisch-politischen Publizisten aufging. Eines Tages legte er ausgewählten Mitgliedern des Arbeitskreises den soeben erschienenen Band „Geschichtsbegriff und Geschichtsinteresse: Analytik und Pragmatik der Historie“ (1977) mit seinen gesammelten Vorträgen zu einer Theorie der historischen Erzählung als Erklärung auf ihren Platz. Auch dieses Buch litt dann unter der Ungunst der aktuellen Theoriemoden und einer dadurch gestörten Rezeptionsgeschichte. Sich auf den ehemaligen Wissenschaftsstaatssekretär der SPD-Landesregierung von Nordrhein-Westfalen und späteren liberalkonservativen Gegenwartsdeuter zu berufen, „gehörte“ sich offensichtlich bei den geschichtstheoretisch interessierten „Jungen“ nicht. In einer sonderbaren Verkehrung klischeehaft fixierter Vorstellungen von „Realismus“ und Theorieorientierung bekam der immer mit frappanten Beispielen aus der gesellschaftlich-politischen und kulturellen Realität argumentierende Lübbe das Nachsehen gegenüber dem Glanz vermeintlich reiner angelsächsischer Theorie. Außerdem: *Wenn* schon Einbeziehung von Nachbarwissenschaften, dann hatten es möglichst die angelsächsischen Sozialwissenschaften und die Ethnologie zu sein, nicht die vermeintlich altmodische deutsche Philosophie. Ich selbst habe Lübbe als aufmerksamen und aufnahmebereiten Zuhörer erlebt. Obgleich der Jüngste und Unbedarfteste in der Runde, erlaubte ich mir gelegentlich einen Einwand gegen einen seiner Beiträge; zu meiner Überraschung sah ich dann, wie er sich innerlich von der weiterlaufenden Diskussion zurückzog, mit der Hand vor den Augen intensiv nachdachte und mich dann, aus seiner Versenkung auftauchend, intensiv und zustimmend anschaute.

An rhetorischer Brillanz kamen Lübbe unter den Historikern im Arbeitskreis nur Christian Meier und unter den Nichthistorikern der Grazer Soziologe Karl Acham nahe. Meiers diskursives Auftreten war sehr viel weniger expressiv-ausladend als das Lübbes. Seine Rede floss akustisch unauffällig, mehr in alltagssprachlichem Tonfall, ganz und gar unpathetisch, aber stetig und mit enormer gedanklicher Intensität dahin. Bei ihrer scheinbaren Unpointiertheit war es nicht leicht, ihr zu folgen. Meier zuzuhören und seine Gedankengänge wirklich aufzunehmen, verlangte höchste Anstrengung und Konzentration. Sein Hauptthema war damals eine Biografie Caesars: An ihr exemplifizierte er seine Fragen und Hypothesen und war damit auch anschlussfähig für den Aufnahmehorizont der anderen Teilnehmer. Im Übrigen gehörte Meier, für mich als weitgehend außenstehenden „Youngster" nicht zu erkennen, zu den Mitbegründern und engagiertesten Förderern des Kreises.

Nichthistoriker wie der Philosoph Hans Michael Baumgartner und der Soziologe Karl Acham hatten es naturgemäß mit ihren Beiträgen oft nicht leicht. Acham war wegen seiner Dissertation „Analytische Geschichtsphilosophie. Eine kritische Einführung" (1974) in den ständigen Kreis eingeladen worden, doch damit und mit den weit ausholenden sozialwissenschaftlichen Extemporationen wusste niemand so recht etwas anzufangen. Gleichwohl trug er mit seiner umfassenden Kenntnis soziologischer Theoriebildung produktiv zum Gespräch bei – mit einer rhetorischen Eleganz, die für unmittelbar im Fach rivalisierende Kollegen mitunter schwer zu ertragen war. So unterbrach Wolfgang Schluchter, Soziologe in Heidelberg und anerkannter Max-Weber-Spezialist, einen Beitrag Achams demonstrativ zurückgelehnt und gelangweilt gen Himmel blickend laut und abrupt mit dem Einwurf „Max Weber sagt, wer Schau will, soll ins Lichtspiel gehen". Acham ließ sich nicht aus dem Konzept bringen und konterte prompt: „Wer hat was gegen das Lichtspiel? Ich jedenfalls nicht; es ist ein modernes und ausdrucksstarkes Medium; ich bin gegen jeden ästhetischen Reduktionismus."

Solch persönliche Spitzen und Angriffe kamen in der wohltemperierten, manchmal auch heiteren Diskussionsatmosphäre aber nur selten vor. Einmal jedoch traf es mich selbst, ganz überraschend. Ich hatte einen Vortrag zur geschichtstheoretischen Reflexion in der Spätaufklärung und über die Wendung des frühen Historismus zur großen Erzählung gehalten. Seine Pointe bestand in der These, dass diese nicht zuletzt von Walter Scott beeinflusste Erzählweise für die Geschichtsschreibung die Möglichkeit schuf, die für die deutsche Spätaufklärung typische trockene Darstellung forschend ermittelter, aber wenig verbundener Fakten in einer diskursiven Darstellung zu synthetisieren. Ich trug frei vor, fühlte mich in meinem Wissen und der Thesenbildung zu Hause und genoss den Vortrag vor diesem illustren Gelehrtenkreis. In der Diskussion meldete sich dann aber sofort und mit allen Anzeichen hochgradiger Erregung Hans Robert Jauss zu Wort, weltweit bekannter Romanist und gelegentlicher Grenzgänger zwischen Philologie und Geschichtswissenschaften. Umstandslos fuhr er dem Neuling mit der Frage ins Gesicht: „Haben Sie denn nicht meinen Aufsatz gelesen?" Natürlich hatte ich das nicht, da die Studie an einer für Historiker sehr entlegenen Stelle publiziert worden war. Ich suchte mich durch den Hinweis auf andere seiner Aufsätze zu retten, die ich tatsächlich gelesen hatte. Das besänftigte ihn aber nicht, denn der große Mann – der sich übrigens zu sehr später Stunde in seinem Leben als einstiger SS-Sturmbannführer outen musste – insistierte, ich müsse diesen Aufsatz doch gelesen haben. Als unerfahrener Nachwuchshistoriker war ich verunsichert, aber doch auch einigermaßen verwundert über diesen ungehemmten Ausbruch professoraler Eitelkeit. In der Runde sah man das offenbar ähnlich, denn es begann ein allgemeines erheitertes Getuschel und Herumfragen beim jeweiligen Sitznachbarn, wo und wann und wobei man doch hoffentlich zitiert worden sei – oder etwa nicht. Ich selbst konnte mich etwas entspannen, aber die Freude an meinem Auftritt war doch arg gedämpft worden.

Bei aller Gepflegtheit des Diskussionsstils im Allgemeinen mengten sich in die wissenschaftliche Diskussion, neben den gelegentlichen persönlichen Animositäten und Spitzen, auch immer wieder politisch-fachliche Gereiztheiten und Gegnerschaften ein. Spätestens am Ende des zweiten Sitzungstages traten die untergründig schon vorher vorhandenen Frontlinien deutlich hervor. Der Konstanzer Romanist Karl-Heinz Stierle etwa warf Hermann Lübbe vor, seine, tatsächlich in der gelehrten Welt berühmt gewordenen, überaus plastischen Beispiele zeichneten sich durch eine „seltene Verbindung von Prägnanz und Irrelevanz" aus – was auf den konservativen Hintergrund der Argumentation vom Konkreten her verwies. Jürgen Kocka dagegen, hartnäckiger Verfechter und Systematisierer von Theoriengebrauch in der Geschichtswissenschaft, war auch durch noch so einleuchtende, seiner Präferenz für die systematischen Sozialwissenschaften aber fernliegende Argumente nicht dazu zu bewegen, dem Begriff der „Erzählung" Erklärungsfunktionen in der Geschichtswissenschaft zuzuerkennen. Vielmehr identifizierte er notorisch „Erzählung" mit „schöner Literatur" und deren verderblichem Einfluss auf das Schreiben „neorankeanischer" Historiker in einem „Historismus" des späten 19. Jahrhunderts, der sich, anders als die Geschichtswissenschaft in Frankreich und auch England, der Öffnung zu den Sozialwissenschaften verweigert habe. Diese Position war verständlich, wenn man bedenkt, dass sich die „Historische Sozialwissenschaft" Bielefelder Prägung unter Federführung von Hans-Ulrich Wehler und Jürgen Kocka gerade von den liberal-konservativen oder explizit konservativen Ranke-Nachfolgern wie Erich Marcks, Max Lenz, Friedrich Meinecke oder auch Karl Alexander von Müller und ihren auf den deutschen Lehrstühlen der 50er- und frühen 60er-Jahren noch sehr präsenten „Schülern" abstieß und im Interesse ihrer wissenschaftlichen wie auch politischen Position abstoßen musste. Wobei festzuhalten bleibt, dass gerade Meinecke und der dezidierte NS-Anhänger und Großorganisator Karl Alexander von Müller eine ganze Reihe von auch systematisierend und sozialgeschichtlich arbeitenden „Schülern" wie Hans Rosenberg, Theodor Schieder, Heinz Gollwitzer, Karl Bosl und Wolfgang Zorn hervorgebracht haben. Theoriepositionen wurden auf diese Weise mit politischen Optionen vermischt, was den Diskussionen mitunter doch eine beträchtliche untergründige Schärfe verlieh.

Auch die seit diesen Jahren verstärkt geforderte und hier auch praktizierte Interdisziplinarität erwies sich gerade in der Tagungsfolge über „Theorie und Erzählung" als keineswegs spannungsfrei. Wenn sich etwa Hans-Michael Baumgartner mit seiner auf den – noch vor Hayden White in den USA einflussreichen – amerikanischen Philosophen Arthur Danto gestützten Theorie der historischen Erzählung von den Argumenten der Romanisten Jauss und Stierle bestätigt fühlen konnte, so blieb das doch für den Erkenntnishaushalt der meisten Historiker folgenlos. Koselleck hatte die Romanisten aus seinem anderen Arbeitskreis „Poetik und Hermeneutik" herübergeholt. Diese informelle, aber von der DFG finanzierte Runde bestand aus führenden, intellektuell und hochschulpolitisch reformerisch gesinnten Gelehrten, aus deren Kreis zudem mehrere zu den Vordenkern und Mitbegründern der neuen

Universitäten u.a. in Bielefeld und Konstanz gehörten – so etwa Koselleck (Bielefeld), Jauss (Konstanz) und der Mediävist Arno Borst (Konstanz). Sie glaubten an die „lebendige Ökumene von Spezialisierung und Interdependenz, von Einsamkeit und Austausch ihrer Fachrichtungen“ (Hans Blumenberg) und hielten im Arbeitskreis an ihrem Konzept fest, auch nachdem die Universitätsbewegung selbst vor allem durch die Blockadepolitik der Länderfinanzminister ins Stocken geraten war. „Poetik und Hermeneutik“ gewann für die Philologien sowie für die Kulturwissenschaften insgesamt eine sehr viel größere Bedeutung als der Arbeitskreis „Geschichtstheorie“, schon weil er vom Anspruch wie von der personellen Besetzung her umfassender war. Keineswegs folgenlos blieb die Mitwirkung von Philologen und Philosophen allerdings für Kosellecks eigenes Denken über historische Zeiten und die historische Erzählung. So etwa nutzte er die inzwischen selbst in die politische Alltagssprache eingedrungene Begriffsdualität von „Erfahrungsraum und Erwartungshorizont“ in einem Vortrag über die Darstellung der „Befreiungskriege 1813–1815 bei Droysen, Treitschke und Mehring“ für den Arbeitskreis. Nipperdey zog aus diesen Debatten die Konsequenz, sich in den drei Bänden seiner „Deutschen Geschichte 1800–1918“ ohne weitere Theorieanstrengung und Begründung in die althergebrachte Position des auktorialen Erzählers zu begeben und diese Rolle manchmal etwas penetrant zu stilisieren. Allerdings gelang es ihm dabei anders als manchem historischen „Erzähler“ des 19. und frühen 20. Jahrhunderts, Struktur- und Ereignisgeschichte zu synthetisieren. Ich selbst versuchte mich in einem kurzen Beitrag an einer Zusammenführung von Theorie und Erzählung und sah mich dabei bestätigt durch Otto Gerhard Oexle, den Mediävisten und Erforscher der kulturwissenschaftlichen Wende- und Blütejahre um 1900, der in einem Aufsatz der Historischen Zeitschrift (HZ) die gängige Entgegensetzung von Theorie und Erzählung als „aporetisch“ bezeichnet hatte. In explizit geschichtstheoretischer Absicht griff dann Jörn Rüsen das vorgeschlagene Konzept des „diskursiven Erzählens“ auf und führte es in der darauffolgenden Tagung breit aus. Rüsen war ein immer aufmerksamer und zugewandter Gesprächspartner – obwohl er mein Burckhardt-Buch von 1974 deutlich kritisiert und diese Kritik nicht ohne Witz mit einem Burckhardt-Vers aus dem vorrevolutionären Jahr 1847 als Motto eingeleitet hatte: „Fresst Euch nur auf, Ihr Lumpenpack / dass wieder Stille wird auf Erden“. Seine Vortragsweise war klar, pointiert und nicht zuletzt durch ein von gelinder Selbstironie durchsetztes Pathos überaus eingängig.

Die Tagungsfolge „Theorie und Erzählung“ kulminierte in einer Konfrontation zwischen Hans-Ulrich Wehler, einem Protagonisten der Historischen Sozialwissenschaft, und dem namhaftesten und erfolgreichsten Geschichtsschreiber alten Stils in deutscher Sprache, Golo Mann. Sie war von den Organisatoren, Thomas Nipperdey und Jürgen Kocka, bewusst inszeniert worden, als eine Art Schaukampf zwischen den Extrempositionen, aber auch als Chance, bedeutende Praktiker ihres Fachs, die mit den Problemen beim Schreiben weit ausholender Darstellungen vertraut waren, so zusammenzubringen, dass sie ihre historiografischen Konzepte offenlegen und diskursiv verfechten konnten. Das gelang auch, in einer freilich nur auf den zweiten Blick spektakulären Weise.

In der Runde selbst ging es sehr höflich und zivilisiert zu. Die Kombattanten trugen ihre Diskussionsvorlagen vor. In der üblichen allgemeinen Debatte danach wurden im Wesentlichen die Argumente nur noch einmal wiederholt, zu einer verbalen Kontroverse mit mehrfachem Argumenteaustausch zu einem bestimmten Punkt kam es nicht. Die Brisanz des ganzen Unternehmens zeigte sich erst an den gedruckten Texten im Sammelband „Theorie und Erzählung in der Geschichte" (hg. von Jürgen Kocka und Thomas Nipperdey, München 1979, S. 17–64). Zunächst exemplifizierte Wehler an zwei Beispielen aus eigenen Werken – der Studie „Bismarck und der Imperialismus", die ihn schlagartig bekannt gemacht hatte, und den erst 1987 publizierten Bänden I und II seiner „Deutschen Gesellschaftsgeschichte" – die Vorzüge, die der Einsatz wirtschaftswissenschaftlicher Konjunkturtheorie und ökonomischer Theorien überhaupt bot: so zum Beispiel für die Erschließung des „ungleichmäßigen Wachstums der deutschen Industriewirtschaft" vom späten 18. Jahrhundert bis 1914. Damit könnten dann auch die Entstehung und der Wandel von Klassenstrukturen, vermeintliche und tatsächliche Handlungszwänge zur Krisenbekämpfung, der wachsende Druck auf die politische Legitimationsbasis Preußen-Deutschlands, das Machtspiel im Spannungsfeld von Staatspolitik und entstehendem politischem Massenmarkt und die gesellschaftlich-politischen Folgen von alledem besser als bislang erklärt werden. Mit der für ihn charakteristischen Systematik listete Wehler dann generalisierend in sechs Punkten die Vorzüge der Theorieverwendung gegenüber dem Rekurs auf das „Individualitätsprinzip des klassischen Historismus" auf. Das waren alles sehr überzeugende Argumente – nur richteten sie sich gegen ein popanzartig simplifiziertes Zerrbild von „Historismus" als vermeintlichem Feind allen geschichtswissenschaftlichen Fortschritts.

Dagegen trat nun Golo Mann mit einem „Plädoyer für die historische Erzählung" an und ließ sich, was Argumentation und auch Polemik anging, keineswegs lumpen. Wer gedacht haben mochte, der schreibende Sohn eines weltbekannten

Schriftstellervaters und bekennende Theorieskeptiker werde den Schutzraum seiner sprachlich überaus gepflegten und damit etwas altbacken und harmonistisch wirkenden historischen Essayistik nicht verlassen können, hatte sich getäuscht. Er hatte eine kaum gelesene und eine rasch berühmt gewordene Biografie geschrieben, über Friedrich Gentz, den antirevolutionären Publizisten und konservativen Berater des Staatskanzlers Metternich, sowie über den Feldherrn des Dreißigjährigen Krieges, Albrecht Graf Wallenstein. Schon 1958 hatte er seine bedeutende, aber in der Wissenschaft so gut wie unbeachtet gebliebene „Deutsche Geschichte des 19. und 20. Jahrhunderts" publiziert, eine zentrale Lektüre für geschichtsbewusste und zugleich traditionskritische Gebildete, die dringend nach einer ersten synthetischen Darstellung des 19. und 20. Jahrhunderts nach den Katastrophenerfahrungen der ersten Jahrhunderthälfte verlangten. Er sah und stilisierte sich auch gern als „altmodischen" historischen Schriftsteller. Zwar blieb Manns Sprache auch jetzt „vorwissenschaftlich" und anschaulich, aber er scheute – nach einer durchaus glaubwürdigen Respektbezeugung vor Wehlers „Deutschem Kaiserreich" als Musterbeispiel einer strukturanalytisch verfahrenden Geschichtsschreibung – keineswegs den direkten Angriff und listete als Einwände gegen dieses vielgelesene und einflussreiche Buch auf: erstens, dass es die Ereignisgeschichte ablehne, aber sehr wohl voraussetze; zweitens, dass die Strukturanalyse zu statisch angelegt sei und den Wandel in Kultur, Gesellschaft und Staat zu wenig berücksichtige; drittens, dass die „Fülle des Lebens" nicht ausgeschöpft sei – notwendige Folge des Vorherrschens einer Theorie. Zum Beleg führte er die „Widersprüche" im gesellschaftlich-politischen Leben des Kaiserreichs an – eben jene Widersprüche, die tatsächlich seither mit beträchtlichem Aufwand an Traditionsschelte gegenüber den

Neuerern der Historischen Sozialwissenschaft und an Innovationsrhetorik breit erforscht worden sind. Viertens bezweifelte er die Allgemeingültigkeit der Theorie vom Primat der Innenpolitik und insistierte fünftens mit guten Argumenten und Beispielen auf der Bedeutung „originärer Machtpolitik" und damit auch der Diplomatiegeschichte. Am Ende helfe nur der „heute verhöhnte, verpönte Interpretationseklektizismus". Auch die beste Strukturanalyse könne niemals „die Fülle des vergangenen Lebens in ihrer Offenheit nach der Zukunft hin" darbieten. Manns polemischer Furor verführte ihn aber schließlich zu der alteuropäisch klingenden pauschalen These: „Die Historie ist eine Kunst, die auf Kenntnissen beruht, und weiter gar nichts." Mit diesem Satz fiel er unbedacht hinter die ganze geschichtstheoretische Debatte seit der Spätaufklärung zurück, was von seinen aktuell vorgebrachten Argumenten und Beispielen her gar nicht geboten war.

Wie auch immer – der Auftritt war imposant, wenn auch nicht frei von kleinen Schwächen. Wie die wirklichen und eingebildeten Stars allerorten kam er nicht pünktlich zu Tagungsbeginn, sondern exakt zur Stunde seines Vortrags und verschwand anschließend wieder. Der geballte Aufmarsch von rund dreißig fast durchweg hochrenommierten Gelehrten schien ihn nicht weiter zu interessieren. Es waren nicht seine Kreise, in die er sich da für 90 Minuten hineinbegeben hatte. In der Diskussion beantwortete er die Fragen, die ihm passten. Für alle anderen hatte er die elegant-souveräne Ausrede von Autoritäten seines Kalibers bereit, er könne nicht auf alles eingehen, was da gesagt worden sei, auch nicht auf die Frage des „jungen Kollegen", womit ich gemeint war. Er zog, wie man heute sagen würde, sein Ding durch und setzte sich dabei – zumindest in seinem Vortrag – sehr viel mehr mit den Anliegen und den Argumenten seiner Kontrahenten auseinander als diese mit ihm. Das Wort von der „großen Schreibe" ist übrigens nicht nur metaphorisch gemeint. Ich saß während der Diskussion neben ihm und staunte bei einem Seitenblick auf die wenigen Stichwörter, die er sich aufschrieb, über die Monumentalität, aber auch Schwerfälligkeit seiner Handschrift. Er brachte auf einer DIN-A4-Seite nicht mehr als zwei Zeilen unter, auf eingehendere Notizen konnte und musste er also verzichten.

1976 lud mich der „Ulmer Verein für Kunstwissenschaft", eine Abspaltung methodisch modernistischer und politisch linker junger Kunsthistoriker/innen aus dem Kunsthistorikerverband, für seine Jahrestagung im Münchner Lenbachhaus zu einem Vortrag über das kunsthistorische Stil- und Epochenkonzept „Historismus" ein. Die Anregung dazu kam von Monika Steinhauser, der Gattin des jungen Direktors des Lenbachhauses Armin Zweite und wie dieser führendes Mitglied des „Ulmer Vereins". Ich präsentierte eine notwendigerweise ins Philosophische gehende Begriffsgeschichte des späten, erst in der zweiten Hälfte des 19. Jahrhunderts etablierten Neologismus „Historismus", deutete Denkform und Stil des Historismus als eine Folge des Revolutionszeitalters und machte dafür in Anlehnung an Koselleck – und an mein Burckhardtbuch – die Epochenschwelle der „Sattelzeit" 1750–1850 stark. Kosellecks „Sattelzeittheorem" war noch weitgehend unbekannt. Meine sozialgeschichtliche Begründung leuchtete den Zuhörern nicht recht ein. Sie waren zwar von ihren politisch „progressiven" Positionen her gesellschaftsgeschichtlich höchst interessiert, vom kunstwissenschaftlichen Primat des Ästhetischen aus damit aber nicht vertraut. Zudem berief ich mich in aller Unschuld auch noch auf die Aufsätze des NS-belasteten, gleichwohl bedeutenden Otto

Brunner zur Kontinuität alteuropäischer Denkweisen, Sozialstrukturen und Verfassungsformen über rund zwei Jahrtausende hinweg, um den Zäsurcharakter des Revolutionszeitalters zu verdeutlichen. Die Diskussion verlief höchst kontrovers. Detlef Hoffmann, einer der an Sozialgeschichte und Populärkultur interessierten Neuerer der Kunstgeschichte, kritisierte scharf die in seiner Sicht überdeutlich betonte Zäsur des Revolutionszeitalters, Martin Warnke, der wichtigste Vorkämpfer und Förderer einer theoretisch aufgeklärten und an politischen Inhalten interessierten Kunstgeschichte, argumentierte in seiner auratischen, zögerlich umsichtigen Art in dieselbe Richtung. Willibald Sauerländer, Direktor des Zentralinstituts für Kunstgeschichte in München, saß mit sphinxartig erstarrtem Gesicht in den hinteren Reihen und ließ nicht erkennen, was er dachte. Nach dem Ende der Sektion begriff ich wohl ein für alle Mal, was mir Monika Steinhauser, die als Promotorin des Vortrags und als Diskussionsleiterin in eine unangenehme Lage zwischen Loyalität zum Redner und Anpassung an die vorherrschende Meinung gekommen war und lavierte, als Ratschlag fürs Vortraghalten mitgab: „Widersprüche einbauen“. Der Vortrag erschien 1978 unter dem Titel „Kunst und Geschichte im Revolutionszeitalter. Historismus in der Kunst und der Historismusbegriff der Kunstwissenschaft“ in dem mehr antiquarisch als avantgardistisch ausgerichteten „Archiv für Kulturgeschichte“, stieß aber gleichwohl bei jungen Kunsthistorikern auf eine erfreuliche Resonanz.

Kurz darauf lud das Paar Zweite/Steinhauser meine Frau und mich ein, für den Katalog der für das Jahr 1979 geplanten Ausstellung „Münchner Landschaftsmalerei 1800–1850“ im Lenbachhaus jeweils einen Aufsatz zu schreiben. Barbara verfasste eine umfangreiche vergleichende Studie zu den wichtigsten Meistern der „Münchner Schule“, Wilhelm von Kobell und

Johann Georg von Dillis. Und ich wagte mich, stimuliert durch mein frisches Wissen über das Sattelzeittheorem, an einen Beitrag, der einen nicht ganz unwichtigen Aspekt in der im späten 18. Jahrhundert einsetzenden Transformation von der Kunst der Alten Welt zur Moderne herausarbeitet: „Naturbeherrschung und ästhetische Landschaft. Zur Entstehung der ästhetischen Landschaft am Beispiel der Münchner Schule". Das ästhetische, absichtslos sinnlich genießende Dasein in der Natur wird – so die These – ermöglicht durch die modern-rationelle Arbeit zum Zweck ihrer Beherrschung, blendet diesen Begründungszusammenhang aber aus. Natur wird in dieser Sicht nicht mehr als schicksalhafte Macht erfahren, sondern als Ort eines „schönen Daseins". In einer Ausstellungsbesprechung griff Siegfried Wichmann, Kenner der Malerei des 19. Jahrhunderts und Organisator der wegweisenden Ausstellung zu den Münchner Olympischen Spielen 1972 über „Weltkulturen und moderne Kunst", diesen Katalogbeitrag polemisch heraus und bezeichnete den Gedankengang als „linksmarxistisch". Es war die Zeit eines speziell bajuwarischen „Kulturkampfs", als der bayerische Ministerpräsident Franz Josef Strauß das Lenbachhaus und seinen Direktor Armin Zweite u.a. wegen einer Beuys-Ausstellung frontal angriff und die Kunst von Beuys generell bezichtigte, zu den geistigen Wegbereitern des Terrorismus zu gehören. Ich befand mich demnach mit meinem sozialgeschichtlich-kunsthistorischen Gehversuch in bester Gesellschaft.

Akademischer Hazard und Ankunft im Amt

Nach der Habilitation im Sommer 1982 und dem Auslaufen der Assistentenstelle bezog ich zunächst Überbrückungsgeld vom Arbeitsamt. Es begann die eigentliche Risikopassage der Universitätslaufbahn in Deutschland, die Zeit des „Vabanques" bis zur Berufung auf eine Professur, wie Max Weber in seinem Vortrag über „Wissenschaft als Beruf" diese Lebensphase genannt hat. Sie verlief nach dem üblichen Muster, mit einer gewissen Verschärfung dadurch, dass im konjunkturellen Auf und Ab der Arbeitsmarktlage in den 1980er-Jahren die Professorenstellen knapp und die Zahl der Stellenanwärter groß war. Das lag vor allem daran, dass nach der Ausrufung des „Bildungsnotstands" (Georg Picht) in den frühen 1960er-Jahren und der anschließenden erheblichen Erweiterung des Systems durch eine Welle von Universitätsneugründungen die Zahl der aus den Mitarbeiterbüros kommenden Stellenanwärter immens, die der während der Gründungswelle meist in jungen Jahren berufenen – und vom Pensionsalter noch weit entfernten – Professoren dagegen besonders groß war. Mit der Vereinigung und dem Stellenbedarf in den neuen Bundesländern nach dem Systemwechsel änderte sich das schlagartig, aber derlei war in keiner Weise abzusehen, und dazu kam es auch erst nach rund zehn Jahren. Ich profitierte dann davon. Aber auch schon in den Privatdozentenjahren von 1982 bis 1985 meinte es die Historikerzunft gut mit mir. Bereits kurz nach dem Beginn meiner Stellenlosigkeit bewilligte mir die Deutsche Forschungsgemeinschaft eines der begehrten „Heisenberg"-Stipendien mit guter finanzieller Ausstattung und fünfjähriger Laufzeit. Das erst wenige Jahre zuvor geschaffene Stipendienmodell sollte helfen, die kritischen Jahre rund um die Habilitation bis zur Erstberufung so zu überbrücken, dass genug Zeit blieb, sich in Forschung und Lehre weiter zu profilieren. Bekam man, wie es in dieser Karrierephase gängige Praxis ist, eine Lehrstuhlvertretung anvertraut, so setzte das Stipendium für diese Zeit aus. Auch damit hatte ich Glück. Schon das erste Semester als Privatdozent verbrachte ich als Vertreter des Frühneuzeitlers Volker Press in Tübingen, und nach einem ersten Privatdozentensemester an meiner „Heimatuniversität" München holten mich die Historiker der Universität Erlangen-Nürnberg für zwei weitere Vertretungssemester. Dort erhielt ich auch – nach einem weiteren Semester Zwischenstation in München – 1986 eine Professur für Neuere Geschichte. Als nützlich erwies sich in Tübingen wie Erlangen die Herkunft aus dem wissenschaftlichen Umkreis Thomas Nipperdeys. Das sei gern zugestanden – zumal dieses Faktum allein keineswegs für Karriereerfolg in Deutschland garantierte.

Die Jahre zwischen Habilitation und Ruf zählten in der Tradition des deutschen Universitätssystems in den 1980er-Jahren meist noch zu den wissenschaftlich produktivsten der gesamten Gelehrtenlaufbahn. Dazu trug der Druck der ungesicherten Stellung und der damit verbundene Profilierungszwang bei, gemäß der bekannten Maxime des legendären und berüchtigten preußischen Hochschulreferenten im späten Kaiserreich, Friedrich Theodor Althoff: „Satte Vögel singen nicht." Doch das war es nicht allein. Diese Jahre brachten auch die freudige Ausarbeitung der ersten Vorlesungen und Hauptseminare, mit dem Gefühl, Neues bieten zu können und die Zukunft noch vor sich zu haben. Privatdozenten klagten zwar schon damals und keineswegs zu Unrecht Stein und Bein über ihre ungesicherte Lage, die düsteren Zukunftsaussichten und die überholten wissenschaftlichen Positionen ihrer (zu langsam) alternden präsumptiven

Amtsvorgänger, aber sie konnten doch mit einiger Gewissheit davon ausgehen, dass sie früher oder später auf einer Professur landen würden. Dieser Glaube scheint heute sehr viel weniger berechtigt als vor vierzig oder fünfzig Jahren. Allerdings hat sich seither auch das Angebot an Stipendien, Auslandsaufenthalten und Stellen an außeruniversitären Einrichtungen erheblich erweitert. Trotzdem haben alle jene meinen größten Respekt, die sich unter den heutigen, in vieler Hinsicht härter gewordenen Bedingungen diesem Lebensweg verschreiben und sich den mit ihm verbundenen Ängsten, Nöten und Entbehrungen und jetzt auch sehr viel aufwendigeren Berufungsprozeduren und ihren Frustrationen stellen.

So groß die Mühen der Privatdozentenzeit in München und der Professur in Erlangen waren, aus heutiger Sicht erscheinen mir die neun Jahre vom Sommer 1982 bis zum Sommer 1991 als glückliche Lebensphase. Zwar gab es die Anstrengungen und Ablenkungen des Pendlerdaseins mit jeweils zwei oder drei Hotelübernachtungen am Berufsort, während der Hauptwohnsitz München blieb. Das ministerielle Ernennungsschreiben verlangte 1985 noch, einen Wohnsitz im Umkreis von dreißig Kilometern vom Arbeitsplatz zu beziehen. Aber diese Forderung war schon nicht mehr realistisch oder gar durchsetzbar. Die eigenständige Berufstätigkeit der Akademikerfrauen hatte sich in den letzten Jahrzehnten so verbreitet, dass die Trennung von Wohn- und Arbeitsplatz das herkömmliche Modell der Professorenfamilie außer Kraft setzte. Die Frauen folgten ihren Männern nicht mehr selbstverständlich an deren wechselnden Arbeitsort, sondern sie setzten ihre Berufstätigkeit an Ort und Stelle fort, es sei denn, sie fanden einen ihrer Qualifizierung entsprechenden Arbeitsplatz am neuen Ort. Eine solche Möglichkeit ergab sich für meine Frau weder in Erlangen noch später in Berlin. Im Gegenteil – dort waren laut Einigungsvertrag in den 90er-Jahren die Kunsthistoriker/innen zu versorgen, die zu DDR-Zeiten in großzügigen Mengen in den entsprechenden Institutionen eingestellt worden waren.

Die Erlanger Kollegen erwiesen sich durchweg als wohlgesonnen und ersparten mir weitgehend auch zusätzliche Aufgaben in der akademischen Selbstverwaltung. Diese machten die Lehrstuhlinhaber im Übrigen auch gern unter sich aus. Was fehlte, war ein formalisierter Zugang zu einer Sekretärin. Doch wenn ich sporadisch eine entsprechende Bitte äußerte, konnte ich häufig mit Entgegenkommen rechnen. So schrieb ich meine Vorlesungen, Vorträge und Aufsätze Tag für Tag mit meiner alten elektrischen Schreibmaschine. Heute ist im Zeichen wegfallender oder verkürzter Sekretärinnenstellen, wachsender Verwaltungsaufgaben auch auf dieser Ebene, vor allem aber der PC-Kompetenz der Wissenschaftler das Schreiben der eigenen Texte selbstverständlich. Die großen „Alten" wie Nipperdey, Wehler und Co. dagegen hatten ihre umfangreichen Bücher entweder noch mit der Hand geschrieben oder aufs Band diktiert.

In eine leichte Reiseschreibmaschine hatte ich auch noch den Extrakt aus meiner Habilschrift geschrieben, als ich mich nach deren Einreichen zur Erholung über Weihnachten/Neujahr 1981/82 auf eine südliche Insel zurückzog. Ausgangspunkt dieser inzwischen auf knapp 400 Seiten angewachsenen Arbeit war, wie erwähnt, der für das „Lexikon der historisch-politischen Grundbegriffe" vorgesehene Artikel über den „Verein" gewesen. Nunmehr verlangte der Herausgeber Reinhart Koselleck ziemlich abrupt, den fertigen Artikel abzugeben. Jede weitere Verzögerung bringe ihn „in die größte Verlegenheit". Ich hämmerte also eine auf siebzig Seiten verkürzte Fassung in die Maschine und entschuldigte mich an der Jahreswende 1981/82, dass das fertige Manuskript noch vierzehn Tage auf sich warten lassen müsse. Tatsächlich erschien der Artikel dann erst acht Jahre später, 1990, im Band VI der „Grundbegriffe". Damals hat mein bis dahin völlig intaktes Ethos pünktlicher Manuskriptabgabe einen Schaden erlitten, von dem es sich nicht mehr erholt hat.

Im Übrigen griffen nun die Mechanismen des wissenschaftlichen Betriebs nach dem Nachwuchshistoriker – nicht immer nur zu dessen Vorteil. Nipperdey hatte angekündigt, meine Habilschrift solle in der Schriftenreihe „Industrielle Welt" des renommierten „Arbeitskreises für moderne Sozialgeschichte" publiziert werden. Ich sollte das Manuskript für den Druck überarbeiten, aber das „eile nicht". Dieser beruhigende Hinweis erwies sich als schwerer Fehler, denn es dauerte dann bis 1997, bis das Buch erschien – in einer völlig anderen Form als ursprünglich geplant. Es reizte mich, der Früh- und Vorgeschichte des modernen Vereinswesens bei den aufklärerischen Sozietäten, den barocken Sprachgesellschaften, den katholischen Bruderschaften, den studentischen Verbindungen und den humanistischen Sodalitäten nachzugehen, und außerdem verwiesen die begriffsgeschichtlichen Befunde auf die genossenschaftliche Struktur des Alten Reiches und seiner Personenverbände. So landete ich schließlich beim spätmittelalterlichen Genossenschaftswesen, der lutherischen und der radikalen Strömung der Reformation bei Thomas Müntzer. Am Ende stand da ein neu geschriebenes reines Frühneuzeitbuch und die eigentliche Habilschrift, jetzt als Band II einer umfassenden Geschichte des Sozietäts-, Vereins- und Genossenschaftswesens geplant, blieb ungeschrieben – bis auf den Extrakt in den „Geschichtlichen Grundbegriffen".

Hatte ich hier meinem Forscherdrang allzu sehr nachgegeben und mich über die Usancen des Wissenschaftsbetriebs unbedacht hinweggesetzt, so hinderte mich zudem das in den letzten zwei Jahrzehnten voll erblühte Vortrags- und Tagungswesen mit seinen eher kurzzeitigen Verpflichtungen an einem rechtzeitigen Abschluss meines ausgeuferten Unternehmens. Allerdings entstanden aus diesen „Ablenkungen" heraus auch neue Forschungs- und Publikationsimpulse. Der kraftvoll-dynamische Freund aus den Münchner Assistentenjahren, Klaus Tenfelde, wandte sich gerade aus seinem eigenen bisherigen Forschungsschwerpunkt heraus – der Bergarbeiterschaft an der Ruhr – ebenfalls der Geschichte des Vereinswesens und auch der Urbanisierung zu. Wir arbeiteten also eine Zeitlang parallel, ohne uns in die Quere zu kommen, und in einem erstaunlichen Geist der Kollegialität. So regte er eine gemeinsame Sektion zum Vereinswesen im 19. Jahrhundert auf dem Historikertag in Münster im Herbst 1982 an. Drei Jahre später veranstalteten wir in München eine Tagung zur Urbanisierungsgeschichte Münchens im Vergleich mit ausgewählten anderen Städten und im Anschluss daran eine Vortragsreihe im Münchner Rathaus. Daraus ging 1990 ein – wie ich auch heute noch finde – origineller Sammelband hervor, in dem ich auf 137 Seiten die Ergebnisse meiner stadtgeschichtlichen Studien unterbrachte, die ich zwölf Jahre zuvor unter dem Druck der Habilitationsnotwendigkeit abgebrochen hatte. Dann reizte es mich, auf der Grundlage meiner Befunde zur Geschichte der frühneuzeitlichen Sozietäten die Geschichte des studentischen Verbindungswesens vom Spätmittelalter bis ins 19. Jahrhundert neu zu deuten, wobei ich außer von meinen Quellenbefunden von Norbert Elias' von den Historikern zu wenig beachtetem Hauptwerk „Über den Prozeß der Zivilisation" (zwei Bände, Erstveröff. 1939) ausging, um die

Selbstdisziplinierungs- und Zivilisierungsprozesse der jugendlichen Bildungsschicht im Übergang zur modernen Gesellschaft zu erfassen.

Noch in der Münchner Assistentenzeit war ich Mitglied einer Projektgruppe der Fritz Thyssen Stiftung unter der Leitung des Generaldirektors der Staatlichen Museen Berlin, Stephan Waetzold, zum Thema „Kunst und Kunstpolitik im Deutschen Kaiserreich" geworden. Aus den jährlichen Tagungen seit 1978 ging eine Folge von insgesamt sechs Bänden zu diesem Themenkreis hervor. Hier waren die Kenntnisse aus dem Umkreis meiner Burckhardt- und Historismusstudien gefragt, darüber hinaus aber die Einarbeitung in Themen der Denkmals- und Festkultur des Kaiserreichs sowie des Stifter- und Mäzenatentums. In den Vorträgen und Aufsätzen, die ich dazu schrieb, konnte ich mein sozialgeschichtliches Interesse an der bürgerlich-adligen Elite des Kaiserreichs mit der Frage nach der Symbolwelt des Nationalismus und den ästhetischen Vorstellungen von Künstlern und Auftraggebern im Kaiserreich verbinden. Dies war ein Themenkomplex, bei dem ich auf der Grundlage der eigenen Bildungssozialisation und angeregt von der Pionierstudie Nipperdeys über die deutschen Nationaldenkmäler des 19. Jahrhunderts (1968) selbst noch einige Pionierarbeit leisten konnte, die dann Teil einer erstaunlich breit um sich greifenden Forschungskultur zu ebendiesem jetzt von Kunsthistorikern und jungen Historikern bearbeiteten Themenfeld wurde. Lange hatte sich die Geschichtswissenschaft nach der Niederlage der Kulturgeschichtsschreibung in den Richtungskämpfen des 19. Jahrhunderts solchen Themen weitgehend verweigert. Jetzt begann sie sich im Zeichen einer allgemeinen Pluralisierung der Forschungsansätze dafür zu öffnen – und zwar auch auf der

Ebene der sogenannten „Hochkultur“, nachdem der alltagsgeschichtliche Aufbruch schon seit zwanzig bis dreißig Jahren die Aufmerksamkeit nicht nur auf die Lebensbedingungen der Unterschichten, sondern auch auf die Welt der Artefakte und ihrer symbolischen Bedeutungen gerichtet hatte.

Auf dem Historikertag in Hannover 1992 leitete Winfried Schulze ein von Hunderten Interessenten besuchtes bilanzierendes Podium zum Thema Alltagsgeschichte. Dort verteidigte ich gegen die verengte Sicht der aktuell florierenden politischen Sozialgeschichte die Errungenschaften der Alltagsgeschichte und trat im Zeichen des „Cultural Turn“ für einen theoriebewussten Methodensynkretismus ein. Zu diesem Zeitpunkt war – für mich jedenfalls – noch nicht abzusehen, dass es bald auch wieder nötig sein würde, die „harte“, zählende, rechnende und präzise Strukturen analysierende Sozialgeschichte gegen eine Modewelle „weicher“ kulturgeschichtlicher Arbeiten zu verteidigen. In den Seminaren wurde es nämlich zunehmend schwierig, Themen etwa zur Industrialisierungs- oder Parteiengeschichte zu vergeben. Und in den Vorlesungen verlangte es einige Anstrengung, das Interesse der Hörenden an Wachstumsphasen und konjunkturellen Wechsellagen der industriellen oder landwirtschaftlichen Produktion im 19. Jahrhundert länger als fünf Minuten aufrechtzuerhalten.

Bei diesen teils anlassgebundenen, teils intrinsisch motivierten Arbeiten erweiterte sich mein Forschungsrepertoire nicht nur zur Kulturgeschichte im engeren Sinn, sondern auch zur Historiografiegeschichte hin. Die beiden Teildisziplinen verlangten jetzt nach einer Zusammenführung, für die sich der Begriff und das Konzept der „Geschichtskultur“ anboten: die Rekonstruktion unterschiedlicher politischer, schichtspezifischer und ästhetisch geformter Ausprägungen von Traditions- und Geschichtsbewusstsein in der faktengetreuen, aber auch in der fiktionalen Literatur, in Hybridformen von Geschichtsschreibung wie bei Wilhelm Heinrich Riehl, Gustav Freytag, Theodor Fontane, in Artefakten wie Denkmälern und in der Herrschaftsarchitektur oder der Historienmalerei. Dabei lief auch die Beschäftigung mit Jacob Burckhardt weiter und führte zu einer energischen Revision des allgemeinen Burckhardt-Bildes auf der Basis einer schon länger zurückliegenden Lektüre von Siegmund Freud und des Klassikers von Karl Löwith über „Weltgeschichte und Heilsgeschehen". Diese Arbeit ergab sich aus den Mechanismen des Forschungsbetriebs, der von Autoren eines mehr oder weniger wichtig gewordenen Buches immer wieder neue Beiträge zu diesem inzwischen für ihn selbst alt gewordenen Thema verlangt.

Ich hatte meine Berufslaufbahn noch mit der altehrwürdigen Vorstellung der Universität als eines Ortes der Forschung in „Einsamkeit und Freiheit" begonnen und bin bis heute nicht ganz davon abgekommen. Allerdings verlangten die ersten eigenen Studien- und Lehrerfahrungen und die Bildungsdebatten der 1960er-Jahre in Politik und Wirtschaft von den Nachwuchswissenschaftlern, die seit den Tagen Wilhelm von Humboldts und Friedrich Schleiermachers grundlegend veränderten Anforderungen an das gesamte Bildungssystem – und vor allem an die Universitäten – zur Kenntnis zu nehmen. Ich kam also spätestens seit 1969 nicht umhin, zumindest sporadisch zu lesen, was an Analysen, Positionspapieren, Kampfschriften und Vorschlägen von Georg Picht, Helmuth Schelsky, Ludwig von Friedeburg, aber auch von Hermann Heimpel, Hermann Lübbe, Thomas Nipperdey und anderen auf dem Meinungsmarkt erschien. Später kamen dann Schriften zur Wissenssoziologie und Wissenschaftsgeschichte dazu, die zum Teil wieder aktuell gewordenen oder neu entdeckten Klassiker wie Max Scheler und Ludwig Flek, aber auch einflussreiche und paradigmenprägende gegenwärtige Autoren wie Thomas Kuhn und Pierre Bourdieu. Der größte und am einfachsten zu erlangende Lerneffekt darüber, wie der wissenschaftliche Fortschritt vor sich ging, ergab sich jedoch, indem ich mich nolens volens in den Wissenschaftsbetrieb hineinziehen ließ, der alles Mögliche verlangte, nur keine Forschung in „Einsamkeit und Freiheit". Aus der Einsamkeit des eigenen Studienzimmers wurde man durch das permanente, mehr oder weniger sachlich fundierte Bürogespräch im Institut und – auf der nächsten Ebene – durch die Teilnahme an Workshops, Tagungen, Vortragsreihen usw. herausgerissen. So erfuhr man, wer sich sonst noch auf dem eigenen Forschungsfeld herumtrieb, las Aufsätze und Arbeitspapiere dieser Kollegen, diskutierte, befreundete oder verfeindete sich mit ihnen, trat vor älteren Autoritäten auf, folgte ihren Spuren oder opponierte ihren Behauptungen, man wurde rezensiert und rezensierte selbst. Dies alles war ein permanenter Prozess des Nehmens und Gebens, der Angeregtheit und der Abgrenzung, des Belehrtwerdens und „Besserwissens".

Zur Betriebsamkeit dieser Jahre gehörte auch, dass ich zu ihrem Ende hin, seit 1987, immer stärker in Kontakt kam mit der Geschichtswissenschaft der DDR. Ich gehe hier etwas ausführlicher darauf ein, weil mich diese Berührungen schon ein Stück weit vorbereiteten auf die Auseinandersetzung mit Personen und einer Wissenschaftsauffassung, mit denen ich mich dann wenig später in unerwarteter Weise intensiv zu beschäftigen hatte. Man konnte als westdeutscher Geschichtsstudent und Wissenschaftler von den späten 1960er- bis zum Ende der 1980er-Jahre durchaus ohne jede Berührung mit der Geschichtswissenschaft der DDR auskommen, wenn man nicht durch spezielle Erkenntnis- und Forschungsinteressen auf Themen stieß, die jenseits des Eisernen Vorhangs aus ideologischen Gründen – sachliche waren dadurch nicht ausgeschlossen – besonders intensiv bearbeitet wurden.

Aufgrund meiner historiografiegeschichtlichen Interessen griff ich in den 1970er-Jahren mehrfach zu den beiden von Joachim Streisand edierten Bänden „Studien über die deutsche Geschichtswissenschaft“, Berlin Ost 1963 und 1965, und seine knappe Darstellung „Geschichtliches Denken von der deutschen Frühaufklärung bis zur Klassik“, Berlin Ost 1964. Streisand (1920–1980), hatte als Sohn einer jüdischen Buchhändlerfamilie in Berlin nach einigen Semestern in Rostock und Berlin die Universität verlassen müssen, überlebte die Kriegsjahre in der Produktion und im Konzentrationslager und trat 1948 der SED bei. Nach seiner Promotion bei dem Gründer der Sektion Geschichte an der HU, Alfred Meusel, etablierte er sich seit Mitte der 50er-Jahre als Multifunktionär. Er verdient besondere Aufmerksamkeit, weil sich in ihm eine offenbar unauflösliche Spannung zwischen Begabung und intellektueller Kapazität einerseits und erzwungenen, aber anscheinend auch innerlich bejahtem Konformitätswillen andererseits verkörperte. Sie machte ihn zu einem exemplarischen Fall für die Schwierigkeiten des Forschens, Schreibens und Organisierens bei der Historikerschaft in der DDR und eben damit auch zu einer bis in den Umbruch Anfang der 1990er-Jahre in der Sektion Geschichte nachwirkenden Schlüsselfigur. Man müsste sie tragisch nennen, wäre da nicht hinter all den Ambitionen und Leistungen eines um selbstständiges Denken bemühten Wissenschaftlers der unbedingte Drang, Macht auszuüben und am Ruder zu bleiben. Streisand wurde nach den studentischen Protesten 1972 und 1976 gemaßregelt, nicht zum ersten Mal, aber jetzt mit dem Verlust des Direktorats an der Sektion – und übte Selbstkritik in einer Schärfe, die jeden Beobachter diesseits der Mauer befremden musste. Dieser Durchgriff der Partei in die ohnehin schon stark geschwächten Selbstregulierungsmechanismen der Universität wirkte in der Sektion Geschichte lange nach. Noch in der Debatte zwischen den einstigen Opponenten und den HU-Professoren (Ost) Anfang Februar 1992 machte Prorektor Ulrich Reinisch den „Fall Streisand" zu Recht dafür verantwortlich, dass der Sektion seither jeder Wille zu Opposition und Reform abhanden gekommen sei.

Schon früh in meinem Wissenschaftlerleben kam ich über das Theorem der Reformation als „frühbürgerlicher Revolution" mit den ersten Arbeiten von Günter Vogler in Berührung. Nachdem ich 1972 Assistent bei Thomas Nipperdey geworden war, nahm ich dessen 1975 erschienenes Bändchen „Reformation, Revolution, Utopie" zur Hand und fand damit den Einstieg in ein Thema, das bei Reformations- und Bauernkriegshistorikern gerade heftig diskutiert wurde. 1961 hatte Max Steinmetz in Jena die These formuliert, dass es sich bei der Reformation nur dem Anschein nach um eine religiöse Bewegung gehandelt habe und dass sie sehr viel mehr als Emanzipationsbewegung des städtischen Bürgertums zu verstehen sei. Nach dem Historiker Steinmetz und dem Theologen Adolf Laube übernahm Anfang der 70er-Jahre der damals knapp vierzigjährige Günter Vogler die führende Rolle bei der weiteren Ausarbeitung und Differenzierung dieser These. Die „frühbürgerliche Revolution" forderte die westdeutsche Reformations- und Bauernkriegsforschung heraus. Sie war wohl dasjenige Forschungsfeld, auf dem sich westdeutsche Historiker in den 70er-Jahren am intensivsten mit ostdeutschen Kollegen und Widersachern auseinandersetzten. Dabei näherten sich die Positionen deutlich an, vor allem weil westdeutsche Historiker und Theologen wie Reiner Wohlfeil, Peter Blickle, Hans-Jürgen Goertz und viele andere nun ebenfalls die sozialen und politischen Motive der reformatorischen Bewegung und im Bauernkrieg deutlich herausarbeiteten. Seit der Mitte der 70er-Jahre war auch hier von einer übergreifenden „Revolution des gemeinen Mannes" (Peter Blickle) die Rede. Diese These beschäftigte mich dann intensiv, als ich Mitte der 1980er-Jahre daran ging, meine Habilitationsschrift zur Begriffsgeschichte von „Verein, Assoziation, Genossenschaft, Gewerkschaft" umzuarbeiten und auszuweiten. Die maßgebliche Autorität zu diesem ganzen Themenkomplex in der DDR-Geschichtswissenschaft war jetzt Günter Vogler. Entsprechend hatte ich mich mit ihm auseinanderzusetzen – letzten Endes wegen der Verkürzung der religiösen Dimension in den Durchbruchsjahren der Reformation kritisch. Aufgrund der Annäherung der Positionen in Ost und West vor allem durch die jetzt auch stärkere Würdigung der materiellen Triebkräfte in der reformatorischen Bewegung durch die Westforschung erschöpfte sich der Streitwert des Theorems seit Beginn der 80er-Jahre. Für die westdeutschen Historiker traten jetzt auch andere Themen der ostdeutschen Zunft stärker in den Vordergrund. Dazu gehörten vor allem die sogenannte „Erbediskussion" mit ihrer Aufwertung bisher tabuisierter oder vernachlässigter Aspekte der deutschen Geschichte – zumal der Aufwertung Preußens – sowie die damit verbundene Forcierung der politischen Kampfposition von den zwei souveränen Staaten auf deutschem Boden. Bei der Neubewertung Preußens tat sich wie schon zuvor beim marxistisch inspirierten Paradigma der frühbürgerlichen Revolution Günter Vogler hervor. Es kam jetzt auch öfter vor, dass DDR-Historiker auf westdeutschen Tagungen auftraten. Während seines Forschungsaufenthaltes 1983/84 am Historischen Kolleg in München veranstaltete Jürgen Kocka eine Tagung über das Thema „Arbeiter und Bürger im 19. Jahrhundert" und lud dazu auch ostdeutsche Kollegen ein. Ich erinnere mich vor allem an den in der DDR hochetablierten Sozial- und Wirtschaftshistoriker Jürgen Kuczynski, jüdischer Herkunft, seit 1930 KPD-Mitglied, seit 1936 Emigrant in England, nach seiner Rückkehr nach Deutschland seit 1946 Mitglied der SED und neben seiner Funktion als Leiter des Instituts für Wirtschaftsgeschichte an der Ost-Berliner Akademie der Wissenschaften Inhaber zahlreicher Ämter, darunter auch eines Sitzes in der „Volkskammer" (1949–1958). Im Westen kannte man ihn damals vor allem als Autor bzw. Herausgeber der vierzigbändigen, in ihrer wissenschaftlichen Dignität aber vielfach angezweifelten „Geschichte der Lage der Arbeiter unter dem Kapitalismus", einer „Geschichte des Alltags des deutschen Volkes" in fünf Bänden sowie seines Buches „Dialog mit meinem Urenkel. 19 Briefe und ein Tagebuch", 18. Auflage 1987, in dem er seine Rolle als freigeistiger und unangepasster, aber überzeugter und standhafter Kommunist gekonnt stilisierte. Hier schon wie auch später in Berlin hörte ich mehrfach Geschichten über seine 40.000 Bände umfassende Bibliothek, ihr Zustandekommen und ihre Funktion im intellektuellen Leben Ost-Berlins. Sein Auftreten als seigneuraler, heiterer, pfeiferauchender alter Herr mit Erzählungen aus dem großbürgerlichen Elternhaus war eindrucksvoll, etwa über die allsamstägliche Benutzung des von den Eltern in der Wanne zurückgelassenen Badewassers durch das Dienstmädchen sowie seine freundlich-väterlichen Worte über das Werk des westdeutschen jungen Kollegen Klaus Tenfelde mit seiner „Sozialgeschichte der Bergarbeiterschaft an der Ruhr im 19. Jahrhundert". 1996 veranstaltete am selben Ort Ernst Schulin eine Tagung über „Deutsche Geschichtswissenschaft nach dem Zweiten Weltkrieg (1945–1969)". Hier hatte ich dann Gelegenheit, zwei DDR-Historiker vom Apparatschik-Typ kennenzulernen, Werner Berthold, einen in Leipzig lehrenden Universalhistoriker, und Gerhard Lozek, einen reinen Parteihistoriker in jedem Sinn.

Im Mai 1988 nahm ein ostdeutscher Historiker, Prof. Helmut Asmus von der Pädagogischen Hochschule Magdeburg „Erich Weinert", brieflich Kontakt zu mir auf. Er habe von Hans Schleier (Leipzig) über George Iggers (Buffalo, N.Y.) von meiner Absicht erfahren, im Herbst in den USA Vorträge über das Themenfeld „Politisierung der Studentenschaft in Deutschland zwischen Aufklärung und Revolution 1848/49" zu halten. Er kenne meine Aufsätze zu diesem Thema. Bei ihm selbst liefen seit einiger Zeit die wissenschaftlichen Vorhaben zur Burschenschaftsgeschichte in der DDR zusammen. Da wir uns möglicherweise in den USA treffen würden, wäre es wünschenswert, wenn ich umgekehrt seine „Bemerkungen" zu dem Thema zur Kenntnis nähme. Es kam dann zu einem Schriftenaustausch und ich drängte ihn, an der von mir geplanten Sektion über Studentengeschichte bei der German Studies Association in Philadelphia im Oktober 1988 teilzunehmen. Das war ihm zwar nicht möglich, doch bekam Asmus für den Dezember 1988 ein Stipendium des Deutschen Akademischen Austauschdienstes (DAAD) für Recherchen in den Archiven in Friedberg und Würzburg und fragte bei mir wegen Informationen zu einschlägigen Akten im Universitätsarchiv Erlangen an. Außerdem bot er einen Vortrag zum Thema „Burschenschaften und bürgerliche Parteibildung" an, den ich dann auch an der Uni Erlangen organisierte. Bis dahin hatte sich die Beziehung problemlos angelassen (wenn man von den erschwerten Reisebedingungen absieht) und natürlich sagte ich gerne meine Teilnahme an den von Asmus geplanten „größeren Konferenzen in Jena bzw. Eisenach“ 1990 und 1992 anlässlich der 160-jährigen Jubiläen der revolutionären Ereignisse 1830 und 1832 zu. Der kritische Moment kam bei einem Abendessen in München, zu dem meine Frau und ich ihn eingeladen hatten und bei dem wir uns beide als zu unerfahren im deutsch-deutschen Umgang erwiesen. Zu später Stunde kam das Gespräch auf die Schwierigkeiten des deutsch-deutschen Reisens. Meine Frau erzählte etwas unbedacht von den albtraumhaften Erfahrungen an der Grenze, wenn sie als Kind in den Sommerferien zu ihrem Großvater in seiner Jugendstilvilla im thüringischen Zeulenroda fuhr, wo er als Augenarzt in der ersten Etage noch praktizieren und wohnen konnte. Dabei traten ihr die Tränen in die Augen – und die Atmosphäre kühlte augenblicklich ab. Das unerwartet lockere Gespräch des Abends hatte mich auch zu der eher ironisch gemeinten Klage verleitet, es ginge doch nicht an, dass in der DDR jeder Bewohner eine Karteikarte bei der Stasi habe. Worauf Asmus – ebenfalls unbedacht – antwortete, es dürfte schon wesentlich mehr als eine Karteikarte sein.

Unsere frische kollegiale Beziehung auf Distanz überstand zunächst diese Gefahrenmomente. Weiterhin versprachen wir Publikationsaustausch und Archiv- und Vortragsbesuche, hier und dort, im Frühjahr 1990. Aber in seiner Hochschule begann jetzt die Erosion der vorherigen klaren Verhältnisse, Zusagen, Finanzen, sogar Studiengänge, und die geplanten Veranstaltungen platzten. Die bislang sorgfältig ausgesparte Politik drang in die Korrespondenz ein, mit Asmus’ Sorge vor den Wahlen der

Ex-DDR am 18. März 1990 und seiner Beschwerde über die als anmaßend empfundenen Wahlkampfauftritte Helmut Kohls mit ihren Begleiterscheinungen. Ich hörte dann nichts mehr von dem Kollegen. Erkundigungen bei einer kleinen Tagung in Jena bald darauf ergaben nur ein vielsagendes Achselzucken.

Wenn ich den Kontakt zu Asmus bis zu seinem Verstummen im Sommer 1990 aufrechterhielt, so lag dem anfangs von meiner Seite eine zweifache Illusion zugrunde. Ich hatte trotz allem, was man als Zeitung lesendes und TV-Nachrichten sehendes Individuum erfuhr, keine realistische Vorstellung, wie weitreichend das Hirn der Partei (und der Stasi) das Agieren zahlreicher Menschen auch im wissenschaftlichen Betrieb der DDR steuerte. Und ich war, wie viele meiner Kollegen im Westen, in den Kategorien einer etwas unklaren „Konvergenztheorie" befangen: dass nämlich das Schema der Annäherungen zwischen West und Ost, das sich schrittweise und immer wieder retardiert seit 1969 ausgebildet hatte, am Ende auf ein gewiss antagonistisches, aber doch auf ein Miteinander der Forschenden hinauslaufen würde. Wie man es auch nennen mochte, ein respektvolles Gegeneinander oder ein antagonistisches Miteinander, Beispiele wie die Kontroverse um die „frühbürgerliche Revolution", die Erforschung der Arbeiterbewegung und sogar gewisse Aspekte der NS-Forschung bestätigten diese Erwartung, zumal in den hoffnungsvollen Jahren von Gorbatschows „Perestroika". Die Kontakte zwischen West- und Ost-Historikerinnen und -historikern nahmen zu, warum sollte nicht in absehbarer Zeit – so dachte ich damals – ein gemeinsamer Auftritt in einer Sektion oder auf einem Podium eines Historikertages hier oder dort möglich sein?

Diese Idee äußerte ich dann auch gegenüber einem, wenn nicht überhaupt dem rührigsten Multifunktionär der DDR-

Geschichtswissenschaft, dem damals allgegenwärtigen Walter Schmidt. Er hatte als Forscher zur Geschichte des 19. Jahrhunderts, mit einem Schwerpunkt auf der Revolution 1848/49, auch im Westen einen gewissen Namen. Seit 1965 „Professor mit Lehrauftrag", seit 1969 ordentlicher Professor für Geschichte der Arbeiterbewegung, leitete er von 1984 bis 1990 das Zentralinstitut für Geschichte an der Ost-Berliner Akademie der Wissenschaften. Er gehörte damals so gut wie jedem irgendwie relevanten Gremium des Faches an und stand für besondere Linientreue – wofür schon seine ehemalige langjährige Funktion als Leiter des Bereichs „Geschichte der deutschen Arbeiterbewegung" an der Akademie für Gesellschaftswissenschaften beim ZK der SED bürgte. In den 80er-Jahren propagierte er, gestützt sowohl auf seine ideologische wie auf seine historische Kompetenz, im In- und Ausland die DDR-These von der Existenz zweier unabhängiger Staaten auf deutschem Boden. Ich traf ihn im Herbst 1988 in Philadelphia bei der Tagung der German Studies Association, zu der sich die „Deutschlandkundler" im weit verzweigten System der amerikanischen Universitäten und Colleges alljährlich zu treffen pflegen.

Sein dortiger Auftritt hatte es in sich. Kleinwüchsig, aber straff aufgerichtet, mit festem Schritt und energischer Stimme, war er ganz der Repräsentant eines souveränen und selbstbewussten Staates. In seinem Gefolge hatte er, wenn er durch die Gänge schritt, Wolfgang Küttler, ebenfalls Akademieprofessor und Leiter der Abteilung für Theorie der Geschichte, der sich immer zwei Schritte schräg hinter ihm hielt. Der wichtigste Termin der beiden war zweifellos eine Podiumsdiskussion über die Beziehung der zwei deutschen Staaten zueinander. Walter Schmidt thronte auf dem Podium, selbstbewusst und in dem stolzen Bewusstsein, hier und jetzt vor den Deutschlandforschern aus den gesamten „Vereinigten Staaten“, also im Herz der ideologischen Finsternis und des weltpolitischen Gegenspielers der Sowjetunion, den „Gospel of the Truth“ lautstark anstimmen zu dürfen: die historische Begründung der Zweistaatlichkeit Deutschlands. Die anwesenden westdeutschen Historiker hielten sich mit Kritik eingedenk ihrer zur Gewohnheit gewordenen Vorsicht im Umgang mit anwesenden Ost-Kollegen deutlich zurück. Man war froh, dass sie überhaupt gekommen waren und hütete sich, sie mit irgendwelchen „Provokationen“ zu verärgern und den ohnehin immer prekären „Dialog“ zu gefährden. Auch ich schwieg zu den beschwingten Ausführungen des „kleinen Generals“, wie er von den jungen Leuten seiner Abteilung in der Akademie gerne genannt wurde – nicht ohne einen Hauch des Respekts übrigens, wie ich später von einem von diesen erfuhr, da er institutsintern durchaus gewisse Freiräume gewährte. Ich gehörte nicht zum nationalpolitischen Sprechadel der West-Historiker, wie er seit Ende 1989 deutlich hör- und sichtbar wurde, und teilte im Übrigen, wie auch der Umgang mit Helmut Asmus zeigte, die geschilderte Grundeinstellung der Kollegen. Umso mehr erstaunte und erfreute es mich, als sich aus dem Publikum der Sektion Emigranten bzw. Emigrantennachfahren aus den Jahren des „Dritten Reichs“ und ungenierte deutschlandinteressierte Amerikaner zu Wort meldeten, dem Repräsentanten des SED-Staats die diktatorialen Züge des Regimes entgegenhielten und fragten, wie er sich damit als Vertreter eines angeblichen deutschen Kultur- und Friedensstaates fühle. Schmidts anfängliche Contenance diesen Stimmen gegenüber hielt nicht lange vor. Schließlich bellte er ins Mikrofon, er lasse sich das nicht länger bieten, er sei keineswegs verpflichtet, hier zu sitzen, und wenn es bei solchen Angriffen bleibe, werde er die Veranstaltung verlassen. Darauf senkte sich, wie zu erwarten,

Betretenheit und Resignation über den prall gefüllten Saal, und die Veranstaltung nahm ihren vorgesehenen Verlauf. Schmidt wurde wieder leutselig und fühlte sich sichtlich als Sieger, ohne Gespür dafür, dass er als Verlierer vom Podium herabsteigen würde.

Im Februar des Wendejahres 1989 geriet ich schließlich noch in Kontakt mit einem der alten Granden der DDR-Geschichtswissenschaft, dem achtzigjährigen Ernst Engelberg. Ich bereitete damals die Publikation eines Sammel- und Studienbandes „Über das Studium der Geschichte" (München 1990) vor, der einige der wichtigsten deutschen Vorträge, Vorlesungen, Einleitungen, Abhandlungen über die Grundfragen von geschichtswissenschaftlicher Forschung und Lehre und zum „Nutzen und Nachteil der Historie für das Leben" (Schiller) von der Aufklärung bis zur Gegenwart enthalten sollte. Die Liste reichte von dem Erlanger Rhetorikprofessor des 18. Jahrhunderts Chladenius über den zeitweiligen Jenaer Professor Friedrich Schiller, über Ranke, Droysen, Burckhardt und Theodor Mommsen bis zu Franz Schnabel, zu Gerhard Ritter, Reinhart Koselleck und Jürgen Kocka. Die Idee zu einem solchen Band stammte von Walter Kumpmann, dem damaligen Lektor des dtv-Verlags, den ich im „Arbeitskreis für Geschichtstheorie" und bei der Arbeit an meinem „Vormärz"-Band (1985) in der Reihe „Deutsche Geschichte der Neuesten Zeit" im selben Verlag kennengelernt hatte. Wieso ich damals auf den Gedanken kam, auch die DDR-Geschichtswissenschaft zu berücksichtigen, weiß ich nicht mehr. Die Annäherung war wohl wirklich schon so weit fortgeschritten, dass man das Konzept einer „marxistischen Geschichtswissenschaft", wie marxistisch und ausgereift sie auch gewesen sein mag, nicht außer Acht lassen konnte. Ich schrieb also an Engelberg, der viele Jahre die Abteilung für „Theorie und Methodologie“ im Zentralinstitut für Geschichte der Ost-Berliner Akademie der Wissenschaft geleitet hatte. In den späten 80er-Jahren hatte er auch im Westen einige Publizität erlangt, als er überraschend mit einer zweibändigen Biografie (1985 und 1988) ausgerechnet über Otto von Bismarck, den Reichsgründer und auf der Linken verhassten Kanzler der „Sozialistengesetze“, hervorgetreten war. Ich fand dieses Werk ungeachtet zum Teil hymnischer Besprechungen in den westdeutschen Intelligenzmedien erstaunlich konventionell, aber Engelbergs Aufsätze zur Theorie und Methode der Geschichtswissenschaft von 1964 gaben eine gute Vorstellung davon, wie der theoretische Rahmen marxistischer Geschichtswissenschaft aussehen sollte. In seinen späten Bismarck-Bänden hatte Engelberg allerdings so gut wie nichts von diesem Theoriekonzept umgesetzt. Ich schrieb Engelberg also, sein Vortrag „Der umfassende Auftrag des Sozialismus und die Aufgaben des Historikers“ scheine für die Anthologie geeignet, weil er die Darstellung der marxistischen Geschichtstheorie mit methodischen Erörterungen und mit der Diskussion praktischer Fragen der Wissenschaftsorganisation verbinde. Von diesem Vorschlag wollte Engelberg jedoch nichts wissen. Die in dem Vortrag angekündigte „Sektion für Geschichte der DWA“ sei nicht so recht ins Leben getreten – um nicht zu sagen, sie sei eine „Totgeburt“ gewesen – und er wolle vor dem Publikum „nicht nur als Wissenschaftspolitiker erscheinen“. Der von ihm stattdessen ins Spiel gebrachte Vortrag „Ereignis, Struktur und Entwicklung in der Geschichte“, gehalten auf dem Internationalen Historikertag 1975 in San Francisco, erschien mir wiederum für die Zwecke der Anthologie nicht geeignet. Schließlich einigten wir uns im Lauf einer knapp dreimonatigen Korrespondenz auf einen weiteren Vorschlag seinerseits, den „Beschluss des Zentralkomitees der

Sozialistischen Einheitspartei Deutschlands": „Die Verbesserung der Forschung und Lehre in der Geschichtswissenschaft der Deutschen Demokratischen Republik" von 1955. Der Text wies als parteioffizielle Äußerung zwar keinen Verfassernamen auf, stammte aber vermutlich ebenfalls weitgehend aus seiner Feder. Er legte das reorganisierte Geschichtsstudium, die Geschichtswissenschaft und die „Geschichtspropaganda" endgültig auf die Parteiinterpretation eines marxistisch-leninistischen Geschichtsbildes fest und war so formelhaft, dass ich neben ihm noch einen soeben erschienenen längeren Diskussionsbeitrag „Die historische Methode aus marxistisch-leninistischer Sicht" (1988) von Engelbergs Nachfolger Wolfgang Küttler aufnahm. Summa summarum: Ich bin – wie mir heute vorkommt, erstaunlicherweise – keineswegs im Stand völliger theoretischer und praktisch-kommunikativer Unschuld in die deutsch-deutsche Kontroverssituation der 1990er-Jahre an der HU hineingeraten.

Dass ich in Ost-Berlin landen würde, war zunächst auch nicht abzusehen. Ich hatte mich 1990 auf eine C3-Stelle für Neuere Geschichte und Geschichtstheorie an der West-Berliner Freien Universität beworben und absolvierte dort auch meinen Bewerbungsvortrag. Im Sommer 1991 teilte mir Otto Büsch als Vorsitzender der Berufungskommission telefonisch mit, ich stehe auf Platz eins der Liste. Ich hörte dann aber nichts mehr von der FU, inzwischen lief auch meine Bewerbung an der HU. Ich nehme an, die West-Berliner Historiker zogen angesichts der neuen Lage mit drei Universitäten in der Stadt die ganze Liste zurück.

Das gute Amerika

Mit 42 Jahren in die Vereinigten Staaten zu reisen, war für einige Historiker meiner Generation nichts Besonderes. Manche Wissenschaftler aus der zwischen 1927 und 1932 geborenen sogenannten „Flakhelfergeneration“ hatten bereits als Studenten, Forschungsstipendiaten oder auch Gastdozenten die Gelegenheit gehabt, für ein oder mehrere Semester amerikanische Universitäten zu besuchen. Allzu groß war ihre Zahl aber noch nicht. Erst ab meiner Generation fing der USA-Aufenthalt an, „normal“ zu werden. Für die Generation der um 1960 oder später Geborenen gehört er zum mehr oder weniger obligatorischen Bestandteil der akademischen Karriere, zumindest für diejenigen, die sich nicht auf die romanische Welt spezialisieren. Begünstigt war in den ersten 25 Jahren nach dem Krieg zweifellos, wer an der Freien Universität Berlin studierte oder lehrte, da sie mit dem Kennedy-Institut und dem Meinecke-Institut Einrichtungen zur Förderung des transatlantischen Austausches besaß. Sie war aufgrund der spezifischen Beziehungen zwischen den USA und West-Berlin auch ein besonderer Anziehungspunkt für aus der amerikanischen Emigration zurückkehrende Geisteswissenschaftler, die zumindest zeitweise in Europa lebten. Große amerikanische Stiftungen, wie etwa die Rockefeller-Stiftung, leisteten unter dem Vorzeichen des Kalten Krieges eine erhebliche finanzielle Unterstützung für diese neu aufgenommenen und intensivierten Wissenschaftsbeziehungen. Der FU kam zudem zugute, dass Friedrich Meinecke, der Doyen der liberal gesinnten deutschen Historiker, 1948 an die von den Amerikanern geförderte „Ausgründung“ aus der jenseits der Zonengrenze gelegenen Friedrich-Wilhelms-Universität gegangen war und dass von ihm in den 20er- und frühen 30er-Jahren geförderte deutsch-jüdische Schüler von ihren neuen amerikanischen Standorten aus den Kontakt mit ihm wieder aufnahmen. Aber auch, wer zum engeren Kreis um Hans Rothfels gehörte, der als einziger deutsch-jüdischer Emigrant auf einen Lehrstuhl in Deutschland (Tübingen) zurückgekehrt war, oder zur „Schieder-Schule“ in Köln, hatte es bis zum Antritt einer Professur in Deutschland meist schon zu einem längeren USA-Aufenthalt gebracht.

Für mich lag so etwas lange außerhalb des Möglichen. Zwar gab es eine familiäre Verbindung. Der Bruder meiner Großmutter Carl von Merz und seine amerikanische Frau reisten im Juni 1939 zu einem Besuch ihrer Eltern in die USA und wurden dort vom Ausbruch des Zweiten Weltkriegs überrascht. Carl kehrte im August 1939 zurück nach Deutschland, während seine Frau bei ihren Eltern blieb. Ihr Mann musste dann bis 1952 warten, bis ihm sein Einreisegesuch in die USA bewilligt wurde; die US-Behörden warfen ihm vor, dass er 1938 – wenn auch unter starkem Druck – NSDAP-Mitglied geworden war, dass er im Sommer 1939, als der Kriegsausbruch schon deutlich vorherzusehen gewesen sei, nicht in den USA geblieben war und anschließend den bayerischen Staatsdienst nicht quittiert hatte. Ich habe diesen Großonkel bei seinen Besuchen in Reit im Winkl noch erlebt; in ein paar Erinnerungsfragmenten figuriert er als immer elegant gekleideter, charmanter alter Herr, der jedoch auch dazu neigte, sein Schicksal etwas wehleidig zu beklagen. 1952 schließlich gelang es einigen amerikanischen alten Bekannten aus seiner Amtszeit als Landrat in Garmisch-Partenkirchen, besonders aus dem von ihm gegründeten dortigen Zweig des Rotary-Klubs, seine unbeschränkte Einreiseerlaubnis in die USA zu erwirken. Er zog nach Texas, wo seine Frau mit unendlicher Tüchtigkeit eine Farm betrieb, die Kinder großzog und jeden Augenblick freier Zeit philanthropischen Aktivitäten widmete. So jedenfalls tönte es aus den leise klagenden Briefen, die er schrieb – der aristokratisch und leicht hypochondrisch wirkende hohe bayerische Ex-Beamte aus einem 1760 nobilitierten Nürnberger Handelshaus, den es auf die texanische Farm verschlagen hatte. Beigelegte Fotos zeigten ihn auf einer Veranda des Farmhauses in einer gesichtslosen Landschaft im Lehnstuhl sitzend, unter ewiger Sonne, mit ein paar Pferden und Hühnern im Hintergrund. Sein kostbares Mobiliar aus dem Altnürnberger Haushalt, das er hatte verschiffen lassen, mochte ihm gelegentlich noch einen Anschein von Heimatlichkeit in der Neuen Welt suggerieren. In den in Alteuropa verbliebenen Familienzweigen kam die nostalgische Rede manchmal auf dieses oder jenes edle Familienerbstück, und dann hieß es sprichwörtlich: „Das hat Onkel Carl nach Texas mitgenommen."

Die Rede vom im US-amerikanischen Süden „verschwundenen" Onkel Carl gehörte zu meinen ersten, indirekten Amerika-Eindrücken. Dazu gesellten sich in den frühen 50er-Jahren das Erlebnis einer Fahrt im Cadillac eines großen bayerischen Unternehmers und ehemaligen Klienten meines Großvaters während dessen Anwaltszeit mit 120 km/h über die Autobahn München-Salzburg sowie das gelegentliche Abspielen des Schlagers „Das alte Haus von Rocky-Docky", auf der Musicbox des nahegelegenen „Berggasthofs Café Steiner", bei dem vor meinem inneren Auge eine verfallene Hütte in einer sehr hügeligen Steppenlandschaft aufstieg. Völlig davon getrennt blieb die imaginierte Savannen- und Präriewelt der leidenschaftlich verschlungenen Karl-May-Romane; nur St. Louis, der Stutzenmacher Henry und der Mississippi gingen als Facetten in mein allgemeines Amerika-Bild ein. Unverbunden standen daneben die Bilderwelten der gängigen Comics von Mickey Mouse und Tarzan-Heften, die mir die Mutter allerdings von Anfang an mit unwilligem Kopfschütteln und Sätzen wie „das ist doch geschmacklos" und „so ein grelles Zeug" zu vermiesen suchte, ohne allerdings offizielle Verbote auszusprechen. Zögernd erlaubt wurde das Anhören einer Kriminal-Hörspielfolge „Dicky Dick Dickens" im Bayerischen Rundfunk, die eine – allerdings literarisch humoristische – Vorstellung vom Unterweltmilieu Chicagos in den 30er-Jahren vermittelte.

In den letzten Schuljahren begann ich dann immerhin, etwas neue amerikanische Literatur zu lesen: Von dem damals bereits zur Legende gewordenen Ernest Hemingway die „Short Stories", den „Alten Mann und das Meer" und den durch seinen Lakonismus ziemlich erschütternden Roman von den italienischen Schlachtfeldern des Ersten Weltkriegs „In einem andern Land". Offizielle, aber von mir auch anerkannte Schullektüre war Thornton Wilders „Die Brücke von San Louis Rey". Und als ich vom selben Autor die „Iden des März" herumliegen sah, griff ich auch danach. In den Illustrierten „Revue", im „Stern" und der „Bunten Illustrierten", die wir beim Warten auf den Schulbus gelegentlich in die Hand bekamen, prangten Fotos von Liz Taylor, Marilyn Monroe, Rita Hayworth, Richard Burton und Yul Brynner – alle faszinierend, aber unzweifelhaft auch etwas anrüchig. Westernfilme mit John Wayne, James Steward, Glenn Ford oder Gary Cooper blieben mir bis in mein erstes Münchner Jahr unbekannt, da die im örtlichen Kino selten einmal angebotenen Streifen zuerst streng Tabu blieben und später, als Tabus nichts mehr halfen, mein Interesse nicht groß genug war, um dafür den weiten Weg ins Dorf und zurück auf mich zu nehmen. Ein Fernsehapparat kam bei uns erst Mitte der 60er-Jahre ins Haus. Im Kinoprogramm der 50er- und auch noch frühen 60er-

Jahre herrschte der Heimatfilm fast unbeschränkt, und so etwas lehnten die älteren männlichen Schüler damals schon entschieden ab. Heimatfilme waren etwas für ältere Leute und Frauen.

Wie alle politisch interessierten Deutschen war ich fasziniert von John F. Kennedy und seinem Charisma, bewunderte seine Mischung aus Härte und Flexibilität in der Kubakrise und war fassungslos, als auf einer nachmittäglichen Heimfahrt im Bus ein Junge aus dem Dorf, der ein Transistorradio mit sich führte, verkündete: „Jetzt ham's auch den Kennedy weggeputzt." Amerika galt in der Familie als das Land der Befreiung, es war unzweifelhaft die Schutzmacht Deutschlands und Europas im Kalten Krieg, die einzige Hoffnung West-Berlins – und Kennedy war sein männlichstes und gleichzeitig sympathischstes Gesicht. Dass er vor und nach der Begegnung mit dem sowjetischen Ministerpräsidenten Chruschtschow in Wien am 3./4. Juni 1961 wegen seiner von einer Kriegsverletzung stammenden Rückenschmerzen an Krücken gehen musste, wusste man. Das nach Möglichkeit verborgene Leiden erhöhte nur noch die heroisch-sympathische Ausstrahlung des Mannes. Kennedy stand der schwarzen Bürgerrechtsbewegung aufgeschlossen gegenüber – eigentlich, so dachte ich damals, eine nicht weiter erwähnenswerte Selbstverständlichkeit. Wie es möglich war, dass James Meredith noch im Jahr 1962 als erster schwarzer Student den Zugang zur Universität von Mississippi erzwingen und dafür das Eingreifen martialisch aussehender schwer bewaffneter Nationalgardisten in Anspruch nehmen musste, war mir unbegreiflich. Das brutale Vorgehen der weißen Siedler gegen die indianische Bevölkerung war für mich durch die Kinderlektüre und später die Westernfilme in ein ästhetisch-unverbindliches Irgendwo abgeschoben und hatte für mein politisches Gegenwartsurteil bis dahin keine Rolle gespielt – womit ich im Kreis meiner Altersgenossen sicher nicht allein stand. Beim Anblick der üblichen Gemetzel gegen Indianer regte sich zwar immer ein leises Unbehagen, doch blieb es gegenüber der Freude an der „Action“ und an den oft großartig und exotisch anzusehenden Schauplätzen unerheblich.

Mein politisches Amerika-Bild stützte sich, abgesehen von den flüchtigen und aus der Unterhaltungswelt stammenden Eindrücken, letztlich auf zwei oder drei Stunden im Geschichtsunterricht des Marquartsteiner Lehrers Peter (Graf) Stolberg, Sohn eines Münchner Historikers, der selbst ein Reclam-Bändchen zur Geschichte der USA geschrieben hatte und den ich später in meiner Assistentenzeit als sehr alten, zutiefst aristokratisch wirkenden Herrn noch gesehen habe. Den Erzählungen seines mit ihm überworfenen Sohnes zufolge hatte der alte Herr im „Dritten Reich“ und auch in der Bundesrepublik nicht auf der Gewinnerseite bei der Besetzung von Ordinariaten gestanden – schon aus diesem Grund genossen Botschaften aus diesem alten, weitverzweigten und bedeutenden Adelshaus einen Bonus. In den Geschichtsstunden des Sohnes gewann ich eine Vorstellung davon, was in Thomas Jeffersons Unabhängigkeitserklärung des Staates Virginia von 1776 stand und was sie weltgeschichtlich bedeutete. Bereitwillig lernte ich auswendig: „We hold these truths to be selfevident: that all are created equal…“ Von der amerikanischen Geschichte im Ganzen wusste ich bis 1987 so gut wie nichts. Aus Fritz Wagners Vorlesung über das „Britische Weltreich“ waren mir merkwürdigerweise mehr die Geschehnisse um Pondicherry und die Kämpfe der Engländer mit den Franzosen um den Besitz von Indien durch das ganze 18. Jahrhundert hindurch in Erinnerung geblieben als die von Philadelphia und der Amerikanischen Revolution. Eindruck gemacht hatte mir allerdings die von Wagner scharf betonte universale Dimension des Spanischen Erbfolgekrieges, der Schlesischen Kriege Friedrichs II. von Preußen und des Siebenjährigen Krieges – zumal sich mit dem „kleinen" englisch-französischen Grenzkrieg entlang dem Hudson River und an den französischen Forts am Ontario-See eine lebhafte virtuell-sinnliche Anschauung verband, die ich den „Wildtöter"-Geschichten in James Fenimore Coopers „Lederstrumpf" entnahm. Die Benennung des Siebenjährigen Krieges als „Erster Weltkrieg" leuchtete mir ein, wenn auch eben nur zwischen Anführungszeichen. Hier der Hubertusburger Frieden von 1763, der bekanntlich nach all dem Gemetzel und dem „Wunder des Hauses Brandenburg" in letzter Minute nur den Status quo ante festschrieb. Und dort der gleichzeitige Friede von Paris zwischen England, Frankreich und Spanien, der halbe Kontinente wie in Kanada und Indien und ökonomische und militärische Schlüsselregionen und -orte wie die Westindischen Inseln und Gibraltar neu verteilte. Die ökonomischen, politischen und kulturellen Folgen dieses 200 Jahre zurückliegenden Friedensschlusses bis in die Gegenwart – das waren atemberaubende Perspektiven.

Seit dem Anbruch der Nipperdey-Ritter-Ära am Münchner Historischen Seminar gab es dann reichlich Gelegenheit, amerikanische Doktorandenkollegen und Professoren kennenzulernen. München gehörte jetzt zur Grand Tour, wenn amerikanische Deutschland-Historikerinnen und -historiker zu Forschungs- oder Vortragszwecken über den Großen Teich kamen. Im Kolloquium tauchten zeitweilig Margaret Lavinia Anderson, die damals schon zur Zentrumspartei und zu Ludwig Windhorst forschte, und Peter Jelavich auf, der später in Austin (Texas) und am Johns-Hopkins in Baltimore lehrte und damals an „Munich and Theatrical Modernism" arbeitete. Vernon Lidtke, den Vorgänger von Jelavich in Baltimore, lernte ich während einer Tagung am Historischen Kolleg kennen, Jim Sheehan, schon in sehr jungen Jahren in Stanford hochetabliert, trug über den Liberalismus im Kaiserreich vor, und Henry Turner jr. sprach über die deutschen Großindustriellen und die NSDAP. Mit den Städteforschern Andrew Lees und seiner Frau verbrachten wir einen langen Abend. Auf diese Weise merkte ich langsam, wie weit vernetzt die Gelehrtengemeinschaft eigentlich war. Vor allem staunte ich, mit welcher „Power" sich diese Amerikaner nicht nur der großen, politisch attraktiven Themen der deutschen Geschichte im 20. Jahrhundert annahmen, sondern auch sehr spezielle Fragen untersuchten, wie zur Aufklärung in Würzburg oder zur Reformation in Straßburg. Zudem „durfte" man sich an amerikanischen History-Departments offensichtlich mehr trauen als in der deutschen historischen Zunft. Welcher ambitionierte, auf eine Universitätslaufbahn zustrebende deutsche Student hätte es wie Jelavich gewagt, seine geschichtswissenschaftliche Dissertation über das Kabarett in München um 1900 zu schreiben?

Das Interesse vieler dieser wagemutigen jungen Forscher an der deutschen Geschichte kam freilich manchmal gar nicht so weit her, wie ich später bemerkte, als ich selbst Doktoranden aus den USA oder Kanada betreute. Mit der Mennonitengemeinde im Oderbruch oder den Mormonen in Deutschland suchten sie die Welt ihrer Vorfahren des gegenwärtigen Wohnorts auf, und die Reformation des 16. Jahrhunderts gehörte allemal zur – freilich sehr weit gefassten – Herkunftsgeschichte der amerikanischen politischen Kultur. Wenn es um die unmittelbaren oder mittelbaren „roots" ging, dann färbte sich diese Hinwendung zur „alten Heimat" doch niemals nostalgisch ein und ruhte immer auf einem festen Selbstbewusstsein als Amerikaner. Als Anreger standen manchmal noch deutsch-jüdische Emigranten der ersten Generation wie Fritz Stern, Henry Turner jr., Peter Gay, Georg G. Iggers oder ihre Schüler hinter den Projekten. Meist kamen die angehenden Gelehrten auch aus den noch stark an Europa interessierten Eliteuniversitäten wie Harvard, Princeton, Yale, der Columbia University in New York oder auch aus Chicago, Stanford oder Berkeley. Politisch-strategische oder kulturpolitische Interessen Amerikas im Kalten Krieg halfen, solche Projekte über die großen Stiftungen wie etwa die Rockefeller-Stiftung oder das Mansfield-Stipendium zu finanzieren. Deren Bedeutung für die deutsch-amerikanischen Wissenschaftsbeziehungen im Zeitalter des Kalten Krieges kann gar nicht überschätzt werden. Inzwischen hat sich die Richtung des Stipendientransfers eher umgekehrt: Es fließt deutlich mehr Geld aus Deutschland in die USA als umgekehrt. Ich staunte jedenfalls über die Vitalität dieses „Austausches", der im Wesentlichen ein amerikanisches Geben war, und ich partizipierte daran – allerdings vorläufig rein literarisch.

Georg G. Iggers' „German Idea of History" (1969), schon 1971 übersetzt, musste man als Historiografiehistoriker gelesen haben, wenngleich ich die – an sich durchaus berechtigte – Kritik an der obrigkeitlichen Fixierung und dem notorischen Konservativismus der deutschen Tradition etwas übertrieben fand. Fritz Sterns „Politics of Cultural Despair", bereits 1963 übersetzt, war wegweisend, auch in der in Deutschland damals undenkbaren Unbefangenheit, mit der Stern die exzentrischen und völlig verkrachten Lebensläufe seiner Antihelden Paul de Lagarde, Julius Langbehn und Moeller van den Bruck mit den Inhalten ihrer Schriften zusammenführte. So etwas erlaubten sich Historiker in Deutschland nur sehr zögerlich und vermehrt erst seit den 1990er-Jahren wieder. Sterns zweites Hauptwerk „Gold und Eisen. Bismarck und sein Bankier

Bleichröder" (1978) verfuhr methodisch ähnlich unkonventionell und verknüpfte zudem die Doppelbiografie sehr gekonnt mit der Allgemeingeschichte und einer deutsch-jüdischen Beziehungsgeschichte; außerdem brachte es die Wirtschaftsgeschichte des Kaiserreichs weit über Bismarcks persönliche Geldinteressen hinaus ins Spiel. Im Kreis der Kaiserreich- und Bildungsforscher machte Fritz Ringers „The Decline of German Mandarins. The German Academic Community" (1969) kritisch Furore, und für die Erforschung des Kaiserreichs insgesamt etablierte sich paradigmatisch Hans Rosenbergs „Große Depression und Bismarckzeit" (1967) als jahrzehntelang unangefochtenes Deutungsmuster. Mit dem Forschungsfeld „Weimar Culture", wie es bezeichnenderweise hieß, wurde man vorrangig über die Schriften von deutschen Emigranten wie Walter Laqueur und später Peter Gay vertraut. Seit den späten 1970er-Jahren kamen dann auf Deutsch die zahlreichen einflussreichen Bücher von George L. Mosse über die ideologie- und kulturgeschichtlichen Voraussetzungen des Nationalsozialismus heraus, die er seit der Mitte der 1960er-Jahre zunächst in den USA publiziert hatte (vgl.u.a. „Die völkische Revolution. Über die geistigen Wurzeln des Nationalsozialismus", 1964, dt. 1979). Auf Felix Gilbert vom Institut of Advanced Study in Princeton war ich schon bei der Arbeit an meiner Dissertation gestoßen, weil er wichtige Droysen-Dokumente publiziert hatte. Ich empfand es als eine Art Ritterschlag, als Nipperdey von einem späteren Aufenthalt am Institut von ihm und von Carl Schorske Grüße und Komplimente für meine Burckhardt-Arbeit mitbrachte. Die Freude empfand ich dabei weniger über die rein wissenschaftliche Anerkennung – dass die beiden alten Herrn meine Arbeit wirklich angemessen würdigen konnten, bezweifelte ich nämlich in jugendlicher Bescheidenheit. Aber dass die beiden Grand Seigneurs meinen Namen kannten und mich eines Grußes für würdig erachteten, das wärmte das Herz. Von Hajo Holborn, der in Yale lehrte, hatte ich schon bald seine dreibändige, als Lehrbuch für amerikanische Studierende gedachte und ebenfalls bald übersetzte „Deutsche Geschichte der Neuzeit" (1969–1971) antiquarisch besorgt, war dann aber über ihre Allgemeinheit und ihren Schematismus doch etwas enttäuscht. Für meinen Habilitationsvortrag über Ulrich von Hutten las ich dagegen mit Bewunderung seine als Habilitationsschrift in Köln eingereichte Hutten-Monografie von 1929, die jetzt wieder in einer Neuausgabe vorlag. Auch auf Gerhard Masur, der den größten Teil seiner Emigrationszeit an einer südamerikanischen Universität verbracht hatte, war ich schon bei der Dissertation gestoßen.

Und auch in der Kunstgeschichte hatte ich bald Publikationen von Emigranten in die Hand bekommen – so von Werner Weisbach, der, wie Werner Kaegi in der Vorlesung gelegentlich sagte, als einer der „ruhigen Emigranten" in Basel über die Runden kam („Der Barock als Kunst der Gegenreformation", 1921), von Nikolaus Pevsner in England und von Rudolf Wittkower in den USA. Als Erwin Panofsky im Juli 1967 in München einen Gastvortrag hielt, war ich in Ehrfurcht förmlich erstarrt – was dazu führte, dass ich vom Inhalt seines Vortrags so gut wie nichts mitbekam. Außerdem hielt mich seine eine Dreiviertelstunde lang durchgehaltene Geste in Atem, seine Vorlesung in einem haarsträubend deutsch klingenden Englisch vorzutragen, während er mit dem Techniker, der sich um den kurzzeitig streikenden Diaprojektor kümmerte, ein paar Worte in selbstverständlichstem Deutsch wechselte; es entging ihm dabei vermutlich, dass seine nebenhin gesprochenen Sätze über das Mikrofon deutlich zu hören waren.

Anders George L. Mosse. Ich erlebte den kleinen, kompakten, unscheinbaren Mann mit der dicken Brille während einer Gastprofessur in München 1982/83 als heiteren und unbefangenen Erzähler. Vor akademischen Auftritten zeigte er ein sympathisch berührendes Lampenfieber. Als er bei einer Tagung des Arbeitskreises für moderne Sozialgeschichte einen Vortrag zu halten hatte, konnte ich miterleben, mit welchem Schleier von Befangenheiten sich die Begegnung von deutschen Historikern und deutsch-jüdischen Gelehrten aus Emigrantenfamilien abspielen konnte. Der Spross aus einer der führenden jüdischen Verlegerfamilien in den Jahrzehnten vor 1933 sprach über das deutsche Bildungsbürgertum – und sang dessen hohes Lied ganz nach dem Muster jener assimilierten deutschen Juden der 20er-Jahre, für die dieses Bildungsbürgertum vielfach noch die Werte verkörperte, die es in den Augen der aufsteigenden, emanzipierten gelehrten Juden der Epoche zu einer vorbildhaften gesellschaftlichen Formation gemacht hatten: Toleranz, intellektuelle Offenheit und Neugier, die Grundorientierung an den Werten der Aufklärung. Ein deutscher Geschichtswissenschaftler, der eine solche Meinung in diesem Kreis zu vertreten gewagt hätte, wäre von den Häuptern der Faschismusforschung und der Historischen Sozialwissenschaft in der Luft zerrissen worden. Aus dem Munde eines Emigranten aus großer deutsch-jüdischer Familie hörte sich diese Botschaft aber so anrührend-nostalgisch, um nicht zu sagen wehmutsvoll an, dass sich auch oft gerne laut und wenig rücksichtsvoll agierende Streiter wie Hans Mommsen und Hans-Ulrich Wehler diesmal auf die Tugend des Taktes besannen. Sie brachten dann ihre in der Sache berechtigten Einwendungen – die alle auf die mangelnde Widerstandskraft dieses Bildungsbürgertums gegenüber dem Nationalsozialismus zielten – zurückhaltend und betroffen von der irritierenden Konstellation dieser Debatte ein.

Diese Situation erinnert mich an eine andere Begegnung Anfang der 1980er-Jahre, die mich ähnlich anrührte. Peter Steinbach, Politik-Professor in Passau und wissenschaftlicher Leiter der Gedenkstätte deutscher Widerstand in Berlin, organisierte in Passau einen Vortrag zu Ehren meines Großvaters Eduard Hamm. Der Redner war ebenfalls ein Abkömmling aus einer bedeutenden deutsch-jüdischen Familie, Klemens von Klemperer, Professor für Geschichte am Smith College in Massachusetts. Sein wissenschaftliches Lebensthema war der deutsche Widerstand geworden, zuletzt mit einem Buch über den so trostlos resonanzlosen Versuch deutscher Widerständler, auf dem Höhepunkt der NS-Herrschaft Kontakte zu ausländischen Verantwortlichen aufzunehmen („Die verlassenen Verschwörer", 1994). In Passau sprach er über den Jesuitenpater Bleistein. Sowohl sein Vortrag wie nachher seine Unterhaltung beim Glas Wein in einer Passauer Gastwirtschaft berührten mich durch ihre überlegene Güte und Freiheit von jedem Ressentiment.

Die Publikationen deutsch-jüdischer Emigranten und ihre – wenn auch meist lockere – Wiederverknüpfung mit der deutschen Universitätswelt nach der Katastrophe von 1933 bis 45 beeindruckten mich zutiefst. Dass außer Hans Rothfels, der im genannten Personenkreis vermutlich problematischste Gelehrte, keiner von ihnen dauerhaft nach Deutschland zurückkehrte, verwunderte mich gleichwohl. Um die Demütigung der Abweisung im eigenen Land, die Realität und das Bewusstsein der Vertriebenheit, die zwangsweise Trennung von Studiengefährten und akademischen Lehrern, die meist ihrerseits kein bedauerndes Wort oder einen Ausdruck von Verbundenheit gefunden hatten, wirklich verstehen zu können, bedurfte es vermutlich einer Erfahrungsgrundlage, die sich erst im Lauf der Jahre bildete. So groß, dachte ich damals, konnten die Widerstände gegen Remigranten in Deutschland doch nicht gewesen sein, waren doch Max Horkheimer und Theodor W. Adorno nach Frankfurt, wo sie hergekommen waren, zurückgekehrt und hatten dort Schule gemacht. Auch Golo Mann lebte doch in Deutschland. Sonderbarerweise gehörte er für mich, wohl weil er damals schon publizistisch wie literarisch so präsent war, nicht eigentlich zu den Emigranten; seine Emigration „zählte" gewissermaßen nicht – sicher auch deshalb, weil ein Student damals einfach noch nichts Genaueres darüber wusste. Erst die Lektüre der Tagebücher seines Vaters schuf dann Abhilfe. Aus meiner damaligen Perspektive befand Golo Mann sich damals einfach in Deutschland oder der Schweiz. An diesem Eindruck änderte auch die Lektüre seines Buches „Vom Geist Amerikas" (1954) nichts, die noch in meine Schulzeit fiel und meine Vorstellungen über das Land wesentlich bestimmte. Dass er seine „Deutsche Geschichte des 19. und 20. Jahrhunderts" so nur hatte schreiben können, weil er ein ebenso leidgeprüfter wie undogmatischer Emigrant war – und außerdem noch gelernter Philosoph – erschloss sich mir erst später. Wie unsicher sich Golo Mann anfänglich in Deutschland fühlte, erfuhr das breitere interessierte Publikum erst aus dem Essay, den Joachim Fest 2004 in seinem Buch „Begegnungen" über ihn publizierte.

1987, ich war gerade seit zwei Jahren in Erlangen installiert, bot sich mir die Möglichkeit, selbst für ein Herbstsemester in die USA zu gehen. Helmut Berding hatte mich angesprochen, ich solle mich auf eine von der VW-Stiftung finanzierte Gastprofessur an der Emory-University in Atlanta bewerben. Die Universität Erlangen zeigte sich großzügig, ich konnte bis zum 15. Dezember in den USA bleiben, musste dann allerdings das ganze Semesterpensum im neuen Jahr nachholen. Schon der Flug war aufregend und entsprach den hochgespannten Erwartungen. Es imponierte dem Jungen vom Lande, nonstop in einem riesigen Bogen an den Shetland-Inseln und der von weiß leuchtenden Eisschollen gesäumten Südspitze Grönlands vorbei erst über das gebirgige und öde nordöstliche Kanada und dann über die Großen Seen hinweg den halben Kontinent in Nord-Süd-Richtung zu überfliegen und schließlich in die brütende Hitze eines späten Augusttages im tiefen amerikanischen Süden hinauszutreten. Die feucht-dumpfe Hitze hielt sich etwa drei Wochen, dann schlug das Wetter nach heftigen Gewittern und tropenartigen Regengüssen um, und ein angenehm temperierter, überaus farbenprächtiger, knisternd trockener Indian Summer entfaltete sich. Anfänglich gab es ein Problem mit der Unterbringung: Der Air-Conditioner in dem geräumigen, angenehm möblierten Apartment in einem Gäste- und Studentenheim der Universität war ausgefallen und mein Kampf um eine Reparatur erfolglos geblieben, bis Bob Detweiler, der Leiter des Programms, davon erfuhr, augenblicklich ein Donnerwetter veranstaltete und sardonisch lächelnd kommentierte: „That's the South." An sich werde das Sitzenlassen von Menschen im Süden ohne Air-Condition geahndet wie ein Pferdediebstahl im Wilden Westen: mit Tod durch den Strang.

Die Bedingungen der Gastprofessur waren ausgesprochen komfortabel: zwei Stunden Lehrverpflichtung für eine zwischen Vorlesung und Seminar oszillierende Veranstaltung, und zwar nicht am History, sondern am German Department. Der Job alternierte meist zwischen Germanisten, Historikern und Philosophen und sollte Interessenten aus allen drei Fächern ansprechen – und das tat er auch. Es versammelten sich erstaunliche 18 Teilnehmende; drei oder vier davon stellten die Deutsch-Lektorinnen der umliegenden Colleges. Das Gastdozentenprogramm sah Zeit und finanzielle Unterstützung für Gastvorträge an anderen Universitäten und sogar Mittel für ins Seminar einzuladende Gastredner vor.

Eine Zeitlang teilte meine Frau den Aufenthalt im brütend heißen Süden der USA. Beruflich eigentlich in München gebunden, hatte sie sich zwei Monate freigenommen, fand aber nach wenigen Wochen das Leben als Professorengattin an der Seite eines Mannes, der kaum Zeit für eine Unternehmung fand, zu langweilig und setzte sich ab nach New York. Dort kam sie in der Wohnung einer guten alten Freundin unter, die als Restauratorin am Metropolitan Museum tätig war und den Kontakt zu den dortigen Kuratorinnen vermittelte, sodass für Ansprache und nützliche Hinweise für die New-York-Erkundung gesorgt war. Ich selbst kam dadurch ebenfalls in den Genuss einer Woche in dieser überwältigenden Stadt.

Den Anlass für größere Ausflüge in den USA bot zunächst eine Einladung an die Westküste nach Berkeley und Stanford, wohin mich Margaret L. Anderson und James Sheehan, die ich in den Münchner Assistentenjahren kennengelernt hatte, zu Vorträgen eingeladen hatten (Thema: „Jacob Burckhardt und Max Weber. Konzepte zur Entstehung der modernen Welt"). Der Flug führte über das gewaltige Mississippidelta nach San Diego und von dort aus reisten wir zunächst nach Los Angeles, wo einer meiner Schwäger gerade die u.a. von Siemens entwickelte Magnetschwebebahn über dem dortigen Disneyland installierte. Danach fuhren wir, wie es sich gehörte und auch wirklich lohnte, mit einem Mietauto die Küstenstraße am Rand des Pazifik entlang bis San Francisco. Nach dem Ruckflug nach Atlanta startete ich die nächste Unternehmung nach Buffalo, wo es – wie zuvor auch in Berkeley und Stanford – in einem beachtlich großen Kreis um den kommunikationsfreudigen George Iggers in der Diskussion bemerkenswert lebhaft zuging. Die Reiseroute folgte wohl einer bekannten Tour deutscher Historiker in den USA zu gängigen Plätzen für Studien zur deutschen Geschichte, wobei ich den Besuch in Chapel Hill bei Konrad Jarausch schon absolviert hatte und die University of Chicago leider ausfiel. Es folgte dann New York wieder mit Burckhardt-Weber-Vortrag an der Columbia-University und an der New School for Social Research, wo ich die jährlich stattfindende „Hannah Ahrendt Lecture" zu halten hatte. Im Publikum befanden sich die an der New School lehrende, einem intellektuellen Marxismus nahestehende ungarische Philosophin Agnes Heller und der Soziologe Richard Sennett. Eric Hobsbawm, der vor Beginn der Lecture pfeiferauchend auf uns zugekommen war, bog leider im letzten Moment zu seiner eigenen Vorlesung in den nächsten Hörsaal ab. Heller und Sennett beteiligten sich engagiert an der Diskussion und Heller sprach mich anschließend zu meiner tiefen Zufriedenheit mit dem Satz an: „I didn't like your talk, but I liked your discussion."

Die Vortragsauftritte boten auch sonst öfter Anlässe für ungewöhnliche Szenen. In Chapel Hill kam mir ein amerikanischer Student stolz in bayerischer Tracht entgegen, die er bei einem Oktoberfestbesuch während seines Münchner Semesters erworben hatte. In Stanford fragte mich ein indischer Student aus der letzten Reihe des steil ansteigenden Hörsaals in kaum verständlichem Amerikanisch, was ich zu der zweifellos vorhandenen Verbindung zwischen Thomas von Aquin und den von Jacob Burckhardt geschilderten Humanisten zu sagen hätte – während James Sheehan in der ersten Reihe vor mir breit grinsend auf meine Antwort wartete. In Buffalo verlud mich Iggers in sein Auto und fuhr mich zu den Niagarafällen, überquerte dann aber den Fluss, um auf der kanadischen Seite des Ontario-Sees in einem kleinen Laden deutsches Brot zu kaufen, dessen Vorzüge gegenüber dem amerikanischen Weizentoastbrot mir der 1938 aus Deutschland Emigrierte in anrührenden Worten schilderte.

Von Nipperdey hatte ich in einer Debatte über eine ihm missliebige Reformmaßnahme an deutschen Universitäten den Spruch gehört: „Wenn in Deutschland die Geisteswissenschaften längst auf den Hund gebracht sein werden – an amerikanischen Universitäten werden sie überleben". Hier, in Atlanta, musste ich ihm Recht geben – damals jedenfalls. Nichts war so, wie ich es mir in unbewusstem europäischem Hochmut und beträchtlicher Ignoranz vorgestellt hatte, obwohl ich doch rein abstrakt über einige Landeskenntnis zu verfügen glaubte. Es fehlten ganz simpel die konkrete Anschauung und die reale Erfahrung mit Land und Leuten. Wenn ich im Zentrum des Campus über den verbrannten Rasen zum Institut ging, meinte ich, in dieser brütenden, schwülen Hitze müsse jede geistige Tätigkeit zum Erliegen kommen. Aber schon der Anblick der klassizistisch angehauchten und wohldimensionierten Gebäude, die sich in lockerer Folge um das Rechteck des Platzes gruppierten, belehrte mich eines Besseren. Gewiss – ich bekam hier nur einen winzigen Ausschnitt aus dem amerikanischen Universitätsleben zu sehen. Es war das polyglotte, liberale, sich seiner europäischen Wurzeln bewusste und diese sorgfältig pflegende akademische Establishment, mit dem es unsereiner zu tun bekam, überaus gastfreundlich – zumindest, wie ich dann mehrfach hörte, bis zu dem Moment, ab dem man erwartete, dass sich der Neuankömmling selbst zu helfen wusste. Wenn ich über den kleinen Flur im dritten Stock des „Humanities"-Gebäudes zu meinem winzigen, auf siebzehn Grad heruntergekühlten Raum ging, kam ich an den Büros der vier oder fünf German-Studies-Professoren vorbei – übrigens alle, bis auf eine Ausnahme, Deutsche oder Österreicher. Am Lift traf ich gelegentlich den Lehrstuhlinhaber für Slawistik, einen aus einer Emigrantenfamilie stammenden Russen, der, als er merkte, dass ich Deutscher war, in bestrickendsten altösterreichischen, leicht Wienerisch gefärbten Wendungen mit mir Konversation machte, sichtlich erfreut, einmal mit den Möglichkeiten und Besonderheiten dieser Sprache ausgiebig spielen zu können. Die Sekretärin des Instituts, eine Farmerstochter aus dem Mittleren Westen, hatte in Marburg Germanistik studiert, sprach perfekt Deutsch und überraschte mich bei passender Gelegenheit mit dem flüssigen Zitieren lang und klangvoll dahinrollender Hölderlin-Verse. Als ich dem History-Department meinen Antrittsbesuch abstattete, räumte Douglas Unfug, der Inhaber des Lehrstuhls für Europäische Geschichte, eine Sitzgelegenheit in dem kreuz und quer, an den Wänden, auf dem Fußboden, auf Tischen und Stühlen verteilten Wust von Büchern frei und begrüßte mich herzlich. Passenderweise war er selbst gerade eingekeilt zwischen Werken zur europäischen Historiografiegeschichte. Bei Gelegenheit traf ich den niederländischen Philosophen Frithjof Rodi, der für die erste Gesamtausgabe der Werke von Wilhelm Dilthey verantwortlich zeichnete, und John Krois, Ernst-Cassirer-Spezialist und einer der ersten Erforscher der um Cassirer, Aby Warburg und Erwin Panofsky herum entstehenden modernen Bildwissenschaft. Später sah ich den hochgewachsenen, schmalen, früh ergrauten Krois oft auf den Fluren der Humboldt-Universität, wo er nach langer Wanderschaft seine endgültige akademische Wirkungsstätte fand. Natürlich war die Europaorientierung hier an einer Universität des tiefen Südens personell enger und daher auch räumlich konzentrierter als an einer der großen Eliteuniversitäten des Nordostens oder Kaliforniens.

Dieser Personenkreis, den man im weiteren Sinne als „German community“ bezeichnen könnte, erweiterte sich noch um einzelne deutsche oder an deutscher Kultur und Sprache interessierte Gastprofessoren in anderen Fächern an der Emory-University und an den anderen Universitäten und Colleges der Stadt. Man traf sich bei gelegentlichen Veranstaltungen des Goethe-Instituts, das im Zentrum Atlantas über einige Büros, Hörsäle und eine Bibliothek verfügte, aus der ich mich auch für mein Seminar bedienen konnte. Bei so einer Gelegenheit stand ich einmal plötzlich neben dem Politikwissenschaftler Karl W. Deutsch, einem eindrucksvoll großen, dürren und gebeugt gehenden böhmischen Juden, der, längst pensioniert, hier noch ein paar Semester anhängte. Ich sprach ihn auf sein Hauptwerk „Nationalism and Social Communication: An Inquiry into the Foundations of Nationality“ (1953, deutsch „Nationenbildung – Nationalstaat – Integration“, 1972) an, mit dem Deutsch zur tiefgreifenden Erneuerung der Nationalismusforschung in der angelsächsischen Welt beigetragen und das ich kurz zuvor für eigene Arbeiten benutzt hatte. Deutsch definierte die Nation als Kommunikationsgemeinschaft, relativierte die zumindest in Deutschland vielfach, gerade in der Historischen Sozialwissenschaft, absolut gesetzte Epochenschwelle von 1789 und deutete die von ihm analysierte Entstehung und Verdichtung von Marktbeziehungen und Verkehrsverbindungen als Basis auch sprachlich-kultureller Vergemeinschaftung. In mancher Hinsicht schloss wenig später der Prager Historiker Miroslav Hroch bei seinen Untersuchungen zur Entstehung des Nationalismus der „kleinen Völker“ an ihn an. Seit 1983 ergänzte dann Eric Hobsbawm – der aus demselben von der habsburgischen Nationalitätenproblematik und der prekären Minderheitensituation der Juden geprägten Raum stammte – mit seiner Kernidee der

„invention of tradition" durch „Intellektuelle" diese Revolutionierung der Nationalismusforschung. Als ich Deutsch meinen Respekt vor seinem Werk bekundete, reagierte er gegenüber dem etwa vierzig Jahre jüngeren Kollegen mit einer unnachahmlichen Mischung von Befriedigung und Skepsis gegenüber der eigenen Arbeit und mit abgeklärter Ermunterung: Man müsse es mit einem großen Vorhaben eben einfach versuchen; ob es gelinge, sei höchst fraglich, aber wenn man den Plan einmal gefasst habe, es nicht zu versuchen – das dürfe man sich nicht erlauben.

Nach den Begegnungen im weiten Rahmen der deutschen Auswärtigen Kulturpolitik, zu der man auch die Auslandsaktivitäten der großen wissenschaftsfördernden Stiftungen zählen kann, durfte ich in Atlanta auch noch angenehme Erfahrungen mit der deutschen Verwaltung machen. Eines Tages bekam ich vom Generalkonsulat die Aufforderung, meine „Ernennungsurkunde" abzuholen. Ich konnte mir nicht recht vorstellen, was damit gemeint sei, betrat aber termingerecht den angegebenen Büroraum im fünften Stock eines großen Büroturms in Downtown Atlanta. Der Generalkonsul selbst erhob sich hinter seinem Schreibtisch. Solche Sachen mache er immer selbst, sagte er und drückte mir das Dokument in die Hand. Das Rätsel löste sich: Ich war bei meiner Berufung nach Erlangen als sogenannter „Fiebinger-Professor" zunächst nur im Angestellten- und nicht wie sonst üblich ins Beamtenverhältnis übernommen worden. Fiebinger, damals Universitätspräsident, hatte diese Berufungspraxis erfunden, um für den Nachwuchs den Übergang auf eine Professur zu flexibilisieren. Jetzt hatte die Universität eine entsprechende Planstelle frei und holte die Verbeamtung nach. Die mittelfränkische Universitätsverwaltung wartete dabei nicht die zwei Monate ab, bis ich wieder zu Hause war, sondern ließ die Urkunde über das Auswärtige Amt an Ort und Stelle aushändigen und den Empfang bestätigen. Ich war beeindruckt. Der Generalkonsul, ein Karrierediplomat und offenkundig eingefleischter Sozialdemokrat, nutzte die Gelegenheit zu einem längeren Plausch, in dem er seine Empörung über das Ende der sozialliberalen Koalition zum Ausdruck brachte. Als Graf Lambsdorff jüngst Atlanta einen Besuch abstattete – so erzählte er –, habe er ihn demonstrativ nicht am Bahnhof abgeholt! Das politische Einverständnis seines Gegenübers setzte er voraus, nachdem einige Erkundungsfragen offensichtlich zu seiner Zufriedenheit ausgefallen waren. Noch etwas benommen von dieser Begegnung mit einer deutschen Auslandsvertretung stieß ich auf dem Flur vor dem Eingang zum Konsulat auf einen kleinen Zeitungsshop. Er führte – wahrscheinlich als einziger Laden in ganz Atlanta außerhalb des Flughafenbereichs – die gängigen deutschen Zeitungen und auch den „Spiegel". Das Titelbild zeigte das Konterfei des schleswig-holsteinischen Ministerpräsidenten. Die „Barschel-Affäre" hatte begonnen.

Unterdessen hatte sich über die Emory-University ein ganz anderer Schatten gelegt. Die Universitätsleitung hatte alle Gastdozenten und die für sie zuständigen Mentoren, Betreuer und befreundeten Professoren zu einem abendlichen Empfang eingeladen. Der Saal war voll und der Geräuschpegel erheblich, als der Präsident der Universität zum Rednerpult ging und uns – bleich bis in die Haarwurzeln – mit bemüht freundlichen Worten begrüßte. Ein paar seiner Wendungen ließen aufhorchen, so etwa, dass man sich freue, in diesem Jahr so zahlreiche Gäste begrüßen zu können, wesentlich mehr wahrscheinlich, als es der Universität in den nächsten Jahren möglich sein werde. Danach mischte er sich zum Small Talk in die Menge, und auch ich bekam die Gelegenheit, ein paar Worte mit ihm zu wechseln. Er gab sich Mühe mit der Konversation, war aber sichtlich nicht bei der Sache. Nachdem er zum nächsten Grüppchen weitergezogen war, klärten die amerikanischen Kollegen den befremdlichen Sachverhalt rasch auf. Wenige Tage vorher, am 17. Oktober 1987, hatte es an der Wallstreet den stärksten Kursverlust an einem Tag seit dem „Schwarzen Freitag“ vom Oktober 1929 gegeben! Die Universität muss an diesem und an den folgenden Tagen viele Millionen in Aktien angelegter Stiftungsgelder verloren haben – ein mutmaßlich gerade für diese Universität besonders schmerzlicher Verlust, hatte sie sich doch erst kürzlich durch den Zufluss enormer Stiftungsgelder aus dem Mittelfeld des amerikanischen Universitätsrankings in die untere Spitzengruppe vorgeschoben. So ging etwa die Rede, dass der langjährige Vorsitzende des Aufsichtsrats von Coca-Cola nach der aufmerksamen Betreuung seiner Frau im Universitätsklinikum der Universität einen Großteil seines Vermögens vermacht habe. Der erst vor kurzem fertiggestellte Neubau der – Tag und Nacht geöffneten – Universitätsbibliothek ließ ebenfalls auf einen solchen Mittelzufluss schließen, zeigte man doch in ihrem obersten Stockwerk eine gläserne Vitrine, in der eine goldenen Coca-Cola-Dose kreiste.

Zu den wenigen Sehenswürdigkeiten in Downtown Atlanta gehörte das riesige „Cyclorama“, ein Rundgemälde aus dem späten 19. Jahrhundert, das den Brand Atlantas nach der Eroberung durch die Nordstaatentruppen des Generals Sherman im September 1864 darstellte – jene Szenerie, die Margaret Mitchell in ihrem melodramatischen Roman „Vom Winde verweht“ breit ausgemalt hat und die in großer Besetzung zu dem weltweit erfolgreichen Leinwandepos gleichen Namens verfilmt wurde. Es half der historischen Imagination auf die Sprünge, sich vorzustellen, dass bereits seit der Mitte des 19. Jahrhunderts, besonders aber nach dem Deutsch-Französischen Krieg von

1870/71, auch in deutschen Städten solche Panoramen gängig wurden und so zwei Generationen von Wilhelminern die Heldentaten der Reichseinigungskriege im feierlichen Kreis eines solchen Rundbaus leicht zugänglich und sinnlich suggestiv präsentiert bekamen. Bald nach der Jahrhundertwende verschwanden sie, leicht zeitversetzt kurz vor dem Aufstieg des Kinos, das sich bereits vor 1914 als Massenmedium für die unteren Schichten etablierte und die kriegerisch-patriotischen Stoffe gern übernahm. Insofern bot Atlanta in zwei prototypischen Großwerken einen Kurzlehrgang durch die moderne massenmediale Geschichtsvermittlung, bunt, personalisiert, mit Schurken und Helden, sentimental, „breitwandig" in jeder Hinsicht, wobei die Effekte der Schlachtenmalerei des 19. Jahrhunderts aus heutiger Sicht ja äußerst diskret sind. Die Stadt Atlanta wusste dabei, was sie ihrer Geschichte und Legende schuldig war. Barbara, als Ehefrau zeitweilig mitgekommen und entschieden unterbeschäftigt, suchte und fand im Kinoangebot der Innenstadt „Gone with the Wind" angekündigt und fuhr hin. Es stellte sich heraus, dass sie die einzige Besucherin in dem riesigen Saal war.

Geschichte – lokal verortet, aber weltgeschichtlich bedeutsam gab es auch in ganz anderer Form zu sehen und vor allem zu hören. Ellen, die Sekretärin, hatte zu einem sonntäglichen Gottesdienstbesuch in der Ebenezerkirche geraten, der ehemaligen Gemeinde Martin Luther Kings, des schwarzen Baptistenpredigers und Anführers der Bürgerrechtsbewegung in den späten 50er- und frühen 60er-Jahren. Fünf Jahre nach dem legendären Marsch auf Washington 1963, bei dem sich zur Schlusskundgebung in der Mall 250.000 Menschen versammelt hatten, war er am 4. April 1968 in Memphis durch einen Schuss ermordet worden. Sein Grabmal ist neben der Kirche aufgebaut, in einer schlichten, aber eindrucksvollen kreuzgangartigen

Architektur, durch die leise das Wasser einer leicht abfallenden Brunnenarchitektur rauscht. In den Arkaden des Kreuzgangs erinnern Fotos an Schlüsselszenen aus dem Leben des Vorkämpfers der Rassengleichheit. Von hier hatte seine Agitation ihren Ausgang genommen.

Das Erlebnis des Handlungsortes half auch hier der historischen Vorstellungskraft auf die Sprünge. So eindrucksvoll wie der Gedenkort war auch der Gottesdienst. Wir hatten uns zunächst verfahren und waren an einer anderen „schwarzen“ Kirche gelandet, wo ebenfalls der Gottesdienst gerade anfing. Bis wir unseren Irrtum bemerkten, waren wir von Vertretern des Kirchenvorstands herzlich begrüßt und in die Kirche hineinkomplimentiert worden, in der sich die sonntäglich in dunkle Anzüge und edle Kostüme gekleidete mittelständisch-wohlhabende Gemeinde versammelt hatte. Es fiel uns nicht leicht, an den überaus freundlichen und aufmerksamen Kirchenbesuchern und an dem seitwärts postierten Pastor vorbei wieder ins Freie zu streben. So kamen wir am Zielort etwas zu spät, der Gottesdienst war bereits im Gange. Er bot für Sinne und Gemüt ein aufregendes, für den säkularisierten und verbildeten Mitteleuropäer geradezu aufwühlendes geistlich-weltliches Schauspiel, in das sich der distanzierte Besucher nolens volens alsbald selbst hineingezogen sah. Rhythmen und Melodik der Gospels waren – obwohl offiziell-chormäßig domestiziert – mitreißend. Besucher von außen, zuerst aus den USA, dann aus Übersee, wurden vom Pastor gebeten, sich zu erheben, dann persönlich angesprochen und willkommen geheißen. Sodann gedachte die Gemeinde der kürzlich verstorbenen Brüder und Schwestern, indem ihre Angehörigen sich vor dem Altar versammelten, damit die Gemeinde mit ihnen fühlen und beten konnte. Wer sonst einen besonderen Kummer zu tragen hatte und das Bedürfnis nach öffentlicher Teilnahme spürte, schloss sich der Gruppe an. Irgendwann begann dann die Predigt – und es stellte sich heraus, dass nicht der hauptamtliche Pastor, sondern ein Ersatzgeistlicher am Werk war. Dieser wurde nicht müde, immer wieder darauf hinzuweisen, dass der Reverend, der eigentlich jetzt hier stehen sollte, verhindert sei, weil er gerade jetzt bei den Brüdern und Schwestern an der Harvard-University zu predigen habe – und zwar nicht vor einer rein schwarzen, sondern vor einer aus weißen und schwarzen Brüdern und Schwestern gemischten Gemeinde. Dies war – zumindest soweit ich es verstand – die eigentliche Botschaft dieser Predigt. Schwarz und Weiß gleichermaßen, gleichberechtigt vor dem Herrn und vor der Welt, wobei es leider noch etwas bis zur endgültigen faktischen Gleichberechtigung dauern werde. Aber dass dieser unser Reverend, unser schwarzer Bruder, jetzt, in diesen Minuten, in Harvard vor der Gemeinde stehe und predige, sei ein ermutigendes, für ganz Amerika bedeutsames und nicht wieder rückgängig zu machendes Zeichen des Fortschritts auf dem Weg zur Gleichberechtigung. So ein in immer neuen Wiederholungen und Abwandlungen vorgetragenes Grundmotiv des Aushilfspredigers der Ebenezer-Gemeinde zu Atlanta im Oktober 1987.

Was wir hörten, war eine Mischung aus Predigt und politischer Agitationsrede – eigentlich mehr Agitation als Predigt, aber doch auch wieder nicht Agitation, sondern Selbstbestätigung, Selbstbeschwörung, Selbstermutigung. Die Gemeinde ging leidenschaftlich und lautstark mit, rief „Yeah“ oder „Oh no“ dazwischen, die Predigt verwandelte sich zeitweise in eine Art Wechselgespräch und -gesang mit gegenseitiger Ermutigung von Redner und Zuhörern. Die Zuhörer hörten nicht bloß zu, sie agierten mit, so wie der Prediger vorne seinen leidenschaftlichen Redefluss darstellte und vorführte. Die Rollen waren eingespielt.

Alle wussten, was sie zu tun hatten – zu trauern, sich im Rhythmus des Gesangs zu wiegen, in Responsion mit dem Reverend den Inhalt der Predigt zu bestätigen. Unüberseh- und -hörbar, wo dieses rhythmisch sich steigernde Schauspiel herkam: vom Aufatmen der Sklaven, wenn sie am Tag des Herrn endlich frei hatten, frei waren, sich zu versammeln, wenn auch nur zum Gottesdienst, frei waren, ihrem Verlangen nach Rhythmus und selbstbestimmter Bewegung nachzugeben und sich gegenseitig und in Gemeinschaft zu trösten und zu stärken. Gewiss, es lag auch ein Hauch von theatralischer Routine, auch von Vorführung über der Szene. Die auswärtigen Besucher wussten, dass sie beeindruckt zu sein hatten, und zeigten sich gerne dazu bereit. Der Reverend handhabte seine rhetorischen Mittel sehr bewusst und gekonnt. Aber die Direktheit und Lebensnähe dieser Gemeindespiritualität in ihrer ganzen Spannweite zwischen geistlichem Anruf und höchst weltlichen Wünschen war doch stärker als das bloße Ritual und riss hin und überzeugte. Wir jedenfalls verließen am Ende dieser zweieinhalb gottesdienstlichen Stunden die Kirche einigermaßen erschöpft, aber auch erfüllt von der uns abverlangten Gefühlsteilnahme und Aufmerksamkeit.

Ellen, die Sekretärin, war es auch, die mich auf eine weitere Attraktion für Gastdozenten an der Emory-University hinwies. Einmal pro Semester gab es die Möglichkeit, mit Ex-Präsident Jimmy Carter zu sprechen. Amerikanische Präsidenten pflegen bekanntlich die Sitte, sich einer Universität, oft einer ihrer Heimatstadt, zu attachieren, ein Institut zu gründen oder teilweise zumindest zu finanzieren und dorthin auch ihren Nachlass zu vermachen. Jimmy Carter, der Erdnussfarmer aus Georgia, Präsident der Vereinigten Staaten von 1976 bis 1980, hatte sich nach seiner Präsidentschaft wieder dorthin zurückgezogen, wo er seine politische Karriere als Gouverneur begonnen hatte und mit der Emory-University ein Arrangement getroffen, in dessen Rahmen er auch einmal pro Semester zu einem sogenannten Townhall-Meeting vor den Studierenden erschien. Er hielt dann – seine Frau Rosalynn neben sich auf der Bühne – einen aus allgemeinen Überlegungen und Beispielen aus seinem eigenen politischen Leben gemischten Vortrag und gab damit eine Art demokratisch-politische Handlungslehre, die am Ende in einen feurigen Appell an die versammelte Studentenschaft überging, die altbewährten amerikanischen politischen Tugenden der Toleranz, der Fairness und des freudigen und freiwilligen Dienstes für das eigene Land hochzuhalten. Anschließend gab es eine Stunde lang die Möglichkeit, Fragen zu stellen. Wer fragen wollte, hatte diese Frage schriftlich zu formulieren, die Blätter kamen dann in eine Art Lostrommel, aus der der Versammlungsleiter ein paar der Fragen herausfischte. Er verlas sie dann, und der Fragesteller hatte sich für die Zeit der Antwort des Präsidenten zu erheben – gleichsam, um öffentlich für seine Frage einzustehen.

Vor allem hatte der Präsident – auch Ex-Präsidenten heißen in der amerikanischen politischen Terminologie „Mr. President" – eine eigene „Carter-Library" errichtet, der er seine Papiere vermacht und die er mit einem umfangreichen Bücherbestand für Politische Wissenschaft mit dem Schwerpunkt auf „Internationale Beziehungen" ausgestattet hatte. So war ein beachtliches Forschungsinstitut zu den Auslandsbeziehungen der USA vor allem in Asien und im Nahen Osten entstanden. Es diente zunehmend auch als Stab für seine inoffiziellen bzw. offiziösen politischen Auslandsmissionen, mit denen sich der vermeintlich „gescheiterte" Präsident nach seiner nur vierjährigen Amtszeit begnügen musste. Sie trugen ihm immerhin den Ruf des besten Ex-Präsidenten der amerikanischen Geschichte ein. Der missglückte Versuch, die amerikanischen Geiseln in der eingeschlossenen amerikanischen Botschaft in Teheran gewaltsam zu befreien, sein vorsichtiges Agieren bei dem militärischen Abenteuer und danach im diplomatischen Schlagabtausch mit dem Chomeini-Regime im Iran hatten seinem Ansehen vor allem in Amerika selbst geschadet. Heute erinnert man sich eher freundlich an seine maßvolle Vertretung der amerikanischen Interessen und schätzt seine Amtszeit höher, als es die damaligen amerikanischen Wähler taten. Es war die letzte vor der auch von der Spitze, von Ronald Reagan her, betriebenen neokonservativ-neoliberalen Radikalisierung Amerikas. Carter hatte es in der Tat nicht leicht gehabt: Seine Präsidentschaft war geprägt gewesen vom Beginn der gewaltsamen islamischen Reaktion gegen Amerikas hegemoniale Politik und Lebensweise, von der in ihren Dimensionen damals von niemandem richtig eingeschätzten neokonservativ-reaktionären Grundwelle, die bis heute immer größere Dimensionen angenommen hat, und zudem von der Spaltung innerhalb des progressiven Lagers in der Demokratischen Partei durch den – gescheiterten – Anlauf von Ted Kennedy zur Präsidentschaftskandidatur. Auch bei uns hatte man sich angewöhnt, den Namen Jimmy Carter nur mit einem leicht verächtlichen Unterton zu nennen.

An einem späten Oktobernachmittag bestieg also ein Häuflein von etwa zehn Gastdozenten aus Rotchina, Taiwan, Ägypten, Deutschland und Österreich einen Kleinbus und fuhr zur Carter-Library hinüber. Der transparente, elegante Glaskomplex lag auf einer leichten Anhöhe inmitten eines großen und exquisit bepflanzten Parks. Ein Assistent Carters empfing uns, instruierte uns kurz über Ablauf und Modalitäten der Audienz und führte uns dann ins „Oval Office". Die Naivität, mit der sich verschiedene amerikanische Ex-Präsidenten mit der exakten Nachbildung ihres mythischen Amtszimmers im Weißen Haus schmücken, verschlägt dem Europäer erst einmal den Atem. Auf eine etwas ironische Art beeindruckt, nahmen wir am Konferenztisch Platz, studierten das Ambiente und warteten – was mich betrifft: etwas skeptisch-herablassend – auf den Ex-Präsidenten. „Robbing elbows with the President" – so hieß die Veranstaltung bei den Spöttern in den Universitätsbüros.

Nach ein paar Minuten des Wartens betrat der kleine, drahtige Mann mit gespannten Schritten durch eine Seitentür den Saal – und augenblicklich erfüllte eine Aura von Konzentriertheit und Macht den Raum. Es war geradezu atemberaubend. Carter nahm am schmalen Ende des Tisches Platz und begrüßte uns mit seinem breiten, zähneblitzenden Lächeln, in dem sich freundliche Zuwendung und geballte, zurückgehaltene Kraft sonderbar mischten. Wir hörten, plötzlich sehr angespannt auf unseren Stühlen sitzend, ein paar Allgemeinheiten über den Sinn und Zweck internationalen Gedanken- und Wissenschaftsaustausches und über Amerikas Verbundenheit mit der Welt draußen. Danach erhielt jeder von uns Gelegenheit, sich mit ein paar Sätzen vorzustellen. Klar zu sehen war, dass die Ostasiaten und der Ägypter Carter besonders interessierten, ihnen stellte er auch ein paar präzisierende Fragen. Auch auf den „historian from Germany", der sich zudem – *wenn* schon, *denn* schon – ganz nach vorne gesetzt hatte, reagierte er sehr aufmerksam; offensichtlich war ihm bewusst, dass Historiker für den Nachruhm von Politikern wichtig sein können, mehr als mir als Spezialisten für das deutsche 19. Jahrhundert lieb war. Nachdem er im Anschluss an unsere Selbstvorstellung zu jedem von uns ein paar mehr oder weniger eingehende Sätze gesagt hatte – meist über Amerika und seine eigenen Erfahrungen mit dem jeweiligen Land – trat eine Pause ein. Schließlich fragte ich

– wohl wissend, dass dieser Punkt jetzt auf dem Programm stand: „May we ask questions"? Carter nickte freundlich und einladend lächelnd, ich fasste mir ein Herz und stellte zwei Fragen. Sie waren nicht besonders höflich, aber wenn die Gelegenheit schon einmal da war, wollte ich doch so genau wie möglich erfahren, was für ein Mensch so ein amerikanischer Präsident war. Erstens wollte ich wissen, ob auch er den Eindruck habe, dass sich Amerika zunehmend schwertue, die richtigen Kandidaten für die Präsidentschaft zu finden. Ich dachte dabei an die Wahl und fulminante Wiederwahl Reagans, an Richard Nixon und seinen unrühmlichen Abgang und an Gerald Ford, der nach Nixons Rücktritt als Einspringer keine besonders glückliche Rolle gespielt hatte. Naiverweise merkte ich erst, nachdem die Frage heraus war, dass sich Carter auch selbst gemeint fühlen musste. Er blieb aber ungerührt und antwortete ganz im Sinne des Common Sense, dem er fest zu vertrauen schien: So schlecht sei die Auswahl nicht, und vor allem sei sie eine harte und gute Schule für die Kandidaten. Sie müssten sich schon bei den Vorwahlen gegen zahlreiche Bewerber durchsetzen und lernten dann auch noch nach ihrer offiziellen Nominierung auf ihren Wahlkampfreisen das ganze Land und seine Probleme und Nöte in allen Facetten kennen. Von dieser Antwort war ich eher enttäuscht und fragte dann zweitens, in der Absicht, Mr. President zu provozieren: In Deutschland werde neuerdings über ein zentrales Denkmal für die Opfer von Krieg und Gewalt diskutiert; ich hätte Fotos gesehen und eindrucksvolle Berichte gelesen über die Wirkung des neuen Vietnam-Memorials in Washington; was er von diesem Denkmal halte und ob man sich in Deutschland ein Beispiel daran nehmen könne, schließlich habe sich selbst Helmut Schmidt positiv zu so einem Denkmal geäußert. Jedermann wusste damals, dass sich Schmidt immer wieder kritisch über Carter und seine „unfähige" Administration geäußert hatte, die glaube, das Rad immer wieder neu erfinden zu müssen bzw. – mit anderen Worten – keine Ahnung von Tuten und Blasen habe. Das Verhältnis zwischen den beiden Männern, die sich in mancher Hinsicht durchaus ähnelten, war jedenfalls anerkannt schlecht. So fiel dann auch Carters Reaktion aus. Scharf fuhr es aus ihm heraus: „Then first you would have to wage a new war!" Eisige Stille senkte sich über den Raum, niemand rührte sich, alle saßen wie erstarrt. Carter spürte die Wirkung, genoss sie, begann dann leicht zu lächeln und sagte noch ein paar verbindliche Sätze. Entspannung trat ein, wenn auch nicht völlig. Nun waren die anderen an der Reihe und stellten ihre Fragen, die routiniert und nicht zu ausführlich beantwortet wurden. Dann kam der Fototermin. Der Assistent platzierte uns einzeln neben die amerikanische Flagge, wo der Präsident jedem von uns die Hand drückte, während der Assistent sich jeweils den Apparat geben ließ und abdrückte. Der Händedruck war warm und herzlich, ich jedenfalls fühlte mich, trotz des bekannten raubtierartigen Lächelns im Gesicht des großen Mannes, persönlich gemeint, zumal nach dem leichten Rencontre. Wie viel hunderttausend Hände der Ex-Präsident auf diese Weise wohl gedrückt haben mag – auch bei nur einer Amtszeit! Ich kann gleichwohl nicht bestreiten, dass ich aus dem „Oval Office" einen starken und bleibenden Eindruck mitgenommen habe, sowie einmal mehr und besonders schlagend die Erkenntnis, dass es nicht genügt, sich auf das Urteil der anderen zu verlassen.

Eine weitere USA-Reise im Jahr 1991 führte mich zu einer von Peter Paret betreuten Tagung über Sammler und Mäzene in Deutschland ins Institute for Advanced Study in Princeton. Als ich gelegentlich zum Mittagessen in der Schlange in der Mensa stand, hörte ich plötzlich den Koch hinter der Theke mit starkem deutschen Akzent den kleinen und sehr alten Herrn vor mir mit dem Namen Mr Kennan und der Frage ansprechen, wie denn seine sommerliche Archivreise nach Europa verlaufen sei. Die Antwort kam frisch und lebhaft: Schön, aber heiß, und die Hotelpreise seien sehr hoch gewesen. Vor mir stand der 86-jährige George F. Kennan, Diplomat und Historiker, 1944/45 an der amerikanischen Botschaft in Moskau tätig, 1947 bis 1949 Chef des Planungsstabs im Foreign Office und einer der geistigen Väter der „Containment"-Politik Harry S. Trumans und des Marshall-Plans. Wer Kennan war, wusste ich, weil ich noch in der Schulzeit, 1961 nach dem Mauerbau, Kennans 1958 in deutscher Übersetzung bei Ullstein erschienenes Taschenbuch „Russia, the Atom, and the West" gelesen hatte, ebenso wie ein Taschenbuch von Averell Harriman, dem US-Botschafter

Shakehands mit dem ehemaligen US-Präsidenten Jimmy Carter in der Carter Library, Atlanta 1987

in Moskau 1943 bis 1956 und in London 1946. Wie Kennan vertrat er die Containment-Politik („Truman-Doktrin") und organisierte den Wiederaufbau Europas mit Hilfe des Marshall-Plans. Leider nutzte ich in der Mensa des Institutes den für mich historischen Moment nicht und versäumte damit, den ungemein rüstigen alten Herrn anzusprechen. Er hätte sicher gern aus seinem bewegten Leben erzählt.

Ein Anfang „drüben“: Berlin, Chemnitz, Dresden

Das Leitungsteam des Projektkreises „Kunst und Kunstpolitik im Kaiserreich“ war 1978 erstmals zusammengetreten und hatte sich an einem Dienstagnachmittag unter dem Vorsitz von Stephan Waetzoldt, Generaldirektor der Staatlichen Museen Berlin (Stiftung Preußischer Kulturbesitz), in dessen Büro in der Berliner Stauffenbergstraße 17 getroffen. In München des Anblicks von Kriegszerstörung inzwischen entwöhnt, hatte ich über den Sitz der Generaldirektion, ein historistisches Bauwerk aus dem Kaiserreich, gestaunt. Es war das einzige Haus, das in der ganzen Straße nördlich des Bendlerblocks und nahe der neugebauten Scharoun'schen Philharmonie inmitten einer Brache aufrecht stehen geblieben war. Den folgenden Mittwochvormittag nutzte ich zu einem Ausflug in den Osten. Meine Frau, die aus beruflichen Gründen mehrfach in den Museen in Ost-Berlin unterwegs gewesen war, hatte mir zum Grenzübergang Heinrich-Heine-Straße geraten, um den vergleichsweise starken Betrieb am Übergang Bahnhof Friedrichstraße zu umgehen. Ich ließ die einschüchternde und bedrohliche Grenzkontrolle über mich ergehen und befand mich alsbald „im Osten“. Das war nun wirklich eine ganz andere Welt als „der Westen“ mit seinem quirligen Zentrum rund um die Ruine der Kaiser-Wilhelm-Gedächtniskirche, wo ich in der Ludwigkirchstraße nahe dem Bahnhof Zoo in einer Pension untergekommen war. Ich wanderte auf der menschenleeren und immer noch sehr ruinösen Friedrichstraße nordwärts zum alten Zentrum. Schließlich landete ich an diesem sonnigen, aber kalten Morgen auf dem Bebelplatz. Meine Erinnerung sagt mir, dass ich mich in der leeren Weite dieses

Stadtraums, entlang der ehemaligen Via triumphalis Unter den Linden zwischen allerlei kahlen und abweisend wirkenden Großstadtgebäuden desorientiert und verloren fühlte. Auf der nördlichen Straßenseite spielte sich ein Geschehen ab, das mich in die Zeit vor vierzig Jahren zu versetzen schien: der Wachwechsel an der Neuen Wache. Das Ritual der Wachablösung gibt es in zahlreichen europäischen Hauptstädten wie etwa in London vor dem Buckingham Palace oder in Athen vor dem ehemaligen Königspalast und heutigen Parlamentsgebäude, das Friedrich von Gärtner, Baumeister Ludwigs I. von Bayern, entworfen hatte. Aber hier hatte es eine Form, die mich erschreckte. Es war genau 11.45 Uhr, als vom Zeughaus her zwei Uniformierte im Stechschritt auf das Schinkel'sche tempelartige Gebäude zumarschierten, während ihnen von dort zwei Soldaten ihrerseits in automatenhaft ruckartigen Bewegungen entgegenkamen. Aus größerer Entfernung hätte man meinen können, hier schnurre das Räderwerk einer alten Spieluhr ab, doch aus der Nähe stellten sich beklemmende Assoziationen ein: der Stechschritt, die Uniform und der Helm erinnerten in einer Weise an Filmsequenzen von Wehrmachtparaden im „Dritten Reich", wie ich sie im sozialistischen Arbeiter- und Bauernstaat nicht für möglich gehalten hätte. Der Platz hatte sich inzwischen etwas belebt, aus einzelnen Bussen stiegen überwiegend männliche Besuchergruppen, die das Schauspiel eifrig mit ihren Fotoapparaten festhielten. Ich warf dann ungeachtet der einschüchternden militärischen Bewachung noch einen ausführlichen Blick in das Gebäude. Es hatte 1918 seine ursprüngliche Funktion verloren. Das Innere war 1930/31 von Heinrich Tessenow zu einem Gefallenendenkmal ohne Pomp umgewandelt worden und diente jetzt als „Denkmal für die Opfer des Faschismus und Militarismus". Ich wanderte dann angesichts der Vielzahl an kunsthistorischen Hotspots und meiner knappen Zeit etwas ratlos und unentschlossen in der durch den Abriss des Schlosses entstandenen Leere des Raumes zwischen Zeughaus, Altem Museum, Rotem Rathaus und Palast der Republik herum. Von den irritierenden Eindrücken und dem langen Pflastertreten müde, scheute ich den Rückweg zum Übergang Heinrich-Heine-Straße, strebte stattdessen zum Brandenburger Tor und fragte an der Ecke Friedrichstraße/Unter den Linden einen dort stehenden vermeintlichen Passanten nach dem kürzesten Weg zum „Übergang Friedrichstraße". Der Mann musterte mich verblüfft, aber eingehend und wies dann wortlos mit einer Kopfbewegung nach Norden. Nach der Rückfahrt in einem uralten S-Bahn-Waggon war ich heilfroh, wieder „herüben" zu sein.

Anfang 1991 fragte die Konrad-Adenauer-Stiftung an, ob ich bereit sei, für das kommende Frühjahrstrimester einen Lehrauftrag mit zwei Semesterwochenstunden an der TU Chemnitz zu übernehmen. Die Stiftung habe ein Programm zur sofortigen Unterstützung der Lehre in den geisteswissenschaftlichen Fächern an den Universitäten der ehemaligen DDR durch westliche Dozenten aufgelegt, um den notwendigen Transformationsprozess der dortigen Lehre zu fördern. Die Aufgabe reizte mich, und ich sagte zu. Am 3. März bestieg ich dann das Flugzeug von München-Riem nach Leipzig und nahm dort ein Leihauto. Dies war die bestmögliche Verbindung, da ich noch immer in München wohnte und Bahnfahrten sowohl von Erlangen wie von München nach Leipzig damals einen ganzen Tag dauerten. Ich musste mit der Zeit haushalten, weil meine Lehrpflichten in Erlangen unverändert weiterliefen. Als ich auf die Autobahn Richtung Dresden kam, wurde es schon dunkel. Im Kongress-Hotel hatte die TU ein Zimmer für mich reserviert, jedoch dauerte es 45 Minuten, bis die Rezeptionistin diese Reservierung auch wirklich fand. Währenddessen fragte ich mich zunehmend irritiert, ob das ganze Projekt der Adenauer-Stiftung bei der TU überhaupt registriert und gutgeheißen worden war. Das Hotel war ein neuer, moderner Hochhausbau mit einem niedrigen, aber weiträumigen Anbau für Kongresse, Festivitäten und eine ausgedehnte Gastronomie, die sichtlich auch für zahlungskräftige Besucher aus der Stadt gedacht war. Bei späteren Fahrten in der Ex-DDR und nach Potsdam stellte ich fest, dass die Architektur einem im Land häufig verwendeten Hotel-Muster entsprach.

Bei der Abholung am Montag früh gab es zunächst ein Missverständnis. Ich wurde von einem falschen Abholer geschnappt; offenbar waren hier bei Beginn des Trimesters mehrere Professoren aus dem Westen unterwegs. Dann kam der Leiter der Sektion Geschichte an der TU, Karlheinz Schaller, und begleitete mich zur Vorlesung. Wir gingen etwa fünfzehn Minuten durch die Hinterhöfe eines weitgehend verfallenen endlosen Gebäudekomplexes. Der Zugang zum Hörsaal war noch kompliziert dadurch, dass man zuerst durch einen anderen, bereits benutzten Hörsaal hindurchmusste. Versammelt waren um 8 Uhr früh dreizehn Hörende, davon nur vier Studenten, alle anderen gehörten zum Lehrpersonal der „Sektion Geschichte". Nach zwei Stunden Vortrag gab es eine angenehme Kaffeepause in der Mensa zusammen mit dem „Lehrkörper"; anschließend beantwortete ich eine knappe Stunde lang Fragen, wobei sich fast nur die Lehrenden an der Diskussion beteiligten. Im Grunde war es eine Art Vortrag vor einem fachkundigen Kleinpublikum mit vier weiteren Zufallsbesuchern. Ich hatte, um thematisch auf sicherem Boden zu stehen, eine Vortragsfolge zur Geschichte des Vormärz vorgeschlagen – eine gute Wahl insofern, als die promovierten Historiker unter den Hörenden mit der Materie vertraut waren und sich an diesem Tag wie auch in den folgenden Sitzungen gute Debatten über thematische Schwerpunkte, Methodenansätze und Deutungsunterschiede zwischen Ost und West ergaben. Als dann aber zur folgenden Sitzung deutlich mehr Studenten auftauchten, wurde es schwierig, den richtigen Ausgleich zwischen den Interessen der Unkundigen und der Kundigen zu finden. Dass aber die diversen Historiker des Instituts bei dem Gast aus dem Westen erschienen waren, machte mir das existenzielle Interesse klar, das sie an dessen Person und Lehrkonzept haben mussten. Es überraschte mich dabei ein wenig, dass die Deutungsunterschiede gar nicht so groß schienen. In den späteren Sitzungen traten sie dann allerdings doch deutlich hervor.

Die Veranstaltung endete um 12 Uhr, danach trank ich mit Schaller im Hotel noch einen Kaffee und strebte dann zügig zur Autobahn. Der Nebel lichtete sich, es wurde ein sonniger Vorfrühlingstag. Ich war gut in der Zeit und auf der Autobahn herrschte wenig Verkehr. Das erlaubte mir einen knappen Abstecher nach Grimma. Die Innenstadt dort sah restauriert aus, sie musste ein bevorzugtes Objekt der DDR-Denkmalpflege gewesen sein, wahrscheinlich wegen der Besucher, die von der Leipziger Messe her einen Abstecher in die nähere Umgebung machten. Wegen fehlender Wegweiser zum Flughafen Schkeuditz hatte ich auf der Autobahn plötzlich das Gefühl, zu weit gefahren zu sein. Angesichts des minimalen Verkehrs und fehlender Leitplanken konnte ich gefahrlos die Spur wechseln und zurückfahren. Ich irrte dann noch einige Zeit am Stadtrand von Leipzig herum, erreichte aber die Maschine gerade noch rechtzeitig.

Die Veranstaltung war zweistündig, aber ich konnte sie vierzehntägig abhalten, sodass sie, jeweils mit einer Pause, von 8 bis 12 Uhr dauerte. Auch zur zweiten Runde am 18. März 1991 reiste ich am Sonntagabend an und machte noch einen Spaziergang durch die Innenstadt. Der Weg führte mich an dem gewaltigen, aber eindrucksvoll emblematischen Marx-Kopf vorbei, der auf hohem Sockel vor einer Front typischer Geschäfts- und Wohnbauten postiert war (und ist). Ein deutlich sichtbarer Schriftzug im ersten Stock an der Glasfront eines Gebäudes verkündete, dass hier jetzt das „Arbeitsamt" logierte. Dann ging es weiter, u.a. durch die damalige Grotewohlstraße zum Bahnhof. Hier standen links und rechts noch einige wilhelminische Bauten, das Opernhaus war schon in restauro, ebenso eine neugotische Kirche gleich nebenan. Die Rückseite der TU bot jedoch einen desaströsen Anblick. Die Vorderseite war vor Jahren restauriert worden, aber nur bis zum ersten Stock, weiter war man nicht gekommen.

Zur Vorlesung hatten sich jetzt vierzig Studierende versammelt, das Semester schien nun richtig angefangen zu haben. Ich sprach ziemlich frei, bei unerwarteter Unruhe im Publikum. Die Teilnehmenden waren Studierende der technischen und

Das monumentale Marx-Denkmal in Chemnitz 1990, ehemals Karl-Marx-Stadt

naturwissenschaftlichen Fächer, mein Kurs war eine Pflichtveranstaltung, er war praktisch an die Stelle der bisherigen Marxismus-Leninismus-Vorlesung getreten. Auch nach der Pause ging es im Publikum laut und unruhig zu, sodass ich energisch werden musste. Die Diskussion war schwierig, bis ich mich entschloss, die wieder anwesenden Lehrenden der Sektion Geschichte außer Acht zu lassen und mich ganz auf die Studenten und deren Niveau zu konzentrieren. Danach ging es besser mit einer Erörterung der Frage: Was ist eine Nation?

Für den nächsten Chemnitz-Besuch am 15. April 1991 bekam ich für Sonntag, 13 Uhr, erstmals eine Lufthansa-Maschine zugewiesen, die völlig leer war, und mietete dann einen Opel Corsa, das kleinste verfügbare Auto, um bei schönem Wetter einen Ausflug nach Meißen einzuschieben. Auch hier zeigten sich der Marktplatz und der Weg zum Domberg hinauf in gut erhaltenem Zustand, der aber jenseits des repräsentativen Straßenzugs durchs Stadtzentrum sogleich den bröckeligen Häuserwänden und schadhaften Dächern der alten Innenstadt wich. Auf der Autobahn herrschte an diesem Frühlingssonntag viel Ausflugsverkehr, zum größeren Teil schon nicht mehr in Trabbis oder Wartburgs, sondern in mehr oder weniger neuen Westautos.

Zur nächsten Vorlesung nach der Osterpause nahm ich den Weg nach Chemnitz über Dresden. Dort bekam ich allerdings kein Leihauto mehr, wohl wegen eines gerade stattfindenden Jazzfestivals. Ich fuhr also trotz ungünstiger Verbindung mit dem Zug und erlebte durch diesen eigentlich misslichen Umstand unverhofft einen der prägendsten Eindrücke aus meiner Zeit im Osten Deutschlands überhaupt. Die Bahnlinie führt durch eine Industrielandschaft, so, wie ich mir die englischen Midlands rund um Manchester im 19. Jahrhundert vorgestellt hatte, ein paar Jahrzehnte nach der Zeit, in der Friedrich Engels seinen Klassiker über die „Lage der arbeitenden Klasse in England“ (1844) geschrieben hatte. Fast entlang der ganzen Strecke reihten sich Fabrikhallen und -schlote, Lagerhäuser, kleine Siedlungen mit zwei- oder dreistöckigen Häusern für Arbeiterwohnungen, Gleise in das eine oder andere Werksgelände aneinander, kaum unterbrochen durch eine Grünfläche oder Baumreihe – „Werkstättenlandschaft“ pur. Im Dämmerlicht des frühen Abends flackerte hie und da eine Flamme aus einem Ofen auf, aber das war das einzige Anzeichen von Leben. Ansonsten: kein Rauch aus den Schloten, kein Mensch auf den Straßen, kein Auto unterwegs, weder ein Personen- noch ein Lastauto, das ganze weite Gelände wie tot. Hier war seit dem Kaiserreich kaum ein Gebäude oder eine Werksanlage erneuert oder ersetzt, aber auch nichts abgerissen und beseitigt worden. Ich wünschte mir, west- und ostdeutsche Politiker, aber auch nicht ortsansässige DDR-Bürger hätten diese Bahnstrecke öfter einmal befahren. Dann wären sie gleich zu Beginn der Vereinigung von realistischeren Vorstellungen über den Zustand der ostdeutschen Industriewirtschaft ausgegangen, als es der Fall zu sein schien. Mag sein, dass ich, so schockiert, wie ich beim Anblick dieser sich von Quadratkilometer zu Quadratkilometer ausdehnenden Industriebrache war, damals einem Augenblickseindruck erlag und ihn verallgemeinerte. Aber ganz falsch konnten diese Erfahrungen nicht gewesen sein. Von da an konnte ich dem Tun der Treuhand nicht die moralische Entrüstung entgegenbringen, die in diesen Jahren über sie hereinbrach, von der großen Mehrheit der ehemaligen DDR-Bevölkerung bis zu westdeutschen Autoren wie Rolf Hochhuth mit seinem Stück „Wessis in Weimar“. Dass es nicht Jahre, sondern, wenn überhaupt, Jahrzehnte dauern mochte, bis hier eventuell „blühende Landschaften", wie von Helmut Kohl versprochen, entstehen würden, diesem Eindruck konnte sich beim Anblick dieses Verfalls niemand entziehen. Auch Historiker konnten sich hier ungemein anschaulich darüber belehren lassen, was die „industrielle Klassengesellschaft" für die konkreten Lebensverhältnisse der Arbeiter im 19. und frühen 20. Jahrhundert wirklich bedeutet haben musste. Angehörige meiner Generation kannten derartige Bilder aus dem Ruhrgebiet allenfalls noch in Form alter Fotografien von verdichteten Industrielandschaften im Zustand krassen Verfalls. Hier war dies alles noch Gehäuse gegenwärtigen Arbeitens und Lebens, soweit tatsächlich noch gearbeitet und gelebt wurde. Als ich Chemnitz erreichte, war es stockdunkel, und mit dem Eintritt in mein hell erleuchtetes und bequemes Zimmer verblasste auch schon die Erinnerung an das Gesehene. Aber in die Netzhaut eingegraben haben sich diese Seheindrücke bis heute und die Dimension der Aufgabe, bei diesen Voraussetzungen „gleiche Lebensverhältnisse" zu schaffen, ist mir bis heute bewusst geblieben.

Die ersten beiden Stunden der Montagsvorlesung waren gut besucht. Nach der Pause und dem Abzeichnen der Anwesenheitsliste gab es wieder einen starken Schwund, dafür aber waren die Dozenten wieder vertreten. Es gab eine lange und lebhafte Diskussion, auch weil Schaller fundiert auf marxistischen Positionen beharrte. Von den Studierenden bekam ich Vorwürfe über den Abgeordneten Reichenbach von der Ost-CDU zu hören. Er war als frisch gewählter Vertreter des neuen politischen Establishments in eine Korruptionsaffäre verwickelt und führte den ehemaligen DDR-Bürgern drastisch vor Augen, dass auch die neuen Volksvertreter moralisch keineswegs einwandfrei waren – eine Gelegenheit zum Räsonieren, die natürlich gern ergriffen wurde. Das Mittagessen fand wieder mit den Dozenten in der Mensa statt, anschließend brachte mich Schaller zum Bahnhof.

In Dresden gab ich das Gepäck am Bahnhof auf und marschierte eilig zum Zwinger und zurück. Diese Unternehmung brachte mir die zweite bedrückende Erfahrung dieser zweitägigen Exkursion in die alte Mitte Deutschlands ein. Die Bombardierung Dresdens am 13. Februar 1945 und die Wiederaufbauplanung der DDR hatten im Zentrum der alten Residenzstadt eine urbanistische Brache in Gestalt einer öden Prachtstraße hervorgebracht, die von hohen und breiten Kastenbauten gesäumt wird. Das Konzept entstammte der Gedankenwelt modernistisch gesinnter Architekten aus der Weimarer Republik. Ihnen war es darum gegangen, das vermeintlich lebensfeindliche Gewirr der Alten Stadt und ihrer Enge abzuräumen, um Platz zu schaffen für massenhaftes helles, geräumiges und rationelles Wohnen in einem gartenstadtartigen Ambiente, das aber auch Platz für die Anforderungen des neuen Autoverkehrs schaffen sollte. Damit hatte sich hier – ähnlich wie in Berlin zwischen Alexanderplatz und Rotem Rathaus – die Absicht verbunden, einen Aufmarschplatz für Jubelfeiern der neuen (sozialistischen) Menschen zu schaffen. Das Ergebnis schien mir desaströs und gestaltlos unwirtlich – und dieser Eindruck verstärkte sich noch durch das Treiben der in einzelnen Grüppchen zusammengeballten wenigen Menschen in diesem städtischen Leerraum. Sie hatten sich um osteuropäische Hütchenspieler versammelt, die, zum Teil erstaunlich plump, aber umso dreister im Habitus, den Leuten das Geld aus der Tasche zogen. Die Formulierung „aus der Tasche zogen“ trifft die Sache allerdings unzureichend – und das machte sie für den Zufallspassanten aus dem Westen nur noch empörender. Denn das in der Arbeitslosigkeit verarmende „Volk“ warf den Trickbetrügern in desperatem Glücksverlangen die Scheine geradezu hinterher. Ich war drauf und dran, mich einzumischen. Aber dann zückte ein etwa zwanzigjähriger junger Mann einen Hundertmarkschein, der auf die simpelste Weise verspielt war. Ich verzog mich in Richtung Elbe und Zwinger. Nach einer kurzen Besichtigungstour kam ich gerade noch rechtzeitig am Flugplatz an, aber dann verschob sich der Abflug schier endlos wegen des mittlerweile dichten Flugverkehrs zwischen den alten und neuen Bundesländern.

Am 27. Mai 1991 flog ich zu meinem letzten Chemnitzer Termin erst nach Dresden, drehte noch einmal eine Besichtigungsrunde zur Brühler Terrasse, kam an der Ruine und den herumliegenden Trümmerresten der Frauenkirche vorbei, erinnerte mich an das Lamento meiner in Dresden aufgewachsenen Schwiegermutter über die Zerstörung der vergötterten Stadt, das mich vor Jahr und Tag so genervt hatte und das ich erst jetzt besser verstand, und stieg dann wieder in den Zug nach Chemnitz. Auch dort wanderte ich noch einmal durch die Innenstadt, in der die beginnende architektonische Erneuerung an Baugruben und -gerüsten deutlich abzulesen war.

Wieder holte mich Schaller beim Frühstück ab. Am Nebentisch saßen drei Japaner in korrekten Anzügen und mit an die Stuhlbeine gelehnten gediegenen Lederköfferchen und boten uns Stoff für ein etwas künstliches Gewitzel darüber, dass der „Aufschwung Ost“ in Chemnitz bereits in vollem Gange sei. Auf dem Weg zur Vorlesung erfuhr ich dann, dass alle Hochschullehrer in Sachsen und Sachsen-Anhalt entlassen werden sollten. Der Ton der Mitteilung war unterkühlt, aber erstmals hörte ich jetzt von der Gleichsetzung dieser Maßnahme mit dem Gesetz der Nazis vom 7. April 1933 „Zur Wiederherstellung des Berufsbeamtentums“, dem sogenannten Arierparagrafen, mit dem der NS-Staat die Juden aus dem Staatsdienst ausgeschlossen hatte. Diesen Vergleich sollte ich an diesem Vormittag und in den folgenden Jahren immer wieder zu hören bekommen. Die Vorlesung vor einem harten Kern von fünfzehn Leuten verlief dagegen angenehm und wurde abgeschlossen mit einer lebhaften Diskussion. Schaller und ich tranken dann in einem nahegelegenen Hotel am Bahnhof noch einen Kaffee und verabschiedeten uns mit gegenseitigen Komplimenten, die mir auch heute noch ernst gemeint vorkamen. Schallers Satz „Sie haben wesentlich zu meiner Integration in die neuen Zustände beigetragen" tat mir gut, aber ich bezweifle, dass dieser Beitrag lange vorhielt. Wir hatten damals wohl beide noch keine rechte Vorstellung davon, was auf die meisten Geschichtsprofessoren in der ehemaligen DDR zukommen würde, wobei er der Betroffene war und nicht wie ich ein Zuschauer von außen. Allerdings hatte ich angesichts der guten Erfahrungen im Umgang mit den älteren und jüngeren Chemnitzer Kollegen auch nur eine unzureichende Vorstellung davon, was sich in der inneruniversitären Grauzone von Politik und Wissenschaft an gedanklicher Verengung und politischer Steuerung abgespielt haben mochte – hier wie an den anderen Universitäten östlich der Mauer – und wer für akademische Lehre auf dem Verfassungsboden der Bundesrepublik geeignet war und wer nicht. Dass die Marxismus-Leninismus-Kurse bei den Studierenden schon seit längerem auf Desinteresse gestoßen waren, hatte man mir mehrfach versichert. Einer der angehenden Historiker unter den Studierenden bemerkte noch kurz und trocken zu Schaller: „Sie müssen sich wehren"; und: „Es wird Zeit, dass es in der *Zone* auch zu einem 68 kommt" – bevor er ankündigte, an einer Universität der alten Länder weiterstudieren zu wollen.

Die deutsche Vereinigung und der Neuaufbau der Humboldt-Universität zu Berlin

Die „Umgründung" von Teilen der HU nach dem offiziellen Datum der Vereinigung am 3. Oktober 1990 schlug in der Öffentlichkeit in Ost und West hohe Wellen. In gewisser Weise drängte sich damals ein Vergleich des Vorgehens der westlichen Zuständigen an der Ost-Berliner Universität mit dem der „Treuhand" gegenüber den ostdeutschen Wirtschaftsunternehmen auf, jedenfalls aus östlicher Sicht. Zwar ging es nicht um die gigantischen materiellen Werte, die bei der Treuhand verhandelt und auch verscherbelt wurden. Es ging auch nicht um die Manager und die Hunderttausenden Lohnabhängigen, die dort binnen kurzer Zeit „freigestellt", also entlassen wurden. Aber es ging hier wie dort um kurzfristige Kündigungen und die damit einhergehenden existenziellen Unsicherheiten. Das war das eigentliche Thema. Gekündigt wurde freilich sehr viel weniger als bei der Treuhand wegen mangelnden Bedarfs als wegen „mangelnder Eignung". Betroffen waren nicht Handarbeiter und Firmenangestellte, sondern „Geistesarbeiter". „Kolonisatoren" aus dem Westen wussten alles besser („Besserwessis"), fühlten sich als Sieger und benahmen sich auch so – das war die östliche Sicht. Sie hatten die Macht im Rücken, zerstörten die alten, zwar selbstverständlich etwas defizienten, aber doch immer noch leistungsstarken Produktionsstätten – dort der Güter und Dienstleistungen, hier der gewonnenen Wahrheiten und fortschreitenden Erkenntnisse, weil diese den eigenen Ertrag an Cash, Know-how oder gefundenen Wahrheiten bedrohten oder schmälerten. Diese Analogie gewann in östlichen Augen noch an semantischer und sprachpolitischer Überzeugungskraft, als die Wissenschaftsverwaltungen in den ostdeutschen Ländern und in Berlin beschlossen, die als unvermeidlich angesehene grundlegende Reform der Universitäten und Akademien mit Hilfe des Instruments der „Abwicklung“ durchzuführen. Abwicklung hieß, dass die Verträge der an der HU beschäftigten Wissenschaftler und sonstigen Mitarbeitenden in diesen Bereichen automatisch ohne Kündigung zum 30. September 1991 auslaufen sollten. Hatte schon dieses Wort im allgemeinen Sprachgebrauch den Beiklang von bürokratischem Schematismus, Verächtlichkeit und Verdinglichung der so behandelten Menschen, so war auch die praktische Durchführung dieses juristischen Aktes nicht geeignet, bei den Betroffenen und den ihnen Nahestehenden positive Assoziationen zu wecken.

Dass die Überführung der Humboldt-Universität als der wichtigsten und bekanntesten Universität der ehemaligen DDR unter großer medialer Aufmerksamkeit in Ost und West stattfand, hatte mehrere Gründe. Die Universität war untergebracht im einstigen Prinz-Heinrich-Palais, einem geräumigen Schlossbau aus den 1780er-Jahren, dem Sitz des jüngeren Bruders von König Friedrich II., dem „Großen“, in zentraler Lage an der Prachtstraße Unter den Linden. Sie befindet sich in unmittelbarer Nähe des leergeräumten Schlossplatzes, der zentralen hauptstädtischen Kulturstätten mit Museumsinsel, Staatsbibliothek und Staatsoper und der Repräsentations- und Wohnbauten der bis 1918 herrschenden Hohenzollerndynastie (Kronprinzen- und Prinzessinnenpalais und der Wohntrakt Kaiser Wilhelms I. in der alten Hofbibliothek, der sogenannten „Kommode“, genau gegenüber dem Westflügel der HU). Am anderen Ende der alten preußischen „Via triumphalis“ tagte zunächst gelegentlich, bald dauerhaft, der Deutsche Bundestag im alten Reichstagsgebäude aus den 1890er-Jahren. Dazu sollten zahlreiche Regierungsbehörden kommen, vom Sitz des Bundespräsidenten über das Kanzleramt bis zu den Ministerien. Zwar war Berlin noch nicht offiziell als Regierungssitz bestätigt – dieser Beschluss des Bundestags kam erst im Sommer 1991 –, aber dass im Zentrum des Berliner Bezirks „Mitte" zwischen Schlossplatz und Schloss Bellevue der künftige Regierungssitz oder zumindest ein neues großes Verwaltungszentrum entstehen würde, war vorherzusehen. Rein sachlich ging es um die neben der Ost-Berliner Akademie der Wissenschaften repräsentativste Forschungs- und Lehranstalt des SED-Staates mit seinen weltanschaulichen Vorgaben. Sie sollte nunmehr in eine bundesrepublikanische Einrichtung auf der Basis des Grundgesetzes umgewandelt werden, also der Verfassung für ein demokratisches Staatswesen einer liberalkapitalistischen Gesellschaft. Das war ein Politikum, das nicht nur die politischen Beobachter, sondern auch die akademisch Gebildeten vor allem im Osten lebhaft beschäftigte. Im Westen und Süden der Republik nahm man von diesen Vorgängen viel weniger Notiz. Wenn ich nach meiner Ernennung an der HU 1992/93 gelegentlich von Berlin nach Erlangen oder München zurückkam, staunte ich über das Desinteresse der Kollegen an diesem Thema.

Im engeren Sinne ging es um eine Auseinandersetzung zwischen dem bis vor kurzem West-Berliner, seit dem 3. Oktober 1990 aber gesamtstädtischen Senat und den ehemaligen DDR-Bewohnern und vielfach, gerade in Ost-Berlin, auch Anhängern der DDR-offiziellen sozialistischen Staatsideologie. Gekämpft wurde um die „Richtigkeit" und auch – immer noch – um die letztendliche Durchsetzungsfähigkeit und Beharrungskraft der jeweiligen Weltanschauung und Staatsideologie als Teil der Systemkonkurrenz von liberal-westlicher („bürgerlicher") und sozialistischer Wissenschaftsauffassung. Denn mit der formellen Vereinigung der zwei deutschen Teilstaaten am 3. Oktober 1990 war für zahlreiche hohe oder niedrigere „Staatsdiener" bzw. Bürger der untergegangenen DDR der zuvor staatstragende politisch-kulturelle Glaube nicht einfach ausgelöscht. Und der Kampfmodus aus fast vierzig Jahren der Ost-West-Auseinandersetzung und des Kalten Kriegs löste sich in dem jahrzehntelangen innerberlinerischen kalten Kampf nicht einfach in Luft auf. West-Berlin war bis Ende 1989 eine enge, mit Stacheldraht, Selbstschussanlagen, Kampfhunden und strikt auf Kampf getrimmten Grenzsoldaten umstellte, eingeschnürte Enklave gewesen. Die Angst, das Misstrauen und die Wut saßen bei den West-Berlinern tief – und bei den eingeschworenen SED-Mitgliedern im Osten der Stadt waren diese Gefühle gegenüber dem Westen nicht geringer. Die Entspannungspolitik der sozialliberalen Koalition in Bonn seit 1969 und die in Berlin selbst erreichten Lockerungen im Grenzverkehr hatten daran, solange die Mauer stand, nur wenig ändern können.

Nach der rechtlichen Vereinigung der beiden deutschen Staaten standen die östlichen Bundesländer vor der Aufgabe, ihre Universitäten den veränderten Gegebenheiten anzupassen. Aufgrund der besonderen Lage in Berlin sahen sich die Politik und die universitären Akteure in diesem Prozess vor ganz besonderen Herausforderungen. Zunächst war die Frage zu entscheiden, ob es überhaupt ratsam sei, alle drei Universitäten in einem Stadtstaat ohne Hinterland und ohne die gewaltigen wirtschaftlichen Ressourcen, über die die einstige Hauptstadt des in Teilen ökonomisch hochpotenten Flächenstaates Preußen verfügt hatte, weiterzuführen. Im nächsten Schritt war zu beschließen, in welcher Form die Transformation der vom SED-Staat, seinen Herrschaftsformen und seiner Ideologie geprägten

Einrichtungen mit ihrem Personal stattfinden sollte. In beiden Fällen stellte noch der von Walter Momper (SPD) geführte Senat im Dezember 1990 die Weichen und die Anfang 1991 gebildete neue Regierung aus CDU und SPD unter Führung von Eberhard Diepgen übernahm deren Entscheidungen. Gegen einige Widerstände vor allem aus der Freien Universität blieb er bei dem Entschluss, die Humboldt-Universität weiterzuführen. Die Gründe dafür lagen in dem absehbar weiter steigenden Bedarf an Studienplätzen in Berlin, aber auch in der Sorge, eine Eingliederung der HU in die FU würde im Osten als ein weiterer Akt der „Kolonisation" durch die Westdeutschen betrachtet werden. Hinzu kam als gewichtiger Faktor in dieser Abwägung: Die 1945 von den neuen kommunistischen Machthabern in der Sowjetischen Besatzungszone in „Humboldt-Universität" umbenannte, 1810 gegründete Friedrich-Wilhelm-Universität war im Bewusstsein der gebildeten Deutschen in Ost und West die „Mutter aller modernen Universitäten". Initiator und Planer der Universität war der Gelehrte und Bildungsreformer Wilhelm von Humboldt gewesen, dessen Universitätskonzept vom Forschen „in Einsamkeit und Freiheit" – gegen die alteuropäische Tradition der lehrenden „Familienuniversität" (Walter Moraw) gerichtet – die deutsche Universitätsideologie bis in die Mitte des 20. Jahrhunderts geprägt hatte und auch heute nicht einfach obsolet geworden ist. Zwar musste sie die Mutterschaft, sehr viel mehr, als der Mythos bis in unsere Tage besagte, mit der 1737 gegründeten „Georgiana" in Göttingen teilen. Die jüngste universitätsgeschichtliche Forschung hat auch den Mythos von der internationalen Ausstrahlung des Humboldt'schen Universitätsmodells deutlich korrigiert und geschrumpft (wobei noch genug Ausstrahlung bestehen blieb). Der Mythos selbst ist erst in den letzten Jahrzehnten des 19. Jahrhunderts entstanden und war zu dieser Zeit auch nicht unbegründet, als die Universität in den Natur- und Geisteswissenschaften wie auch in der Medizin zum Sammelbecken herausragender Köpfe und zum Ausgangspunkt für die neu entstehende „Großforschung" auf vielen Gebieten geworden war. Diese Universität in der FU aufzulösen, die unter dem kommunistischen Meinungszwang 1948 aus der HU heraus im West-Berliner Stadtteil Dahlem gegründet worden war, hätte einen universitätsgeschichtlichen „Muttermord" bedeutet, der nicht nur im Osten Deutschlands vielfach auf Unverständnis gestoßen wäre.

„Abgewickelt" wurde daher nicht die Universität als Ganzes, sondern, als Kompromisslösung, nur das Ensemble der sechs ideologisch besonders problematischen Fächer: die Geschichtswissenschaft einschließlich Ethnologie und Ur- und Frühgeschichte, die Rechtswissenschaften, die Wirtschaftswissenschaften, die Sozialwissenschaften, die Philosophie und die Erziehungswissenschaften. Diese Entscheidung barg Sprengstoff genug, gerade weil sie die latent politischen bzw. politisierbaren Fächer betraf. Bei aller verständlicher Aufregung um diese umkämpften Fächer sollte nicht übersehen werden, dass der Austausch in allen anderen Fächern dann sehr viel geringer ausfiel und ganz überwiegend mit einer zu starken Involvierung in das SED-Herrschaftssystem begründet wurde. Am Ende standen sich in der Gesamtuniversität Professoren-Ost und -West etwa im Verhältnis fünfzig zu fünfzig gegenüber. In den personalstarken naturwissenschaftlichen Fächern Biologie (fünfzehn Professoren), Chemie (vierzehn), Physik (achtzehn), Mathematik (siebzehn) verlief die Front weniger zwischen Ost und West als zwischen Ost und Ost. Der neue Senator für Wissenschaft und Bildung, Prof. Dr. Manfred Erhardt, zuvor Leiter der Hochschulabteilung im Ministerium für Wissenschaft und Kunst in

Baden-Württemberg, plante darüber hinaus, das Institut für Geschichtswissenschaften an der HU als ein „Exzellenz"-Zentrum neu aufzubauen. Er stand dabei zweifellos unter dem Eindruck der Friedrich-Wilhelm- bzw. Humboldt-Traditionsmacht und wollte an die große Vergangenheit speziell auch der Geschichtswissenschaft an der einstigen Friedrich-Wilhelms-Universität anknüpfen. Immerhin hatten hier die geschichtswissenschaftlichen Gründerväter Leopold von Ranke, Johann Gustav Droysen und Theodor Mommsen, aber auch Geschichtsschreiber und Forscher wie Heinrich von Sybel und Reinhold Koser, Friedrich Meinecke und Otto Hintze gewirkt und von dort aus eine – nicht immer nur segensreiche – informelle Herrschaft über die deutsche Geschichtswissenschaft ausgeübt.

Als Erhardt Anfang 1991 sein Amt übernahm, war das gegenseitige „Kennenlernen" – und das hieß praktisch die Konfrontation – von Ost- und West-Historikern schon in Gang gekommen durch Visitationen westdeutscher Expertengremien (u.a. Christian Meier, Gerhard A. Ritter, Jürgen Kocka, Hans Günter Hockerts) in der Akademie der Wissenschaften und in der HU im Sommer und Herbst 1990. Dabei bildete sich auf westlicher Seite der Eindruck einer mehr oder weniger einheitlichen Abwehrfront der fachlich zum Teil wenig qualifizierten Ost-Historiker. Auf östlicher Seite entstand die Vorstellung, es gehe dem Westen nicht um Kooperation, sondern nur um Entlassung und Ersetzung. Das waren – partiell verzerrte oder verabsolutierte – Wahrnehmungen, die sich im Aufeinandertreffen seit Ende Oktober 1990, also sehr bald nach der offiziellen Vereinigung, noch verfestigten. Dabei hatte in der Sektion Geschichte 1990 bereits ein Prozess der Selbsterneuerung eingesetzt, der von vielen als hart empfunden werden musste, obwohl er nicht sehr weit reichte. Einige einst gemaßregelte Studierende und Dozenten wurden rehabilitiert. Die Universitätsleitung setzte eine „Ehrenkommission" ein, die für die Sektion Geschichte ein „Hearing" zwischen Dozenten und Relegationsopfern empfahl und eine interne Untersuchung in Gang brachte. Am 12. Oktober 1990 fand im Filmsaal der HU eine Diskussion zwischen den einstigen Professoren und den Opfern der Repression statt. Der Sektionsleiter Adolf Rüger berichtete dabei in klaren Worten über die Repressionen 1972 und 1976. Allerdings waren nur wenige der einstigen Professoren anwesend, und eine Aussprache fand nicht statt. Ende November 1990 löste der Landes- und Berlin-Historiker Ingo Materna den Kolonialhistoriker Adolf Rüger in der Institutsleitung ab. Aus westlicher Sicht machte das keinen großen Unterschied. Beide konnte man zum Kreis der kooperationswilligen Ost-Professoren rechnen (wie auch Konrad Canis und Laurenz Demps), doch wurde deren Einfluss – zu Recht – als gering erachtet. Die oppositionellen Studierenden von einst beurteilten diesen Wechsel allerdings als Rückschritt gegenüber der ausdrücklich anerkannten Amtsführung Rügers. Endgültig führte dann der Abwicklungsbeschluss des West-Berliner Senats Ende 1990 in die Konfrontation. Die Universität baute nun unter der Führung von Rektor Fink eigene Erneuerungsmechanismen (Personal- und Strukturkommissionen, PSKs) auf, und der Rektor reichte Klage ein, was im Westen die – nicht unberechtigte – Vorstellung einer geschlossenen und intransingenten Abwehrfront erhärtete.

Die Ritter-Kommission

Seit dem Winter 1991 richtete der Berliner Senat in allen genannten Fächern jeweils eine „Struktur- und Berufungskommission" (SBK) ein, um den Neuaufbau in Gang zu bringen. Sie setzte sich in der damaligen Sektion für Geschichte aus drei Professoren aus den alten Bundesländern, drei Professoren bzw. Dozenten aus der HU, einem von der HU benannten akademischen Mitarbeiter und einem HU-Studenten zusammen. Rechtlich figurierten die SBKs als Kommissionen der HU. Zum Vorsitzenden der SBK Geschichte berief Senator Erhardt auf Vorschlag des Wissenschaftsrates Prof. Gerhard A. Ritter, einen hochangesehenen Lehrstuhlinhaber für Neuere Geschichte an der LMU München, den er mit seinem „Exzellenz"-Konzept für das Fach Geschichte gewann. Ritter, sowohl Sozial- als auch Parlamentarismus- und Parteienhistoriker, hatte sich selbst gerade der Erforschung der entstehenden Großforschung seit dem späten 19. Jahrhundert zugewandt und stand als Berliner, der an der FU in West-Berlin studiert und gelehrt hatte, vielleicht noch stärker als Erhardt unter dem Eindruck eines verpflichtenden Erbes. In seinen jungen Jahren hatte er die schwersten Zeiten des West-Berliner Existenzkampfes am eigenen Leibe erlebt. Und noch im Studium hatte er dem damals unbestrittenen Doyen der deutschen Geschichtswissenschaft, dem auf die neunzig Jahre zugehenden und erblindenden Friedrich Meinecke, aus der historischen Fachliteratur vorgelesen. Meinecke war es auch gewesen, der die Ausgründung der „Freien Universität" aus der jetzt „Humboldt-Universität" genannten Alma Mater betrieben und ab 1948 als deren erster Rektor repräsentiert hatte.

Die Mitglieder der SBK „Geschichte" mit den Neuberufenen 1992, v. l. Hartmut Kaelble, Winfried Schulze, Gerhard A. Ritter, Hartmut Harnisch, Heinrich August Winkler, Friederike Föcking, Otto-Gerhard Oexle, Ruth Struwe, Michael Borgolte, Ilko-Sascha Kowalczuk. Abwesend: Wolfgang Hardtwig, Ludolf Herbst

Innerhalb der HU ergab sich für die SBK Geschichte die Besonderheit, dass sich die Gremien der Universität nicht auf Vertreter der Hochschullehrer aus ihren eigenen Reihen einigen konnten und dass daher zwei Professoren aus der Ost-Berliner Akademie der Wissenschaften ihre Stelle einnahmen: der Althistoriker Peter Musiolek – der allerdings Ende 1991 erkrankte und starb – sowie der auch im Westen geachtete Neuzeithistoriker Fritz Klein, ein Spezialist für die Geschichte des Ersten Weltkriegs. Die dritte Vertreterin war eine Dozentin für Ur- und Frühgeschichte, Ruth Struwe, die mit dem eigentlichen Fach Geschichte bis dahin wenig zu tun gehabt hatte. Für die Auswahl der „Westbank" der SBK hatte Ritter freie Hand und entschied sich für zwei wissenschaftlich hoch angesehene und wissenschaftspolitisch erfahrene Kollegen: den Frühneuzeitler Winfried Schulze (Bochum) und den Mediävisten Otto Gerhard Oexle (Göttingen). Der studentische Vertreter war Ilko-Sascha Kowalczuk, der in dem Gremium eine sehr selbstständige und respektierte Rolle spielte und bis 1994 auch dem Akademischen Senat angehörte. (Zur Quellen- und Literaturgrundlage des Folgenden vgl. das Nachwort, S. 404).

Die „Westbank" der SBK 1992, v. l. Winfried Schulze, Gerhard A. Ritter, Friederike Föcking, Otto-Gerhard Oexle

Die Arbeit der SBKs in allen sechs betroffenen Fächern bzw. Fakultäten wurde erheblich erschwert, als das Berliner Oberverwaltungsgericht im Sommer 1991 einer Klage der „alten" HU gegen die Abwicklung in zweiter Instanz Recht gab. Die Abwicklung sei rechtswidrig, so das OVG, da die betroffenen Fächer und Fachbereiche weitergeführt würden und die notwendige Reduzierung des Lehrkörpers durch die erleichterten Kündigungsmöglichkeiten nach dem Einigungsvertrag bis zum 2. Oktober 1992 durchgeführt werden könnten. In der Reaktion auf diesen Rückschlag für sein Vorgehen schuf der Senat Berlins mit zwei Gesetzen im Sommer 1991 und 1992 eine neue, allerdings vielfach als unsicher angesehene Rechtsgrundlage, um die Reform mit den dafür notwendigen Entlassungen doch noch wie vorgesehen durchführen zu können.

Ritter und seine SBK begannen mit ihrer Arbeit sofort nach einem langen Gespräch Ritters mit Senator Erhardt im Februar 1991, und sie legten ein enormes Tempo vor. Die Kommission traf sich, meist mehrtägig, erstmals am 12./13. März 1991 und beendete ihre Arbeit zwei Jahre später mit der neunzehnten Sitzung 1993. Seit den ersten Berufungen der neuen Professoren (Heinrich August Winkler, Hartmut Kaelble, Michael Borgolte, Wolfgang Hardtwig, Ludolf Herbst) im Herbst und Winter 1991/92 nahmen diese an den Sitzungen teil und wirkten an den Beratungen und Entscheidungen über die noch ausstehenden Berufungen und die Evaluierung und gegebenenfalls Kündigung der bisherigen Professoren und Mitarbeiter mit. Bereits am 19. März 1991 hatte Ritter dem Senator seinen Strukturplan vorgelegt. Er sah für die Geschichtswissenschaft ohne Ethnologie und Vor- und Frühgeschichte fünfzehn Professuren vor – fünf sogenannte „Eckprofessuren" für das chronologische Gerüst des Faches: je eine Stelle für Alte Geschichte, Mittelalterliche

Geschichte, Frühe Neuzeit, 19. Jahrhundert und 20. Jahrhundert (später besetzt mit Winfried Nippel, Michael Borgolte, Heinz Schilling, Wolfgang Hardtwig, Heinrich August Winkler). Dazu kamen vier Professuren zur Erweiterung dieses Angebots: für die Geschichte Osteuropas (Ludmilla Thomas, ab 2002 Jörg Baberowski), für Landesgeschichte mit besonderer Berücksichtigung Berlins und Brandenburgs (Winfried Schich) sowie für Alte Geschichte (Klaus-Peter Johne) und Geschichte des Spätmittelalters Hartmut Boockmann (1992–1995), seit 1997 Johannes Helmrath. Mit weiteren Stellen, den sogenannten „Profilprofessuren", sollte das Institut in der deutschen Universitätslandschaft eine besondere Struktur erhalten: für die Geschichte Preußens (Hartmut Harnisch), für Zeitgeschichte unter besonderer Berücksichtigung der DDR (Ludolf Herbst), für Sozialgeschichte (Hartmut Kaelble), für Wissenschaftsgeschichte (Rüdiger vom Bruch), für die Geschichte Ostmitteleuropas (Günter Schödl) und für die Geschichte Westeuropas (Clemens A. Wurm). In einem weiteren Plan vom 30. Juli 1991 forderte Ritter noch je eine Professur für nord- und lateinamerikanische Geschichte, für die Geschichte der internationalen Beziehungen und eine Professur für historische Fachinformatik. Die Gremien der HU lehnten die Einrichtung dieser Professuren allerdings teilweise ab. Für die Fachinformatik wurde eine unbefristete Mitarbeiterstelle geschaffen, besetzt mit Rüdiger Hohls. Sie erwarb in den folgenden Jahren durch die Gründung des ersten Internetportals für das Fach (HSozKult) über die reine Ausbildungsfunktion in den Techniken des digitalen Arbeitens hinaus hohes Ansehen. Die Geschichte der DDR konnte später durch eine Kooperation der HU mit dem „Zentrum für zeitgeschichtliche Forschung" in Potsdam abgedeckt werden (Martin Sabrow). Eine von der neugegründeten Berlin-Brandenburgischen Akademie der Wissenschaften und der HU gemeinsam getragene Stelle erweiterte später auch noch das Lehrangebot in Mittelalterlicher Geschichte/Historischen Hilfswissenschaften (Michael Menzel). Die von der SBK zusätzlich erarbeiteten Strukturpläne und Berufungen für die Ur- und Frühgeschichte (zwei Professuren) sowie für die Ethnologie (drei Professuren) können hier außer Betracht bleiben. Die Ethnologie sonderte sich bald nach der Besetzung ihrer C4-Professur mit Wolfgang Kaschuba in einem eigenen Institut ab. Von den insgesamt zwanzig vorgesehenen und von den HU-Gremien bewilligten Professuren waren bis Ende 1992 sechzehn Stellen besetzt. Vier Berufungsverhandlungen liefen noch, darunter eine mit dem US-Amerikaner Timothy Lenoir (Wissenschaftsgeschichte), der schließlich ablehnte, und eine mit dem Schweden Johan Callmer (Ur- und Frühgeschichte), der den Ruf annahm.

Mit ihrem Tempo lag die SBK Geschichte beim Neuaufbau der abgewickelten Institute an der Spitze. Für die Eile führt Ritter in seinem Bericht mehrere Gründe an: die – wie sich zeigen sollte – sehr berechtigte Sorge vor einer inneruniversitären Reaktion der alten Kräfte, die sich in den Kontroversen und langwierigen Diskussionen im Akademischen Senat von Anfang an abgezeichnet hatte; den Wunsch, dem alten und neuen Personal eine lange und in jedem Fall belastende Übergangszeit zu ersparen; die Befürchtung, dass die vielen zu erwartenden Neuausschreibungen in den Ost-Bundesländern die angestrebte „Exzellenz"-Auswahl erschweren würden; die ebenfalls sehr berechtigte Sorge, dass sich der finanzielle Spielraum sowohl für die personelle wie die räumliche Ausstattung des Instituts rasch verengen würde. Das außergewöhnliche Tempo hatte für das Fach Geschichte enorme Vorteile: Der fachlich breite und inhaltlich profilierte Zuschnitt mit den im ersten Strukturplan vorgesehenen Stellen wurde weitgehend verwirklicht, und mit der Zahl der vom politischen Senat und den Universitätsgremien bewilligten Stellen und der Berufung der Erstplatzierten auf den Listen (mit einer Ausnahme) konnte das „Exzellenz"-Konzept Erhardts und Ritters für das neu aufgebaute Institut in einem erstaunlichen Umfang realisiert werden. Vereinzelt schon im Wintersemester 1991/92 und im vollen Umfang ab dem Sommersemester 1992 hielten die Neuberufenen ihre Vorlesungen und Seminare ab, sodass auch der Lehrbetrieb auf einen neuen Boden zu stehen kam, während die positiv evaluierten Ost-Professoren – und allerdings auch viele der Gekündigten – ihre Lehrveranstaltungen weiterhin anboten. Ein Nachteil des Tempos machte sich bald bemerkbar, fiel aber gegenüber den Vorteilen nicht mehr wirklich ins Gewicht. Die Universitätsleitung und der Akademische Senat, beide noch von Ost-Professoren beherrscht, widersetzten sich drei Stellenforderungen aus dem zweiten Strukturplan Ritters – eine konkurrenzbedingte Blockadehaltung, die bald auch von im Sommer 1992 neugewählten Gremienmitgliedern übernommen wurde.

Maßgeblich für die neue Stellung des Instituts in der Berliner und darüber hinaus in der deutschen Universitätslandschaft war neben der Spezifik des Strukturplans die Auswahl der Bewerber und die möglichst zügige Besetzung der Stellen. Es bewarben sich insgesamt 487 Historiker. Bei meiner eigenen Stelle „Neuere Geschichte (Schwerpunkt 19. Jahrhundert)" waren es 53, davon acht aus den Ost-Bundesländern und insgesamt nur sieben Frauen. Auswahlkriterien waren auf der Basis der Gesetzeslage laut Ritter in erster Linie die „Qualität in Forschung und Lehre" und in zweiter die Eignung für die im Strukturplan vorgesehene Ausrichtung der Stelle. Bei „Gleichrangigkeit" wollte die Kommission die Ost-Bewerber, in der Geschlechterfrage die Frauen bevorzugen. Als prekär und eigentlicher Gegenstand des Streits erwies sich die Zahl der Berufungen aus den ostdeutschen Bundesländern.

Von den Bewerbern aus der HU selbst kam niemand auf die erste Stelle. Berufen wurden jedoch aus dem Gesamtplan insgesamt vier Ost-Bewerber (Hartmut Harnisch, Klaus-Peter Johne, Achim Leube, Ludmilla Thomas) von der Ost-Berliner Akademie. Diese Zahl schließt allerdings die Ur- und Frühgeschichte (Leube) ein. Positiv evaluierte Alt-Humboldtianer wurden bis zur Frühpensionierung oder dem 65. Lebensjahr weiterbeschäftigt und blieben in der Lehre bis zu ihrem Ausscheiden präsent. Auch diejenigen gekündigten Professoren, die gegen ihre Entlassung klagten, lehrten weiterhin bis zum Zeitpunkt ihres mit der Universität ausgehandelten freiwilligen oder von den Gerichten endgültig erzwungenen Ausscheidens. Zwischen den gekündigten und den neuberufenen Professoren bestand anfangs keinerlei Kontakt.

Es liegt nahe, an dieser Stelle eine Bilanz des Ritter'schen Reformplans zu ziehen – des Konzepts zunächst, nicht der tatsächlichen Erneuerungsarbeit der SBK und ihres Ergebnisses, die an späterer Stelle behandelt werden sollen. Das Konzept spiegelt den Stand der westdeutschen geschichtswissenschaftlichen Diskussion über aktuelle Fragestellugen und Methoden wider. Die epochenbezogenen „Eckprofessuren" bildeten das Gerüst, ohne das ein vollgültiges Lehrangebot für Geschichtslehrer und den Forschungsnachwuchs nicht möglich war. Die Geschichte Ost- und Südosteuropas wurde solide ausgestattet, zu einem Zeitpunkt, als viele bundesdeutsche Kultur- und Wissenschaftsministerien sich der irrigen Meinung hingaben, hier könne man nach dem Ende des Kalten Krieges schadlos

Einsparungen vornehmen. Der gesamteuropäischen Dimension diente die Professur für westeuropäische Geschichte – ein in der alten Bundesrepublik immer noch selten mit einer eigenen Professur ausgestattetes Forschungs- und Lehrgebiet. Dass Südeuropa unberücksichtigt blieb, ergab sich aus der Arbeitsteilung zwischen den deutschen Universitäten angesichts der nordöstlichen Randlage Berlins. Transatlantische Kompetenz war mit Professuren für Nord- und Lateinamerika geplant, konnte aber wegen der Widerstände in den noch alt-humboldtianisch beherrschten Universitätsgremien nicht gleich verwirklicht werden. Die Nordamerikaprofessur scheiterte nach mehreren späteren Anläufen an der Schwierigkeit, sie angemessen zu besetzen. Das transatlantische Defizit fiel allerdings dann auch nicht mehr so ins Gewicht, weil sowohl Nord- wie auch Lateinamerika-Studien an der FU stark vertreten waren.

Aus späterer Sicht hätte es nahegelegen, die globale Perspektive mit Hilfe der in der DDR reichlich vorhandenen landes- und sprachkundlichen Stellen vor allem im Bereich der Regionalwissenschaften Asien zu stärken. Diese standen allerdings nicht zur Disposition, da sie nicht zu den „abgewickelten" Fächern gehörten und erst infolge der sparzwangbedingten neuen Strukturplanung seit Mitte der 90er-Jahre neu organisiert (und reduziert) wurden. Immerhin konnte die Geschichte Afrikas durch die Kooperation mit den in Phil.-Fak. IV neuberufenen Historikern Albert Wirtz bzw. Andreas Eckert abgedeckt werden. Ein späterer Versuch (1998/99) des geschäftsführenden Direktors Ludolf Herbst, eine Ostasienprofessur zu schaffen, scheiterte an den Sparzwängen und an der mangelnden Bereitschaft der Kollegen, Mitarbeiterkapazitäten abzugeben. Die Einrichtung einer Professur für Preußische Geschichte war ein – sehr sinnvolles – Experiment, das allerdings letztlich fehlschlug, weil der aus der Ost-Berliner Akademie der Wissenschaften berufene Spezialist seine Professur 1998 aufgab und die frei gewordene Stelle unter dem Spardruck dieser Jahre und gemäß der gemeinmenschlichen Tendenz geopfert wurde, den Weg des geringsten Widerstands zu gehen. Dass der für die Geschichte des NS und der DDR berufene Zeithistoriker die DDR-Geschichte vernachlässigte, war ein Missstand, den aber Ritter und die SBK nicht verantworteten. Man hätte sich vorstellen können, dass die Professur für Landesgeschichte am besten mit einem (Früh-) Neuzeitler besetzt worden wäre, doch gab es für die Berufung eines Mediävisten gute Gründe: Die mittelalterliche Geschichte benötigte dringend zusätzliche Lehrkapazität, und der Stelleninhaber bediente jenes primär antiquarisch orientierte Interesse, das sehr viele Menschen in erster Linie mit dem Begriff „Geschichte" verbinden. Einen wesentlichen Kritikpunkt, der später vor allem auf der Mitarbeiterebene geäußert wurde, dürften Ritter und seine westlichen Mitstreiter Oexle und Schulze kaum im Auge gehabt haben. Er liegt auf einer anderen Ebene als alles bisher Diskutierte und betrifft die traditionell-hierarchische Struktur des Instituts. Die Ritter-Kommission schuf – um es zugespitzt zu formulieren – im erneuerten Institut Strukturen der alten westdeutschen Ordinarienuniversität, mit C4- und C3-Professuren, unterschiedlicher Ausstattung mit Mitarbeitenden und der selbstverständlichen Voraussetzung, dass Professoren, sofern sie nicht aus dem Ausland kamen, sich durch eine abgeschlossene Habilitation alten Stils qualifiziert haben mussten. Senator und SBK hätten daran denken können, das Verhältnis zwischen etablierten Professoren und wissenschaftlichem Nachwuchs so zu regeln, wie es in der DDR üblich gewesen war, oder – noch weitergehend – sich dem angelsächsischen Modell anzunähern. Das hätte bedeutet, auf die Habilitation als Zugangskriterium zum Professorenamt zu verzichten und die Position einer Juniorprofessur als normale Einstiegs- oder Durchgangsstation zu den höher bezahlten und besser ausgestatteten Lehrstühlen zu etablieren. Das hätte das Zugangsalter zur Professur deutlich verkürzt, den Nachwuchs früher in die Selbstständigkeit geführt und die Hierarchie innerhalb der Lehrkörpers abgeflacht. Allerdings wären auch die Qualifizierungsstandards abgesenkt worden, jedenfalls in herkömmlicher Sicht, da das „zweite Buch" auf einem neuen Forschungsfeld entfallen wäre und die Promovierten für ihre weitere Universitätskarriere sich sehr früh spezialisiert hätten. Womöglich ließ sich nach dem DDR-Modell nominell und besoldungsmäßig die Hierarchieschwelle innerhalb des Lehrkörpers absenken. Die realen Machtverhältnisse im Institut dürften aber denen in der alten Bundesrepublik sehr ähnlich gewesen sein.

Das DDR- oder das angelsächsische Modell einzuführen, hätte eine tiefgreifende Neuorganisation der gesamten Universitätsverfassung bedeutet. Eine solch grundlegende Neuerung lag jedoch nicht im Ermessen der Ritter-Kommission. Politisch war festgelegt, dass das Verfassungsmodell der West-Universitäten auf die Ost-Universitäten übertragen werden sollte. Wenn, dann hätte allein der Wissenschaftssenator die Möglichkeit gehabt, das Landeshochschulgesetz zu ändern. Dies zu tun, war für ihn aber weder erwünscht noch tunlich. Die Änderung des BerlHG hätte auch FU und TU und mehr oder weniger auch die anderen Hochschulen des Landes betroffen. Sie hätte parlamentarisch beraten und mit Mehrheit beschlossen werden müssen, was in einer CDU-FDP-Regierung nicht leicht durchzusetzen gewesen wäre. Politisch war die bisherige Hochschulstruktur in beiden Parteien erwünscht – und die Berliner Politik hatte 1991–1993 andere Probleme, als über eine neue Hochschulverfassung zu streiten. Zudem war es politisch zu diesem Zeitpunkt und nach Lage der Dinge in einem so prekären Bereich wie der Universitätsstruktur der DDR unmöglich, diese zum Vorbild zu erklären, hätten doch nach diesem Modell mit der FU und TU ja auch gewichtige weitere West-Universitäten geändert werden müssen. Auch hatte die Lehrkörperstruktur an den Hochschulen der DDR zumindest in den kulturwissenschaftlichen Fächern keineswegs eine höhere Qualität von Forschung und Lehre bewirkt – was allerdings hauptsächlich der ideologischen Gängelung durch die Staatspartei geschuldet war.

Eine Annäherung an oder Übernahme des angelsächsischen Musters freilich war in der alten Bundesrepublik schon seit der Studentenrevolte 1968/69 im Gespräch gewesen, ohne allerdings von Professoren – wie von ministerialer Seite – ernsthaft in Erwägung gezogen zu werden. Manche Universitäten oder Institute hatten die herkömmliche Forderung, die Habilitationsschrift müsse ein gelehrtes Hauptwerk sein, zugunsten einer „kumulativen Habilitation" auf der Basis fundierter Aufsätze relativiert. De facto hielten die Habilitationskommissionen aber nach einzelnen Durchbrüchen in SPD-regierten Ländern im Gefolge von 1968 am alten Usus fest. Das änderte sich in der gesamten Bundesrepublik erst seit der Mitte der 1990er-Jahre. Manche Bundesländer betrieben jetzt im neoliberalen Sinne aus fiskalischen Gründen und um den stark ansteigenden Lehrbedarf ohne Mehrkosten in den Griff zu bekommen, Reformen. Sie zielten alle darauf, das Lehrangebot der Hochschulen zu erhöhen und den Staat von unmittelbarer Verantwortung für schwere Entscheidungen zu entlasten.

Dabei zeigte sich der Berliner Senat frühzeitig reformfreudig. Schließlich war hier der Druck der Finanznot und der hohen Studierendenzahlen besonders fühlbar. Er beschloss eine

„Experimentierklausel“, die es den Universitäten ermöglichen sollte, neue Organisationsstrukturen einzuführen und zu erproben. Die HU nützte die Möglichkeiten dieser Klausel unter Führung ihres Präsidenten Hans Meyer, eines Juristen, rasch und entschlossen. Akademischer Senat und Konzil diskutierten und beschlossen 1998 eine neue Leitungsstruktur mit einem „Hochschulrat“, dessen außeruniversitäre Mitglieder die gesellschaftlichen Interessen repräsentieren sollten. Für die Nachwuchsförderung schuf die neue Verfassung die Juniorprofessur. Über deren Altersobergrenze und sonstigen Bedingungen herrschte in den Instituten allerdings zunächst große Unsicherheit. Immerhin kamen somit seit dem Ende der 1990er-Jahre bundesweit und also auch in Berlin weitreichende Änderungen der herkömmlichen Universitätsstruktur in Gang, mit Reformen, wie sie noch wenige Jahre zuvor kaum realisierbar erschienen. Ob sie in Kombination mit dem von der Politik forcierten „Bologna“-Reformprozess für die Universitäten durchweg zum Segen gereichten, steht dahin. Dass die Ritter-Kommission nicht anders konnte, als von der in Westdeutschland gegebenen Lehrkörperstruktur auszugehen, dürfte immerhin klar geworden sein. Ob sie es gewollt hätte, ist demgegenüber nachrangig.

Berufung nach Berlin und Einrichtung in Ost und West

Am 3. Dezember 1991 flog ich nach Berlin, um dort meine Ernennungsurkunde auf den Lehrstuhl für „Neuere Geschichte, Schwerpunkt 19. Jahrhundert" entgegenzunehmen. Die Denomination war großzügig auf mich zugeschnitten und ließ mir jede Freiheit, mich in der Lehre auch mit der Frühneuzeit und dem 20. Jahrhundert sowie mit Geschichtstheorie zu beschäftigen. Der Flugverkehr München-Berlin war bereits so lebhaft, dass ich erst die zweite Maschine bekam und um 10.30 Uhr in Berlin ankam.

Als Erstes suchte ich am schwarzen Brett im ersten Stock des ehemaligen Prinz-Heinrich-Palais, Unter den Linden 6, nach der Ankündigung meiner Lehrveranstaltungen. Der Anschlag war am Rande einer Fülle von Veranstaltungen des bisherigen Lehrpersonals an einer Stelle platziert, wo ihn niemand beachten und lesen konnte. Auch die Zeiten waren geändert worden, weil, wie man mir im Geschäftszimmer erklärte, Räume zu den angegebenen Zeiten nicht zur Verfügung standen. Am Tag darauf fand dann die Ernennung durch Prorektor Adolf Zschunke statt, gemeinsam mit der des Zeithistorikers Ludolf Herbst. Rektor Heinrich Fink war offiziell vom Amt suspendiert und vermied trotz seines aufrechterhaltenen Anspruchs rechtswirksame Handlungen, die möglicherweise ungültig gewesen wären. Zschunke hielt eine kleine Ansprache, in der er auf die besondere Situation der Universität hinwies und uns aufforderte, darauf Rücksicht zu nehmen. Mich ermunterte er auch noch ausdrücklich zur Mitarbeit in den Selbstverwaltungsorganen. Offenbar hatte er meinen Unterlagen entnommen, dass meine

Zusatzwünsche bei den Berufungsverhandlungen über das Angebot des Kanzlers hinaus überschaubar gewesen waren und dass ich auch meine Bereitschaft erklärt hatte, meine zweite Assistentenstelle mit einem positiv evaluierten Mitarbeiter aus dem alten Bestand zu besetzen.

Danach führte mich die Bibliothekarin durch die Bibliotheksräume. Der erste optische Eindruck war desaströs: seit Jahrzehnten nicht mehr geweißte Wände, archaische Regale unterschiedlicher Bauart, überfüllte Räume, eine Ordnung schwer erkennbar, die Bücher nach verschiedenen Systemen signiert. Die Atmosphäre von Verwahrlosung war deprimierend. Der Zustand erinnerte mich an meine ersten Erfahrungen mit der Münchner Staatsbibliothek 27 Jahre zuvor, im Jahr 1964, vor deren Sanierung und Neuordnung und dem Neubau des Lesesaals, als die Ausleihe noch provisorisch an einer Theke im zweiten Stock untergebracht war. Wie vor vielen Jahren dort, drängte sich auch hier, im Jahr 1991, der Eindruck von Nachkriegszuständen auf.

Da die Büros der „Sektion Geschichte" im Hauptgebäude vorläufig völlig überbelegt waren, erhielt ich wie die gleichzeitig oder später hier eintreffenden West-Kollegen Räume in der Ziegelstraße 12a zugewiesen. Eine Ausnahme machten da nur Heinrich August Winkler, Hartmut Kaelble und Michael Borgolte. Winkler sicherte sich als erster neuberufener Historiker eine ganze in sich geschlossene Suite im Ostflügel des Hauptgebäudes, mit geräumigem, hellem Chefbüro, Sekretariat, eigenem Seminarraum und einem großen Büro für die Mitarbeiter. Kaelble als Berliner – er kam von der FU – war früh vor Ort und bezog drei große, gegen zu viel Sonne und künftigen Straßenlärm einigermaßen geschützte Räume im Piano nobile mit Blick auf den Bebelplatz. Borgolte fand mit mehreren Räumen Platz im Labyrinth eines der provisorisch nach dem Krieg eingerichteten Zwischengeschosse im Westflügel. Harnisch als bescheidener Ostdeutscher gab sich charakteristischerweise mit einem Dreizimmerapartment in der Ziegelstraße zufrieden.

Die Ziegelstraße ist die erste kleine Querstraße, die nördlich der Weidendammer Brücke von der Friedrichstraße nach Osten zum Monbijou-Platz führt, parallel zur Oranienburger Straße. Der Weg vom HU-Hauptgebäude dorthin glich einer Wanderung durch einen urbanistischen Hinterhof, obwohl er an Zentren der Kulturmetropole Berlin vorbeiführte. Vom nördlichen Hof des Universitätsgebäudes führte er über einen verwahrlosten Platz zum S-Bahngleis, dessen Bögen zugemauert waren. Von dem Begleiter, der mich zu meinem neuen Amtssitz führte, erfuhr ich, dass die Rote Armee hier nach dem Krieg Munition gelagert hatte – vielleicht eine Legende, aber der Augenschein ließ den Bericht plausibel erscheinen. Jenseits des westlichen Spreearms erhob sich die Fassade des Pergamon-Museums in grau-düsterer und schäbig gewordener Monumentalität. Die südlich anschließende Westfront des Neuen Museums befand sich in einem fortgeschrittenen Stadium des Verfalls. Der Weg führte dann nördlich zum Bode-Museum. Dessen gewaltigen Baukörper mit dem vorgelagerten Rundbau an der Spitze der Spreeinsel im für Staatsbauten des späten Kaiserreichs charakteristischen Neurenaissancestil durchteilt die breite S-Bahntrasse. In der Bauzeit um 1900 mag dieser architektonische Coup neben seiner verkehrstechnischen Rationalität auch als Symbol für die ökonomisch-kulturelle Dynamik des wilhelminischen Berlin verstanden worden sein – ein Symbol, das den kulturimperialen Repräsentationsgestus mit modernster Technik im Zeichen neureich-architektonischer und urbanistischer Unbedenklichkeit verband. Der Eingangstrakt des Bode-Museums mit seiner Kuppel an der Spitze der Museumsinsel war und ist dagegen wirklich ein städtebaulicher Point-de-vue ersten Ranges.

Die Anlage Ziegelstraße 12 setzt sich aus drei Gebäuden zusammen: einem historistischen roten Backsteinaltbau aus dem Kaiserreich und zwei typischen DDR-Neubauten. Der östliche zur Tucholskystraße hin diente ebenso wie der Altbau als Gästehaus der HU. Der zweite Plattenbau am Spreeufer bestand ursprünglich aus Kleinwohnungen, die jetzt zu Büros umfunktioniert wurden. Von den nach Süden gelegenen Räumen im vierten Stock aus genießt man einen außerordentlichen Panoramablick auf die Spitze der Museumsinsel mit dem Bode-Museum und dessen Kuppel, auf die Türme und die Kuppel des Domes, auf den Fernsehturm am Alexanderplatz sowie auf die gegenüberliegende Spree-Front mit der schlichten, aber stattlichen Architektur der Engelskaserne und den Gebäuden bis hin zum Bahnhof Friedrichstraße. Im Hause herrschte Baulärm, da es gerade Stockwerk nach Stockwerk erneuert wurde.

Auf dem Rückweg zum Hauptgebäude ging ich dann ohne meinen offiziellen Begleiter über den verödeten und vertrockneten Monbijou-Platz und durch eine Fußgängerunterführung unter dem S-Bahngleis zum östlichen Spreearm. Von dort aus konnte ich die Seitenfront der Alten Nationalgalerie überblicken, die eingerüstet war und offenbar seit Jahren restauriert wurde. Von der Fußgängerbrücke über den östlichen Spreearm aus fiel der Blick auf die Spreefront des ambitionierten Palasthotels mit seinen abstoßenden bräunlichen Verblendungen sowie gegenüber auf die Nordostecke des beispiellos hässlichen, überdimensionierten Neurenaissancedomes, 1893–1905 nach den ästhetischen Vorstellungen Kaiser Wilhelms II. errichtet. Ich spazierte dann an der Kolonnadenfront der Alten Nationalgalerie entlang. Der kolonnadenumrahmte geräumige Hof vor dem in die Höhe gestemmten Tempelbau des Schinkel-Schülers Friedrich August Stüler war mit Baucontainern vollgestellt, die als gewöhnliche Büros dienten. Daher konnte ich bei meinem ersten Blick auf diesen markanten preußischen Staatsbau aus den 1860er-Jahren keinen adäquaten Eindruck von der ganzen Anlage bekommen. Das blieb einer späteren Phase der gewaltigen Berliner „Reconstruction"-Arbeit vorbehalten. Schließlich gelangte ich über ein Brückchen über den westlichen Spreearm zurück zum Hauptgebäude – nicht ohne noch den schlimmen Verfallszustand des langen Osttrakts des Prinz-Heinrich-Baues zu bemerken. Die DDR war offenbar bei der Instandhaltung der Bausubstanz aus dem 19. und 20. Jahrhundert völlig überfordert gewesen. Nur die Fassaden von Schinkels Altem Museum und des Schlüter'schen Zeughauses wirkten nicht unmittelbar sanierungsbedürftig – zweifellos aus Gründen der Repräsentation, immerhin bilden sie gemeinsam mit Schinkels Neuer Wache den östlichen Abschluss der einstigen Via triumphalis Unter den Linden. Wenigstens hier hatte die DDR notdürftig das Dekorum gewahrt. Aber schon an den Rückseiten der großen Staatsarchitekturen aus den Jahrhunderten der Monarchie begann der pure Bruch.

Trotz dieser zwiespältigen Eindrücke: Die Lage der HU im alten Zentrum der Metropole Berlin und damit die urbanistische Gestalt und die Architekturen der ehemaligen preußischen und seit 1871 Reichshauptstadt rund um meinen Arbeitsplatz trugen erheblich zu dem in Deutschland eher seltenen „Universitätspatriotismus" (Bourdieu) bei, der mich und viele Kollegen quer durch das ganze Fächerspektrum an diese Universität gezogen hatte – ungeachtet des momentan desolaten Zustands der HU. Anfang des Jahres 1992 kümmerte ich mich zunächst um die Ausstattung meiner Büroräume. Der dafür zuständige Teil der HU-Verwaltung hauste in Baucontainern in der nach einem hohen SED-Funktionär der frühen DDR-Jahre benannten Maternstraße zwischen Reichstag und Charité, die wenig später wieder in Luisenstraße zurückbenannt wurde. Der Weg dorthin führte zunächst durch die nördliche Friedrich- und dann durch die Reinhardtstraße. Dort, wo die Friedrichstraße unter den Bahngleisen durchführt, hatten auf der Ostseite ein paar kleinstädtische Geschäfte überdauert, an die sich der attraktive spätwilhelminische Luxusbau des Metropol-Theaters (heute Admiralspalast) anschloss, der inmitten der bröckelnden Provinzialität einen eleganten Akzent setzte. Gegenüber, an der Nordseite des Bahnhofs Friedrichstraße, regierten Brache und Bauzäune, hinter denen die unerwartet leichte und durchsichtige Glasarchitektur des „Tränenpalasts" auftauchte, die frühere Kontrollstation der innerstädtischen Zonengrenze. Sie hieß so, weil dort seit der Einführung der ersten innerstädtischen Besuchsregeln nach dem Mauerbau vor der Rückkehr der Besucher nach West-Berlin die mitunter tränenreiche Verabschiedung von den besuchten Verwandten und Freunden stattfand. Jenseits der Weidendammer Brücke in westlicher Richtung nahe dem Spreeufer sah man Fassadenteile des Theaters am Schiffbauerdamm, das Bertolt Brecht nach seiner Rückkehr nach Berlin 1949 für sein „Berliner Ensemble" in Besitz genommen hatte. Den Zugang und den Blick auf die ganze Front des neubarocken Baus behinderten wiederum Schutt und Bauzäune, die das Gelände abschirmten. Am nördlichen Spreeufer erhob sich ein repräsentativer DDR-Neubau, dessen Äußeres etwas bemüht Modernität mit historisierender Fassadengliederung verband. Weiter nördlich in der Friedrichstraße stach der bizarr-spießig wirkende Rotlichtprunk des Friedrichstadt-Palastes aus der tristen Umgebung von Bruch und neohistoristischem Protz heraus. Die Reinhardtstraße Richtung Westen präsentierte sich als ein einzigartiges Ensemble klassizistischer und frühhistoristischer Fassaden in geschlossener Blockbebauung, von denen eine mehr bröckelte als die andere. Auf dem ganzen Weg begleitete mich die Überlegung, was für ein unvorstellbarer Aufwand nötig sein würde, dies alles zu sanieren, die öffentlichen Bauten – etwa den architektonisch aufregend modernen Bahnhof Friedrichstraße mit seiner durchgängigen Glasbedachung (1915–1924), das Theater am Schiffbauerdamm mit seiner absurd schlecht zum Brecht'schen Regiestil passenden talmiartigen Neurokokoausstattung und den Friedrichstadt-Palast, ebenso wie die Unzahl der ruinösen Wohn- und Geschäftsgebäude ringsum. Überall hatte sich die Bausubstanz aus dem späten 18., dem frühen und späteren 19. und vereinzelt aus dem frühen 20. Jahrhundert bewundernswert hartnäckig gehalten, ging aber jetzt, wenn nicht sofort eingegriffen wurde, galoppierend in Verfall über.

Binnen eines Jahres änderte sich das Erscheinungsbild der Stadt im Dreieck zwischen Friedrichstraße, Humboldt-Universität und Oranienburger Straße deutlich. Die Friedrichstraße zwischen S-Bahnhof und Hotel Metropol war nunmehr aufgerissen und die ganze unterirdische Rohrwelt freigelegt. Die Weidendammer Brücke wurde saniert und war gesperrt. Das Theater am Schiffbauerdamm hatte einen neuen Anstrich bekommen, eine neue Auffahrt, einen planierten Vorplatz sowie eine sehr viel hellere Beleuchtung. Der nördliche Abschnitt der Friedrichstraße ab dem S-Bahnhof war jetzt auf dem Weg zu einer westlichen Geschäftsstraße, wobei der Blick zum „Tränenpalast" noch offen war; das graue, die Umgebung verschattende und auch sonst wie ein finsterer Fremdkörper wirkende zehnstöckige

Hochhaus, Spreedreieck genannt, neben dem Bahnhof entstand erst 2009. Ein großräumiger Neubau gegenüber dem Friedrichstadt-Palast wies eine elegante Galerie auf, durch die allerdings die Musik einer ordinären Kneipe dröhnte. Zu den Geschäften in der Galerie gehörte ein großer, schicker Kosmetikmarkt, der bis jetzt allerdings nur wenige Besucher anzog. Bei nahezu allen alten Gebäuden war inzwischen das Erdgeschoss renoviert worden, zum Vorteil der neuen oder erneuerten Geschäfte, Apotheken, Drogerien, Friseurläden etc. Stark trat aber nach wie vor der Kontrast zu den oberen Geschossen mit dem schmutzigen Grau der Fassaden hervor.

Ein Hauch neuer Urbanität wehte entlang des S-Bahndamms zwischen Bahnhof Friedrichstraße und Pergamonmuseum. In den Gewölben des Damms, die in den letzten Monaten mit Presslufthammern freigelegt worden waren, siedelten sich Antiquitätengeschäfte an, die allerdings in den folgenden Jahren im Zuge der einsetzenden Mietsteigerungen nach und nach wieder verschwanden. Gegenüber der Rückseite des Humboldt-Hauptgebäudes florierte neuerdings eine Kneipe im Bahndamm. Daneben hatte die Buchhandelskette Kiepert eine großflächige Filiale aufgemacht, die freilich kaum besucht wurde, ebenso wie der neue Copyshop daneben. Immerhin wurde der Bürgersteig entlang der Läden jetzt gepflastert, und ein paar Bäume sollten für ein wenig Grün sorgen. Auch die wüste Fläche vor dem „Hegelbau", dem Seminargebäude der HU zwischen Bahndamm und dem eisernen Gitterzaun an der Nordseite des Humboldt-Geländes, wurde gesäubert, planiert und zur Begrünung vorgesehen. Die Engels-Kaserne am Spreeufer zeigte sich teilweise eingerüstet, wohl für die Dachsanierung. Unklarheit herrschte über ihre künftige Nutzung. Gesprochen wurde von einer Verwendung als Universitätsbibliothek, als Depot für das Deutsche Historische Museum oder als Standort einer neu zu gründenden Institution ähnlich dem „Getty-Center for Humanities" in Los Angeles. Letzteres wäre besonders erstrebenswert gewesen und war daher auch besonders unwahrscheinlich.

Das Panorama vor meinen Büroräumen in der Ziegelstraße war imposant, zumal der ruinöse Zustand der bemerkenswerten Architekturen aus dem Kaiserreich durch die Entfernung wohltätig verschleiert wurde. Als das Frühjahr und der Sommer kamen, traten jedoch die Nachteile dieser rein optisch und verkehrstechnisch komfortablen Lage störend hervor. Hinter den Mauern und Glasfenstern des Plattenbaus staute sich die Hitze bis zur Unerträglichkeit, und von den Schiffen der „Weißen Flotte" auf der Spree drangen die Lautsprecheransagen für die Touristen herauf. Auf dem Gewässer herrschte eineinhalb Jahre nach der Vereinigung bereits lebhafter Betrieb. Ich war daher heilfroh, als im Juli 1992 im Hauptgebäude Unter den Linden ein großer Raum mit einem kleinen Vorzimmer frei wurde, wohin Professor und Sekretärin umziehen konnten. Die Mitarbeiter mussten zunächst noch in der Ziegelstraße ausharren, bevor sie dann, mit den Drittmittel-Doktoranden seit den späten 90er-Jahren deutlich verstärkt, in sehr viel angenehmere Räume am Hausvogteiplatz und in der Mohrenstraße wechseln konnten.

Mein Umzug ins Hauptgebäude war zwar erfreulich, aber auch typisch für die Raumprobleme in dem zur Universität umgewandelten Stadtschloss mit den Beschädigungen aus dem Zweiten Weltkrieg und der improvisierten Renovierung in der Mangelwirtschaft der Nachkriegsjahre Ost. Ich hatte die Wahl zwischen komfortablen und repräsentativen Räumen im zweiten Stock, für uns dem „Piano nobile", im traditionsreichen auf die

Prachtstraße Unter den Linden hinausblickenden Südteil des Westflügels und dem Raumensemble schräg darunter, in einem nach 1945 eingezogenen Zwischengeschoss oberhalb der Bibliothek. Ich entschied mich nicht für das Piano nobile, sondern für das Zimmerpaar im eingeschobenen Zwischengeschoss, mit einem wenig einladenden Zugang über eine enge, steile und dunkle Steintreppe. Dafür blieb es im Sommer vergleichsweise kühl und war vor allem gegen den erwartbaren Straßenlärm auf der ost-westlichen Berliner Verkehrshauptachse abgeschirmt. Peinlich, und für die Ost-West-Konstellation am Institut charakteristisch, war der Moment der Besichtigung dieser Räume. Als wir in das größere Zimmer eintraten, saßen da, gegeneinander abgeschirmt durch Raumteiler, ein älterer Herr, der Osteuropa-Historiker Günter Rosenfeld (1926–2015) und drei Mitarbeiter an ihren Schreibtischen. Er begrüßte die Neuankömmlinge kurz und distanziert-höflich und verschwand dann mitsamt den jungen Leuten. Für beide Seiten einigermaßen erträglich wurde die Situation dadurch, dass Rosenfeld gerade in den Ruhestand ging und der Übergang insofern einigermaßen regulär ablief. Peinlichkeiten ähnlicher Art widerfuhren mir in den ersten Berliner Wochen und Monaten mehrfach. Im anfänglichen Verwaltungschaos zum Beispiel hatten sich neue und abgewickelte Professoren Abschlagszahlungen auf ihr Gehalt am Schalter der Zahlstelle im Erdgeschoss des Hauptgebäudes in bar abzuholen. Einmal stand ich dort in einer längeren Schlange, die nur langsam vorrückte. Zufällig bemerkte ich bei einem Blick auf das Anwachsen der Schlange einen gekündigten Alt-Humboldtianer. Wir erkannten einander – und kurz darauf machte der Kollege kehrt und verließ still den Raum, während ich meine Scheine zusammenschob und erleichtert über das Ende der Prozedur wegging.

Die beiden Räume meines Büros wurden, so wie in der aktuellen Praxis der Universität üblich, selektiv bedarfsentsprechend renoviert. Wo zuvor vier Personen gleichzeitig beengt an ihren Schreibtischen gearbeitet hatten, zog nun ein einziger West-Eroberer ein, der sich über den großzügigen Raum und die Aussicht aus dem großen Fenster freute. Nach Osten fiel der Blick auf den Hof der HU mit den Denkmälern für Alexander und Wilhelm von Humboldt, den Park vor dem Operncafé und über die Spreebrücke hinweg auf den Palast der Republik, schräg gegenüber die unter Friedrich II. errichtete Staatsoper, dahinter auf die nach ihrer Totalzerstörung im Bombenhagel außen unverändert wieder aufgebaute katholische Hedwigskathedrale mit ihrer stattlichen, mit Grünspan überzogenen Kuppel. Davor dehnte sich die vorläufig noch als Parkplatz dienende Fläche des Bebelplatzes, nach Süden gerahmt durch den dringend renovierungsbedürftigen Neurenaissancebau der ehemaligen Reichsbank und rechts durch die sogenannte „Kommode". So hieß umgangssprachlich der friderizianische Großbau der einstigen Hofbibliothek. Das 1945 zerstörte und 1967–69 wieder aufgebaute Gebäude diente schon seit 1914 als Hörsaalgebäude der Universität, wurde nach der Wende der Juristischen Fakultät zugesprochen und um das Jahr 2000 noch einmal sorgfältig renoviert. Nach rechts schließen sich das in vornehmen klassizistischen Formen errichtete Alte Palais (das ehemalige Palais Kaiser Wilhelms I.) und das Niederländische Palais aus dem 18. Jahrhundert an, beide im Krieg zerstört und in den 1960er-Jahren in zum Teil veränderter Form wiederhergestellt. Davor erhob sich ganz nah und auf Augenhöhe meines Zwischengeschosses das Reiterstandbild Friedrich II. von Christian Daniel Rauch (1851) auf hohem Sockel. Der „große König" reitet in der charakteristischen Haltung des gealterten, gleichwohl verhalten energischen Herrschers in Richtung Osten, in der ursprünglichen Konstellation auf das Hohenzollernschloss, dann auf den Palast der Republik und jetzt auf das wieder aufgebaute „neue" Stadtschloss zu. Das monumentale Denkmal, von der DDR 1950 ab- und im Park von Schloss Sanssouci in Potsdam wieder aufgebaut, war im Zuge der sogenannten „Preußenrenaissance" in der späten DDR seit 1980 an seinen ursprünglichen Standort in der Mitte der Prachtstraße zurückverfrachtet worden und stand 1992 wieder an Ort und Stelle, wurde aber alsbald zu Renovierungszwecken entfernt – eine Prozedur, die sich 1997/2000 nach neuerlich aufgetretenen Schäden noch einmal wiederholte. Jetzt reitet der Alte Fritz wieder, etwas eingesunken und mit leicht herabhängender rechter Schulter, aber frisch bronzefarben glänzend, während die Reliefs am Sockel die Kriegs- und Friedenstaten des Königs präsentieren, unter anderem die Pflege der Wissenschaften mit Immanuel Kant, unter dem Schwanz des Pferdes auf der westlichen Schauseite platziert.

Es gab beim Neuaufbau des Instituts viel Ärger über schier endlose Zeitverluste und banale Schwierigkeiten. Aber man wird verstehen, dass mich dieser Blick aus dem Bürofenster, wenn ich denn Zeit dafür fand, für vieles entschädigte und dass ich ihn nie ohne eine gewisse Erhebung genoss. Völlig ungetrübt blieb das Vergnügen an dem Ausblick allerdings nicht. Es dauerte rund achtzehn Jahre, bis die Behörden für die Gestaltung des Bebelplatzes, des Opernplatzes, der Straße Unter den Linden und der Denkmallandschaft zwischen Rauchs „Friedrich" und der Schinkel'schen Spreebrücke die passende und (vorläufig) endgültige Form gefunden hatten. Im Gesichts- und Hörbereich meines Büros hatte ich nicht nur den wiederholten Ab- und Aufbau des Friedrich-Denkmals zu registrieren. Es dauerte auch seine Zeit, bis der Bebelplatz von den parkenden Autos

Blick aus dem Büro Richtung Osten auf das Schloss (an der Stelle des ehemaligen Palastes der Republik), heutiger Zustand

Blick auf den Bebelplatz (heutiger Zustand)

Blick vom ehemaligen Schreibtisch aus auf das Denkmal Friedrichs II.

befreit war und alle Gebäude am „Forum Fridericianum“, als welches das ganze Ensemble ursprünglich geplant worden war, ihre endgültige Zweckbestimmung gefunden und ihre zum Teil mehrfache Restaurierung durchlaufen hatten. Der Umbau der Staatsoper und der neue altrosa Farbanstrich kamen erst 2017 zum Abschluss, die Restaurierung der Hedwigskathedrale außen und im Inneren dauerten 2023 noch an. Die „Kommode“ wurde ein zweites Mal restauriert. Am „Alten Palais“ stellte man 2005 auch den an der Südseite der Straße ein wenig in den Platz hineinragenden Terrassenbau wieder her, auf dem Kaiser Wilhelm I. mit seiner Familie gern den Kaffee eingenommen und von wo herab er gelegentlich auch für den Gruß verehrungsvoller Passanten gedankt hatte.

Der Bebelplatz selbst wurde im Lauf dieser Jahre zweimal aufgerissen: das erste Mal 1995, um das bemerkenswerte Denkmal für die Bücherverbrennung vom 10. Mai 1933 an dieser Stelle in den Boden zu versenken – eine geniale Idee des israelischen Künstlers Micha Ullman. Durch ein in den Pflasterboden eingelassenes Glas sieht man in einen kellerartigen Bibliotheksraum mit völlig entleerten Regalen hinunter. Markiert war die Stelle nur durch leicht aus der Platzfläche herausragende Eckpunkte eines Quadrats als Rahmung des Fensterdurchblicks. Man musste diesen Ort bewusst suchen, allenfalls stieß man beim Überqueren des Platzes zufällig darauf. Es dauerte Jahre, bis das ungewöhnlich anschauliche und durchdachte Antimonument ins Bewusstsein der Berliner Passanten eingedrungen und in die Führungsrouten für Touristen aus aller Welt aufgenommen war. Aber dann konnte ich immer wieder Passanten auf dem Platz innehalten oder in Gruppen um den Lichtschacht versammelt sehen. Allerdings war dem Denkmal erst einmal wieder eine Zerstörung eigener Art beschieden. Im Zuge der Wiederbelebung des Forums kam der Gedanke auf, unter dem Platz eine Tiefgarage anzulegen. Pietätsrücksichten zählten da nicht, der Platz wurde aufgerissen, unterirdisch zweckentsprechend gestaltet, nach langer Bauzeit wieder zugepflastert und das Denkmal über der Garage neu installiert. Die Zeit geht darüber hin, im buchstäblichen Sinn des Wortes. Die Lösung ist praktisch und Berlin hat sich in den letzten Jahrzehnten sehr viel fragwürdigere urbanistische Patzer geleistet.

Im Jahr 1992 in Berlin eine passende Wohnung zu finden war nicht leicht. Anfangs existierte noch keine normale Telefonverbindung über die ehemalige Staatsgrenze hinweg, sodass wir zu einer Telefonzelle am Bahnhof Zoo oder am Reichstag fahren mussten, um Besichtigungstermine auszumachen. Selbst anrufbar waren wir im HU-Gästehaus nicht – ein im Handyzeitalter kaum vorstellbarer Zustand. Zwar gab es auf den Immobilienseiten der Tageszeitungen zahlreiche Wohnungsangebote, aber fast alle wiesen bei genauem Hinsehen arge Nachteile auf. West-Berlin war auf den plötzlichen Ansturm von Zuzüglern in keiner Weise vorbereitet. Zudem hatte der Bundestag nach langer und kontroverser Debatte in der Öffentlichkeit und nach einer heftigen Redeschlacht im Plenum im Juni 1991 mit knapper Mehrheit den Umzug der Regierung in die alte Hauptstadt beschlossen. Bundespräsident Richard von Weizsäcker hatte schon zuvor das Schloss Bellevue nahe dem alten Reichstag zu seinem offiziellen Dienstsitz erklärt. Es gab einen gewaltigen Run auf die Immobilien für die zu erwartenden Beamten der Ministerien und den ganzen sonstigen Tross, den ein Regierungsumzug mit sich bringt – auch wenn die ganze Maschinerie nur langsam in Gang und erst 1999 zum vorläufigen Stillstand kam. Die Sommermonate 1992 waren extrem heiß, jede Expedition in der Stadt eine schweißtreibende und anstrengende Unternehmung. Ich nahm sie nur auf mich, wenn Barbara zuvor schon das Gelände sondiert und ein positives Signal gesendet hatte. Nach rund 120 Besichtigungen wurden wir endlich fündig, in Charlottenburg, nahe dem S-Bahnhof und der U-Bahn-Station Adenauerplatz. Doch dauerte es noch bis zum Frühjahr 1993, bis wir nach der Renovierung der Wohnung umziehen konnten. So strapaziös die Wohnungssuche auch war, sie hatte doch den Vorteil, uns mit der Stadt und ihren Bewohnern schrittweise bekannt zu machen. Wir durchfuhren Großberlin von Westen nach Osten, von Norden nach Süden, vom Wannsee bis zum Müggelsee und von Frohnau bis Britz. Bei den gerade noch erschwinglichen, meist aber auch dringend sanierungsbedürftigen alten Häusern und Villen am ausfransenden östlichen Stadtrand Berlins zu suchen, gaben wir bald auf, vor allem wegen der großen Entfernungen zum Zentrum. Und in der inneren Stadt schreckte uns ein Erlebnis am Prenzlauer Berg von weiteren Versuchen dieser Art ab. Es war einer unserer ersten Anläufe auf dem Ost-Berliner Wohnungsmarkt, in der Choriner Straße. Diese führt leicht ansteigend vom damaligen Wilhelm-Pieck-Ring, der heutigen Torstraße, zum Prenzlauer Berg und ist ein Musterbeispiel für historistischen Städtebau mit geschlossener Randbebauung, allerdings geringer Straßenbreite und – da ohne Bäume – etwas öder Anmutung. Die Fassaden bröckelten durchweg vor sich hin, ein einziges Gebäude war restauriert, darin befand sich die angebotene Wohnung. Einige Mieter waren offensichtlich hinausgeklagt worden oder den steigenden Preisen gewichen. An den Türen unter- und oberhalb der angebotenen Etage prangten schon die neuen Firmenschilder eines Computerbetriebs und einer Anwaltskanzlei. Auf der Treppe begegneten wir finster blickenden Bewohnern, die in uns wohl weitere zahlungskräftige Invasoren aus dem Westen vermuteten. In einer solchen Atmosphäre wollten wir nicht leben.

Für manche der Stadtfahrten benutzten wir ein Taxi und bekamen dabei die Stimme des West-Berliner Volksmunds zu hören. Einige Fahrer beschwerten sich lauthals darüber, dass seit dem Mauerfall die Straßen verstopft und die Luft durch die Trabi- und Wartburgabgase verpestet sei – obwohl die DDR-Autos mit bemerkenswerter Geschwindigkeit aus dem Stadtbild verschwanden und in West-Berlin ohnehin kaum anzutreffen gewesen waren. Andere empörten sich darüber, wie lange man jetzt im Supermarkt an der Kasse warten müsse, weil die „Ossis" angeblich die Regale leer kauften und überfüllte Wagen zur Kasse schoben. Man räsonierte auch über das nach der Maueröffnung ausgezahlte Begrüßungsgeld. „Die da drüben", das waren die Menschen, die 1961 die Mauer gebaut und den Besuchsverkehr verhindert oder erschwert hatten. Alle Ost-Berliner standen unter dem Generalverdacht, SED-Anhänger gewesen zu sein – zwischen Bevölkerung und Regime wurde kaum unterschieden. Selbst die Mauer wünschte sich der eine oder andere zurück. Der Einheitsrausch vom November 1989 war verflogen und hatte bei vielen West-Berlinern einer erstaunlichen Verbitterung über die – bekanntlich geringfügigen – Misshelligkeiten und über die kommenden finanziellen Einschränkungen durch die Lasten der Einheit Platz gemacht. Die Medien heizten die Atmosphäre durch ihre Berichte über den „Nettoschock" weiter an. Man fühlte sich durch die Freiheit derer „da drüben" eingeschränkt in den eigenen Freiheiten. Das Auftreten und Verhalten mancher „Ossis" und ihre Forderung nach voller materieller Gleichstellung hier und jetzt tat ein Übriges. Gewiss, es waren jeweils Einzelmeinungen, die wir da zu hören bekamen, aber man hatte doch den Eindruck, dass die Berliner hier einer Grundstimmung

Ausdruck verliehen, die wir nur wenige Monate zuvor nicht für möglich gehalten hätten.

Unser neues Stadtviertel zwischen S-Bahndamm und Kurfürstendamm, Giesebrechtstraße und Joachim-Friedrich-Straße war gutbürgerlich. Hier hatten auch große Teile der jüdischen Ober- und Mittelschicht gewohnt, bis sie dem Holocaust zum Opfer fielen. Die nach dem Jahr 2000 auch hier in die Bürgersteige eingelassenen „Stolpersteine" mit den Namen, Verschleppungsorten und Todesdaten der jüdischen Bewohner halten jetzt die Erinnerung an die Ausrottung dieser einstigen Bewohner wach. Der Bombenkrieg hatte die westlichen Viertel der Stadt weitgehend verschont, sodass nur einzelne hässliche Neubauten vor allem aus den 1960er-Jahren die späthistoristischen oder Jugendstilfassadenreihen in den meist durch Alleebäume begrünten Straßenzügen durchbrachen. Dass ich auf dem Weg zur nächsten U- oder S-Bahnstation an Straßenschildern mit den Historikernamen Droysen und Sybel, Dahlmann und Waitz, Gervinus, Mommsen und Giesebrecht entlangging oder kreuzte, hat zwar meine Arbeitsleistung nicht zusätzlich beflügeln können, aber doch immer wieder mein Traditionsbewusstsein erfreut. Abseits des Kurfürstendamms hatten die Läden und Restaurants vielfach noch einen kleinstädtischen Zuschnitt und verströmten die Aura der 1950er- und frühen 1960er-Jahre. Das störte uns nicht weiter, aber wenn man aus den – nicht einmal zentral gelegenen – Wohnbezirken Schwabings kam, rieb man sich doch verwundert die Augen. West-Berlin litt diesseits seiner florierenden Hoch- und Alternativkultur damals noch heftig unter dem Provinzialisierungsprozess, der 1933 begonnen hatte, sich seit 1948 mit der Einschließung der Stadt durch die Grenzen der neu geschaffenen DDR beschleunigte und in manchen Köpfen noch lange nach 1989 nachwirkte.

Kampf um Fink und die Neuberufenen

Am 4. Dezember 1992 fand die erste Besprechung in der HU mit den neuen Kollegen Borgolte, Harnisch, Herbst, Kaelble und Winkler statt. Winkler hatte schon im Vorfeld die Absicht kundgegeben, als erster Neuberufener die Geschäftsführung des Instituts für Geschichtswissenschaft (zuvor Sektion für Geschichte) zu übernehmen, wogegen keiner von uns Einwände hatte. Wir sprachen über die Situation der Universität insgesamt und vor allem über Heinrich Fink, den amtierenden Rektor, Theologieprofessor und ehemaliges SED-Mitglied, der sich selbst vermutlich als Reformkommunist verstand und heftig umstritten war. Er stand im Verdacht, Inoffizieller Mitarbeiter der Stasi (IM) gewesen zu sein, und zwar schon bevor er kurz vor der deutschen Vereinigung in dieses Amt gewählt worden war. Er agierte als Anwalt der alten HU und ihrer Mitglieder. Die Einsetzung der Struktur- und Berufungskommissionen (SBK) und die erste Tranche von Neuberufungen hatte er akzeptiert – wohl hauptsächlich aus taktischen Gründen, um seine Reform- und Kooperationsbereitschaft zu demonstrieren. Aber er kämpfte offen oder verdeckt gegen weitere Neuberufungen aus dem Westen – und das war ja auch sein Auftrag, so wie er von den Alt-Humboldtianern bzw. seinen Wählern verstanden wurde. Winkler erläuterte, was er in den nächsten Tagen in der Frankfurter Allgemeinen Zeitung unter dem Titel „Rektor im Zwielicht" publizieren wollte. Die HU sei derzeit „nicht autonomiefähig". Es gebe Überlegungen, eine personelle Alternative zu Fink aufzubauen. Im Gespräch sei Richard Schröder, der frühere Fraktionsvorsitzende der Ost-SPD in der ersten freigewählten Volkskammer, der aber wohl, weil kein originärer Humboldtianer, sondern von der Kirchlichen Hochschule kommend, bei den Alt-Humboldtianern keine Chance habe. Jedenfalls solle die Wahlperiode für Rektor, Akademischen Senat und Konzil verkürzt werden, um ein weiteres Auseinanderklaffen von Neuberufenen und Universitätsleitung zu vermeiden. Harnisch schlug vor, einen Kandidaten aus einem neutralen Land wie Österreich oder der Schweiz aufzubauen – keine schlechte Idee, aber wohl nicht zu realisieren.

Der „Fall Fink" blieb angesichts seiner Brisanz und seiner mehrfachen Wendungen in den nächsten eineinhalb Jahren für die Universität und die interessierte Presse ein verlässlicher Aufreger. Er verdient hier eine etwas ausführlichere Erwähnung, weil er über die Geschichte der HU in diesen Monaten und Jahren wesentlich mitentschied. Ein Verbleib Finks im Amt hätte, ungeachtet der anfänglichen bemerkenswerten Kooperation Finks – jedenfalls mit der SBK Geschichtswissenschaft –, den Erneuerungsprozess wesentlich verlangsamt, wenn nicht ganz gestoppt. Am 5. November 1991 teilte Joachim Gauck, der Bundesbeauftragte für die Stasiunterlagen, mit, Fink habe als IM für das MfS gearbeitet, was dieser jedoch noch Jahre später dementierte und Verbindungen zur Stasi damit erklärte, unwissentlich „abgeschöpft" worden zu sein. Kurz darauf folgte die fristlose Entlassung Finks durch Erhardt. Am 29. November solidarisierte sich das Konzil der HU mit Fink – ebenso wie eine Reihe ost- und westdeutscher Intellektueller wie Christoph Hein, Christa Wolf, Stefan Heym, Stephan Hermlin, Jens Reich, Wolf-Dieter Narr, Dorothee Sölle (die Halbschwester von Thomas Nipperdey). Alle sprachen von einer politischen Maßnahme gegen die Entscheidung der gewählten Gremien der HU. Am 3. Dezember 1991 klagte Fink gegen seine fristlose Entlassung. Auf Winklers Artikel in der FAZ reagierte die

ZEIT mit einem zweiseitigen Aufsatz, die SZ mit ihrer Dritten Seite und der SPIEGEL mit dem Aufmacher. Die ZEIT schrieb sehr Fink-freundlich, der SPIEGEL dagegen beißend kritisch. Er erklärte die Solidarisierung der DDR-Intellektuellen mit dem staatsnahen evangelischen Theologen als Verschiebung der Auseinandersetzung mit der eigenen Verstrickung auf Fink und dessen Kampf mit dem Senator. Ich fand den scharfen Ton, den das Blatt gegen die Anhänger des SED-Regimes anschlug, doch recht überraschend.

Große Mühe hatte und habe ich, Christoph Heins Solidarisierung mit Fink zu begreifen. Hein hatte in seinem Roman „Der Tangospieler" (1989) subtil und präzis die Zerstörung eines Geschichtswissenschaftlers durch die Kontroll- und Unterdrückungsmechanismen des Systems beschrieben, jetzt aber in einer aufgeheizten Pro-Fink-Versammlung in der HU für Fink und gegen die Eroberer aus dem Westen agitiert. Er schien an das Phantom eines „wahren Sozialismus" zu glauben, der nur von der korrupten politischen Praxis der DDR-Gerontokratie ruiniert worden sei. Diese Gesinnungsgrundlage eines unverdrossenen Glaubens an die Realisierbarkeit eines besseren Sozialismus schien mir auch seinem Spiegel-Artikel „Wir haben Angst zu verarmen" zugrunde zu liegen. Es ging darin um Ausländerfeindlichkeit und „Asylanten-Abwehr". Krass riss Hein eine in der Auseinandersetzung zwischen Ost und West neue Front auf, die zwischen dem reichen Europa und den Armutsflüchtlingen. Den Fremdenhass im östlichen Deutschland führte er ausschließlich auf die bedrohliche Nähe der eigenen Armut der früheren DDR-Bevölkerung zur Armut der Migranten zurück. Die Grenze zwischen innen und außen – so damals Hein – werde gezogen durch unseren, der Deutschen, neuen tatsächlichen Gott, das Geld. Dieser christlich induzierte metaphorische Gott verlange, die bedrohlichen Habenichtse auch als Ungläubige zu bekämpfen. Diese These verknüpfte Hein dann mit einer im Zusammenhang mit der Politik der deutschen Vereinigung neuen geopolitischen Ordnungsvorstellung, der Grenze nicht mehr zwischen Ost und West, sondern weltweit zwischen Nord und Süd. Im Übrigen seien die DDR-Bürger so zivilisiert, polyglott, mitleidsvoll und weltoffen wie die West-Bevölkerung auch. Dass die im Osten gesteigerte Xenophobie auch politische und soziokulturelle Ursachen in der Ghettoexistenz der sozialistischen Gesellschaften und darin haben könnte, dass der verordnete Sozialismus neofaschistischen Gesinnungsmief genährt hatte, davon schrieb er nichts. Der ganze Artikel war eine indirekte Apologie der alten DDR. Hein zog *einen* Gedanken durch, ohne Wenn und Aber: den von der Verderbtheit der Wohlstandsschwelle und vom teuflischen Primat des Mammons. Die Diktion war offensiv und zielte darauf, einen neuen Feind zu definieren, allerdings eben auch die neuen Opfer, die der Solidarisierung und Hilfe bedürften – der Migranten wie der ostdeutschen Bevölkerung.

Mitte Januar 1992 sah es so aus, als stünde Finks Prozess gut für ihn, jedenfalls wenn man den Erklärungen seiner Verteidiger Glauben schenkte. Fink sei nie IM gewesen, aber selbst notorisch bespitzelt worden. Diese Erklärung stützte sich auf die Aussagen von zwei zuständigen Stasioffizieren. Kurz darauf aber sagten (laut Berliner Morgenpost) dieselben Offiziere aus, die umfangreiche Akte Fink sei von der Stasi Ende 1989 vernichtet worden. Gustav Seibt schrieb in der FAZ, er habe Kopien von Gehaltsabrechnungen der Stasi mit Fink gesehen; der Mann sei ein Lügner.

Am 28. Januar 1992 konnte sich Wissenschaftssenator Erhardt im Rechtsstreit mit Fink über einen Zwischenerfolg freuen. Das Berliner Verwaltungsgericht befand die von Erhardt ausgesprochene Entlassung als gerechtfertigt. Allerdings hätte sie von der HU selbst kommen müssen. Daraufhin erteilte Erhardt der HU, sprich dem zuständigen Prorektor, die Anweisung, Fink von der Ausübung seiner Amtsgeschäfte zu entheben. Die Entscheidung des Arbeitsgerichts über die Rechtmäßigkeit des Kündigungsgrunds „Stasimitarbeit" stand da allerdings noch aus. Inzwischen mehrten sich aber auch die Indizien für eine kontinuierliche intensive Mitarbeit Finks (IM „Heiner") sowie Hinweise darauf, dass die „Firma", wie die Stasi auch genannt wurde, bei der Berufung Finks auf die theologische Professur die Finger im Spiel gehabt hatte.

Senator Erhardt enthob Fink am 1. Februar 1992 endgültig seines Amtes und wies Prorektor Zschunke an, die Entlassung sofort zu vollziehen. Der neugewählte Akademische Senat der HU sollte dann in seiner ersten Sitzung darüber beschließen. Kurz darauf fanden an der HU Senats- und Konzilswahlen statt, die für den weiteren Verlauf der Causa möglicherweise Folgen haben würden, da die Fink-Fraktion im Gremium für die nächste Wahl durch den Wahlausgang geschrumpft war. Bei dessen noch immer starker Ost-Mehrheit war nicht auszuschließen, dass er sich querstellte. Erhardt steuerte also einen Konfrontationskurs, dessen Erfolg keineswegs feststand. Tatsächlich gewann Fink seinen Arbeitsgerichtsprozess Anfang April 1992 und durfte wieder lehren. Berechtigt oder nicht: Das Urteil hätte zum Präzedenzfall werden und alle bisher ergangenen Kündigungen zunichtemachen können. Die Begründung lautete: Die Beweise für die Stasitätigkeit reichten nicht aus. Nach allem, was man lesen konnte, war die Indizienkette jedoch geschlossen und die Beweislast erdrückend. Hier hatte ein Arbeitsrichter ohne Würdigung der DDR-Strukturen nach Schema F geurteilt und war dabei wohl stolz auf seine Rechtstreue und Unabhängigkeit von der Politik. Für die HU war das erst einmal ein Desaster und für den Wissenschaftssenator und seine Juristen ein schwerer Rückschlag.

Wir Neuberufenen, vor allem der Ost-Kollege Hartmut Harnisch, rechneten im Fall Fink zwar mit einem Erfolg in der Berufungsinstanz. Harnisch zeigte sich aber auch verwundert über das anscheinend unüberlegte Vorgehen bei der Kündigung Finks bzw. darüber, dass der Berliner Senat in diesem Moment keine neuen Beweise nachschieben konnte. Er, Harnisch, habe von der westlichen Verwaltung mehr erwartet. Der Presse zufolge sollte Fink jedenfalls laut neu vorgelegtem Material nicht nur „abgeschöpft" worden sein, sondern Berichte geliefert und Belohnungen entgegengenommen haben. Sollten sich diese Berichte bestätigen, so hätte er sich als erstaunlicher Lügner oder zumindest Verdrängungsvirtuose erwiesen. Dabei waren materielle Geschenke doch gar nicht so leicht zu verdrängen. Die noch zu DDR-Zeiten gewählten Vizepräsidenten und der Senat der HU begannen sich jedenfalls langsam von Fink zu lösen – und sei es auch nur unter dem Druck der Notwendigkeit, die Universität in ihrer aktuellen bedrängten Lage führbar zu halten. So gesehen arbeitete die Zeit gegen Fink. Die Senatsverwaltung ging, wie sie sagte, hoffnungsvoll in Revision gegen das Arbeitsgerichtsurteil. Ost-Kollege Harnisch vertraute nach wie vor auf die Kompetenz der Senatsjuristen – anders als ich. Im Blick auf die turnusmäßig bevorstehende Präsidentenwahl schienen jetzt aber die Chancen Richard Schröders zu steigen. Mitte Mai wurden allerlei Kandidaten gehandelt, vom Juristen Dieter Simon über die Politologin Gesine Schwan bis zum ehemaligen West-Berliner Wissenschaftssenator und Geschäftsführer der Bundes-SPD Peter Glotz. Fink war allem Anschein nach aus dem Rennen, vor allem, nachdem ihn die Struktur- und Berufungskommission Theologie negativ evaluiert hatte – was umgehend am 14. Mai 1992 in der FAZ stand.

Erst Mitte Februar 1993 lösten sich dann alle Probleme mit dem Ex-Rektor Fink wie von Zauberhand durch die – völlig unerwartete – Entscheidung der Berufungsinstanz. Zuvor hatten die Anwälte der Senatsverwaltung sogar noch einen Vergleich angeboten, den Fink in der irrigen Hoffnung auf einen bevorstehenden Triumph abgelehnt hatte. Nach dem Bekanntwerden seiner endgültigen und nunmehr auch rechtsgültigen Entlassung als Professor der Theologischen Fakultät suchte ein Fernsehteam im Foyer des Hauptgebäudes nach empörten Studierenden und fand keine. Die Journalisten griffen zwei Geschichtsstudenten (aus dem Westen) auf, die souverän abgewogene Statements abgaben. Zwei Wochen zuvor war in der HU noch zu einer neuen Protestversammlung aufgerufen worden, die aber keine großen Wogen mehr geschlagen hatte. Die Stellungnahme der neuen Präsidentin Marlies Dürkop, die Universität sei empört darüber, dass die Verdienste Finks in dieser Weise missachtet würden, war einigermaßen scheinheilig und wohl vor allem für die Ohren ihrer Ost-Wähler gedacht. Der Studentenvertreter und Geschichtsstudent Kowalczuk wollte Frau Dürkop in der nächsten Sitzung des Akademischen Senats fragen, in wessen Namen sie eigentlich gesprochen habe. Ein Vorkämpfer in der Auseinandersetzung mit Fink war Heinrich August Winkler gewesen, und seine Position hatte sich als die richtige erwiesen. Gleichwohl ist seine Rolle im Umbruchs- und Umgründungsprozess der HU in den 1990er-Jahren ein Thema für sich. Dass er zeitlebens eine eigene politische Agenda hatte und diese druckvoll betrieb, wussten alle. *Wie* druckvoll und mit welch eindeutiger Stoßrichtung, gerade hier und jetzt, habe ich, wie vermutlich auch der eine oder andere Kollege, damals nicht wirklich überblickt. Allerdings erinnere ich mich an einen ersten Dissens zwischen Winkler und den anderen Neuberufenen aus dem Westen in unserer ersten gemeinsamen Sitzung am 4. Dezember 1991. Nach Winklers Ausführungen zu Fink diskutierten wir über die Ankündigung unserer Lehrveranstaltungen im Vorlesungsverzeichnis. Winkler gedachte, Alt und Neu strikt zu trennen; mit gewissen Leuten wolle er nicht in einem Atemzug genannt werden. Borgolte, Herbst und ich sprachen dagegen. Es sei unnötig, für ein Semester eine so massive Verletzung derjenigen Kollegen aus der DDR-Zeit in Kauf zu nehmen, mit denen man doch anschließend zusammenleben müsse. Wir einigten uns auf einen Kompromiss: ein kommentiertes Vorlesungsverzeichnis für die Neuen, aber unter dem Titel „Die neuen Professoren stellen sich vor". Der bereits berufene Ost-Kollege Harnisch trat in diesem Disput übrigens für Winklers Linie ein. Der einst nicht an der Universität, immerhin aber an der Akademie untergekommene renommierte Historiker hatte sichtlich das Bedürfnis, sich von den an der Universität etablierten SED-Mitgliedern klar abzugrenzen.

Am 22. Januar 1992 gab es dann in der SBK, einschließlich der Neuberufenen, einen heftigen Streit zwischen Ritter und Winkler. Ritter war aufgebracht darüber, dass aus den öffentlichen Äußerungen Winklers scharfe Kritik an seiner Arbeit herauszulesen war. Winkler hätte kritisiert, dass die SBK anders als andere Struktur- und Berufungskommissionen keine Entlassungsempfehlungen gegeben habe. Ritter hielt dagegen, dass er die Ost-West-Parität nicht gefährden wolle. Klein habe mit dem Austritt gedroht. Er, Ritter, sei auch nicht bereit, fiskalisch begründete Entlassungsabsichten der Senatsbehörde wissenschaftlich zu verbrämen. Die Aufregung löste bei Ritter eine gesundheitliche Krise aus, er musste im Lauf des Tages zweimal zum Arzt. Abends war er aber wieder voll präsent und leitete nun die Rumpf-SBK – ohne ihre Ost-Mitglieder –, die jetzt doch über Entlassungen diskutierte.

Winkler wollte die Komplettabwicklung aller Alt-Humboldtianer, musste davon allerdings aufgrund der Rechtslage und der prinzipiell integrationsbereiten Politik Ritters und seiner Mitstreiter Oexle und Schulze erhebliche Abstriche machen und fand sich nolens volens auch dazu bereit. Aber er beherrschte den Umgang mit der Berliner und bundesrepublikanischen Presse und trug seinen Konflikt mit dem möglichst maßvoll vorgehenden Ritter ohne kollegiale Rücksichten in die Öffentlichkeit. In welchem Umfang und mit welcher Schärfe das geschah, ist mir schon deshalb teilweise entgangen, weil ich, wie vermutlich andere Kollegen auch, nicht die Zeit und den Nerv hatte, den öffentlichen Disput bis ins Einzelne zur Kenntnis zu nehmen und angemessen zu reflektieren. Der Druck der Tagesgeschäfte war enorm und verlangte von mir alle Kräfte. Und von der Härte mancher im langen Kalten Krieg geschmiedeter Positionen gerade auch bei einigen eher konservativen Sozialdemokraten machte ich mir wohl nicht die richtige Vorstellung. Hinzu kam, dass Winkler nach meinem Eindruck im Professorium deutlich flexibler auftrat als in der politischen Öffentlichkeit. Dass sich bei Angriffen von außen das Professorium mit Winkler solidarisierte, ergab sich logisch aus der Konfliktlage. Härte gegenüber SED-Hardlinern unter den alt-humboldtianischen Professoren war gewiss angezeigt. Hier muss ich Winkler gegenüber der relativierenden Überlegung Recht geben, die mich immer wieder einmal plagte, ob ich wohl selbst als Historiker im SED-Staat wirklich mit einer blütenreinen Weste davongekommen wäre. Wirkliches Unverständnis löste bei mir allerdings Winklers öffentliche Kritik an Ritters Kurs aus. Das, so fand und finde ich noch heute, hätte nicht sein müssen, zumal Ritter und Winkler sich sowohl politisch wie auch in ihren wissenschaftlichen Interessen sehr nahe standen. Ritter war mit seiner SBK-Politik genötigt, in einem hochgradig verminten Gelände einen gangbaren Weg zu finden. Und dass im Verhältnis von West und Ost so viel Integration wie nur irgend möglich angezeigt war, liegt heute noch mehr als damals auf der Hand.

Ost gegen Ost, Dissidenten versus Partei

Während die SBK unter Mitwirkung der ersten Neuberufenen mit Hochdruck an der Erneuerung des Instituts arbeitete, kam es in zwei Versammlungen am 5. und 8. Februar 1992 im Senatssaal der Universität zu einer Auseinandersetzung zwischen einigen ehemaligen Geschichtsstudenten der HU und ihren einstigen akademischen Lehrern. In den 1970er-Jahren dissentierende und dann gemaßregelte junge Historiker hatten in mehreren Schritten zwischen Januar 1990 und dem sogenannten „Vereinigungs-Historikertag" in Bochum im September des Jahres zusammen mit einigen jüngeren Gesinnungsfreunden einen eigenen kleinen, aber rührigen „Unabhängigen Historikerverband" (UHV) gegründet, um eine zunächst rein ostinterne Erneuerung der alten „Sektion Geschichte" an der HU in Gang zu bringen. Seine Mitglieder sympathisierten jetzt mit den Neuberufenen, ohne mit den Zielen und dem Vorgehen der Ritter-Kommission per se übereinzustimmen. Winkler hatte drei ihrer Wortführer, Stefan Wolle, Rainer Eckert und Armin Mitter, an seinen Lehrstuhl gezogen und sie und ihren revisionistischen Aktivismus unter seine Obhut genommen. Kritiker Winklers konnten den Vorgang auch etwas weniger freundlich als Indienstnahme für seine Strategie im Kampf gegen die Alt-Humboldtianer bezeichnen. In den beiden Versammlungen trafen nun die einstigen Dissidenten und ihre damaligen Lehrer aufeinander, von denen sie relegiert worden waren. Wir Neuberufenen hatten von diesem Konflikt, der schon bald nach der Wende hochgekocht war, zunächst wenig mitbekommen. Der Anlass für das jetzige Zusammentreffen war die offizielle Übergabe der Institutsleitung von Materna an Winkler. Die Neuberufenen waren eingeladen,

Harnisch, Herbst und später auch noch Kaelble saßen im hinteren Viertel des Senatssaales. Winkler hielt eine für seine Verhältnisse moderate einleitende Rede. Prorektor Reinisch, zu diesem Zeitpunkt wohl sein wichtigster Gegenspieler in der alten Universitätsleitung, versuchte, ihrer Suggestion mit der captatio zu begegnen, er könne auf Winkler nicht mit gleicher „Eloquenz" antworten. Zunächst verlangte die Versammlung, die „Neuen" sollten sich erst einmal vorstellen – nach meiner Erinnerung vier Mann gegenüber den schätzungsweise achtzig bis hundert Alt-Professoren und Mitarbeitenden. Nach unserer kurzen und eher nichtssagenden Vorstellung begann die eigentliche Diskussion.

Es meldete sich Rainer Eckert, ein entschiedener SED-Kritiker und Dissident, der 1976 im Gefolge der Ausweisung des Liedermachers und Regimekritikers Wolf Biermann aus der DDR von der HU relegiert worden war und 1990 den UHV mitbegründet hatte. Er nannte die Namen derer, die an seiner Relegation beteiligt waren: Bodo Brackmann, Günter Vogler, Adolf Rüger. Brackmann, der noch amtierende Leiter des Instituts für Archivwissenschaft in der Sektion Geschichte, antwortete sofort: Er wisse, dass Eckert ihn im Zusammenhang mit seiner Relegation beschuldige, er sei sich allerdings nicht darüber im Klaren, was ihm konkret vorgeworfen werde; vor einem neuerlichen Zusammentreffen, das für den darauffolgenden Samstag geplant war, würde er gerne mit Eckert unter vier Augen sprechen, um die Vorwürfe zu klären. Daraufhin erhob sich ein weiterer Alt-Professor und bat ebenfalls „um einen Termin bei Herrn Eckert". Er wollte seinen Wunsch wohl nicht so formulieren, aber es kam eben so heraus. Dieser Schlagabtausch und die Aussicht auf eine gründliche öffentliche Aussprache, zu der es bisher nicht gekommen war, erregte die Gemüter. Er war von Akteuren aus dem Kreis der ehemaligen und jetzigen Studierenden herbeigeführt worden und sollte laut Ankündigung dazu dienen, den aktuell Studierenden angesichts der desolaten Situation des Instituts Perspektiven für ihr Studium zu geben. Von den Akteuren des UHV und ihrem aktuellen Mentor Winkler zweifellos geplant, verwandelte sich diese Versammlung, ebenso wie die darauffolgende, in ein Forum, vor dem „die Vergangenheit aufgearbeitet" werden sollte. Der letzte Ost-Institutsdirektor, Ingo Materna, versuchte dieser Gefahr zu begegnen, indem er wortreich auf die „eigentliche" Funktion dieser Versammlung hinwies und vorschlug, sie auf die reine Studienberatung zu begrenzen. Diese Einlassung fegte der Studentenvertreter Ilko-Sascha Kowalczuk vom Tisch. Laut Einladungstext solle über die „unterschiedlichen Positionen zur Gegenwart und Zukunft der geschichtswissenschaftlichen Lehre und Forschung an unserer Universität" geredet werden; wenn ein Historiker glaube, dies ohne Berücksichtigung der Vergangenheit tun zu können, so komme ihm „das Kotzen". Kowalczuk, einst nicht zum Studium zugelassener Studentenvertreter, war ein vitaler Faktor der Kritik am alten System und der Erneuerung an der HU und auch in der SBK ein Faktor im Kräftespiel, gerade in der augenblicklich völlig unstrukturierten Situation.

Dann erhob sich der ehemalige stellvertretende Ministerpräsident der DDR und zeitweilige Hochschulminister, Gerhard Engel, zu langer und wohlgesetzter Rede. Man sah und hörte sogleich, dass er gewohnt war, Aufmerksamkeit für sich zu beanspruchen. Er mache sich keine Illusion über seine Situation. Er sei bereit gewesen, als Verantwortungsträger der DDR in den Hintergrund zu treten. Er habe eine Mitarbeiterposition bei einer Quellenedition beantragt, auf den westlichen Satz vertrauend, die Ex-Funktionäre sollten ins vierte oder fünfte Glied zurücktreten, aber jeder solle Brot und Lohn haben; der Antrag sei jedoch abgelehnt worden. Sein Anerbieten, sein Leben an der HU als Verfasser von Fußnoten fristen zu wollen, sei nicht honoriert worden. Das klang einsichtig und die Beschwerde war nachvollziehbar, wenn auch die Frage unausgesprochen blieb, ob er als ehemaliger hoher SED-Funktionär für die akademische Lehre in der Bundesrepublik Deutschland geeignet sei. Dachte man daran, wie viele junge Historiker stellenlos oder von Stellenlosigkeit bedroht waren, erschien der mit großer Sicherheit vorgetragene bescheidene Wunsch doch in einem anderen Licht. Danach meldete sich ein vor der Evaluierung stehender 37-jähriger Mitarbeiter und erklärte, von den angesprochenen ominösen Vorgängen um Relegationen nicht das Geringste zu wissen; ob man ihm erklären könne, was da vorgegangen sei. Ein weiterer Mitarbeiter wies darauf hin, dass die Relegierten Eckert, Mitter und Wolle doch bis zuletzt an der Akademie gearbeitet hätten, und die sei immerhin eine privilegierte Institution. Eckert und Wolle zauderten mit einer direkten Erwiderung und erklärten, sich hier nicht einfach hinstellen und ihre Geschichte erzählen zu wollen. Das schien mir plausibel, wäre aber vielleicht doch sinnvoll gewesen. Es meldeten sich bei mir aber auch leise Zweifel, ob es wirklich Sinn mache, wenn Mitter, Wolle und Eckert, alle schon um die vierzig Jahre alt, sich jetzt noch den im Westen gängigen Regularien einer Universitätslaufbahn unterwarfen. Winkler hatte alle drei für einige Jahre als Mitarbeiter eingestellt. Wie aber längerfristig ihre Zukunft aussehen könne, stand dahin. Auch störte mich im Moment die erkennbare Doppelstrategie: Winklers moderate Töne auf der einen und die Forderung nach Konsequenzen für die einstigen professoralen Akteure bei der Relegation durch die Dissidenten auf der anderen Seite. Erfolg hatte diese Strategie aber, denn sie brachte eine Diskussion in Gang, die am Ende der Klarheit diente, indem sie Positionen markierte und Fakten zutage förderte, die den meisten von uns unbekannt gewesen waren – auch wenn diese ad hoc vielleicht wirklich nicht ganz simpel und eindeutig zu bewerten waren.

Am Samstag, dem 8. Februar 1992 fand dann die angekündigte zweite Versammlung der Studierenden, Mitarbeitenden und alten und neuen Professoren am Institut für Geschichtswissenschaft statt. Es sollte darum gehen, die von den Relegierten drei Tage zuvor erhobenen Vorwürfe über das Verhalten des Instituts und einzelner seiner Mitglieder aufzuklären und die Mitarbeitenden und Studierenden über die Situation am Institut zu informieren. Zunächst sprach wieder Prorektor Reinisch. Eine Diskussion wie die jetzige werde bislang nur am Institut für Geschichtswissenschaften geführt, nicht etwa bei den Sozialwissenschaften. Er forderte dazu auf, „nicht mit Stuhlbeinen zu werfen", und wandte sich mehrfach gegen die „Anklägerattitüde" aus dem Westen. Ein Großteil der Studierenden sei erst seit 1990 am Institut, ihnen fehle der Erfahrungshintergrund, hier bestehe nachholender Informationsbedarf. Die entscheidende Frage sei aber: Wie kommen die heutigen Studierenden zu einem anerkannten Diplom? Dies sei umso wichtiger, als aktuell große Unklarheit über das Funktionieren des Instituts bestehe. Die gegenwärtige „Doppelstruktur" von Ost- und West-Professoren gehe auf klare Fehler der Berliner Wissenschaftsverwaltung zurück. Im Übrigen seien die Studierenden am Prozess der Erneuerung schon länger beteiligt, auch in den noch vor der Vereinigung von der Universität geschaffenen Gremien.

Anschließend wandte sich die Diskussion den Vorgängen von 1972 und 1976 zu. Rainer Eckert berichtete von einem Rehabilitationsschreiben des Rektors Fink an ihn im März 1990, in dem aber die eigentlichen Verfahrensweisen der Verfolgung im Jahr 1972 nicht angesprochen worden seien. Er – Eckert –

habe zuletzt öffentlich vor allem Professor Bodo Brackmann verantwortlich gemacht. Seine, Eckerts, „Sicht auf die Person Brackmanns" habe sich aber nach dem inzwischen geführten Gespräch geändert. Er habe erfahren, dass Brackmann selbst in die Schusslinie der Partei geraten sei und unter dem Druck der SED habe versprechen müssen, wieder „Ordnung zu schaffen" und die „Kampfbereitschaft wiederherzustellen". Auch dem damaligen Sektionsdirektor Joachim Streisand sei vorgeworfen worden, die „notwendige Wachsamkeit vernachlässigt" zu haben. Streisand habe dann entwürdigende Selbstkritik üben müssen. An dem ganzen Vorgang gebe es „unterschiedliche Schuldanteile". Anschließend kritisierte Eckert das von östlicher Seite immer wieder vorgebrachte Argument, es gelte jetzt, die Gräben zuzuschütten und gemeinsam einen Neuanfang zu machen. Die Vergangenheit müsse aufgearbeitet, die Mechanismen der Repression müssten offengelegt werden, vorher gebe es keinen Neuanfang. Dann schilderte er seinen eigenen Relegationsfall. Die Verantwortung liege bei der Kreisleitung der SED, speziell aber bei der Parteileitung der Sektion für Geschichte. Eckert forderte deren Mitglied Engel auf, die Mechanismen der politischen Disziplinierung öffentlich darzustellen.

Die nächste Wortmeldung passte, obgleich strikt nach Rednerliste, ausgezeichnet zu den Äußerungen Eckerts. Kurt Pätzold, wahrscheinlich der namhafteste unter den Neuzeithistorikern der alten HU und strikter Parteigänger der SED, verglich die Situation hier im Saal mit Randalen von Fußballfans in und vor den Stadien an Samstagnachmittagen. Außerdem beklagte er sich über Angriffe der Mitglieder der FDJ-Gruppe auf ihn – in Zusammenarbeit mit Engel. Seinerzeit sei nach den „Exmatrikulationen" der dissentierenden Studierenden ein „stabiler Gruppenzustand" erreicht worden. Und die „Fackel der

Wahrheit“ könne nun einmal nicht durch die Menge getragen werden, ohne dass „ein paar Bärte versengt“ würden.

Danach ergriff der letzte alt-humboldtianische Institutsdirektor Ingo Materna das Wort, sichtlich bemüht, sich von den zynischen Äußerungen Pätzolds abzusetzen. Vorrangig gehe es jetzt darum, die Interessen der Studenten zu wahren. In der Sektion habe sich bereits eine Menge verändert. So sei eine neue Studienordnung eingeführt worden, angelehnt an die der FU; das Lehrangebot sei auch inhaltlich-formal reformiert worden. Die Vorlesungen und Seminare würden kritisch und selbstkritisch überprüft. In den letzten zwei Semestern habe es besondere Anstrengungen gegeben, „statt Homogenität: Individualität, Objektivität, Pluralität“ zu erreichen. Diese Reform sei erfolgreich durchgesetzt und durch Gastprofessuren von außen unterstützt worden. Dabei habe es „erfolgreiche Anfänge einer Durchmischung der Ansätze“ gegeben. Auf diese Weise sei bereits eine weitgehende Erneuerung erreicht worden. Der Abwicklungsbeschluss des Berliner Senats unterbreche diese Erneuerung. Die seit März 1991 arbeitende, vom politischen Senat in West-Berlin eingesetzte SBK führe diese Abwicklungspolitik fort, auch nach dem Beschluss des Oberverwaltungsgerichts über die Unzulässigkeit der Abwicklung. Würden die Neuberufungen fortgesetzt, gebe es ein Überangebot an Lehre. Das Lehrangebot von Ost- und West-Professoren müsse formell völlig gleichgestellt werden. Derzeit besäßen nur die neuen Professoren das aktive und passive Wahlrecht. Materna schloss mit einem Achtpunktekatalog: 1. Die endgültige Formulierung der neuen Studienordnung; 2. Geltung der alten Studienordnung bis 1993; 3. Sicherung der vollen Lehr- und Prüfungsberechtigung für alle – auch die „alten“ Professoren; 4. Absprache beim Lehrangebot; 5. Eine Prüfung der Rechte und Pflichten der

Professoren minderen Rechts; 6. Ein Minimum an materieller Ausstattung für diese; 7. Klare Absprachen mit FU und TU; 8. Eine Fortführung der Klärungsprozesse über die Geschichte der Sektion. Es sei schwierig, offen zu sprechen, wenn damit Bestrafung, materielle Existenzbedrohung und bürgerlicher Tod verbunden sein könnten. Dagegen sprach nun erneut Winkler: Die Konflikte am Institut ließen sich nicht mehr unter den Teppich kehren. Es sei das Verdienst einer Gruppe von Studierenden – gemeint waren die UHV-Mitglieder –, diese Diskussion ermöglicht zu haben. Die Sektion sei schwer belastet durch die Beharrungskraft von Personen, die nichts wirklich ändern wollten, aber die Erneuerungsrhetorik beherrschten. Von den Belasteten sei bisher nur einer gegangen, und der versuche mit allen Mitteln zurückzukehren. Die Entscheidungen über Bleibe- und Kündigungsempfehlungen würden durch eine paritätisch besetzte Kommission aus alten und neuen HU-Mitgliedern und der Senatsverwaltung nach klaren Kriterien getroffen: Erstens seien wissenschaftliche Ansätze im Sinne des Marxismus per se kein Entlassungsgrund; allerdings sei die marxistische Methode durch den Marxismus-Leninismus verfälscht worden; ein Beispiel dafür sei der Studienplan von 1984, verbindlich für die ganze DDR, der „sozialistische Bewusstseinsbildung" und die Orientierung auf die „Erfordernisse von Partei und Staatsmacht" verlangt habe. Zweitens zähle auch die bloße Zugehörigkeit zur SED/PDS nicht als Entlassungsgrund. Drittens: Ausschlaggebend seien dagegen „moralische und rechtliche Gründe", wie die Mitarbeit bei oder die Beteiligung an Relegationen. Im Übrigen sei das „Wühlen in der Vergangenheit" der Beruf des Historikers. Ohne Aufarbeitung der Vergangenheit gebe es keine Erneuerung. Die Vergangenheit dürfe nicht erneut verdrängt werden. Abschließend wandte sich Winkler gegen den

Vorwurf der Nestbeschmutzung: „Auch für den Schmutz im Nest gilt das Verursacherprinzip." Schon Arnold Ruge habe an Marx geschrieben: „Wir können die Geschichte nur fortführen durch den entschiedensten Bruch mit ihr."

Danach setzte sich der 1972 relegierte Stefan Wolle kritisch mit der Einlassung Maternas auseinander. Keineswegs habe in den letzten zwei Jahren eine Erneuerung stattgefunden. Wenn sich wirklich etwas geändert habe, so sei das von außen erzwungen worden. Aus dem Lehrkörper selbst sei aber nichts gekommen. Nun herrsche Vergebungsmentalität. „Entschuldigungen", wie sie Pätzold formuliert habe, sollten besser unterbleiben. In der Ost-Berliner Gesellschaft gebe es viele Versuche, die Vergangenheit aufzuarbeiten. Sie fänden allerdings ohne jede Verbindung zum akademischen Elfenbeinturm statt. Die Humboldt-Universität sei eine Hochburg der Abschottung. Die einst Benachteiligten oder am Studium Gehinderten müssten die Möglichkeit erhalten, das Studium oder zumindest notwendige Prüfungen nachzuholen. Schließlich schlug Wolle ein Forschungsseminar zur Geschichte der alten Sektion vor. Ein Tribunal bringe jetzt nicht mehr weiter, „die Zeit ist schon aus dem Stundenglas geronnen". Schon vor 1989 hätten einzelne Studierende kritisch diskutiert und in der Sektion Geschichte einen „Studentenrat" installiert. Nach der Wende habe sich eine sehr gute Kooperation mit Adolf Rüger als Institutionsleiter ergeben. Sie sei aber durch den späteren Sektionschef Materna wieder blockiert worden. Dieser Feststellung schloss sich der ebenfalls 1976 relegierte Bernd Florath an. Rüger habe sich bemüht, die Fakten empirisch zu erfassen. Im Übrigen müsse man sich die Frage stellen, wer wem zumutbar sei. Wen aus dem alten Personal könne man den heutigen Studierenden zumuten? Auch in einer komplizierten Gesellschaft gebe es definierbare Verantwortung.

Rüger selbst explizierte im späteren Lauf der Debatte seine Sicht auf die Situation und auf seine eigene Rolle im vergangenen Jahr. Die Bürger der DDR blieben wohl vor der Tür, an die sie 1989 geklopft hätten. Bezeichnend sei, wie die Aufnahme von DDR-Historikern in den Historikerverband zum Problem gemacht worden sei. Natürlich gebe es Widerstände gegen die Aufarbeitung der Vergangenheit. Materielle Zwänge erschwerten sie, aber das sei nicht alles. Objektive Wahrheiten gebe es nicht. Wahrheit setze Wissen voraus. In der Öffentlichkeit sei Wissen vielfach nicht vorhanden, es bestehe auch kein Interesse daran. Auch die „Öffentlichkeitssucht" von Winkler sei schädlich. Innerwissenschaftlich dürfe man den Beginn von Neubewertungen in der DDR-Geschichtswissenschaft nicht übersehen, „etwa die Diskussion über den Hitler-Stalin-Pakt". Die Erneuerung sei nicht von den alten Bundesländern ausgegangen, sondern von der DDR im Oktober/November 1989, durch Studierende und Angehörige der HU. Ihm sei damals klar geworden, dass man die Erneuerung allein nicht bewältigen werde, daher habe er sich für das Konzept der Durchmischung stark gemacht. In einer direkten Erwiderung bezweifelte der Studentenvertreter Ilko-Sascha Kowalczuk die Darstellung der Ereignisse an der HU durch die Ost-Professoren generell. Von den „Reformansätzen" an der HU vor dem Neu- oder Umgründungsimpuls durch Senator Erhardt sei nichts zu erwarten gewesen. Derzeit finde sich übrigens auch kein Student bereit, in die Gremien zu gehen. Die Studierenden würden auch ein Seminar zur Aufarbeitung der Vergangenheit der Sektion nicht besuchen. Eine Schließung der Sektion nach den Ereignissen von 1972/76, von der hier die Rede gewesen sei, habe nie gedroht.

Danach ergriff noch einmal Brackmann das Wort. Es gehe nicht darum, an der eigenen Person nachzubessern, vielmehr seien seine Überlegungen ganz unabhängig von seiner Person. „Ich bin bereit zum Dialog“, verkündete er – das klang schon recht routiniert und nach dem Auftritt drei Tage davor wieder ziemlich selbstsicher. Am 10. November 1990 habe Adolf Rüger über die Geschichte der Sektion gesprochen und dabei gezeigt, dass die Disziplinierung von Studierenden und Professoren Bestandteil des Systems gewesen sei. In Abständen seien „Fälle“ konstruiert worden. Er – Brackmann – entschuldige sich bei den Betroffenen für sein eigenes Verhalten im Sommer 1972. Aber er sei nicht verantwortlich. Die Partei habe gegen ihn den Vorwurf erhoben, „feindlich-subversive Kräfte“ zu begünstigen. Er werde für etwas verantwortlich gemacht, wofür in Tat und Wahrheit andere die Verantwortung zu tragen hätten.

Anschließend ging das Wort wieder an den ehemaligen hohen Politfunktionär Engel und damit wurde das Thema „Verantwortung“ noch einmal auf eine andere Ebene gehoben. „Ich trage maßgebliche Verantwortung für die Entwicklung der Hochschulen der DDR“, erklärte er. Er bedauere, wenn durch die von ihm vertretene Politik jemandem Schaden zugefügt worden sei. Er müsse sich mit dem Scheitern seiner politischen Überzeugungen bis an sein politisches Ende auseinandersetzen. Seine politische Auffassung von damals könne er aber nicht zurücknehmen. Er verweise auf das Generationenschicksal derer, die bereits in den Sozialismus hineingewachsen seien. Die Mechanismen der Machtausübung durch die Politik seien alle aufzuarbeiten, die eigentlichen wichtigen Aspekte seien dabei aber noch gar nicht angesprochen worden. Sollte es ein Seminar zur Geschichte der Sektion geben, so wolle er teilnehmen. Er selbst sei bereit, sich auch vor anderen mit seiner Vergangenheit auseinanderzusetzen. Er habe der Rehabilitationskommission Material zur Verfügung gestellt, deren Arbeit bleibe aber unbekannt und verschollen. Für ihn sei diese Kommission eine Herausforderung gewesen. Die Unlust zu einer öffentlichen Debatte nach dem 10. November 1990 sei nicht verwunderlich. In der Furcht vor beruflichen Konsequenzen lasse sich schwer nach Wahrheit suchen.

Danach war die Reihe wieder an Prorektor Reinisch. Man werfe den Ost-Professoren immer wieder vor, sie wollten die Erneuerung nur aus sich selbst bewirken; diese sei aber materiell nur mit eigenen Kräften möglich gewesen. Erst seit Sommer 1990 habe die Senatsverwaltung umfassende Forderungen erhoben. Die „unsägliche Abwicklungsdebatte" habe die Situation für die Universität unerträglich gemacht. Den „eigentlichen Einschnitt" sah Reinisch beim Amtsantritt Erhardts und dessen erklärter Absicht, die Humboldt-Universität personell völlig umzubauen. Dies emotionalisiere die Debatte. Er, Reinisch, wolle in diesem Prozess für die Universität Mitsprache behalten und verteidigen. Wenn dies nicht mehr möglich sei, stelle er sein Amt zur Verfügung. Dann schilderte er noch seine Sicht auf die Vorgänge in der Sektion Geschichte 1971/72. Die SED-Leitung sei damals einer „kollektiven Hysterie" verfallen. Sie habe in der Sektion Geschichte ein „negativ-feindliches" Zentrum gesehen. Joachim Streisand habe dem Druck damals nicht standgehalten, sondern ihn weitergegeben. Die Folgen seien bis heute zu spüren. Der Sektion sei damals das Rückgrat gebrochen worden. Dies sei letztlich verantwortlich für ihr Verhalten 1989/90. Abschließend kündigte Reinisch an, die Neuberufung von Professoren aus dem Westen werde auf Widerstand stoßen. Gegen diese Einlassung Reinischs wandte sich Mechthild Günther mit scharfen Worten; sie spreche als Betroffene von 1972 und weise diese Darstellung der damaligen Situation entschieden zurück. Sie sei „unglaublich", vor allem mit dem Bogen, den Reinisch zwischen den Situationen 1972 und 1989/90 geschlagen habe.

Nun war die Reihe an mir. Zunächst galt es, wenn auch im Debattenverlauf mit einiger Verspätung, Kurt Pätzolds zynischer Herablassung etwas entgegenzusetzen. Seine Gleichsetzung dieser Versammlung mit dem Randalieren von Fußballfans sei unangemessen und verrate deutlich, auf welche Ebene manche der Anwesenden die hier diskutierten Probleme verschieben wollten, begann ich. Mit seiner überzogenen Polemik gegen die Hauptakteure der Erneuerung sollten wohl nach altbewährtem Muster „feindlich-subversive Kräfte" namhaft gemacht werden. Nach dieser, wie mir schien dringend fälligen, Polemik fand ich es nützlich, die in mancher Hinsicht weit voneinander abweichenden Positionen der Ost-Professoren und ihre divergierende Einsichts- und Kooperationsbereitschaft hervorzuheben, wobei ich vor allem an die unterschiedlichen Auftritte von Pätzold und Materna dachte. Schließlich schien es mir notwendig, die Bedürfnisse und Interessen der Studierenden stärker anzusprechen, so wie es Materna getan hatte – schon deshalb, weil es bei den anstehenden Entscheidungen vor allem um deren Studienpläne, Abschlüsse, Berufschancen, aber auch grundsätzlichen Einstellungen zu Staat und Gesellschaft gehe. Jetzt komme es darauf an, möglichst bald eine gewisse Normalität in den Betrieb zu bringen und so auch den Studierenden die nötige Sicherheit für ein geordnetes Studium zu geben.

Gegen Ende der Veranstaltung warf Armin Mitter noch die Frage auf, inwieweit Historiker aus der Bundesrepublik in der Vergangenheit mit führenden DDR-Historikern fraternisiert hätten und heute deren Position stützten. Ohne Namen zu nennen, kritisierte er, dass bundesrepublikanische Historiker jetzt als Schutzschild für bestimmte Repräsentanten der DDR-

Geschichtswissenschaft aufträten oder von diesen in Anspruch genommen würden. Der Anstoß zu einer Erneuerung sei im Übrigen nicht von professionellen Historikern ausgegangen, sondern von anderen Protagonisten, etwa aus der Umweltbibliothek. Mitter und auch Wolle verwahrten sich dann noch gegen den hie und da im Verlauf der vierstündigen Debatte geäußerten Vorwurf, sie betrieben mit ihrem Auftritt vor allem ihre eigene Karriere.

Meinen Aufzeichnungen zufolge kam dieser Vorwurf nicht von den Ost-Professoren, sondern aus den Reihen der anwesenden Mitarbeitenden. Die Geschädigten von damals seien eben auch die Sieger und Profiteure von heute. Nunmehr begann die Diskussion noch mehr zu zerfasern, als es teilweise vorher schon wegen der Rednerabfolge strikt entlang der Rednerliste der Fall gewesen war.

Nach dem Ende der ganzen Debatte stellte ich fest, dass sie mich ziemlich aufgewühlt hatte. Sie war primär eine Angelegenheit Ost gegen Ost. Von der Schärfe der Frontlinie zwischen dem alten Historiker-Establishment und den Relegierten von einst hatte ich mir bis dahin keine Vorstellung gemacht. Ich erinnerte mich zwar, dass es in der DDR nach der Biermann-Ausweisung Proteste gegeben hatte, konkret wusste ich aber nur etwas von einer Intervention von Schriftstellern um Stephan Hermlin, Stefan Heym und Christa Wolf. Warum es schon 1972 Strafmaßnahmen gegen einzelne Studierende gegeben hatte, war mir unklar. Wir Neuberufenen waren hier nur angesprochen, soweit es um die Bestätigung des neuen Institutsdirektors und um den Kampf des alten Establishments gegen die Erneuerung des IfG ging. Im Vordergrund stand der Kampf der einstigen Opfer des SED-Regimes um die Anerkennung ihrer Geschichten – und damit freilich auch um die Legitimität der neuen Ordnung.

Der von damaligen (1992) Mitarbeitenden Ost vorgebrachte Einwand, den Relegierten sei es doch auf ihren schließlich erreichten Stellen in der Akademie recht gut gegangen, war indessen nicht ganz unberechtigt. Er verwies auf die Nischen in der DDR-Gesellschaft und speziell im Wissenschaftssystem, in dem Unangepasste unterkommen konnten, und damit auch auf Schwachstellen im DDR-Herrschaftssystem. Die Parteiorgane in den wissenschaftlichen Institutionen scheuten sich offensichtlich, Dissidenten vollständig auszugrenzen und damit in die bedingungslose Opposition zu treiben. Und innerwissenschaftliche Lehrer-Schüler-Netzwerke oder auch inhaltliche Affinitäten konnten hie und da eine zumindest teilweise Re-Integration der Ausgestoßenen erwirken. An der Härte des Kampfes ums berufliche Überleben ändert das freilich nichts.

Evaluierungsprobleme

Am 19. Dezember 1991 fand die erste Sitzung der Struktur- und Berufungskommission mit den neuberufenen HU-Professoren statt. Auf der Tagesordnung stand die Evaluierung einiger der von Entlassung bedrohten Historiker. Lebenslauf und Schriftenverzeichnis lagen uns jeweils vor. Hier und jetzt hatten die Bewerber die Möglichkeit, sich und ihre aktuellen Forschungsvorhaben vorzustellen. An diesem Tag ging es unter anderem um einen Kandidaten aus dem Mittelbau, bei dem das völlige Fehlen eigener Initiative auffiel. Ein persönliches Forschungsinteresse an seinem Habilitationsthema war nicht zu erkennen. Der Kandidat konnte auch nicht begründen, was er mit dem Thema wollte und was ihn daran reizte. Dieses war hier wohl – wie in den meisten anderen Fällen – zugewiesen, kaum persönlich gewählt. Wenn jemand zu DDR-Zeiten wirklich einem eigenen Interesse gefolgt war, so musste er die politisch vorgegebenen Tabuzonen beachten und entsprechende Behinderungen oder Korrekturversuche einkalkulieren.

Ich kam bei diesen Vorstellungsrunden und nach Lektüre der Unterlagen nicht um die Feststellung herum, dass die überwiegende Mehrzahl dieser Nachwuchswissenschaftler im vereinigten Deutschland chancenlos sein würde. Die jungen Leute im Westen hatten in den Mechanismen der beginnenden Hochschullehrerkarriere nicht nur sehr viel freiere und bessere Studienchancen gehabt, sie hatten auch sehr viel besser gelernt, sich selbst darzustellen und in der Darstellung zu profilieren. Gewiss konnte man überlegen, ob sich Stellenanwärter aus den östlichen Bundesländern nicht quasi in Fortsetzung ihrer bislang angestrebten Berufslaufbahn auf Stellen in diesen Ländern bewerben und dort auch berufen werden könnten. Aber eine solche „Lösung“ war weder realistisch noch wünschenswert. Zwar gab es einzelne Bundesländer im Osten, die auf das heikle und nur allzu leicht angreifbare Instrument der „Abwicklung“ verzichteten, in denen sich Personal aus der DDR-Zeit also besser halten und die herkömmlichen Positionen vertreten konnte. Der Neuaufbau der Universität bzw. der besonders problematischen Fachbereiche mit der Entlassung politisch belasteter und/oder wissenschaftlich ungeeigneter sowie mit der Berufung oder Einstellung neuer Professoren war zwar an der HU und dort insbesondere im Fach Geschichte besonders rasch in Angriff genommen worden. Ein vergleichbarer Prozess würde aber früher oder später, allenfalls modifiziert durch die einzelnen Ländergesetze, an allen Universitäten der ehemaligen DDR in Gang kommen. Es würden dann ebenso wie in Berlin Übergangsregelungen greifen, um den heimischen Nachwuchswissenschaftlern die Chance zur Fertigstellung ihrer Arbeiten und zu weiterer Profilierung zu geben. Aber eine irgendwie geartete „Schutzzone“ würde so nicht geschaffen werden können. Den erneuerten Instituten im Osten musste nach den Anfangsschwierigkeiten vor allem daran gelegen sein, mit den westlichen konkurrieren zu können. Ein anderes Verfahren wäre auch verfassungsrechtlich nicht möglich gewesen. Wer durch die Struktur- und Berufungskommissionen positiv evaluiert war, hatte innerhalb der gesetzten Fristen die Chance, sich für den Stellenmarkt zu qualifizieren. Die Fristen waren dieselben wie im Westen – abgesehen von den Regelungen des speziell für diese Situation geschaffenen Wissenschaftler-Integrationsprogramms (WIP). Mehr Rücksichtnahme auf die in Ost und West höchst ungleichen Ausgangsbedingungen war schlechterdings nicht möglich und aus guten Gründen nicht gewollt. Allerdings lag es im Ermessen der SBKs, welche

Maßstäbe sie anlegten. Da gab es durchaus Unterschiede, die teils rein fachlich, teils aber auch hochschulpolitisch oder menschlich bedingt gewesen sein mochten. In den Fällen, die der SBK Geschichte an der HU vorlagen, erschienen mir die Negativentscheidungen immer berechtigt, um nicht zu sagen zwingend. Immerhin ging es bei den Mitarbeitern darum, ob die Lebenswege nach dem Studium und dem Einstieg in die Hochschullehrerlaufbahn in noch vergleichsweise jugendlichem Alter meist zwischen dem dreißigsten und vierzigsten Lebensjahr abgebrochen bzw. von Grund auf verändert werden mussten. Nicht zuletzt deshalb sah die SBK von Anfang an eine möglichst große Anzahl von Einstellungen von Ostanwärtern vor. Um die Kontinuität in der Lehre unterhalb der Professorenebene zu sichern, schrieb die SBK bereits im April 1991 eine nicht exakt definierte Zahl von auf zwei Jahre befristeten Assistentenstellen „ostintern“ aus. Sie empfahl dann neunzehn Bewerber aus der Akademie zur Anstellung. Ein Bewerber erhielt direkt eine Assistentenstelle, die übrigen wurden in das neu geschaffene Wissenschaftler-Integrationsprogramm (WIP) übernommen und in dessen Rahmen auf zwei Jahre befristet gefördert. Die Befristung konnte jedoch bei guter Begründung von Fall zu Fall mehrmals um Zweijahreseinheiten verlängert werden. Ende 1992 rechnete die SBK mit der tatsächlichen Anstellung von zwölf bis sechzehn Anwärtern aus diesem Kreis an der HU. Tatsächlich waren es dann deutlich weniger.

Am 14. Februar 1992 tagte die Struktur- und Berufungskommission erneut, von nun an immer gemeinsam mit den Neuberufenen. Zunächst wurde die Liste für die C3-Stelle zur Geschichte Südosteuropas beraten und verabschiedet. Nachmittags diskutierten wir die Kündigungsempfehlungen. Ich hatte mit Herbst besprochen, dass wir Neuberufenen uns gegen die Teilnahme an der Formulierung der Kündigungsempfehlungen zur Wehr setzen sollten, da wir dabei über die Zukunft von Mitgliedern desselben Instituts entschieden. Ritter und Schulze kämpften diesen Widerstand rasch nieder. Dabei entwickelte Ritter eine enorme Energie, die ihm bei der ganzen Arbeit am Neuaufbau aus irgendwelchen Quellen zufloss. Wir steckten zurück, als Schulze das Argument vorbrachte, wir seien ja schon berufen, eine Befangenheit wegen Stellenkonkurrenz könne es daher nicht geben. Ritter erkannte in diesem Punkt überhaupt keine Unterscheidung zwischen sich bzw. der SBK und den Neuberufenen an. Wir, die kurzfristig Opponierenden, befanden uns hier auch in einem Gruppenzwang, dem wir uns nicht entziehen konnten. Allerdings hatte ich in dieser Debatte wie bei der Beratung der Gutachten das Gefühl, dass wir uns auf juristisch ungesichertem Boden bewegten und möglicherweise ins offene Messer der Verwaltungs- und Arbeitsgerichtsbarkeit liefen. Ritter selbst äußerte größte Zweifel an der Kompetenz der Juristen der Senatsverwaltung, die das Verfahren abgesegnet hatten. Nach meinem Eindruck teilten auch die übrigen West-Teilnehmenden die Befürchtung, dass man sich alsbald vor Gericht wiederfinden könne. Gleichwohl vertrat ich, wie die anderen, in diesem Bewusstsein meine eigenen Gutachten und beriet über die der Kollegen mit. Bei den Negativgutachten und den damit verbundenen Kündigungsempfehlungen ließ ich mich vor allem von der Überlegung leiten, dass die Abgelehnten auf dem gesamtdeutschen Markt für Historiker chancenlos sein würden und dass es mittelfristig im Interesse aller Beteiligten liege, jetzt konsequent zu bleiben. Und ein funktionierendes Institut für Geschichtswissenschaft an der HU konnte wohl wirklich nur aufgebaut werden, wenn ein klarer Strich gezogen wurde.

Ritter hat sich zu diesem Thema sowohl in seinem Bericht wie auch mehrfach im Gespräch ausdrücklich geäußert. Sein Ausgangspunkt waren seine eigenen Erfahrungen als Angehöriger der sogenannten „Flakhelfergeneration". Für die Nachwuchswissenschaftler der jungen BRD waren diese Erfahrungen zur Grundlage ihres Engagements für die liberaldemokratische Staats- und Gesellschaftsordnung geworden. Er erwartete eine ähnliche Entwicklung kritischer Auseinandersetzung mit der Vergangenheit und der Hinwendung zur Demokratie bei denjenigen Nachwuchshistorikern, die noch in der DDR mit ihrem Herrschafts- und Gesellschaftssystem groß geworden waren und – so Ritters Annahme – für die Zukunft vergleichbare Schlussfolgerungen ziehen würden.

Hier irrte Ritter jedoch weitgehend. Einen Namen als Autoren zur DDR-Geschichte machten sich auf absehbare Zeit auf den Märkten zur historisch-politischen Literatur und speziell zur DDR-Geschichte nur die Opponenten aus den 70er-Jahren und jetzigen Mitglieder des östlichen „Unabhängigen Historikerverbandes", vor allem Stefan Wolle, Rainer Eckert und Bernd Florath sowie der kritische Oststudent, Studentenvertreter in der SBK und im Senat, Ilko-Sascha Kowalczuk. Auch wurden einige – wenige – in der DDR sozialisierten Historiker aus dem WIP-Programm später auf Lehrstühle berufen. Marxistische Theorieansätze standen dabei nicht im Weg, was auf eine außergewöhnliche Qualifikation hindeutet. Aber sie kamen auch nicht aus den politisch besonders anfälligen Bereichen der Neueren und Neuesten Geschichte.Von der großen Mehrheit der WIP-Stipendiaten konnte man schon deshalb keine kritische Auseinandersetzung mit der Vergangenheit ihres Staates erwarten, weil dieser gut bezahlte und tendenziell auch auf Lebenszeit gesicherte Stellen geboten hatte, die das neue vereinigte Deutschland jetzt kündigte. Zudem waren die bildungsmäßigen, intellektuellen und mentalitätsmäßigen Voraussetzungen dieses Personenkreises gegenüber ihren gleichaltrigen – oder jüngeren – westlichen Konkurrenten aus den oben genannten Gründen so defizitär, dass seine Mitglieder jetzt und auf absehbare Zeit nur dann eine hörenswerte Stimme erheben konnten, wenn sie von gravierendem politisch-ideologischen Dissens und einschneidenden persönlichen Negativerfahrungen im DDR-Staat getrieben waren. Anders als bei der von Diktatur- und Kriegserfahrung geprägten Flakhelfergeneration handelte es sich bei diesen Nachwuchswissenschaftlern um eine deutlich ältere, auch privilegierte Gruppe, die um komfortable und vergleichsweise sichere Zukunftsperspektiven gebracht worden war.

Von den neuberufenen Professoren erwartete die SBK, dass sie ihre Assistentenstellen vorzugsweise mit den empfohlenen Ost-Mitarbeitern besetzen würden. Das erwies sich aus den genannten Gründen als nicht einfach. Zu den häufigen fachlichen und sprachlichen Defiziten kam, bewusst oder unbewusst, eingestanden oder uneingestanden, die allgemeine West-Ost-Fremdheit sowie, spezieller, die Fremdheit der unterschiedlichen sozialmoralischen Milieus der Wissenschaftler hinzu. Natürlich standen die West-Professoren mit ihren eigenen Studierenden oder Absolventen auf vertrauterem Fuß als mit den Ost-Bewerbern. Bei ihnen wussten die neuen Leute aus dem Westen oft nicht so recht, was von ihnen fachlich, politisch und menschlich zu halten war. In der Atemluft einer Institution, die aus einem ideologiepolitisch-moralischen Fundamentalkonflikt heraus neu aufzubauen war – und zwar auf allen Ebenen, von den Schreibtischen der Assistentenzimmer bis zu den Amtsräumen der Universitätsleitung – hing unweigerlich der trübe Dunst der allgemeinen Verfremdung von West und Ost. Er war nicht einfach wegzublasen, selbst bei beiderseitigem gutem Willen nicht. Soweit West-Professoren Ost-Mitarbeiter auf eine längere Frist von vier oder sechs Jahren übernahmen – was allerdings keineswegs alle taten – setzten sie sich für deren Weiterqualifizierung und Fortkommen so gut und energisch ein, wie sie eben konnten.

Aber wir stießen dabei auf immer stärker greifbare Hemmungen oder Widerstände in der politischen Herkunftswelt und in der Mentalität der östlichen Mitarbeiter. Diese waren mehr oder weniger stark geprägt von den in sie eingesenkten oder im Vereinigungsprozess neu erworbenen Vorbehalten gegenüber den neuen Professoren, ihrem Habitus, ihren Erwartungen, ihren Forderungen, selbst wenn diese der speziellen Situation vollständig angepasst und legitim waren. Die grundlegende Fremdheit, die zwischen Lebensweisen, Einstellungen und Verhaltensmustern in Ost und West entstanden war, konnte in den wenigen dafür zur Verfügung stehenden Jahren nicht einfach verschwinden, auch wenn sich beide Seiten darum bemühten. Die Ost-Mitarbeiter gingen, so stellte ich jedenfalls in meinem Erfahrungsumkreis fest, von vornherein mit wenig Hoffnung an die Aufgabe, sich für eine weitere akademische Laufbahn zu qualifizieren. Zweifellos litten sie an dem sachlich begründeten Gefühl der Unterlegenheit, das sich, wenn überhaupt, in den ihnen zugestandenen Fristen keineswegs überwinden ließ. Eher fand es weitere Nahrung. Dieses Gefühl machte sich vor allem im persönlichen Umgang mit ihren West-Kollegen, gerade im Blick auf den ihnen fremden hegemonialen westdeutschen Wissenschaftsbetrieb bemerkbar. Dabei gab es auf der Ebene der Mitarbeiter durchaus auch freundschaftliche private Kontakte zwischen Ost und West – begünstigt auch durch die Arbeit in gemeinsamen oder nahe beieinander liegenden Büros. Aber es mangelte an Durchsetzungswillen, auch wenn nicht davon gesprochen wurde. Letztendlich schlugen sich die Resignation, die mangelnde Risikobereitschaft und der fehlende Kampfeswille bei den meisten der östlichen Nachwuchswissenschaftler in dem Entschluss nieder, aus dem Karrierebetrieb der Universität auszusteigen. Sie setzten dabei auf sonstige Erwerbschancen als Historiker oder nutzten auch eventuell vorhandene Ausbildungsressourcen auf einem ganz anderen Berufsfeld aus ihrem früheren Leben in der DDR.

Um es noch einmal klar und deutlich zu formulieren, da der Gesichtspunkt bei der Suggestivkraft und der inzwischen auch eingetretenen Diskurshoheit einer undifferenzierten „Kolonisierungs"-These immer mehr vergessen oder verschwiegen wird: Die Ausgangslage der Nachwuchswissenschaftler Ost im unvermeidlichen Wettbewerb mit ihren Kollegen/Konkurrenten aus dem Westen war – zum geringsten Teil durch eigenes Verschulden – äußerst ungünstig. Sie beherrschten sehr viel weniger die westlichen Fremdsprachen und die westlichen Formen des wissenschaftlichen Konfliktaustragens in aller Öffentlichkeit. Das Diskursmilieu in der DDR-Diktatur hatte sie habituelle Zurückhaltung und Vorsicht bei jeder klaren Stellungnahme gelehrt – immer ausgenommen die wenigen mutigen Rebellen. Die Kenntnis der westlichen Forschungspositionen war defizitär – und dieser Nachholbedarf konnte in den gegebenen Fristen auch nicht einfach aufgeholt werden. Wer nicht in einem per se antagonistischen Forschungsbetrieb sozialisiert worden war, hatte es auch nicht leicht, im Zugriff auf wissenschaftliche Fragestellungen plötzlich ohne die vorherigen Gewissheiten in der Theorie und Praxis seiner von Grund auf deutungsbasierten Wissenschaft auszukommen. Sich jetzt in eine vermeintlich „reine" Empirie zu stürzen, half nicht wirklich weiter. Jenseits aller praktischen und diskursiven Nachteile des Aufwachsens und Studierens in einer Diktatur sollte man die Beschränkung der Geistestätigkeit durch den politisch abgesicherten Monotheismus der Theorie nicht unterschätzen. Diese war nur hintergehbar auf Kosten der Berufs- und Karrierechancen. Daran änderte auch die Tatsache nichts, dass in manchen Forschungsmilieus, so in einigen Instituten der Akademie der Wissenschaften, mehr Meinungsfreiheit geherrscht haben mag als in anderen. Um zuletzt auch die konkrete Situation am IfG und an der HU noch einmal anzusprechen: Niemand dürfte enttäuschter gewesen sein vom Ergebnis seiner auf Integration zielenden Nachwuchspolitik der SBK als Ritter selbst.

Ich selbst bekam drei Ost-Mitarbeiter zugewiesen. Zwei davon sollten für zwei Jahre im WIP-Programm bleiben, einer übernahm eine Assistentenstelle. Einer der WIP-Mitarbeiter zeigte sich von Anfang an desinteressiert und initiativlos. Als ich ihn nach ein paar Monaten darauf ansprach, erging er sich in mir unverständlichen Andeutungen, über die ich wenig später vollkommene – unerwünschte – Klarheit bekam. Der inzwischen bei der Verwaltung eingegangene Gauck-Bescheid wies den Mitarbeiter als IM aus, und damit hatte er seine beruflichen Ambitionen zu begraben. Sie wären allerdings auch ohne diesen Bescheid obsolet gewesen. Der zweite WIP-Mitarbeiter erarbeitete nach einem langen Gespräch auf mein Betreiben hin ein mehr als hundertseitiges Manuskript über ein Thema aus seinem früheren Arbeitsfeld, das sich in der vorgelegten Form aber nicht zur Publikation eignete. Auf meine korrigierenden Hinweise und Vorschläge ging er dann nicht weiter ein, das Manuskript blieb liegen. Nach meinem Eindruck war dieser WIP-Mitarbeiter aus verständlichen Gründen nicht bereit oder fähig, sich in das Karriereschema des westdeutschen

Universitätssystems pressen zu lassen. Ich riet ihm dann zu einer Publikation aus seinem unmittelbaren politisch-oppositionellen und menschlichen Erfahrungsbereich im Umkreis von Robert Havemann. Lange nach Ablauf seiner WIP-finanzierten Übergangsfrist erschien dann tatsächlich eine solche Publikation auf dem Buchmarkt. Persönlich sah und hörte ich nichts mehr von dem Autor. Der Lehrstuhlmitarbeiter schließlich zeigte sich aufgeschlossen und arbeitsam, wir mochten und verstanden uns. Aber er beteiligte sich nur dann an den Diskussionen des Kolloquiums, wenn die Sprache auf die letzten Jahre der DDR kam, und war im Übrigen bereits so spezialisiert, dass ihm der Zugang zu den an meinem Lehrstuhl behandelten Problemen des 19. Jahrhunderts weitgehend verwehrt blieb. Er zog sich nach zwei Jahren zunehmend zurück. Bei Ablauf seiner Assistentenzeit stellte sich zu meiner großen Erleichterung heraus, dass er mit einer Sportlehrerausbildung aus der DDR im Rücken zusammen mit einem Freund aus früheren Jahren den Einstieg in Integrationsprogramme für Ausländerkinder vorbereitet hatte und erfolgreich in diese Berufslaufbahn wechselte. Unsere menschliche Beziehung blieb auch danach intakt. Soweit ich sehe, sind die meisten West-Kollegen den entsprechenden Einstellungsvorschlägen Ritters bzw. der SBK bezüglich der Mitarbeiter sehr viel weniger gefolgt als ich. Mir schienen diese Vorschläge zur Integration junger DDR-Historiker zunächst absolut sinnvoll, auch wenn abzusehen war, dass meinen eigenen Interessen damit nicht gedient war. Im Nachhinein muss ich allerdings einräumen, dass diejenigen Kollegen, die ihre eigenen Interessen fester im Blick hatten, Recht hatten. Nur sehr wenige der kurz- oder längerfristig geförderten Nachwuchswissenschaftler aus der DDR konnten die ihnen gebotene Integrationschance nutzen. Stattdessen wurde viel Lebenszeit, Energie und nicht zuletzt auch Besoldung fehlinvestiert.

Die menschlich schwierigste und politisch wie praktisch heikelste Aufgabe der SBK bestand darin, die zu DDR-Zeiten berufenen beziehungsweise eingestellten Hochschullehrer und Mitarbeitenden der Universität zu evaluieren und, wenn nötig, eine Entlassungsempfehlung auszusprechen und zu begründen. Ritter hatte bei seiner Berufung zum SBK-Vorsitzenden zunächst ausgehandelt, dass die SBK diese Aufgabe nicht zu übernehmen brauchte. Doch gab er schließlich dem Drängen der Senatsverwaltung und auch der Universität nach, als sich nach dem Scheitern der Abwicklung die Notwendigkeit von Einzelkündigungen ergab und sich an den westdeutschen Universitäten niemand bereitfand, Entlassungsempfehlungen zu begründen. Bei der Berufung und bzw. Evaluierung der Ost-Professoren wurde eine mögliche politische Belastung nicht berücksichtigt, soweit sie zu diesem Zeitpunkt nicht schon offensichtlich war. Ritter rechnete jedoch damit, dass aufgrund der nach und nach zu erwartenden Auskünfte der Gauck-Behörde und aus sonstigen politischen Gründen drei der positiv Evaluierten noch gekündigt werden könnten. In Rechnung gestellt wurde allerdings, wenn Hochschullehrer sich aktiv an der Relegation von politisch oppositionellen Studierenden beteiligt hatten. Im Ergebnis wurden von den 22 Professoren und Dozenten der alten Sektion für Geschichtswissenschaft acht zur Weiterbeschäftigung empfohlen und ihre Finanzierung sichergestellt, zum Teil durch Dauerstellen im Mittelbau, zum Teil durch die immer vorhandene, wenn auch geringe Manövriermasse im Haushalt der Universität. Das betraf u.a. Konrad Canis, Ingo Materna, für drei Jahre Klaus Vetter, Laurenz Demps und Heidelinde Böcker. Mitentscheidend für die Empfehlung war, dass sie mit ihrem Arbeitsprofil Platz im neuen Strukturplan fanden.

Die Evaluierung der Alt-Professoren erwies sich teils als einfacher, teils aber auch als schwieriger denn erwartet. Einfacher deshalb, weil das Kriterium der „Eignung" – das vor allem auf politisch-moralisches Fehlverhalten zielte – gerade bei den profiliertesten Professoren mit wissenschaftlichem Ruf auch im Westen griff. Und als schwieriger, weil sich damit die ursprüngliche Absicht von Ritter und seinen Mitstreitern Oexle und Schulze, so viel Ost-Personal wie möglich in den Neuaufbau zu integrieren, von vornherein an der politischen Durchdringung der Universität mit der SED-Ideologie und den Praktiken ihrer Durchsetzung rieb. Die Hardliner vor allem aus dem Bereich der Neuesten Geschichte hatten sich spätestens seit dem Abwicklungsbeschluss vom Dezember 1990 und der damit verbundenen Entlassungswelle (der im Sommer 1991 durch den Gerichtsentscheid rückgängig gemacht wurde) für eine Fundamentalopposition gegen den ganzen Erneuerungsprozess entschieden. Kurt Pätzold (Geschichte des Faschismus) und Eckart Mehls (Geschichte des Sozialismus und der DDR) erschienen erst gar nicht zur Anhörung der SBK, ebenso wie Siegfried Prokop (Geschichte des Sozialismus und Geschichte der DDR), den die Gauck-Behörde später als IM identifizierte. Manche Entscheidung geriet in das Dilemma zwischen dem „Exzellenz"-Postulat und der Bewertung der wissenschaftlichen Leistung. Über das „Exzellenz"-Postulat an sich mag man streiten. Bedenkt man aber die Berliner Konkurrenzsituation mit zwei weiteren leistungsstarken Instituten für Geschichtswissenschaft – die Technische Universität darf hier keinesfalls übersehen werden –, so scheint mir dieser Anspruch zwingend. Auf dieser Basis fiel es dann allerdings schwer, Ost-Professoren auf die im Strukturplan vorgesehenen Stellen zu berufen. Das musste sich schweren Herzens, wie Krijn Thijs berichtet, auch der renommierte Fritz Klein eingestehen, der einzige Ost-Vertreter in der SBK, der sich der „Westbank" gelegentlich offen widersetzte. Dieses Argument wird auch nicht entkräftet, wenn man feststellt, dass einige Neuberufene unmittelbare „Schüler" von Ritter und Oexle waren. Der wissenschaftlich bedeutende und auch im Westen hoch geschätzte Günter Vogler hatte – nicht zu Unrecht – ein Verfahren vor der Ehrenkommission laufen, die noch 1990 von der „alten" HU eingesetzt worden war. Andererseits kann man einige der Positivevaluierungen und Wiedereinstellungen von Ost-Historikern sehr wohl als hauptsächlich pragmatisch begründeten Versuch der SBK verstehen, so viel Integration wie möglich zu betreiben und im Übrigen niemanden abzustrafen, der sich politisch-moralisch nichts hatte zuschulden kommen lassen. Natürlich lässt sich über die eine oder andere Entscheidung der SBK streiten. Doch hat sich die Berufung der zwei Ost-Wissenschaftler aus der Akademie auf einen Lehrstuhl nicht wirklich bewährt. Im einen Fall kam der fachlich hochqualifizierte Lehrstuhlinhaber ohne jede Lehrerfahrung mit den Anforderungen des Lehrbetriebs nicht zurecht und fühlte sich im Kreis der Neuberufenen auch nicht wohl, was nur allzu verständlich war. Es herrschte hier ein anderer Ton und ein anderes Tempo als an der Akademie. Die Bemerkungen und Vorschläge des Ost-Kollegen wurden regelmäßig höflich angehört, aber danach nicht weiter beachtet. Der nicht mehr junge, sympathische und sehr konsequente Mann schied daher auf eigenem Wunsch 1998 aus der Universität wieder aus. Im anderen Fall erfüllten sich einfach die Erwartungen nicht, die die SBK bei der Berufung gehegt hatte. Der Amtsvorgänger auf diesem Lehrstuhl (Rosenfeld) war zwar mit seinen Arbeiten und bis kurz vor der Wende auch mit der Lehre im Rahmen des von der SED vorgegebenen Auftrags für wissenschaftliche Tätigkeit geblieben, hatte diesen aber vergleichsweise selbstständig ausgefüllt. Bei ihm hatte es sich gefügt, dass er zum Zeitpunkt des Neuaufbaus altersentsprechend in den Ruhestand ging.

Es versteht sich von selbst, dass die positiv evaluierten, aber ihrer ursprünglichen Stellen und Ressourcen beraubten Ost-Professoren auf Distanz blieben, auch wenn sie sich prinzipiell kooperationsbereit zeigten. Es gab dabei allerdings sachlich und/oder persönlich begründet erhebliche Unterschiede. Klaus Vetter schied 1996 aufgrund des Gauck-Bescheids vorzeitig aus. Ingo Materna hielt sich fern und beendete seine Berufslaufbahn altersentsprechend 1997. Konrad Canis lehrte regulär bis 2003, nachdem er zuvor noch meinen Lehrstuhl vertreten und eine Gastprofessur in Wien wahrgenommen hatte. Günter Vogler traf ich gelegentlich beim Mittagessen in der Mensa, und wir unterhielten uns etwas stockend über neutrale Themen. Gelegentlich streiften wir dabei auch kritische Fragen aus Universität und Politik, immer auf mein Betreiben, da ich hoffte, Vogler würde einmal etwas ausführlicher und offener über die DDR, wenn schon nicht über sich selbst sprechen. Gelegentlich erwähnte er, „seine Sache" liege bei der Ehrenkommission. Diese komme nicht voran oder könne sich nicht entscheiden. Es gehe um „eine Kleinigkeit", die an sich nicht der Rede wert sei. Zu dieser „Kleinigkeit" gehörte allerdings, wie sich noch herausstellen sollte, die Tätigkeit als IM, wobei freilich gesagt werden muss, dass auch diese Rolle in sehr unterschiedlicher Weise ausgefüllt werden konnte. Ich empfand schon seine knappe Bemerkung als Andeutung eines Vertrauensbeweises. Es folgte daraus aber nichts weiter, und nach einigen solchen Gesprächen wurde mir – spät genug – klar, dass Vogler vor allem in Ruhe gelassen werden wollte. Er verließ die HU 1996, vermutlich nach einer

„gütlichen“ Vereinbarung mit der Universität mit 63 Jahren, entfaltete danach aber noch eine breite literarische Tätigkeit. Sein westdeutscher Gegenspieler und Mitstreiter in Sachen „frühbürgerliche Revolution und Bauernkrieg“, Peter Blickle, hatte ihm schon bald nach der Wende die Mitarbeit an der von ihm herausgegebenen UTB-Reihe „Handbuch der Geschichte Europas“ angeboten. Vogler erzählte davon betont beiläufig. Es muss für ihn eine große Genugtuung gewesen sein, nach seinen zahlreichen Büchern zum Bauernkrieg, zu Thomas Müntzer und zur Geschichte der Täuferbewegung in dieser angesehenen Reihe den Band 5: „Europas Aufbruch in die Neuzeit“ zu publizieren.

Bei Laurenz Demps lag die Sache anders. Bei ihm lief kein Vorgang beim Ehrenausschuss. Er war 1990 gerade fünfzig Jahre alt, konnte nach der Wende sehr viel ungehemmter publizieren als zuvor und veröffentlichte seither zahlreiche Monografien nach dem Muster seines ersten Buches auf seiner Spezialstrecke, der Geschichte der Berliner Handlungsorte: „Der Gensd'armen-Markt. Gesicht und Geschichte eines Berliner Platzes“ (1987). Er fand mit seinen Themen Anklang bei bestimmten ost-, aber auch westdeutschen Studierenden und kam damit den antiquarischen Interessen von Berlin-Liebhabern entgegen. Weiterreichende intellektuelle Anstöße waren damit allerdings nicht verbunden. Im persönlichen Umgang zeigte sich Demps ansprechbar, erzähl- und diskussionsbereit. Wir trafen uns ebenfalls gelegentlich beim Mittagessen in der Mensa und unterhielten uns gut dabei. Dass er SED-Mitglied und prinzipiell loyaler DDR-Bürger gewesen war, verhehlte er nicht. In den frühen 80er-Jahren war er dem jungen Oxforder Zeithistoriker Timothy Garton Ash während dessen Ost-Berliner Recherchen als Betreuer (und natürlich auch unauffälliger Bewacher) zugeteilt gewesen. Ihm sei, so Demps, Ash damals als Mann des englischen Geheimdiensts avisiert worden. Ash wurde Anfang der 90er-Jahre berühmt, als er als Journalist und „beobachtender Teilnehmer" das Personal und die Politik der Opposition in den sowjetischen Satellitenstaaten Ungarn, Polen, Tschechoslowakei, DDR von innen kennengelernt hatte und mit seinem Buch „Ein Jahrhundert wird abgewählt" (1990) eine große internationale Leserschaft erreichte. Seither beschreibt und analysiert er sympathisierend-kritisch die Politik auf dem Kontinent, besonders in Deutschland. In seiner Studie „Die Akte Romeo. Persönliche Geschichten" (1997) ging er ebenso einfühlsam wie konsequent dem Leben von Stasioffizieren und den Stasiverflechtungen von Personen des DDR-Kulturlebens nach. Dabei arbeitete er behutsam wesentliche psychologische Hintergründe in der Motivation von Offizieren und Informellen Stasimitarbeitern heraus, bei denen man die Bereitschaft zu dieser Tätigkeit oftmals nicht erwartet hätte. In diesem Buch beschrieb er auch, wie er Demps nach 1990 mit seiner zeitweiligen Vermutung konfrontiert hatte, IM gewesen zu sein. Der Verdacht erwies sich als unbegründet, und Ash verheimlicht nicht einen gewissen Respekt vor dem „sympathischen groß gewachsenen Berliner" und seiner Reaktion auf diesen Verdacht. In unseren Gesprächen gewährte mir Demps auch gelegentlich Einblicke in das Innenleben der Partei, die es in sich haben konnten. So etwa bei der eindrucksvollen Schilderung, wie es sich anfühlte, wenn die Genossen von einem ihresgleichen Auskünfte über ein von ihnen missbilligtes Privatleben verlangten und es abschließend an Hinweisen auf den richtigen Weg nicht fehlen ließen.

Dass die Begegnungen mit Vogler und Demps in der „Professoren-Mensa" stattfanden, war kein Zufall. (Gelegentliche West-Besucher, die man zum Mittagessen in die „Professoren-Mensa" einlud, stutzten regelmäßig bei dieser Bezeichnung und wunderten sich über dieses wenig egalitäre Relikt aus der DDR-Zeit, wo man an weiß gedeckten Tischen bedient wurde und auch öfter mal beobachten konnte, wie sich nichtwissenschaftliche Mitarbeiter in guter Gesellschaft eine Flasche Sekt schmecken ließen.) Sie war praktisch der einzige Ort, an dem sich West- und Ost-Professoren selten genug trafen und einigermaßen zwanglos miteinander redeten – vorausgesetzt, man wollte das. Manche Kollegen hielten sich grundsätzlich fern. Wenn man als West-Professor nicht die Initiative ergriff und bewusst den Kontakt suchte, blieb man eben an unterschiedlichen Tischen sitzen. Auch äußerlich sichtbar blieben die beiden „Kulturen" so gut wie völlig getrennt. In den ersten Jahren dominierten die Professoren und nichtwissenschaftlichen Mitarbeitenden aus dem Osten – und damit auch der Kleiderstil bewusst „proletarischen" Zuschnitts: niemals ein Anzug mit Krawatte, sondern die erkennbar östliche Variante von Lederjacke und mitunter auch Jeans sowie obligatorisch das offene karierte Hemd. Als Vertreter der westlichen Minderheit registrierte ich an mir selbst ein wachsendes Distinktionsbedürfnis in dieser Umgebung. Es ließ mich jetzt öfter als zuvor statt zum bevorzugten lockeren Pullover zum gepflegten Jackett, manchmal auch mit Krawatte greifen – bis die neuen Professoren und Mitarbeiter der juristischen Fakultät mit ihren dunklen Anzügen, weißen Hemden und Krawatten das äußere Erscheinungsbild der Mensabesucher zu prägen begannen. Der Wunsch, mich nun auch von diesen Typen zu unterscheiden, ließ mich dann zu meinen ursprünglichen Bekleidungsgewohnheiten zurückkehren.

Für mich die wichtigste und bei weitem gehaltvollste Beziehung zu einem Ost-Kollegen war die zu Konrad Canis. Sie verlief von Anfang an von gutem Willen bestimmt und von beiden Seiten her reibungslos. Das muss ihm naturgemäß sehr viel schwerer gefallen sein als mir. Im Lauf der Jahre nahmen die Kontakte fast freundschaftliche Züge an, sodass wir uns gelegentlich zu einem Treffen in der entspannten Atmosphäre des Operncafés verabredeten. Dabei stand anfangs der fachliche Meinungsaustausch im Vordergrund, später aber auch zunehmend die Geschichte der Sektion in der DDR sowie allgemeinpolitische Räsonnements, bei denen wir häufig einer Meinung waren. Als dann gegen Ende meiner Dienstzeit die sachlich schwierige und menschlich noch immer heikle Aufgabe auf mich zukam, für die sechsbändige Festschrift der HU zu ihrem 200. Gründungsjubiläum den Artikel über die Neuere Geschichte 1500 bis zur Gegenwart in der DDR-Zeit zu schreiben, konnte ich mehrfach auf die sachkundigen Kommentare von Canis zurückgreifen. Canis war im Wendejahr 52 Jahre alt und also eigentlich auf dem Höhepunkt seiner Schaffenskraft. Er zählt zu denjenigen DDR-Historikern, die, obgleich „degradiert", ihre Lehrtätigkeit und Forschungsvorhaben konsequent weiterführten. Neben zwei Studien zur Revolution 1848/49 in Preußen (1965 und 2022) lag sein Forschungsschwerpunkt bei der Außenpolitik des Deutschen Kaiserreichs und des Habsburgerreichs von 1866–1914. Er publizierte darüber zwischen 1997 und 2016 vier umfangreiche Bände. Der Verlust des Lehrstuhls 1991 war für ihn sicherlich bitter, aber seine Energie als Forscher und Autor hat darunter offensichtlich nicht gelitten. Im Kreis der westdeutschen Kenner der Bismarck- und Außenpolitikforschung genoss er hohes Ansehen. Nach meinem Eindruck wusste er die größere Freiheit des Denkens und Forschens nach 1990 sehr wohl zu schätzen, nachdem der Wendeschock erst einmal überwunden war.

Berliner Szene I: Amüsement, Groll und Gewalt

In den ersten anderthalb Jahren hatte ich vom Büro auf der Schauseite des Prinz-Heinrich-Palais alle Tage in den Hinterhof der Ziegelstraße zurückzukehren in meine Bleibe im Gästehaus der Universität. Der Westflügel des Gebäudekomplexes schloss an entsprechende Bauten von Charité-Instituten weitab des eigentlichen Charité-Campus an der Luisenstraße an. Bis ich eine eigene Wohnung fand, hatte ich hier, wie andere Kollegen auch, ein Apartment mit winziger Küche und großem Arbeits-, Schlaf-, Ess- und Wohnraum gemietet, wo mich meine Frau, in München beruflich gebunden, an Wochenenden besuchen konnte. Die Lage des seltsamen Apartments war perfekt, zum Büro musste ich zunächst nur den Hof queren, ab Sommer 1992 kam ich auf dem Umweg über die Nordspitze der Museumsinsel am Eingang des Bodemuseums vorbei in zehn Minuten zum Hauptgebäude. Allerdings verströmte das Mobiliar meiner Bleibe mit Tisch, Sesseln und Sofa, Lampen und Vorhängen den indiskreten Charme des typischen kleinbürgerlichen DDR-Designs, und die großflächige Auslegware verbreitete einen Bitterfelder Industriegeruch, der mir beim Betreten der Wohnung den Atem verschlug und mit keinem der gängigen Gegenmittel vom Dauerlüften bis zu diversen Sprays zu mildern war.

Was ich zunächst nicht beachtete und was sich auch erst mit dem Frühjahr 1992 wirklich bemerkbar machte: Wir, die neu zugezogenen Historiker, Professoren und Mitarbeiter, waren mit Büros und Wohnungen in das Zentrum des fieberhaft aufblühenden alternativen Vergnügungslebens im vermeintlichen Niemandsland dicht hinter der inzwischen abgerissenen

Mauer geraten. Häuser wurden besetzt, in ruinösem Gemäuer etablierten sich Wohngemeinschaften, Künstlerateliers und Galerien, vor allem aber Kneipen aller Art, in denen der Bär steppte. West-Berliner Schickeria und Freier für den Straßenstrich kamen in dicken Autos über die ehemalige „Staatsgrenze" gerollt, frequentierten das damals sehr preiswerte und gute koschere Speiselokal „Oren" neben der Synagoge und andere rasch eröffnete Etablissements und tauchten neben den „Alternativen" in die Clubs ein. Eine Mischung aus Vagabunden, nomadisierenden Glücksrittern, „Kreativen" und Künstlern aller Art genoss die kurzzeitige Anarchie in ruinösem Gemäuer. Die Ziegelstraße lag nach wie vor ruhig, leer und abends und nachts dunkel da. Aber gleich nebenan lärmte das Leben vor der Kulisse der Synagoge. Die frisch restaurierte Fassade mit ihren orientalischen und christlich- mittelalterlichen Schmuckelementen bot einen befremdlichen Gegensatz zu der architektonischen Verrottung ringsum. Die vergoldete, über einem zwölfeckigen

Mit Barbara vor dem Gästehaus der HU, 1991

Tambour thronende Kuppel verstärkte diesen exotisierenden Effekt. Er verdankte sich der auf Anerkennung des DDR-Staats zielenden Außenpolitik, die sich jeglicher Wiedergutmachung für das von den Juden im „Dritten Reich" erlittene Unrecht entzogen hatte. Kurz vor dem Untergang der DDR hatte sie dem Staat Israel den Wiederaufbau des Baues als eine symbolische Gegenleistung für die völkerrechtliche Anerkennung präsentiert. Er war 1866 eingeweiht und seit der „Reichspogromnacht" vom 9./10. November 1938 unbenutzbar geworden. Das abendliche Treiben in dieser bizarr kontrastreichen Szenerie hatte mit seinem Ineinander von Jeunesse-d'orée- und La-Bohème-Atmosphäre etwas Morbides an sich und verschwand dann auch recht rasch wieder.

Manchmal, an heißen Sommerabenden, raubte mir der über die Dächer hinwegdröhnende Discolärm den Schlaf, den ich doch dringend brauchte, um die Vielzahl der Aufgaben erledigen zu können, die der Neuaufbau eines Lehrstuhls und Instituts inmitten einer chaotischen Umbruchsituation mit sich brachte: eine neue, der Situation angepasste Vorlesung über „Nationalismus und Nationalstaat" schreiben; das, wie ich anfangs mutmaßte, hier besonders kontroverse Hauptseminar über „Geschichtswissenschaft und Gesellschaft" vorbereiten; Stellenausschreibungen formulieren; Bewerbungsschreiben lesen und -gespräche führen; endlose Telefonate mit hilflosen, desorientierten oder auch renitenten Sachbearbeitern führen; Bewerbungsunterlagen für die noch unbesetzten Professorenstellen durcharbeiten und Kündigungsschreiben für die SBK formulieren; an den neuen Studien- und Prüfungsordnungen arbeiten. Dazu kam noch als mitgebrachte, aber sehr eilige Aufgabe, die umfangreiche Korrespondenz zur Organisation der Fest- bzw. Gedenkschrift für den todkranken Thomas

Nipperdey in die Maschine zu hämmern und die inzwischen eingegangenen, zum Teil desaströsen Manuskripte zu korrigieren sowie den eigenen Beitrag über die „Gleichzeitigkeit des Ungleichzeitigen als Strukturelement der deutschen Geschichte im 19. Jahrhundert" und die Einleitung zu verfassen. Neben alledem mussten wir auf dem leergefegten Berliner Wohnungsmarkt eine Wohnung suchen und wollten – last but not least – einiges vom aktuellen Berliner Kulturleben zwischen Gorki Theater, Staatsoper, Berliner Ensemble und dem noch ganz von den DDR-Kräften bestrittenen Kabarett „Die Distel" mitbekommen. Besonders in Erinnerung geblieben sind mir dabei ein Abend mit dem oppositionellen DDR-Liedermacher Stefan Krawczyk im Gorki-Theater, eine Aufführung von Rolf Hochhuths neuem Stück gegen das Wirken der Treuhand „Wessis in Weimar, Szenen aus einem besetzten Land" im Theater am Schiffbauerdamm und das Programm der „Distel". Das zu DDR-Zeiten schon bewährte Kabarett brillierte jetzt mit Sketchen und Songs zwischen DDR-Abrechnung, Hoffnung auf die neue Zeit, Enttäuschung durch die neue Zeit, Stasifällen aller Art und der Artikulation allgemeiner Verunsicherung. Hochhuths „Wessis in Weimar" sah ich kurz nach der Uraufführung im Berliner Ensemble im Februar 1993 in der Inszenierung des einstigen Republikflüchtlings Einar Schleef. Das Stück hatte durch Veröffentlichungen und Kommentare in der Presse schon seit Sommer 1992 Furore gemacht, vor allem durch eine Stelle im Prolog, die als nur dürftig verschleierte Rechtfertigung des Mordes an dem Treuhand-Chef Detlev Rohwedder 1991 verstanden werden konnte. Das Stück behandelte die zentralen gesellschaftlichen Probleme der deutschen Vereinigung, die „Abwicklung" des DDR-Staates und seiner Wirtschaft, die Arbeit der Treuhand und die Massenarbeitslosigkeit anhand von

Einzelschicksalen, die jedoch in Schleefs Inszenierung zusätzlich zu den ohnehin pauschalen Wertungen Hochhuths zu Typen kollektiviert waren. In meiner Erinnerung haften vor allem die Sprechchöre von Figuren, deren Uniformen Faschismus-Assoziation weckten und die lautstark ins Publikum donnerten. Ich fühlte mich an Agitprop-Theater erinnert und stellte mir vor, dass etwa eine Brecht-Inszenierung seines Propaganda-Stücks „Die Maßnahme" so hätte aussehen können. Nur fehlte es hier an dem Glauben an den notwendigen – freilich Opfer fordernden – Kampf der Arbeiterklasse. Stattdessen nur angeblich objektive Fakten und Anklagen, die überlaut von der Bühne dröhnten. Eine missratene Mischung von Agitprop und dokumentarischem Theater, so schien es mir, und mit seinen vereinfachten Thesen und dem aggressiven Gehabe alles andere als das, was die gespaltene Nation jetzt brauchte.

Kam ich dann abends aus dem Büro oder einer Unternehmung zurück in die Ziegelstraße, so hatte ich an der dichten Reihe von „Nachtschwalben" vorbeizugehen, die die Oranienburger und die Tucholskystraße beidseitig säumten. Der Straßenstrich hatte die Gegend bis zum Hackeschen Markt erobert, und ich bemerkte in den anderthalb Jahren dort nicht, dass dagegen etwas unternommen worden wäre. Vielen der Prostituierten standen Elend, Krankheit, Drogensucht ins Gesicht geschrieben, von Irma-La-Douce-Romantik keine Spur, stattdessen „la malaise du monde" im aufgekratzten Milieu der nächtlichen Oranienburger Straße in den Jahren nach dem Mauerfall.

Berlin-Mitte am späteren Abend oder nachts hatte es in den Jahren 1992/93 und an manchen Stellen auch noch länger in sich. In den ersten eineinhalb Jahren pendelte ich manchmal noch zwischen München und Berlin, das eine oder andere Mal auch mit dem Zug. Diese Fahrten über Nürnberg, Jena, Leipzig dauerten rund acht Stunden, vereinzelt auch länger, wegen endlos langer Aufenthalte in der damaligen Grenzstation Probstzella und Teilstrecken zwischen Jena und Berlin, die wegen des maroden Zustands der Gleise nur im Bummeltempo befahren werden konnten. Die Endstation, der damalige Haupt- und spätere Ostbahnhof, begrüßte den Reisenden mit einer bedrückenden Atmosphäre von Leblosigkeit und Düsternis. Abends wie nachts war er so gut wie menschenleer. Auch auf der breiten Zubringertrasse zwischen „Hauptbahnhof" und Bahnhof Friedrichstraße gab es kaum Verkehr und überhaupt wirkte Berlin-Mitte menschen- und verkehrsarm. Zwar nahm die Frequenz des Autoverkehrs Unter den Linden und in den Seitenstraßen nach und nach zu, doch machte sich die frühere Grenz- und Randlage immer noch geltend. Nur an Samstagen herrschte hier lebhafter Fußgängerverkehr. Vor dem Hauptgebäude der Humboldt-Universität schlugen Antiquare ihre Tische auf, und das Operncafé war gut besucht. Es sah so aus, als habe sich hier in den DDR-Jahren eine Tradition gebildet, die die östlichen Stadtbewohner in die Mitte zog und die den großen Umbruch nicht nur überdauert hatte, sondern von ihm auch profitierte, da mehr zivile Freiheit herrschte und auch Besucher aus dem Westen die alte Mitte wenigstens punktuell wieder in Besitz nahmen. Abends allerdings kehrte rasch wieder Ödnis ein, sah man von den Gruppen ab, die sich aus der Staatsoper, dem Deutschen Theater mit seinen zwei Häusern, dem Friedrichstadt-Palast oder dem Metropol meist auf den Weg über den Bahnhof Friedrichstraße auf den Heimweg machten. Finster lag die Stadt östlich der einstigen Mauer dann da. Erst hier wurde dem Besucher aus dem Westen auch klar, wie stark die Lichtreklame die Städte erhellt. Der kapitalistische Konsumzauber ist auch Lichtzauber. Ein

Gang durch die nächtlichen Straßen von Berlin-Mitte musste damals auch den Kapitalismusskeptiker versöhnlicher stimmen, wenn sich da nicht die Bedenklichkeit gemeldet hätte, dass der nächtliche Lichtrausch von Konsum-, Kultur- und Amüsierzentren der Großstädte im Westen Energie ohne Ende verbraucht.

Das Dunkel am Abend und die Leere auf den Straßen zwischen Museumsinsel und Brandenburger Tor, zwischen Ziegelstraße und Gendarmenmarkt war schon deshalb etwas unheimlich, weil man sich dort zu späterer Stunde nicht wirklich sicher fühlte. Nachdem der erste Rausch der Einheit verflogen war und sich statt der versprochenen „blühenden Landschaften" erst einmal Arbeitslosigkeit und die Entwertung der Ost-Biografien durch die westdeutschen „Sieger der Geschichte" ankündigten, wuchs die rechtsradikale Gewalt vor allem im Osten in einem Maße an, wie sich das bis dahin kaum jemand hatte vorstellen können. Nicht dass sie in Westdeutschland unbekannt gewesen wäre. Seit Beginn der 1980er-Jahre waren dort die Flüchtlings- und Asylantenzahlen immer mehr angestiegen und seit 1986 war die politische Rechte mit einer Kampagne gegen den sogenannten „Asylbetrug" unterwegs. Mitgetragen auch von Teilen der CDU/CSU, hatte sie den rechtsradikalen Splitterparteien der „Republikaner" und der „Deutschen Volksunion" bei einzelnen Europa- und Landtagswahlen erhebliche Gewinne eingebracht. Die 1983 gegründeten Republikaner hatten es mit ihren besten Ergebnissen überhaupt bei der Europawahl im Sommer 1989 auf mehr als sieben Prozent und zuvor schon im Abgeordnetenhaus von Berlin auf 7,5 Prozent gebracht. In den 1990er-Jahren zog die radikal nationalistische völkische „Deutsche Volksunion" des Verlegers der „Deutschen Nationalzeitung", Gerhard Frey, noch weiter nach rechts abwandernde ehemalige NPD-Wähler an sich und erzielte ihre Spitzenergebnisse 1997 bei der Hamburger Bürgerschaftswahl mit 4,93 und 1999 bei der Landtagswahl in Brandenburg mit 5,5 Prozent. Die Radikalisierung zum Extremismus hin ist eine nur gelegentlich von rückläufigen Tendenzen unterbrochene Bewegung im rechtskonservativen Lager, sie erlebte jedoch durch den Beitritt der Ex-DDR zur Bundesrepublik in mehreren vor allem durch das Flüchtlingsproblem induzierten Schüben erst seit 2015 wirklich massenhaften Zulauf. Seit 1992 überfielen Neonazis verstärkt Asylantenheime. Insofern kam der Brandanschlag mit Molotowcocktails auf zwei Häuser im schleswig-holsteinischen Mölln am 25. November 1992, der drei Tote und neun Schwerverletzte forderte, keineswegs aus dem Nichts.

Im Lauf des Jahres 1992 stieg die Zahl der Asylsuchenden in Deutschland auf mehr als 440.000 – eine fatale Koinzidenz mit der Welle der beginnenden Arbeitslosigkeit nach der überhitzten Wendekonjunktur, der entsprechenden kulturell-mentalen Krisenstimmung und ansteigenden Demokratieskepsis vor allem in Ostdeutschland. Als vom 17. bis 23. September 1991 mehr als 500 Randalierer mit Brandflaschen und sonstigen Wurfgeschossen ein Heim für ehemalige DDR-Vertragsarbeiter und Flüchtlinge in Hoyerswerda angriffen, bedeutete das eine Initialzündung für eine Gewaltwelle auf dem Boden der ehemaligen DDR. In einer ganzen Reihe von Nachfolgetaten terrorisierten Trupps von bis zu 200 jugendlichen Schlägern mit Brandsätzen und Schusswaffen Flüchtlingseinrichtungen und ihnen unliebsame Personen. Überall im Osten gab es zahlreiche Anschläge. Auf S-Bahnhöfen und auf Strecken in den östlichen Außenbezirken wurden Fahrgäste überfallen. Dass eines Morgens im Frühjahr 1992 die Türen aller Büros in der Ziegelstraße eingetreten und die gerade erst angeschafften Rechner samt und sonders gestohlen worden waren, konnte man noch auf die Rechnung

„normaler“ großstädtischer Raubdelikte setzen. Aber dass z.B. ein dunkellockiger Lehrstuhlmitarbeiter sich einer Attacke mitten in Kreuzberg nur mit Hilfe einer Pfefferspraydose entziehen konnte, war schon eine andere Sache. Für einen anderen fremdländisch aussehenden Mitarbeiter wurde gesammelt, um ihn für abendliche Heimfahrten mit der S-Bahn in einen östlichen Außenbezirk mit einem der neuen, damals noch sehr teuren Handys für einen Notruf auszustatten. Ab dem Sommer 1993 führte mein Heimweg vom Büro nach Charlottenburg über den Bahnhof Friedrichstraße, wo abends ein Skinheadtrupp lagerte, der sich ein Vergnügen daraus machte, gegenüber den wenigen Passanten eine drohende Haltung einzunehmen.

Das alles war unangenehm, blieb aber für unsereinen im Rahmen einer Atmosphäre von nur drohender, aber nicht ausgeübter Gewalt (sofern man einen auf körperliche Übergriffe reduzierten Gewaltbegriff zugrunde legt). Es waren dann die Bilder aus Rostock-Lichtenhagen, die die Situation zivilisatorisch und politisch unerträglich machten. Vom 22. bis 26. August 1992 tobte ein Mob von bis zu 2000 Personen vor dem Gebäude der zentralen Aufnahmestelle für Asylbewerber, einem freistehenden Plattenbau, in dem auch 200 vietnamesische Vertragsarbeiter untergebracht waren. Der Mob setzte das Gebäude schließlich unter dem johlenden Beifall zahlreicher Rostocker „Bürger“ in Brand. Selbst zu Hause am Bildschirm sah man noch die Todesangst in den Gesichtern der eingeschlossenen Bewohner. Es gab keine Toten und Verletzten, aber die Ungeheuerlichkeit der Aggression, das Verhalten der Sympathisanten, die Hilflosigkeit von Polizei und Politik – dies alles bedeutete eine einschneidende Erfahrung, die nun auch die ominösen „friedlichen“ Bürger auf die Straßen trieb.

Am 8. November 1992 nahm ich daher trotz meiner seit 1968 eingefleischten Skepsis gegen jede Art von Straßenpolitik an der Berliner Großdemonstration gegen Ausländerfeindlichkeit teil, die von einem Bündnis von Parteien, Gewerkschaften und Kirchen und sonstigen Akteuren der Zivilgesellschaft organisiert worden war. Zwei Menschensäulen bewegten sich vom Wittenbergplatz und von der Gethsemanekirche her zum Lustgarten/Marx-Engels-Platz. Rund 300.000 Menschen waren auf den Beinen, zum Teil mit Kind und Kegel. Die Menschenmasse, die sich zwischen Altem Museum und Palast der Republik versammelte, war beängstigend, aber der Platz ist so weit, dass es zumindest in den hinteren Reihen nicht zu Gedränge kam und die Stimmung fast durchweg, so weit zu sehen, locker blieb. Es gab rührende Bilder. Ein gebeugter Alter hielt ein selbstgefertigtes Schild „Für Freundlichkeit zu Ausländern" hoch. Junge Mütter schoben ihre Buggys vor sich her. Wenn man um sich sah, stellte sich trotz der Dichte der Menge physiognomische Erleichterung ein: Man blickte in unverbiesterte, freundliche Gesichter von Menschen, bei denen man sich vorstellen konnte, auch sonst gern mit ihnen zu tun zu haben. Gleichwohl verlief die Demo nicht ungestört. Sie hatte den rechten Pöbel provoziert und bot ihm eine Bühne, die er weidlich nutzte. 300 Rechtsradikale hatten sich schon am frühen Morgen direkt vor der Bühne postiert und bewarfen Bundespräsident Richard von Weizsäcker bei seiner Rede mit faulen Eiern und Farbbeuteln. Die Polizei hätte sie rechtzeitig abführen können, aber das hätte nicht zu dem rechtsstaatlichen Bild gepasst, das die ganze Demonstration bieten sollte. So haben also 300 Randalierer das Versöhnungsfest der 300.000 gestört, wenn auch nur zu Beginn. Die Versammlung war so groß, dass man in den hinteren Reihen gar nicht genau sehen und hören konnte, was vorne vor sich ging. Ich hatte mich, um nicht mitten im Gewühl zu stehen, auf die Stufen des Palasts der Republik zurückzogen und bekam nur mit, dass vorne etwas nicht stimmte und Verzögerungen eintraten. Trotzdem, die Demo fand statt, als Zeichen in und für Deutschland, wie auch nach außen hin.

Dies alles zeigte, wie sehr sich die politische Stimmungslage in Deutschland binnen drei Jahren verändert hatte. Das SED-Erbe belastete die Gesellschaft und politische Kultur so stark, wie man es eigentlich hätte wissen können, aber doch lange nicht wahrhaben wollte. Die extremen Akte der Fremdenfeindlichkeit aus der Ex-DDR verstärkten dabei zweifellos die fremdenfeindlichen Tendenzen in der alten Bundesrepublik. Die Brandanschläge in Mölln 1991, Solingen 1993 und Wuppertal 2014 brachten das zu schockierender Evidenz.

„Wahrnehmungen" – deutsches Befinden in Ost und West

Die staatliche Vereinigung war mit atemberaubendem Tempo vollzogen worden, sehr viel schneller, als sich die fundamentalen Orientierungen, die Bindung an bestimmte Normen und Leitbilder hatten ändern können. Es lag nahe, dort, wo sich dieser asymmetrische und zutiefst kontroverse Einigungsprozess wie in einem Brennglas verdichtet vollzog, im eigenen Wirkungskreis an der HU, diese Problematik im Rahmen einer Vortragsreihe mit kompetenten Referenten aus Ost und West zu diskutieren.

Am Ende des Wintersemesters 1991/92 legte ich im Kreis der Neuberufenen ein entsprechendes Konzept vor, das allgemein Zustimmung fand. Einige der angefragten Referenten lehnten allerdings ab, so mit einem knappen Zweizeiler der Schriftsteller Christoph Hein, der sich, man kann es nicht deutlich genug sagen, kurz zuvor noch einer hitzigen Protestversammlung gegen die Entlassung Finks für dessen Verbleib und insgesamt gegen den West-Zuzug an der HU ausgesprochen hatte. Monika Maron verweigerte sich einem Vortrag mit dem Argument: „Das kann ich nicht", schlug aber stattdessen vor, aus dem Buchmanuskript zu lesen, an dem sie gerade arbeitete. Das tat sie dann auch, im dicht besetzten Senatssaal. Die Lesung fiel etwas aus der Reihe, löste aber nach anfänglicher Stille, die sich nach ihrer präzisen Beschreibung eines Liebesakts über das Publikum gesenkt hatte, eine lebhafte Diskussion aus, die sich beim abschließenden, bis tief in die Nacht dauernden Umtrunk in meinem Büro fortsetzte und schließlich in allgemeine Heiterkeit auflöste. Im Ganzen gelang es dann aber doch, mit fünf profilierten Politikern/Autoren aus dem Osten und zwei Bücher schreibenden Journalisten aus dem Westen eine Vortragsreihe durchzuführen, die die Ost-West-Probleme analysierten und diskutierten (herausgegeben von Heinrich August Winkler und mir in der Beck'schen Reihe als „Deutsche Entfremdung. Zum Befinden in Ost und West", München 1994). Bei der heutigen Relektüre des Büchleins fällt auf, wie anschaulich und scharfsinnig dabei schon all jene Probleme erörtert worden sind, die heute angesichts der Konjunktur der AfD wieder in den politischen Diskurs zurückgekehrt sind.

Den Anfang machte Wolfgang Thierse, gelernter Kulturwissenschaftler und Germanist, seit Anfang 1990 führendes Mitglied der Ost-SPD, seit Ende 1990 stellvertretender Vorsitzender der Gesamtpartei und eine viel gehörte publizistische Stimme in den deutsch-deutschen Auseinandersetzungen. Ich hatte ihn in Empfang zu nehmen und einzuleiten und erlebte ihn als einen knorrigen, man kann auch sagen unhöflichen Mann. Als ich anfing, ihm die Kollegen vorzustellen, steckte er die Hände in die Hosentasche, schaute über den wohl gefüllten großen Hörsaal und sagte nur: „Hier habe ich damals die Vorlesung bei XY gehört." Ich verstand nach der ersten Irritation allerdings auch, dass der unkonventionelle Mann vom altmodischen Zeremonienwesen der Universität genervt war und es einfach beiseite schob. Thierse hatte in den 1960er-Jahren an der HU Kulturwissenschaften studiert und war seit 1977 als wissenschaftlicher Mitarbeiter am Zentralinstitut für Literaturgeschichte an der Ost-Berliner Akademie der Wissenschaften tätig gewesen, hatte sich im Oktober 1989 dem Neuen Forum und im Januar 1990 der SPD angeschlossen, in der er zunehmend wichtige Funktionen übernahm, u.a. als Abgeordneter der freigewählten Volkskammer und später des Bundestages, als stellvertretender Fraktions- und Parteivorsitzender und als Vorsitzender der

Grundwertekommission. Seit 1990 beteiligte er sich mit eigenständigen Positionen und immer profiliert an der öffentlichen Debatte über die Probleme der deutschen Vereinigung.

In der Diskussion nach dem Vortrag kritisierte Winkler den Vorschlag Thierses, die Bürger stärker durch Referenden an der politischen Willensbildung zu beteiligen; Thierse wies diese Kritik zurück, indem er sich spöttisch und genüsslich Winklers Formulierung von den „plebiszitären Elementen" in der Verfassung auf der Zunge zergehen ließ. In meiner Einführung stellte ich ihn wegen seiner Wortgewalt, die er im Bundestag bewiesen hatte, neben die großen Debattenredner der SPD in den 60er-Jahren, Carlo Schmid, Fritz Erler, Helmut Schmidt, was er sich gern gefallen ließ und dann mit den Worten „Wir wollen mal sehen, ob es auch heute flutscht" zum Thema überging.

Thierse eröffnete seine Rede mit der Feststellung, es sei ja nun schon fast zum Klischee geworden, unser heutiges Befinden und die Euphorie des Herbstes 1989 einander entgegenzusetzen. Damals die Euphorie, der Aufbruch, die Poesie des Anfangs und heute die üble Laune, die Hilflosigkeit und zunehmende Aggressivität, die Prosa des Alltags. Er empfinde Abscheu gegenüber der „Befindlichkeitslyrik und Befindlichkeitsdeutung, wie sie in Sammelbänden und Talkshows durch unsere Republik wabert" – ging dann aber doch selbst zügig zu einer solchen Befindlichkeitsdeutung über, freilich zu einer sehr kritischen. Das Jammern hätten „wir DDR-Bürger" immer vorzüglich und ganz innig betrieben, einig in der Stimmung: „Die da oben sind schuld, und wir können nichts tun." Sich als Verfolgter, Opfer, heimlicher oder erklärter Dissident zu verstehen, sei entlastend und befreie vom Gefühl der Demütigung; zudem fühle man sich in dieser Rolle umso glaubwürdiger, je unerbittlicher man die Täter und ihre harmlosen oder mittelmäßigen Mitläufer anklage. Anstelle der Selbstkritik, die er selbst mit dem – von ihm inzwischen wieder aus dem Verkehr gezogenen – Stichwort „Tribunal“ empfohlen habe, gebe es vor allem Selbstgerechtigkeit, Umstilisierung der eigenen Biografie und Uminterpretation der DDR-Vergangenheit. Die Betroffenen definierten zudem ihre Befindlichkeit vorzugsweise nicht selbst, sondern überließen die Deutung anderen. Eine solche „Übertragung der Deutungs- und Problemlösungskompetenzauftritte“ sei aber ein Akt der Selbstentmündigung und zugleich die Fortsetzung früherer Entmündigung. Den Negativmythos „IM“ empfehle er, unter einer anderen Überschrift zu fassen, nämlich „Anpassung“. Verrat und Anpassung hätten in der DDR schlimmere Folgen gehabt als im Westen, aber Anpassung habe es wohl auch dort gegeben. Nach dieser Diagnose ging Thierse zu der Frage über: „Was ist zu tun?“ An erster Stelle: anerkennen, dass an die Stelle der zweigeteilten Welt keine Idylle getreten sei, kein goldenes Zeitalter begonnen habe. Die marodierenden Ängste müssten überwunden werden. Die Ostdeutschen sollten lernen, offene Situationen und ungelöste Widersprüche auszuhalten, konfliktfähig zu werden und das Ost-West-Gefälle an Selbstbewusstsein, Darstellungsvermögen und Durchsetzungsfähigkeit zu überwinden. Im Westen hingegen hätten viele noch nicht erkannt oder anerkannt, dass auch für sie nicht alles beim Alten bleiben könne. Jedenfalls komme Angst auf, die Kosten der Einheit könnten zu hoch sein und der eigene, hart erkämpfte Lebensstandard könne sinken. Die Westdeutschen müssten hinnehmen, was an Opfern von ihnen verlangt werde. Den Berechnungen des Instituts für Wirtschaft und Gesellschaft (Kurt Biedenkopf und Meinhart Miegel) zufolge sei das ein Finanztransfer von jährlich mindestens 150 Mrd. D-Mark in den nächsten fünfzehn Jahren von West nach Ost. Im Westen sei kein Wachstum mehr zu verteilen, denn es müsse im Osten verteilt werden – „dies wird die Bewährungsstunde westdeutscher Solidarität sein. Alles, was bisher in dieser Richtung stattgefunden hat, war Vorspiel". Im Osten hingegen sei jetzt ein „zweiter Mut" nach dem „ersten Mut" vom Herbst 1989 gefordert: die Abkehr von der vollkommenen Anpassung an den Westen. Insbesondere gelte es, dessen Konsumkultur zu mäßigen bzw. zu überwinden. Denke man rein marktwirtschaftlich, so müsste sich die ostdeutsche Gesellschaft kompromisslos am Leitbild ökonomischer Effizienz ausrichten. Daher sollten sich die Ex-DDR-Bürger jetzt endlich die Frage leisten, ob sie das wirklich wollten. Alle Deutschen sollten sich auf eine „unausweichlich notwendige Kultur der Bescheidung" – der Ton lag auf „alle" einstellen.

Thierses Vortrag war scharfsinnig, er verteilte Kritik und Vorschläge auf Ost und West, und er postulierte mit seiner Kultur der Bescheidung nur das unumgänglich Notwendige, zumindest was das Konsumverhalten anging. Aber ich zweifelte doch sehr daran, dass diese Einsicht sich in absehbarer Zeit durchsetzen werde. Außenpolitisch schien mir die geforderte „Kultur der Bescheidung" insofern sinnvoll, als es galt, mit dem zwangsläufig zu erwartenden neuen Gewicht Deutschlands in Europa und in der Welt behutsam umzugehen. Eine Verständigung über die entstandenen Unterschiede und über die unabdingbaren gemeinsamen Orientierungen setzte allerdings voraus, dass die unterschiedlichen, durch konträre politische Sozialisationen entstandenen Denk- und Verhaltensweisen wirklich wahrgenommen und als gegeben anerkannt wurden. Es ging also zunächst einmal darum, die Spannungen, die sich aus den Überschneidungen höchst unterschiedlicher Mentalitäten, Kulturen, Traditionen und Erfahrungen von Freiheit und Unterdrückung, persönlicher Lebensperspektiven, den unterschiedlichen Gewohnheiten und individueller und kollektiver Selbstdeutung ergaben, möglichst präzise und vorurteilsfrei zu beschreiben und zu analysieren. Erst dann konnte jener auf politische Urteilsfähigkeit, Interessenwahrung und Solidaritätsbereitschaft begründete Grundkonsens Stabilität und Dauerhaftigkeit gewinnen, auf den eine demokratische Ordnung angewiesen ist. Das konnte nur gelingen, wenn sich die Deutschen in Ost und West darüber verständigten, welche Wertmaßstäbe und Normen sie für die gemeinsame Gesellschaft als verbindlich anerkennen wollten.

War der Kulturwissenschaftler Wolfgang Thierse bis Anfang 1988 in der relativen Ungestörtheit seines Büros in der Akademie der Wissenschaften seinen Studien nachgegangen, so hatte sich der Schriftsteller Jürgen Fuchs schon während seines Studiums in Jena mit kritischen Texten und Auftritten politisch exponiert, war 1975 exmatrikuliert und aus der SED ausgeschlossen worden, hatte 1976/77 ein Dreivierteljahr im Gefängnis gesessen und war 1977 wie Gerulf Pannach und Günther Kunert nach West-Berlin abgeschoben worden. Aufgrund seiner Aktivitäten in der Friedensbewegung – und seiner fortdauernden Kontakte zu den Oppositionsbewegungen im Ostblock – blieb er auch im Westen noch das Objekt lebensgefährlicher „Zersetzungsmaßnahmen“ der Stasi. Als vergleichsweise harmlose „Zersetzungsmaßnahme“ konnte man es auch ansehen, dass die Plakate mit der Ankündigung seines Vortrags allesamt über Nacht aus dem Hauptgebäude der HU verschwanden, sodass dann nur etwa fünfzehn Personen – Professoren und Mitarbeiter des Instituts eingeschlossen – im großen Hörsaal auf seinen Auftritt warteten. Fuchs steckte noch immer tief in seiner inneren Auseinandersetzung nicht nur mit dem ihm persönlich angetanen Unrecht, sondern mit den inhumanen Seiten des

Regimes überhaupt. Er fand sie in der durch den Staat und seine Anhänger genährten Militanz nicht nur in der Volksarmee, in der Aggressivität gegen Andersdenkende und natürlich alles Westliche, im verbreiteten Gewalthabitus und -jargon, im systematischen Freund-Feind-Denken, das ihm auch bei der Einsicht in seine eigene Stasiakte entgegengetreten war, in der Verformung der Menschen durch Macht und Ideologie, wie er sie an den Gutachten ablesen konnte, die Literaturwissenschaftler und Kriminologen der HU zu Händen der Stasi über seine Texte geschrieben hatten. In dem ungeachtet seiner äußeren Robustheit ungemein feinfühligen Mann zitterte noch die Erregung der Kämpfe, in denen er gestanden hatte und noch stand. Einleitend bezweifelte er ausdrücklich, dass er den Wunsch nach einer nicht nur „persönlichen und reflektierten", sondern auch „versachlichten Sicht" auf das derzeitige Befinden der Deutschen in Ost und West, den ich in meinem Einladungsschreiben etwas naiv geäußert hatte, erfüllen könne. Er beschrieb auch das Schockerlebnis vieler DDR-Bewohner im Umbruch, die Gefühle von „Bangigkeit, Angst, Niedergedrücktheit", die Erfahrung des Fremdwerdens der gesamten Umgebung, aber auch der neuen „aggressiven Sachlichkeit" bei erfolgreichen Wendehälsen, als welchen er zum Beispiel den brandenburgischen Ministerpräsidenten Manfred Stolpe sah. Er bekannte seine Furcht vor der Gewaltbereitschaft, wie sie sich bei den Ausschreitungen u.a. in Hoyerswerda und Rostock gezeigt habe. Die unmittelbare Gegenwart sah er als eine Zeit der „Machtprobe" zwischen der fortlebenden Aggressivität von einst und jener „humanen Orientierung", die im Machtsystem des untergegangenen Staates verlorengegangen sei, auf die er aber jetzt seine Hoffnung setze. Der leere Hörsaal, vor dem er sprach, war wie ein Menetekel für die Schwere der Aufgabe, vor der er seine Landsleute sah.

Beim gemeinsamen Abendessen nach dem Vortrag wirkte Fuchs erschöpft und in sich gekehrt – was seinem Auftritt nur noch mehr Nachdruck verlieh.

Etwas weniger angerührt kam ich aus Vorträgen von Rainer Eppelmann und Helga Schubert heraus, wenngleich auch in ihnen die subjektive Erfahrung von DDR-Misswirtschaft und dem Bedrücktheitsgefühl durch das intellektuelle und physische Eingesperrtsein im DDR-Staatswesen die Erzählung bestimmte. Eppelmann, im Lauf des Jahres 1989 als Vertreter des kirchlichen Protests bekannt geworden und 1990 für sechs Monate DDR-Verteidigungsminister im Übergangskabinett de Maizière, setzte sich mit den handfesten Problemen der Transition und dem Auseinanderklaffen von illusionärer Erwartung und den unerwarteten Schwierigkeiten bei ihrer Lösung auseinander – vom Fehlen der Rechtsanwälte für die zahllosen Eigentums- und Gerechtigkeitskonflikte über den Bau von Straßen und Telefonleitungen bis zu den unumgänglichen, aber Arbeitsplätze vernichtenden Umbrüchen in der Landwirtschaft und beim Braunkohleabbau. Er fürchtete die Irritationen und Enttäuschungen, die dabei entstehen mussten und die auszuhalten die überforderte und in irrealen Erwartungen gefangene DDR-Bevölkerung in keiner Weise gerüstet sei. So viel Anfang war nie – ergab sich aus seiner Lagebeschreibung –, aber wo sollte das Wissen und Können für den Neuanfang herkommen, wenn man nicht gerade in die Wende hinein das Erwachsenenalter erreichte?

Helga Schubert dagegen, in der DDR Autorin von Kinder- und Reisebüchern, im Westen seit 1990 vor allem bekannt geworden durch das Buch „Judasfrauen. Zehn Fallgeschichten weiblicher Denunziation im Dritten Reich“ (1990) und Werke u.a. zu Frauenschicksalen und zur Psychiatrie, hellte das düstere

Bild vom Leben in der DDR und von der deutsch-deutschen Befindlichkeit deutlich auf, indem sie ihren Seelenzustand seit der Wende als „glücklich“ bezeichnete. Auch sie beschrieb ihre notorische Angst in dem Staat, der sie 16 Jahre lang hatte überwachen lassen. Auch sie führte – wie Jürgen Fuchs – die enthumanisierende Bürokratensprache der Stasimitarbeiter vor, sie beklagte die Verkrüppelung der Bedürfnisse und das „furchtbare Fernweh“ im SED-Staat. Auch sie beschrieb anschaulich die Diktaturfolgen im Umgang der Menschen miteinander und fürchtete sich davor, wie populär inzwischen schon wieder die „Vorzüge der Diktatur“ geworden waren und gegen die vielbeschworenen Nachteile der Demokratie ausgespielt wurden: „… die billigen Kindergärten. die billigen Ferienheime an der Ostsee, die Abtreibung ohne Nachfrage, die Absolventenlenkung der Studenten, das kostenlose Wasser und die niedrigen Energiekosten. Und vor allem keine Arbeitslosen, … wie bei Hitler, keine Arbeitslosen.“ Dazu dann der Topos, es sei doch nach der Wende „… alles so geblieben, wie es war: statt Staatssicherheitsdienst der Bundesnachrichtendienst“. Früher habe man nicht reisen können, weil die Mauer stand, heute könne man nicht reisen, weil das Geld dazu fehlt. Schubert zog sich auf ihr „Glücksgefühl der Freiheit“ zurück, aber das machten ihr jetzt ihre neuen Bekannten aus dem Intellektuellenmilieu im Westen madig, indem sie darauf bestanden, wie schlimm doch dieses und jenes im Westen sei: die Banken und die Atomlobby, der Nationalismus, die Geldverschwendung durch die Kosten der Vereinigung (= Kolonisierung) usw. Das ganze Leben wird jetzt anders geordnet und bewertet, sieht auch Schubert beim Vergleich der Fest- und Feiertage und Jubiläen in ihren Kalendern Ost und West. Aber sie wolle sich ihr Glück der Freiheit nicht nehmen lassen.

Der Politiker, der Kirchenmann und die Schriftsteller aus der Ex-DDR berichteten von ihren persönlichen Erlebnissen, Wahrnehmungen und Gefühlen aus der Nahperspektive. Die anderen Referenten aus Ost und West, Wissenschaftler und Journalisten, kommentierten den Zustand der Nation und speziell ihres östlichen Teils aus größerer Distanz und mit dem Rüstzeug ihres philosophischen, ideengeschichtlichen und historischen Wissens.

Richard Schröder, evangelischer Theologe, Bürgerrechtler, Fraktionsvorsitzender der Ost-SPD in der freigewählten Volkskammer 1990 und soeben an die HU berufen, fragte nach der Motivation und Struktur des ideologischen, „verkehrten" oder besser „verführten" Denkens in der Ex-DDR. Er fand sie in der vermeintlich wissenschaftlich begründeten Idee eines universalen Fortschritts. „Verkehrt" oder „verführt" war dieses Denken, weil es „unter dem Namen des Guten und Richtigen etwas Verkehrtes" dachte und wollte. Der Marxismus-Leninismus als Staatsdoktrin der DDR konnte verführerische Kraft entwickeln, weil er den „hochmoralischen Anspruch" erhob, „der guten Sache des Fortschritts zu dienen". Und die angeblich „wissenschaftliche" Weltanschauung habe schon deshalb viele Menschen angesprochen, weil sie mit deren Denkfigur übereinstimmte, dass Natur und Gesellschaft Gesetzmäßigkeiten unterliegen, die durch das angeblich „richtige" wissenschaftliche Denken nur erkannt und angewendet werden müssten. Schröder destruierte das marxistische Ideologem, indem er im Rückgang auf Kants Konzept der Menschenwürde zeigte, dass dieser angebliche „Fortschritt" nur erzielt werden konnte, wenn die gegenwärtig lebenden Menschen als bloßes Mittel zum Zweck eingesetzt wurden. Im Ergebnis führte das zu einer Grundhaltung des Kampfes, zu einem „apokalyptischen Dualismus", der die führende Rolle der Partei legitimierte und die Anwendung auch der inhumansten Mittel für den letztendlichen Sieg des Menschheitsfortschritts über alle Widerstände und Widerständigen hinweg ermöglichen sollte.

Die beiden westdeutschen Redner, Peter Bender und Peter Merseburger, näherten sich dem Thema „Wahrnehmungen" aus der Sicht professioneller historisch-politischer Beobachter und Kommentatoren mit einer im Lauf ihres Berufswegs gewonnenen genauen Kenntnis der Gesellschaften jenseits des Eisernen Vorhangs. Bender entwarf ein bereits erstaunlich ausgereiftes Forschungstableau zu einer gemeinsamen Nachkriegsgeschichte der beiden deutschen Staaten und formulierte dafür vier grundlegende Fragestellungen: 1. Inwieweit wirkten gemeinsame Prägungen seit dem Kaiserreich in beiden bis jetzt getrennten Staaten weiter, wie etwa die Neigung zu staatlicher oder gesellschaftlicher Gewalt und die notorische Ausländerfeindschaft? 2. Wie verhielten sich die beiden deutschen Staaten außenpolitisch zueinander und zu ihren Nachbarn und Vormächten SU und USA. 3. Wie getrennt oder weiterhin als zwei Rahmen für ein Volk werden die beiden Staaten von außen gesehen? 4. Welchen gleichen Nöten und Notwendigkeiten waren die beiden deutschen Staaten und ist jetzt der neue gemeinsame Staat ausgesetzt?

Bender nannte dafür drei große Themen: die „Vergangenheitsbewältigung"; die außenpolitische Emanzipation von den jeweiligen Vormächten SU/Russland und USA; und das Verhältnis zu Europa und wie hielt man es in Ost und West mit der Einheit und/oder Teilung der Nation? Gerade im Wunsch nach einer Vereinigung schienen sich Ost (pro) und West (contra) immer weiter voneinander entfernt zu haben. Und schließlich sah Bender voraus, wie zwei große vergangene Irrtümer das Zusammenwachsen noch auf lange Dauer bedrohen würden: Die Teilung von 43 Jahren war am Ende doch kürzer als erwartet, sodass die Deutschen ganz unvorbereitet in die Einheit stolperten, und die Teilung hatte tiefer gewirkt als gedacht und erwies sich als bedrohlich trennend und nachhaltig.

Peter Merseburger schließlich diagnostizierte im Aufeinandertreffen der beiden deutschen Staaten und Gesellschaften bündig den Zusammenprall zweier sehr unterschiedlicher Mentalitäten, „ohne dass eine Befriedung oder Integration in beiden absehbar“ sei. Seine 1993 pessimistisch anmutende Zeitperspektive von einer ganzen Generation – dreißig Jahren – bis zum Zusammenwachsen zu „einem Volk“ klingt heute unrealistisch hoffnungsfroh. Zwar resümierte Merseburger, dass es durchaus Annäherungen in den Jahren des Getrenntseins gegeben habe. Aber ihr Preis war hoch und bestand vor allem im Akzeptieren von Repression und Teilung um des Friedens willen – so etwa bei Helmut Schmidts Votum für die Einführung des Kriegsrechts in Polen 1980 und beim Beiseiteschieben der DDR-Dissidenten im Interesse einer Annäherung von SPD und Staatspartei SED. Die Teilung war, so Merseburger, im Westen schon weitgehend akzeptiert, als die Vereinigung kam, sodass diese im Westen zu Abwehr und Sehnsucht nach der Ruhe im Kalten Krieg, im Osten aber zur rückwirkenden Verklärung des Lebens in der Diktatur führte. Die einstigen DDR-Bürger konnten und/oder wollten die Kosten der sozialen Sicherheit, die langfristige Zerstörung an infrastruktureller Substanz in der DDR nicht in Rechnung stellen. Und im Westen fragte man sich, wie die DDR-Bevölkerung die Sowjetherrschaft seit 1945 hatte hinnehmen können. Doch nach zwei Weltkriegen und dem Scheitern der Weimarer Demokratie war die Absage an die bürgerliche Welt hier weit verbreitet und hatte zudem gegenüber den neuen

Herren beträchtliche Anpassungsvorteile gebracht. Außenpolitisch lockerten die beiden Staaten für das eigene Überleben im drohenden atomaren Overkill die Abhängigkeit von ihren Vormächten in West und Ost. Aber das Bewusstsein, *eine* Nation zu sein, festigte sich dabei nicht. Um für die Zukunft gewappnet zu sein, müssten „wir Deutsche" jedoch „unser Verhältnis zur Nation in Ordnung bringen". Gelinge das, so sollten die Deutschen doch eines Tages ganz zivil in ihrem angestammten Gehäuse leben können wie Briten und Franzosen, ohne von einem Extrem ins andere zu fallen – „selbstverständlich, natürlich und in großer Gelassenheit".

Lehre zwischen Ost und West

Meine Einstellung war im Dezember 1991 erfolgt. Zwar bot ich für das Wintersemester noch Veranstaltungen an, doch kamen so spät keine Studierenden mehr. Das Lehrangebot des Instituts stand noch ganz im Zeichen der Alt-Humboldtianer. Den Studierenden dürften die Namen der jetzt allmählich eintreffenden Neuberufenen weitgehend unbekannt gewesen sein. Zum Sommersemester erschien aber das neue Vorlesungsverzeichnis – in der politisch schlechtest möglichen Form, Alt- und Neu-Humboldtianer getrennt und so auch optisch unvereinbar miteinander, wenigstens an der Anschlagtafel aber vereint.

In Lehre und Forschung brachten das neue Amt und die Berliner Situation neue Aufgaben und Herausforderungen mit sich. Es galt, neue, situationsgerechte Vorlesungen und Seminare zu konzipieren. Die nach meinem USA-Aufenthalt 1987 erarbeitete Vorlesung zur Geschichte der USA erwies sich angesichts der scheiternden Besetzung der vorgesehenen Amerika-Professur gerade für Studierende aus dem Osten als nützlich und wurde stark nachgefragt. Der Zyklus zur deutschen und europäischen Geschichte 1763 bis 1933 verlangte nach Ergänzung durch Spezialvorlesungen, wobei ich mich auf die Themen „Krieg und Politik“, „Geschichte der Intellektuellen in Deutschland“ und „Kulturgeschichte Deutschlands 1871 bis 1933“ konzentrierte. Die Hauptseminarthemen betrafen Aspekte einer Politischen Kulturgeschichte Deutschlands, wie etwa die Geschichte von „Raumwahrnehmung und Raumgestaltung“, „Körpergeschichte und Sexualität“, „Geschichte der Jugend“, „Nationalismus in der Weimarer Republik“, „Politik und Kultur“ (1850–1933). Ich traf damit auch offensichtlich die Interessenlage der Studierenden.

Die Teilnehmerzahlen waren nach den ersten zwei Semestern erheblich und überstiegen immer das für konzentrierte Arbeit optimale Maß von 25 bis dreißig Studierenden. Am Ende hatte ich mehr als 200 Magister-, Staatsexamens- sowie mehr als dreißig Doktorarbeiten zu betreuen, wozu noch die zahlreichen Zweitgutachten und die mündlichen Prüfungen kamen. Sehr bald wurde das ganze Institut Opfer seines Erfolges, sodass 1997 erstmals ein Numerus Clausus für Geschichtsstudenten verhängt werden musste.

Meine reguläre Lehrtätigkeit begann also im Sommersemester 1992 unter anderem mit einer auf die europäische Situation in der „Transition" hin konzipierten Vorlesung über „Nationalismus und Nationalstaat" und mit einem Hauptseminar über „Geschichtswissenschaft und Gesellschaft". In der Vorlesung saß ein Häuflein von elf Teilnehmern vor mir, die mit versteinerten Minen zuhörten und mitschrieben, ohne irgendein Zeichen des Verstehens oder Nichtverstehens, der Billigung oder Missbilligung des Gehörten von sich zu geben. In der zweiten Woche stieg die Zahl der Hörerschaft auf rund vierzig, fiel danach wieder auf 25 und dabei blieb es auch mehr oder weniger. Diese 25 waren interessiert, und in den folgenden drei Monaten lockerten sich auch die Gesichtszüge und die Körperhaltungen ein wenig. Die erste einschlägige Reaktion, ein verstohlenes Grinsen, nahm ich wahr, als ich gelegentlich – mit den entsprechenden Hintergedanken – von den „üblichen Übertreibungen der Anfänge" sprach. Vorsichtige persönliche Kontakte bahnten sich an, Pausengespräche mit drei oder vier Hörern.

Angespannter als in die Vorlesung ging ich in die ersten Sitzungen des Hauptseminars mit rund vierzehn Teilnehmenden, unter den aktuellen Verhältnissen eine beachtliche Menge.

Hier rechnete ich bei der Diskussion von Texten der Erzhistoristen Ranke und Droysen sowie einem Auszug aus Karl Marx' „Deutscher Ideologie" mit kontroversen bis erbitterten Disputen. Aber nichts geschah. Die erste Sitzung verlief angeregter als bei den analogen Seminaren im Westen, und dabei blieb es im Folgenden auch. Allerdings bildeten sich im Lauf der ersten Wochen wie in der Vorlesung Grüppchen von jungen Frauen heraus, die zunehmend ihr komplettes Desinteresse an der ganzen Veranstaltung erkennen ließen. Meine Reaktion, „Niemand ist hier verpflichtet, an irgendeiner Veranstaltung teilzunehmen" und „Jeder kann jederzeit gehen", wurde reglos aufgenommen. Aber ich hatte, wie schon zuvor in Chemnitz, den Eindruck, dass der im DDR-System gängige Modus einer nachlässig bis widerwillig absolvierten Pflichtveranstaltung auch nach Einführung der neuen Studienordnung – und vor den Zeiten der strengen Bologna-Studienpläne – noch fest in manchen Köpfen verankert war. Das änderte sich jedoch mit der Zeit, und es zeigte sich die auch im Westen übliche Teilung in knapp ein Viertel konsequent und engagiert Mitarbeitenden und drei Viertel schweigende Mehrheit, ebenso aber auch der Befund, dass einige notorische Schweiger und Schweigerinnen am Ende des Semesters vorzügliche Arbeiten abgaben.

Als Ärgernis empfand ich in den ersten beiden Berliner Semestern das permanente Zuspätkommen der Studierenden. Manche erschienen völlig ungeniert fünfzehn, zwanzig oder auch dreißig Minuten zu spät und ließen sich ohne Anzeichen eines schlechten Gewissens gemächlich auf ihrem Platz nieder. Zwar sind die Wege im großflächigen Berlin weit, aber ein Erscheinen am Montagvormittag um 10.15 Uhr im Hörsaal musste man erwarten können. Die Sache wurde deutlich besser, nachdem mir einmal der Kragen geplatzt war mit dem bewusst konfrontativen Satz: „Ich weiß nicht, wie es im Sozialismus war, aber im Kapitalismus ist man pünktlich." Im Hörsaal machte sich Betretenheit und wohl auch Staunen über die Direktheit dieser Ansprache breit. Aber sie klärte die Fronten: Wem das nicht passte, der oder die blieb weg, aber die große Mehrheit erschien jetzt pünktlich.

Allerdings machte sich in den Seminaren bald eine Spaltung bemerkbar, die mit der zuletzt genannten manchmal zusammenfiel, manchmal aber auch nicht: die zwischen östlichen Schweigern und westlichen Vielrednern. Schon seit dem Sommersemester 1992 saßen bei mir wie bei den Kollegen Studierende aus dem Westen im Seminar. Ihre Zahl nahm von Semester zu Semester zu, und damit stieg auch das Konfliktpotenzial. Etwas zugespitzt gesagt: Wer aus dem Westen an die HU kam, war ungewöhnlich neugierig und unternehmungslustig, in der Regel auch besonders ehrgeizig und strebsam, freilich auch manchmal überberedt und im Bewusstsein der Überlegenheit präpotent. Wer aus dem Osten nicht an eine westdeutsche Universität ging, konnte, musste aber keineswegs zu den vorsichtigen und abwartenden Studierenden gehören. Materiell und aus mancherlei praktischen Gründen war es zu diesem Zeitpunkt nur wenigen Ostdeutschen möglich, sich eine passende West-Universität auszusuchen. Bei dem, was ich über die West-Studenten sagte, scheint mir die Gefahr der Missdeutung jedenfalls deutlich geringer. So oder so, als Seminarleiter stand ich in den ersten Berliner Jahren immer wieder einmal vor der Aufgabe, westliche männliche Vielredner zu bremsen, um auf der Ostseite ein hartnäckiges und zunehmend vertrotztes Dauerschweigen zu verhindern. West-Studenten waren sehr viel mehr als die Ost-Studenten gewohnt, sich ins Seminargespräch einzuklinken und argumentierend und fragend ihre Meinung kundzutun. Das jedenfalls war mein Eindruck, gespeist auch aus der Erinnerung an eine diskussionsfreudige Schulkultur und die Seminare in meiner Münchner Studienzeit (anders als in Basel, wo die Studierenden auch wenig sprechfreudig waren).

So konnte es passieren, dass sich nach scharfer Kritik eines West-Studenten am Referat eines Ost-Studenten lang angestaute Wut Bahn brach mit einem plötzlichen Protest: „Das geht so nicht“ oder: „Das lassen wir uns nicht mehr bieten“, oder, in milderem Ton: „Kritik darf sein, aber nicht so!“ Ich teilte diese Meinung, ließ den ohnehin kurzen Ausbruch zu und beobachtete interessiert, wie sich der angegriffene Wessi dann aus der Affäre zog; etwas verdattert und stotternd, denn böse Absicht steckte nicht dahinter, nur – unerfreulich genug – selbstgefälliges Überlegenheitsbewusstsein und Empathielosigkeit, vielleicht auch etwas Ungeduld auf der einen und mangelnde Erfahrung auf der anderen Seite.

Manchmal zielte die scharf hervorbrechende Aggression auch auf mich selbst. Intensives und beharrliches Nachfragen des Profs nach einem Referat oder Statement scheint in den Hörsälen der DDR nicht üblich gewesen zu sein. Es war mir auch im Westen schon widerfahren, dass Schritt für Schritt weiterführendes Nachfragen als Zumutung empfunden und das Antwortgeben einfach mürrisch eingestellt worden war. Aber hier trat es bei einer älteren Seminarteilnehmerin, die wohl zehn oder fünfzehn Jahre früher schon einmal studiert hatte, in politisierter Form auf: Dieser Seminarstil sei unglaublich und unzumutbar, dergleichen habe es in der DDR nicht gegeben! Manchmal geriet ich mit Studierenden urplötzlich inhaltlich an Stellen aneinander, wo ich es nicht erwartet hätte, es mir hinterher aber gut erklären konnte. Einmal ging es um das Thema „Sozialdisziplinierung“, ein Theorem, das in unterschiedlicher

Ausprägung in Frankreich und Deutschland seit den späten 1960er-Jahren zirkuliert hatte.

Es kreiste um die zunehmende Steuerung von Verhaltensweisen, Einstellungen und Normen durch Zwangsmaßnahmen des frühneuzeitlichen Staates gegenüber seinen „Untertanen", die von diesen, so die These, allmählich so weit internalisiert wurden, dass das anfangs vorhandene Bewusstsein von und Leiden an dieser „Disziplinierung" verlorenging. Den stärksten und nachhaltigsten Einfluss bei der Durchsetzung dieser These übte jahrzehntelang Michel Foucault mit seinen Büchern „Wahnsinn und Gesellschaft" (1961), „Die Ordnung der Dinge" (1966), „Überwachen und Strafen" (1975) und „Sexualität und Wahrheit" (drei Bände 1976–1981) aus. Eine kluge und engagierte Studentin trug die Foucault'sche These in einem mir nicht erinnerlichen Zusammenhang so emphatisch und mit solcher Empörung über diesen wie von ausschließlich bösen Mächten gesteuerten Prozess vor, dass ich mich bemüßigt fühlte, auch auf die andere Seite der Sozialdisziplinierung hinzudeuten: die Bändigung überschießender und zerstörerischer Trieb- und Gefühlsimpulse, die Zivilisierung im Umgang der Menschen miteinander, die Steigerung von Rationalität und Leistungsfähigkeit bei der Verfolgung bestimmter Ziele, die gesellschaftlich nützliche stärkere Kalkulierbarkeit der menschlichen Reaktionen. Die Zwangs- und Domestizierungseffekte wollte ich dabei keineswegs in Abrede stellen. Aber bleich im Gesicht vor Zorn und Empörung und quasi als Anmaßung ohnegleichen wies die Studentin meine Bemerkungen zurück und widersetzte sich auch jedem Versuch, die Auseinandersetzung in ein geordnetes Hin und Her der Argumente zu überführen. Es blieb mir nichts übrig, als meine Widerrede einzustellen, um wieder ein temperiertes Seminargespräch in

Gang zu bringen. Dass hinter diesem Ausbruch DDR-spezifische Sozialisationserfahrungen standen, schien mir jedoch – möglicherweise kurzschlüssig – evident.

Vorkommnisse wie diese hörten nach fünf oder sechs Jahren auf. Wenn es jetzt Probleme gab, so waren es die aus dem Westen allbekannten. Bei fünfzig bis siebzig, einmal auch 140 Seminarteilnehmern war es unmöglich, ein produktives und allseits akzeptables Verhältnis von Referaten und Diskussionen zu finden. Es blieb die Möglichkeit, auf Referate ganz zu verzichten und das Seminar komplett in ein Gespräch aufzulösen. Dann fehlte allerdings die für eine sinnvolle Diskussion unerlässliche Informationsbasis. Und eine verlässliche allgemeine Vorablektüre eines Referats, eines Aufsatzes oder Buchkapitels oder von Thesenpapieren durchzusetzen, war unter den herrschenden Umständen unmöglich. So bot sich den Mitgliedern der Schweigefraktion die Möglichkeit, ungestört in ihrer verschüchterten, resignierten Passivität zu verharren – für meine pädagogischen Prinzipien ein Ärgernis. Je größer die Teilnehmerzahl, desto geringer bekanntlich die Bereitschaft der Studierenden, sich zu exponieren – abgesehen von den kontraproduktiven westlichen Dauerrednern. Diese Schwierigkeit gab es, wie erwähnt, auch im Westen, aber hier schien sie mir noch einmal deutlich gesteigert. Aber je länger, desto weniger ließen sich solche Erfahrungen über den Leisten der Ost-West-Verschiedenheit schlagen, schon deshalb, weil die Zahl der West-Studenten rasch zunahm und sich die spontane, reflexartig auftretende Ost-West-Unterscheidung optisch und akustisch allmählich abflachte.

Während meiner ganzen Lehrtätigkeit in West und Ost habe ich immer wieder Seminare mit Nationalismusthemen angeboten. Jetzt lagen sie aus aktuell-politischen wie auch aus forschungs immanenten Gründen besonders nahe. In den 1980er-Jahren florierten in den angelsächsischen wie in den deutschen Historischen Sozialwissenschaften Nationalismusstudien, die sehr viel stärker als zuvor Aspekte der kulturellen Nationsbildung, etwa durch die Welle von Denkmalsetzungen und von politischen Festen aller Art im 19. und frühen 20. Jahrhundert untersuchten. An dieser Forschung war ich auch selbst seit den 70er-Jahren beteiligt, noch ohne zu ahnen, dass ich damit ganz in einem anhaltenden internationalen Trend lag. Der politische Umsturz im östlichen Europa verlieh der Frage nach den Triebkräften, den Formen und Auswirkungen der diversen Nationalismen zusätzliche Dringlichkeit, da im Zusammenbruch der Sowjetunion die lange unterdrückten nationalen Bestrebungen und Interessen in den einstigen Satellitenstaaten plötzlich ans Licht traten und in Ost-, Südost- und Ostmitteleuropa die politische Agenda weithin bestimmten. Als ich im Sommersemester 1993 ein Nationalismusseminar anbot, erlebte ich allerdings eine unerfreuliche Überraschung. Einige Teilnehmer missverstanden offensichtlich die Intention und Fragestellung in der Meinung, nun dürfe endlich auch an der HU einem radikalisierten gesamtdeutschen Nationalgefühl Raum und Legitimität gegeben werden. Trotz der Hitze auch in diesem Sommer erschienen sie mehrfach in Springerstiefeln und militärisch angehauchter Kleidung. Und zwei Teilnehmer schlugen als Themen ihrer Seminararbeiten bzw. Vorträge die radikal-nationalistisch-rassistischen Bestsellerautoren der 1920er- und 30er-Jahre, Edwin Dwinger und Werner Beumelburg, vor – und zwar offensichtlich nicht in kritischer, sondern in „monumentalischer“ Absicht. Nachdem ich meine Meinung über diese Autoren sowie meine Vorstellung über die Bearbeitung dieser Themen klargemacht hatte, verschwanden die beiden Studenten wieder.

Schien am Ende der 1990er-Jahre die Ost-West-Integration in den Seminaren schon recht weit fortgeschritten, so blieben zumindest manche der ominösen „feinen Unterschiede“ doch noch deutlich erkennbar. Sie betrafen vor allem den Habitus und die körperliche Erscheinung, vorzüglich bei den Studentinnen. Dazu kam eine gedeckte Kleidung sowie bei den Frauen vor allem die optisch zurückhaltendere Präsentation von Geschlecht und Sexualität. Mit diesen Eindrücken verband ich keinerlei Negativbewertung, sondern das Staunen, in welchem Maß die ökonomischen, gesellschaftlichen und politischen Lebensbedingungen das körperliche Erscheinungsbild und den Habitus junger Menschen beeinflussen konnten. Mir schien, dass gerade diese Grunddifferenz sich vielfach auch über die Jahrtausendwende hinaus hielt – wenn sie nicht in Spurenelementen auch heute noch sichtbar ist. Ost-Studenten schienen auch einfach weniger Raum für sich zu beanspruchen, im Gehen, Stehen, Sitzen und Reden. Wenn sie überhaupt sprachen, so geschah das vergleichsweise leise, mit nahem Abstand, wie von vertrauter Person zu vertrauter Person. Aus heutiger Sicht mag das alles recht übertrieben oder auch trivial klingen, und natürlich mache ich mich mit solchen Beobachtungen einer im Einzelfall vielleicht ganz unzutreffenden Verallgemeinerung schuldig. In den ersten Jahren stellte sich in meinem Kopf bei der Begegnung mit deutsch sprechenden Individuen instinktiv als Erstes die Frage: Ost oder West? Eingestanden habe ich mir das erst später, und natürlich sprach man über solche Beobachtungen allenfalls im vertrautesten Kreis; es gehörte sich auch ganz einfach nicht, die deutschen Landsleute so zu kategorisieren. Dass mir die Kategorisierung gleichwohl selbstverständlich war, merkte ich 1996 in einem Gespräch mit dem polnischen Publizisten Adam Krzeminski.

Er erzählte ganz offen und ungeniert, er stelle, wenn er auf Deutsche treffe, immer als Erstes die Frage: Ost oder West?

In der Atmosphäre allgemeiner Unsicherheit und Distanz, die in den ersten Semestern herrschte, fiel es nicht weiter auf, dass auf den Fluren oder im Hof des Hauptgebäudes, im Hegelbau und in der Kommode niemand grüßte. Es sei denn, man traf einen West-Kollegen oder, nach der Wiedereinstellung, einen der positiv evaluierten Alt-Humboldtianer, wobei dieser Gruß zunächst nicht mehr war als eine reine Wiedererkennungs- und Höflichkeitsbezeugung. Aber in Studentengesichtern, die man aus ein paar Wochen im Seminar oder aus der Vorlesung kannte, regte sich nichts. Ein kurzes, gegenseitiges Ansehen und Wegschauen – das war's. Ob es einfach Unsicherheit war, realsozialistisch-resignierte Verdrossenheit? Trotz oder bewusste Ablehnung, das ließ sich nicht unterscheiden. Nach ein paar Semestern wich diese Atmosphäre einer Andeutung größerer Lockerheit und Unbefangenheit, ehe ich gegen Ende des Jahrzehnts gelegentlich überrascht einen höflichen oder gar freundlichen Gruß registrierte. Ich hatte nicht den Eindruck, dass diese Verhaltensänderung speziell an die West-Professoren adressiert war. Sie ergab sich wohl einfach aus der Vermehrung und Verdichtung der Kontakte via Sprechstundengespräch, hie und da spürbar gesteigerter Aufmerksamkeit in der Vorlesung oder einem ausführlichen Frage-Antwort-Spiel im Seminar. Vielleicht färbte jetzt auch allmählich der zugewanderte Habitus der West-Studenten auf die Ost-Studenten ab. Oder die Studenten fingen an, das schon rein alters- und positionsbedingt nähere Verhältnis zu Assistenten und Hilfskräften vorsichtig auf die Professoren zu übertragen.

Überhaupt – die Vorsicht. Sie war eine Haupteigenschaft der DDR-Sozialisierten, ehe diese dann nach einigen Jahren von

Fall zu Fall unterschiedlich und auch altersspezifisch differierend zu größerer Offenheit und Spontaneität fanden. Einzelne Studierende besuchten jetzt mehrere Seminare oder Vorlesungen eines Professors nacheinander, was zu formellen oder nur knapp angedeuteten formellen Wiedererkennungs- oder gar Begrüßungssignalen führen konnte. Jedenfalls nahm die Beziehung Student-Professor vielfach eine persönliche Färbung an, zumal als die ersten Studierenden sich der Abschlussphase näherten und in der Sprechstunde nach Themen und Betreuungsmöglichkeiten für Staatsexamens-, Magister- oder Doktorarbeiten fragten. Das begann mit älteren Ost-Studenten, die – teils nach einem Studienverbot in der DDR – jetzt mit verstärkter Zielstrebigkeit, Energie und Freude ihr unterbrochenes oder damals gar nicht erst begonnenes Studium nachholten, sowie mit West-Studenten, die ihr Studium in München, Köln oder Göttingen begonnen und sich dann gezielt für einen Abschluss an der HU entschieden hatten. Im Ganzen gesehen dauerte es freilich fünf, sechs Jahre, bis eine erste durch die westliche akademische Schule geprägte Studentengeneration zum Abschluss kam – womit dann auch der Betreuungsaufwand für die Professoren anstieg.

Wie tief anfangs der Riss zwischen Ost und West war und wie lange er sich in bestimmten Bereichen hielt, zeigte sich auch daran, dass die Studierenden vielfach für „ihre" Dozenten optierten, solange diese Möglichkeit noch bestand. Ich habe leider nur wenige Informationen darüber, wie viele Studierende sich in den Veranstaltungen der nach erfolgreicher Klage an die Universität zurückgekehrten DDR-Hardliner wie Pätzold oder Prokop zwischen 1991 und 1994/96 versammelten. Aber sehr großen Zulaufs erfreute sich anfangs der neuberufene Ost-Professor Hartmut Harnisch. Für ihn sprach neben seiner Herkunft auch sein Lehrgebiet „Preußische Geschichte", das für erstaunlich viele HU-Geschichtsstudenten im Zentrum des Interesses stand. Wie stark damals im DDR-Geschichtsdenken, aber auch in West-Berlin Preußen – und dabei wahrscheinlich weniger der Staat als die Region – dominierte, habe ich mit einigem Befremden immer wieder festgestellt. Die Geschichte Süddeutschlands und des Habsburgerreichs existierte nur ganz am Rande – wenn überhaupt. Dass es zum Beispiel in der napoleonischen Ära einen „Rheinbund" mit vielfach durchgreifenden Reformen in seinen Mitgliedstaaten gegeben hatte, erfuhren ostdeutsche, aber auch manche West-Berliner Studierende mitunter erst, wenn ich sie im mündlichen Staatsexamen mit einer entsprechenden Frage in Verlegenheit gebracht hatte.

In den Vorlesungen und in den seit etwa 1996 vielfach überfüllten Seminaren verloren sich allmählich die sicht- und hörbaren Unterschiede zwischen Ost und West. Aber in den Kolloquien mit älteren, an ihren Abschlussarbeiten sitzenden Semestern schieden sich die Geister doch, naturgemäß jetzt auch nicht mehr nach politischen Kriterien – die von Anfang an nur eine untergeordnete Rolle gespielt haben dürften –, sondern nach wissenschaftskulturellen Milieus. Die ganz überwiegende Mehrzahl meiner Staatsexamens- und Magisterkandidaten kam aus Westdeutschland und unter meinen knapp vierzig Doktoranden befanden sich ganze drei (männliche) Ostdeutsche. Eine solche Präferenz lässt sich natürlich nicht nur auf die Ost-West-Differenz zurückführen, aber aufschlussreich ist sie doch.

Im Wintersemester 1992/93 veranstaltete ich ein Oberseminar über das Thema „Geschichtswissenschaft im autoritären Staat (DDR)". Ostdeutsche Historiker sollten dieses Thema im Blick auf ihre eigenen jeweiligen Spezialgebiete behandeln und dabei auch ihre jetzige Sicht auf ihre eigene Tätigkeit im Spannungsfeld von Wissenschaft, Lehre, Geschichtsdokumentation und Geschichtsvermittlung einerseits, Staat und Partei andererseits darstellen. Die professionellen Autobiografien sollten also jeweils so weit wie möglich mit einer Bilanz der tatsächlichen Forschungs- und Darstellungsleistung in der DDR-Geschichtswissenschaft auf ausgewählten Sektoren der Geschichte des 19. und 20. Jahrhunderts verbunden werden. Nicht alle Angefragten haben sich zu einem solchen Referat im Rahmen des Oberseminars bereit erklärt. Die Auswahl, die so entstanden ist, kann aber, wenn schon nicht als repräsentativ, so doch als typisch gelten.

Referiert haben Wolfgang Küttler über „Geschichtstheorie und -methodologie in der DDR". Walter Schmidt über die „1848er-enRevolutionsforschung in der DDR", Fritz Klein über den „Ersten Weltkrieg in der Geschichtswissenschaft der DDR", Konrad Canis über die „Entstehung, Leistungen und Defizite von Gesamtdarstellung in der DDR", Hartmut Zwahr über „Aspekte der Sozialgeschichtsforschung in der DDR", Dieter Eichholtz über „Faschismusforschung in der DDR", Günther Mühlpfordt über „Aspekte der Aufklärungsforschung", wobei in diesem Fall das persönliche Lebensschicksal, die politische Kontroverse mit Walter Ulbricht und die Ausgrenzung aus der DDR-Geschichtswissenschaft im Vordergrund stand. Josef Hartmann behandelte die „Geschichte des Archivwesens in der DDR" und Konrad Breitenborn die „Arbeit eines historischen Museums (Schlossmuseum Wernigerode) und populäre Geschichtsdarstellungen in der DDR".

Die ersten sechs Referenten gehörten mit gewissen Einschränkungen zum wissenschaftlichen Establishment und damit auch zu den Reisekadern der DDR. Hartmann und Breitenborn waren wegen ihrer nicht-SED-konformen Einstellung von höheren Leitungsfunktionen ausgeschlossen. Mühlpfordt galt in der DDR-Geschichtswissenschaft lange Zeit offiziell als Unperson. Teilnehmende des Seminars waren Studierende höheren Semesters, die jeweils etwa zur Hälfte aus Ost und West kamen, Mitarbeiter des Instituts sowie einige neuberufene oder positiv evaluierte Kollegen von der HU bzw. der früheren Akademie der Wissenschaften der DDR, die mehr oder weniger regelmäßig teilnahmen. Die Diskussionen in den meisten Sitzungen verliefen kontrovers, häufig stürmisch, manchmal auch lähmend. Dies hing unmittelbar mit den Intentionen und Inhalten des Seminars und mit den eingeladenen Referenten zusammen.

Das Seminar verfolgte mehrere Absichten. Zumindest in Ansätzen sollte der Frage nachgegangen werden, inwieweit die DDR-Geschichtswissenschaft die in der internationalen Wissenschaft gültigen Standards erreicht und welche bleibenden und innovativen Leistungen sie hervorgebracht hatte. Das Seminar gab also einigen in der DDR führenden und als Gäste ins Ausland eingeladenen Wissenschaftlern die Gelegenheit, in einem durch äußere Zwänge nicht mehr behinderten Vergleich die Forschungsleistungen in der DDR historiografiegeschichtlich zu überprüfen. Den Studierenden und Mitarbeitenden an der HU sollte Gelegenheit gegeben werden, in der Diskussion mit Zeitzeugen die Zwänge, die Forderungen und Festlegungen kennenzulernen, mit denen Staat und Partei der Geschichtswissenschaft in der DDR gegenübertraten. Mit Personen zu diskutieren, vermittelt oft einen präziseren und dauerhafteren Eindruck auch von Sachpositionen, Thesen und Argumenten als die Lektüre von Texten, wobei die Lektüre von Texten zur Voraussetzung gemacht worden war. In einer gewissen Distanz zur offiziellen Doktrin gestanden zu haben, nahmen auch die systemnahen Referenten für sich in Anspruch, und gerade darüber ergaben sich dann naturgemäß auch die heftigsten Debatten. Dabei fiel auf, wie wenig die Teilnehmenden aus dem Westen dazu zu sagen hatten, weil ihnen die Wissensvoraussetzungen und das Gespür für die feinen Nuancen von tatsächlicher und prätendierter Nonkonformität und Abweichung fehlte – zum Glück, möchte man sagen.

Es war eine der Absichten des Seminars, die Herrschaft von Klischees zu unterwandern. Zu diesen Klischees gehört auch die Vorstellung, dass Etabliertheit in einem diktatorischen System wie der DDR und wissenschaftliche Leistungen grundsätzlich nicht zueinander passten. Systemnähe und echter Forschergeist – so die Arbeitshypothese – schlössen sich aber gerade nicht aus. Es ließ sich ja auch nicht bestreiten, dass die Auseinandersetzung mit der DDR-Geschichtswissenschaft auch die westliche Forschung auf einer ganzen Reihe von Themenfeldern stimuliert hatte, spätestens seit dem Beginn der Diskussion um die frühbürgerliche Revolution. Seit Anfang der 70er-Jahre gehörte es bei den Neuzeithistorikern – und zwar sowohl bei den „Progressiven" wie bei den „Konservativen" – im Westen zum guten Ton, die Ergebnisse der DDR-Forschung zu berücksichtigen. Man war dabei immer auf den Grundton der Kritik gestimmt, aber zugleich auch bereit, neue Ansätze zu registrieren. Diese literarische Auseinandersetzung in Forschungsberichten, Diskussionsbeiträgen und Anmerkungen ging allmählich auch in persönliche Kontakte von Historikern aus West und Ost über. Das ist allerdings kein „unbefangenes Miteinander gewesen, sondern ein vorsichtiges, in Watte gepacktes, sich nicht wehtunwollendes Gespräch" (H. Harnisch). Aber es war doch themenzentriert und ging inhaltlich zur Sache, wenn auch sicher nicht mit letzter Konsequenz.

In dieser Einheit von Bejahung eines manifesten Unrechtssystems mit doch unbestreitbar wissenschaftlicher Leistung bei vielen DDR-Historikern liegt – weit über das DDR-Beispiel hinaus – ein zutiefst irritierendes wissenschaftsethisches und allgemein-moralisches Problem. Es zu benennen kann aber nicht heißen, die für eine pluralistische Konzeption von Wissenschaft konstitutive Unterscheidung von Entstehungs- und Geltungszusammenhang aufzuheben. Der Wissenschaftler steht gleichzeitig in mehreren Diskursen, unter anderem dem politisch-moralischen und dem wissenschaftlich-forscherlichen. Für die Geltung seiner Forschungsergebnisse – also in der Sicht einer reinen Forschungs- und Theoriegeschichte einer Wissenschaft – ist seine moralisch-politische Einstellung, ja seine möglicherweise irrige und verwerfliche politische oder wissenschaftspolitische Handlungsweise irrelevant. Relevant allerdings sind die moralisch-politische Einstellung und die Handlungsweise in einer wissenschaftsgeschichtlichen Perspektive, die Verantwortlichkeiten im wissenschaftlichen Betrieb mit einbezieht. Die hier vorgenommene Unterscheidung deckt sich zumindest ein Stück weit mit der zwischen Wissenschaftsgeschichte und Wissenschaftlergeschichte.

In den Seminardiskussionen stand naturgemäß die Wissenschaftlergeschichte sehr viel mehr im Vordergrund als die Wissenschaftsgeschichte, das sollte und konnte auch nicht anders sein. Es schien mir gerade in der aktuellen Situation sinnvoll, die private Geschichte einzelner Wissenschaftler zur Kenntnis zu nehmen, die äußeren und inneren Schwierigkeiten und Unzulänglichkeiten bei ihrer wissenschaftlichen Arbeit, aber vor allem auch ihren jetzigen Umgang mit der eigenen Erinnerung und den eigenen wissenschaftspolitischen und moralischen Verantwortlichkeiten. Gerade dies löste allerdings bei den kritischen Ost-Studenten wie Ilko-Sascha Kowalczuk und der Ost-Hilfskraft am Lehrstuhl Herbst und bei mir, Patrice G. Poutrus, Bernd Florath und Armin Mitter, Ungeduld und selbst Unzufriedenheit aus. Sie kannten diese Zwänge und Anpassungen und wollten die entsprechenden Hinweise und Klagen des Ost-Establishments einfach nicht mehr hören oder gar entschuldigen. Auch für das sachliche Informationsbedürfnis der Westteilnehmer zur Misslichkeit der intellektuellen Arbeitsbedingungen zeigten sie wenig Geduld. Sie wünschten sich eine sachliche Bilanzierung der Erkenntnisleistungen in Ost und West. Wenig Verständnis hatten diese Nachwuchswissenschaftler auch für die deutsch-deutsche Annäherung bei Historikertagungen und Publikationen. Die westliche Maxime „Wandel durch Annäherung" erschien ihnen als kontraproduktives Fraternisieren mit den Vertretern des Regimes, wenn nicht gar als Verrat an den wenigen Aufrechten in der Ost-Wissenschaft. Gesinnungs- und Verantwortungsethik prallten aufeinander. Ich sah mich genötigt, auch angesichts meiner eigenen Kontakte zu Ost-Historikern, meine Position zu verteidigen und spitzte den Disput zuletzt auf die Frage zu: „Hätten wir (im Westen) jede Kontaktaufnahme unterlassen sollen?" Dass der Austausch und das unvermeidliche Aneinander-Maß-Nehmen bei solchen Gelegenheiten die Historiker Ost dazu zwang, ihre Selbstisolierung aufzugeben und sich nach Möglichkeit dem höheren Niveau der West-Forschung anzunähern, machte dabei als Argument wenig Eindruck. Hier und jetzt kamen Ost-Koryphäen wie Walter Schmidt, Dietrich Eichholtz und Wolfgang Küttler jedenfalls arg in Bedrängnis, wenn sie die auf sie einprasselnden Fragen, ob – und wenn nein, warum nicht – dieser und jener westliche Forschungsansatz in der DDR aufgegriffen worden sei, beantworten sollten. Walter Schmidt saß alsbald schweißüberströmt da, wenn er Mal für Mal erklären musste, was alles wegen der tabubewehrten Interpretamente unbeachtet blieb oder einfach „nicht ging“, wobei er flexibel genug war, „aus heutiger Sicht“ die Ergiebigkeit dieser Ansätze einzuräumen. Ich konnte ihm in seiner bedrängten Lage den persönlichen Respekt nicht verwehren – anders als dem Faschismusforscher Eichholtz, der auf die Fragen von Ludolf Herbst immer nur wieder die bekannten Klischees und formelhaften Wendungen anzubieten hatte.

Dies alles enthob uns freilich nicht der spezifisch wissenschaftsgeschichtlichen Aufgabe, inhaltlich so weit wie möglich zu klären, was die DDR-Historiker zum allgemeinen wissenschaftlichen Erkenntnisprozess beigetragen hatten. Die Beantwortung dieser Frage stand im Mittelpunkt der Fallstudien. Küttler bezog die moralisch-politische Fragestellung am stärksten mit ein, wenn er eingangs feststellte, dass sich in seinen Überlegungen „Teilnehmer- und Beobachterperspektive (...) überhaupt nicht trennen ließen“. Diese Feststellung galt mehr oder weniger deutlich auch für die anderen Beiträge. Zwei der Beiträge (Walter Schmidt und Wolfgang Küttler) hat die „Zeitschrift für Geschichtswissenschaft“ 1994 publiziert. Passend dazu hängten die Herausgeber eine von Fritz Klein zusammengestellte Sammlung von Dokumenten aus den Jahren 1953–1957 an, die zeigt, in welchem Umfang Parteivertreter und SED-Hardliner unter den Historikern in den Anfangsjahren dieses wichtigsten Organs der DDR-Geschichtswissenschaft Ansätze zu einer freien wissenschaftlichen Diskussion und auch zu einem offenen Austausch mit westdeutschen Historikern unterbanden.

Meine ersten Doktorprüfungen an der HU verschufen mir weitere Ost-West-Erfahrungen, die ich aufschlussreich, aber mitunter auch befremdlich fand. Mehrfach hatte ich in Prüfungen noch nach DDR-Recht und -Sitte als Vorsitzender

der Prüfungskommission zu fungieren. Im Grundmuster der Prüfung gab es kaum Unterschiede, wohl aber in der Ausgestaltung der Prozedur. Die Disputation bestand ausschließlich in der Verteidigung der schriftlichen Arbeit, andere Themen waren nicht vorgesehen. Dafür verfuhr man hier wesentlich zeremonieller, als ich es kannte. Publikum war hier wie dort zugelassen und erwünscht, aber hier wurde dem Ereignis ein wesentlich größeres Gewicht beigemessen, als ich es in München und Erlangen erlebt hatte. Unter den zahlreichen Anwesenden befanden sich neben den Eltern weitere Familienmitglieder sowie Studien- und sonstige Freunde, was der Veranstaltung zugleich etwas Intimes und Festliches verlieh. Das Gespräch zwischen Prüfern und Kandidaten verlief erstaunlich zeremoniell. Die Prüflinge hatten die Gutachten vorab zur Lektüre und Stellungnahme bekommen und setzten sich zunächst ausführlich und mehr oder weniger umständlich mit deren Kritikpunkten auseinander. Dies geschah im Modus eines altmodisch-betulichen und zugleich autoritätsbetonten Gelehrtengesprächs: Die Kandidaten würdigten in gesetzten Worten die Berechtigung der Einwände („Herr Professor XY hat völlig zu Recht eingewandt ..." u.Ä.), bevor sie dazu übergingen, die eigene Position mit neuen oder einer Wiederholung der schon aus der Arbeit bekannten Argumente zu verteidigen, nicht ohne dabei weitere Devotionsfloskeln gegenüber dem vermeintlich überlegenen Wissen der Professoren einzuflechten.

Ein solches Zeremoniell mit Autoritätsbetonung war mir bis dahin nur einmal begegnet: 1985 in einer ansonsten sehr ergiebigen deutsch-französischen Tagung über das Thema „Sociabilité et société bourgeoise en France, en Allemagne et en Suisse 1750–1850" im Tagungszentrum der Reimers-Stiftung in Bad Homburg. Hier hatte sich der Doyen der französischen

Soziabilitätsforschung, Maurice Agulhon, neben dem jeweiligen Diskussionsleiter an der Stirnseite des Konferenztisches niedergelassen und nahm von dort aus die obligatorische verbale Verneigung jedes französischen Referenten mit leichtem Kopfnicken huldvoll entgegen. Die Disputation nach „sozialistischer" Ordnung wies, so schien mir, ähnliche, geradezu bourgoise, wenn nicht gar feudale Formen auf – hier verfuhr der angeblich gesellschaftlich so rückständige Westen deutlich nüchterner, rationeller, auch egalitärer als der Osten.

Damit soll nicht gesagt sein, dass einem – vielleicht auch etwas altmodisch wirkenden – Zeremoniell in der heutigen Universität kein Platz mehr zukäme. Zwar habe ich manchmal gestaunt oder mich auch ungeduldig geärgert, wenn etwa Dekane, übrigens keine Historiker, neuberufene Kollegen vor deren Antrittsvorlesung im gravitätischen Laudationsstil des 19. Jahrhunderts vorstellten. Aber es erschien mir doch sehr sinnvoll, dass die Historiker alsbald eine Abschlussfeier für die Absolventen mit musikalischer Rahmung am Semesterende im Senatssaal einführten. Sie erwies sich als großer Erfolg. Der geschäftsführende Direktor – oder mittlerweile auch: die geschäftsführende Direktorin – begrüßt und spricht jeweils ein paar einführende Worte; dann hält einer der Professoren einen halbstündigen Vortrag, möglichst mit einem thematischen Bezug auf die transgressive Funktion dieser Feier zwischen zwei Lebensphasen der Absolventen. Die Veranstaltung endet mit der Überreichung der Urkunden und von Preisen für hervorragende Leistungen und einem festlichen musikalischen Schlusspunkt. Bei gutem Wetter, oder wenn der HU-Hof nicht gerade durch eine Ersatzmensa oder durch Baucontainer besetzt war, folgten dann straff getaktete Fußballspiele zwischen Studenten, Mitarbeitern und Professoren, bevor es zum Abschluss in den „Uniclub" im Westtrakt (bis 2003) und später in den „Krähenfuß“ im Osttrakt des Hauptgebäudes ging.

Seit etwa 1997/98 lud ich gelegentlich nach der Übung oder dem Seminar die Studierenden noch zu einem Glas Bier oder Wein abends in die „Nolle“ unter den S-Bahnbögen ein. Abendliche Trinkrunden von monologisierenden Professoren mit einer mehr oder weniger freiwillig versammelten Gefolgschaft hatte ich in München erlebt und mir dabei geschworen, solche Veranstaltungen zu vermeiden. Aber seit sich das Klima in den Seminaren generell entspannte, verlangte es mich doch hie und da, die Studieneindrücke meiner Seminarteilnehmer, ihre Erfahrungen und Gedanken zu Gott und der Welt und besonders zum deutsch-deutschen Verhältnis genauer kennenzulernen. Dann brachte ich manchmal die Frage auf, wie sie es denn jetzt erlebten, dieses Verhältnis, auf dem Weg zur Uni und zurück, im Seminar oder in der Mensa. Die Reaktion auf diese Frage war jedes Mal sehr verhalten, offenkundig redete man nicht gern darüber. Nach einigem Zögern, Sich-gegenseitig-Anschauen und Herumdrucksen hieß es dann sinngemäß: „Alles bestens, spielt keine Rolle mehr“, „Wir wissen nicht einmal mehr, wer von wo kommt“ usw. Aber dann brach es doch einmal aus einer Potsdamerin heraus: „Aber so einen (Wessi) heiraten könnte ich nie.“ Das war gewiss eine Einzelstimme, aber ich empfand sie doch als symptomatisch: die unbedacht scharfe Formulierung einer verbreiteten, aber selten so klar artikulierten Stimmung.

Wenn die Studierenden aus Ost und West manchmal noch miteinander fremdelten, so galt das auf der Ebene der Professoren nur noch mehr. Ende Mai 1998 beschrieb mir ein Germanistik-Doktorand aus meiner Studienstiftler-Gruppe die Szenerie im germanistischen Seminar bei der Verabschiedung des nach der Wende positiv evaluierten und neuberufenen Professors Peter Wruck. Die Ost-Germanisten waren dabei im Wesentlichen unter sich, West-Professoren schauten kurz herein und verschwanden bald wieder. Dies wiederum quittierten die Anwesenden Ost nicht mit Enttäuschung, sondern eher mit Erleichterung; man war wieder unter sich und fühlte sich freier und wohler. Ich selbst verhielt mich bei solchen Gelegenheiten nicht anders. Als Ingo Materna, den ich durchaus schätzte, 1997 in den Ruhestand ging, wurde ich zum üblichen Ausstandsumtrunk eingeladen. Ich schrieb einen höflichen Brief und ließ es dabei bewenden. Auf die Idee, zum Umtrunk hinzugehen, kam ich gar nicht – worüber ich mich heute nur wundern kann.

Berliner Szene II: Hauptstadt im Werden

Nachdem wir im Frühjahr 1993 die Wohnung an der Ecke Hektor-/Damaschkestraße bezogen hatten, schloss ich mit mir selbst eine Wette ab, ob ich jemals bis zum voraussichtlichen Ende meiner Dienstzeit an der HU den Weg von der Wohnung zum Büro unbehelligt von aufgerissenen Gleisen, von Baustellenlärm in dröhnenden Bahnhöfen und von Baukränen, Lastwagen und Rohrarbeiten auf und in den Straßen ringsum würde zurücklegen können. Diese Wette habe ich glattweg verloren. Erst wurden die Gleise auf der Stammstrecke saniert, auf der auch die ost-westlichen Regional- und Fernzüge verkehrten, dann der Bahnhof Charlottenburg 300 Meter nach Osten verlegt (näher an den Umstieg zur S-Bahn).

Schon 1990 hatten die Erneuerungsarbeiten am eleganten, aber ruinösen Bahnhof Friedrichstraße begonnen, die sich bis 1996 hinzogen. 1997 begann der Bau des neuen Hauptbahnhofs, der 2006 fertiggestellt wurde. In den 90er-Jahren begann auch die Neubebauung der vom Bombenkrieg hinterlassenen Brache links und rechts des Bahndamms mit dem Neubau des Max-Planck-Instituts für Infektionsbiologie auf dem Charité-Gelände nördlich und von einzelnen Bürobauten wie dem heutigen Bundesministerium für Forschung und Wissenschaft südlich. Letzteres bietet ein typisches Beispiel für die allenfalls durch ein paar Dekorationselemente übertünchte Einfallslosigkeit und Ödnis der neuen Berliner Büroarchitektur, während das Max-Planck-Gebäude informationsästhetisch ansprechend das Vorbild der Ziegelbauweise der Kliniken auf dem Charité-Gelände aufnahm. Dessen Architektur erfreut seit der ebenfalls noch in den 1990er-Jahren in Angriff genommenen Sanierung das Auge umso mehr, als sich jetzt, dreißig Jahre nach der Vereinigung, die Brachfläche nördlich des Hauptbahnhofs mit abschreckender architektonischer Dutzendware füllt.

1995 bis 1999 wurden die Fassaden des von Paul Wallot entworfenen alten Reichstagsgebäudes (1884–1894) erneuert und von überflüssigen Schmuckelementen aus der Bauzeit bereinigt sowie das Innere für den heutigen Gebrauch umgebaut. Nach längerer Kontroverse um das Für und Wider setzte der Architekt Sir Norman Foster 1999 zum Abschluss der Umbau- und Restaurierungsarbeiten dem riesigen viereckigen und trotz der verbliebenen Gliederungselemente an den Außenseiten abweisend wirkenden Baublock widerwillig die originelle, trotz ihrer enormen Abmessungen seltsam klein und bescheiden wirkende Glaskuppel mit dem von außen sichtbaren spiralig gewundenen Besucheraufgang auf. Sie verlieh dem ganzen wilhelminischen Großbau einen überraschenden – und politisch irgendwie beruhigenden – Anflug von Charme und Leichtigkeit auch gegenüber dem auf Helmut Kohls Wunsch hin allzu groß dimensionierten Kanzleramt und machte sie zum Anziehungspunkt demokratieinteressierter Besucherscharen.

1997 bis 2003 wuchsen die Bürobauten des Bundestages, vor allem das Paul-Löbe-Haus und das Marie-Elisabeth-Lüders-Haus, aus dem Boden östlich und westlich der Spree. Sie fügen sich in das von Axel Schultes und Charlotte Frank konzipierte „Band des Bundes" ein, das neue Kanzleramt mit dem Reichstagsgelände in West-Ost-Richtung verbindet und symbolisch nicht nur Exekutive und Legislative verklammert, sondern auch mit leichten und eleganten Brücken die Spree überspannt. Vom S-Bahndamm aus wirkt der langgezogene Paul-Löbe-Trakt geradezu filigran durchgliedert. Schließlich komplettierte das Kanzleramt der Bürogemeinschaft Schultes/Frank das architektonische Gehäuse von Parlament und Regierung in der Bundeshauptstadt mit der vielfach geschwungenen, sich nach Osten zum Marie-Elisabeth-Lüders-Bau öffnenden Fassade des Mitteltrakts und den rahmenden, ebenfalls in Ost-West-Richtung gestreckten Bürobauten von klarer Sachlichkeit.

Ich empfand es als Glücksfall, dem Aufbau der Architekturen für die noch immer junge Demokratie in dem vor einem Dreivierteljahrhundert von Bomben zerpflügten und 1961 von einer martialisch bewehrten innerdeutschen Trennmauer durchzogenen Brachland zusehen zu können. Mit dem erneuerten Reichstagsgebäude für den Bundestag, den flankierenden neuen Bürobauten, mit dem Kanzleramt und dem gläsernen Hauptbahnhof entstanden Architekturen, die den demokratischen Staat im Ganzen unaufdringlich ansehnlich und damit passend repräsentieren. Auf das Bindeglied im „Band des Bundes" zwischen Kanzleramt und Bundestag wird man wohl noch lange warten müssen – wenn es überhaupt jemals kommt. Eine Art Forum oder Agora für die Demokratie, wie von den Planern des „Bundesbandes" ursprünglich vorgesehen, scheint unter heutigen Bedingungen eine politisch und architektonisch fast unlösbare Aufgabe zu sein. Lohnend und städtebaulich wünschenswert wäre ein solches Bauwerk aber gleichwohl.

1993/94 hatte ich durch ein Flurfenster auf dem Weg zu meinem Büro die Attrappe von ein paar Jochen der Nordfassade des Berliner Schlosses vor Augen. Die Betreiber eines Wiederaufbaus des Schlosses hatten sie aufziehen lassen, und ich musste zugeben, dass der Anblick der auf eine Leinwand projizierten alten Fassadengliederung zum Lustgarten hin dem Auge wohltat. Zusätzlich durchbrach er die optische Wüste zwischen Staatsratsgebäude, Palast der Republik und dem ehemaligen Außenministerium der DDR („Winzerstuben") und verhüllte wohltätig den Palast der Republik. Mit dieser Simulation wollte der Förderverein „Berliner Stadtschloss“ unter der Führung des Hamburger Kaufmanns Wilhelm von Boddien und des Berliner Verlegers und Autors Wolf Jobst Siedler beweisen, dass der Palast der Republik komplett abgerissen werden müsse.

Der Streit darüber erregte die Berliner Gemüter erheblich mehr als der Umbau des Reichstags. Hier ging es um die Spitzenwerke der politischen Architektur des Hauses Hohenzollern aus dem 17. Jahrhundert einer- und der „Deutschen Demokratischen Republik“ von sowjetischen Gnaden andererseits. Es gab nur ein Entweder-oder, weil Ulbricht die Ruine des Hohenzollernbaus hatte abreißen und auf Teilen des Grundrisses 1973/74 den Palast der Republik hatte errichten lassen. Der Streit um den Reichstag bezog sich im Wesentlichen nur auf die

Schloss-Simulation 1993, vorn das Denkmal für den Freiherrn vom Stein

Kuppel und war eher akademischer Art. Hier dagegen ging es um die Konfrontation der offiziellen Geschichtskulturen von Ost und West, um persönliche Erinnerungen an einen von der DDR-Staatsführung geschickt bespielten Freizeit- und Konsumtempel, und schließlich ging es um die denkmalpflegerische und urbanistische Frage, ob man in der alten Mitte Berlins die Vollrekonstruktion eines Riesenbauwerks des 17. bis 19. Jahrhunderts haben wollte oder eine Architektur der Moderne (wie immer sie aussehen mochte). Wie löste man ein städtebauliches Problem, das die Kriegsverwüstung und vor allem die DDR-Baupolitik hinterlassen hatten und das beträchtlichen integrationspolitischen Sprengstoff besaß? Wie konnte eine gewaltige Fläche kostbarsten innerstädtischen Bodens ökonomisch wie kulturell sinnvoll genutzt werden? Welche Formensprache war für die Gestaltung dieses zentralen Erinnerungsortes der deutschen Geschichte angemessen? Welche Antwort hatte die Bundespolitik auf die erinnerungspolitische Frage, wie man drei deutsche Geschichten – die des aufsteigenden Hohenzollern'schen Preußen und Deutschland, die einer erzwungenen sozialistischen Staatlichkeit und die eines demokratisch geeinten Deutschland politisch-symbolisch und kulturell-praktisch zueinander in Beziehung setzen konnte? Und last not least: Wie konnte ein so aufwendiger Neubau, wie auch immer er aussehen würde, finanziert werden?

Natürlich gab es Argumente für die Rekonstruktion des Schlosses. Der Ulbricht-Honecker'sche „Palast", von den Berlinern wegen seiner Innenausstattung auch „Erichs Lampenladen" genannt, würde verschwinden und auf der Wüste des Schlossplatzes würde sich wieder das alteuropäische Zentrum der Stadt erheben. Warum sollte man die städtebauliche und politische Mitte einer wichtigen europäischen Stadt mit dem auch ästhetisch fragwürdigen monumentalen architektonischen Symbol eines poststalinistischen Systems verunstalten lassen? Mit der Schlossrekonstruktion stünde man urbanistisch und auch rein ästhetisch auf der sicheren Seite. Die alte Stadtgestalt würde wieder hergestellt – und das war in dem noch immer von Bombenschäden, Verwahrlosung durch die unproduktive Planwirtschaft, systematische Zerstörung des Stadtzentrums durch den „sozialistischen Städtebau" und den Verfall der alten architektonischen Substanz buchstäblich „ruinierten" urbanen Körper von Berlin-Mitte ein Wert an sich. Zudem bestand ein nicht ganz unberechtigtes Misstrauen gegenüber der ästhetischen Urteilskraft des demokratischen Staates als Bauherr. „Wir haben nur einen Versuch", lautete das einschlägige, nachvollziehbare Argument.

Trotzdem sträubte sich mein historisches Empfinden gegen den Wiederaufbau des Schlosses. Es war nun einmal das Symbol der Hohenzollernherrschaft über Preußen und für 48 Jahre auch über das geeinigte, aber 1918 durch erhebliches Mitverschulden des Hohenzollern-Kaisers Wilhelm II. untergegangene Deutsche Kaiserreich. Löste man das Schloss völlig ab von den ursprünglichen politischen Absichten, Gehalten und Wirkungen eines „persönlichen monarchischen Regimes" alteuropäisch-absolutistischer oder modern-wilhelminischer Provenienz, so entstünde eine reine Attrappe. Den „Kulturstaat", der Preußen vor allem im 19. Jahrhundert auch gewesen war, assoziierte niemand mit dem Stadtschloss der Hohenzollern, auch wenn das historisch vielleicht nicht ganz gerecht war. Der Vergleich mit anderen monarchischen Schlossbauten und ihrer Restaurierung nach 1945 zog nicht; keiner dieser Bauten wurde ex nihilo wieder hochgezogen, keiner stand so dominant und isoliert im Zentrum, mit keinem verband sich die unvermeidliche Assoziation einer Repräsentation des vereinigten demokratischen Deutschland nach 1989, und in keinem hat die autokratische Monarchie mit so fatalen Konsequenzen regiert wie durch Friedrich II., Friedrich Wilhelm IV. und Wilhelm II.

Die Politik entschied sich schließlich im Jahr 2002 für den Wiederaufbau des Schlosses (2013–2020) und für seine Nutzung durch das neu gegründete „Humboldt-Forum" für Kultur, Kunst und Wissenschaft. Außen wurden die West-, Nord- und Südfassade in der auf Andreas Schlüter zurückgehenden Form des frühen 18. Jahrhunderts wiederhergestellt, die Ostfassade dagegen nach Plänen des italienischen Architekten Franco Stella neu errichtet. Vielleicht bin ich in meinem Urteil (kunst) historisch allzu befangen, aber ich kann bei deren Anblick die unerfreuliche Assoziation mit Bauformen des italienischen Faschismus nicht unterdrücken. Ich selbst hatte mir als Lösung für das architektonisch-symbolische Schloss-Palast-Dilemma und als Ansatz für die komplexe politische Ikonografie des Bauwerks eine Schlossrekonstruktion, aber auch ihre Brechung durch ein Fassadenstück des „Palastes der Republik" vorstellen können. Ein solcher Synkretismus hätte die Gefahr eines inhaltsleeren puren Historismus vermieden und sowohl den Ost- wie den Westdeutschen die Gelegenheit gegeben, sich an die Brechungen der deutschen Geschichte zu erinnern. Ausgerechnet die – überwiegend aus dem Kaiserreich stammenden – ethnologischen Sammlungen im Hohenzollernschloss unterzubringen, erscheint mir inhaltlich als Missgriff, der die Diskrepanz von architektonischer Hülle und der Substanz der gezeigten Artefakte zusätzlich vertieft. Rein urbanistisch ist die Wiederkehr des Hohenzollernschlosses als Point de vue ein Gewinn. Aber die pure Rekonstruktion von Außenfassaden und Teilen der Höfe und die Unverbundenheit der für die Ausstellungen im Inneren gewählten vielfältigen Inhalte mit dem Schlossgehäuse bleiben für die Anforderungen der Erinnerungskultur im vereinigten Deutschland entschieden unterkomplex – und sie waren zu verzagt, eine Lösung zu finden, die etwas Neues und Gemeinsames gewagt hätte.

Berliner Szene III: Christo und die Verhüllung des Reichstags

Den großen performativen Höhepunkt in diesen Jahren des Werdens Berlins als wirklicher Bundeshauptstadt stellte die Verhüllung des Reichstagsgebäudes durch Christo und Jeanne-Claude im Sommer 1995 dar. Eine erste Idee zu dem Vorhaben stammte schon aus dem Jahr 1971, doch hatten drei Bundestagspräsidenten (Annemarie Renger 1972, Karl Carstens 1977 und Philipp Jenninger 1987) die Idee abgelehnt. Gefördert worden war sie dagegen von Willy Brandt seit 1981 und durch die erste Bundestagspräsidentin im vereinigten Deutschland, Rita Süssmuth, seit 1991. Auch danach war noch aufwendiges Lobbying der Christos und ihrer Berliner Mitstreiter in den Büros der Bundestagsabgeordneten nötig gewesen, bis das Plenum im Februar 1994 das Vorhaben nach heftiger Debatte mit 292 zu 223 Stimmen guthieß. Zu den Gegnern zählten Kanzler Kohl und der CDU-Fraktionschef Schäuble; Rita Süssmuth hatte aber zu der Mehrheit aus SPD-, FDP- und Grünen-Stimmen auch einige Christo-Befürworter in der Union gewonnen. Die kontroverse Debatte und das Abstimmungsergebnis sind nicht ganz unwichtig, weil es in der Sicht der Entscheider nicht nur um ein künstlerisches Experiment am wichtigsten, historisch-symbolisch extrem aufgeladenen Bauwerk der deutschen Demokratie ging, sondern um eine kulturpolitische Richtungsentscheidung für die ganze Republik: Beharren auf der Tradition und kompromissloses Bestehen auf dem Bewährten oder mehr Flexibilität im Umgang mit der eigenen Geschichte, ihren symbolisch bedeutsamen Artefakten, aber auch, implizit und nur andeutungsweise angesprochen, ihren Wertsetzungen und Narrativen. Ich muss gestehen, dass ich zunächst – bis das verhüllte Gebäude erstmals vor meinen Augen stand – zu den Traditionalisten gehörte. Die Vorstellung, das ehrwürdige und von der Geschichte materiell und historisch-symbolisch schwer gezeichnete Gebäude zum Gegenstand eines modernistischen künstlerischen Experiments von – wie ich meinte – fragwürdiger Ernsthaftigkeit zu machen, schien mir der „Würde des Hauses“ nicht angemessen. Ich befand mich da ganz auf der Linie Schäubles, der dieses Argument in einer großen Rede im Bundestag für mich überzeugend vortrug. Die Anschauung belehrte mich jedoch eines Besseren – seither erscheint mir das vierzehntägige Event vom 24. Juni bis zum 7. Juli 1995 als ein glücklicher Höhepunkt in der an symbolisch befrachteten Ereignissen seit der Vereinigung allzu reichen Geschichte der Hauptstadt Berlin.

Von Anfang an sprach für das Konzept Christos, dass es nicht-kommerziell angelegt war, d.h. genauer: Es nahm keine fremden Gelder in Anspruch, weder von Betrachtern noch von Sponsoren, weder von der Politik noch von sonstigen Interessenten. Stattdessen wurden die erforderlichen dreizehn Millionen D-Mark durch den Verkauf von Ansichten und Entwürfen des Werks von Christos Hand in massenhafter Vervielfältigung aufgebracht. Diese sah man alsbald an vielen Orten, in Läden, die Plakate und Stadtansichten aller Art verkauften, und an den Wänden von Kneipen, Büros und Wartezimmern kunstverständiger Ärzte bis hin zu dem meines Hausarztes in Bad Reichenhall. Das verlangte eine gewaltige Maschinerie der Vermarktung, aber eben in Regie der Christos allein für die Finanzierung des Projekts. Der verhüllte Reichstag sollte von niemandem für seine Zwecke vereinnahmt werden, war aber tatsächlich in den Medien, auf dem Kunstmarkt und in der optischen Ausstattung der privaten Lebenswelt für erstaunlich lange Zeit allpräsent.

Schon insofern leistete Christo einen bemerkenswerten Beitrag zur Veranschaulichung von Demokratie und ihres Funktionierens. Die Christos lösten ihren Anspruch „Unser Werk handelt von Freiheit“ ein, auch in einem sehr weiten, aber eindringlichen Sinn, indem sie an der Oberfläche Bewegung und Vergänglichkeit, damit aber im Umkehrschluss im Kern Stabilität und Dauer veranschaulichten. Dies geschah nicht nur durch den Eventcharakter des Werks, das Darstellen von „work in progress and decline“, sondern auch durch das Formenspiel – und das war hinreißend.

Ich konnte die Entstehung des Werks und seine Ausstrahlung während der vierzehn Tage seines Bestehens auf dem täglichen Weg zum Büro von der S-Bahn aus beobachten. Von April bis Juni 1995 entstanden die Stahlkonstruktionen, mit denen das Dach, die Türme, die Statuen auf den Ecken des Baus und die monumentalen Vasen, die frontal die Abmessung der tempelartigen Eingangsfront markierten, geschützt wurden. Dieses Gerüst ermöglichte es, die Bahnen des aluminiumbedampften Polypropylengewebes für die Verhüllung frei fallen zu lassen und so dem Gebilde eine umlaufende und vereinheitlichende vertikale Struktur zu verleihen. Diese Arbeit und das Vernähen der Stoffbahnen verrichteten professionelle Kletterer in zwei bis drei Tagen. Ihnen beim Turnen zwischen den bewegten Bahnen und bei ihrem Vertäuen mit blauen Seilen zuzusehen, war ein Vergnügen, obwohl man ahnen konnte, dass diese Unternehmung nicht ganz ungefährlich war. Die Stoffmasse bildete das äußere Erscheinungsbild des Reichstags so ab, dass die architektonischen und plastischen Details verschwanden, die Grundstruktur des Bauwerks mit der hervorgehobenen Eingangsfront, dem vorkragenden, umlaufenden Gesims und den flach gelagerten Ecktürmen deutlich hervortrat. Zwei eingezogene Querbahnen gliederten das glitzernde Stoffgebilde horizontal und sorgten so für einen Ausgleich gegenüber der natürlichen vertikalen Fallrichtung der Stoffhülle. Deren Bahnen blähten sich leicht zwischen den befestigenden horizontalen Einzügen. Die vertikale Fältelung des Stoffs konnte aus der Nähe gesehen scharfgratig sein, doch löste ein durchgehender Windzug die Bahnenfläche einheitlich in eine leicht dahinziehende Bauschung auf. Die gegenüber dem harten Stein der Architektur weiche und empfindliche Materialität des Stoffs verwandelte den Reichstag im permanenten Spiel von vor und zurück, von Licht und Schatten, in ein Gebilde unendlicher Oberflächenbewegung mit statischer Substanz, Bewegtheit über klarer Gliederung und wohltuender Proportion. Optische Vereinfachung des Baukörpers und spielerisch-filigrane Differenziertheit der Oberfläche respondierten einander. Den einzigen kräftigen Farbakzent vor dem Schimmer und Geflirr des silbrig changierenden Verhüllungsstoffs setzte bei leichtem oder stärkerem Wind die weit auswehende schwarz-rot-goldene Fahne.

Die öffentliche Resonanz auf das Event war staunenerregend. Das Wetter spielte mit, nicht mit blauem Sommerhimmel, aber mit harmloser Bewölkung und leichter Brise, die die silbrig glänzende Stoffhülle immer in Bewegung hielt. Nur beim Herablassen und Fixieren der Bahnen herrschte teilweise heftiger Wind, sodass die Bahnen mitunter stärker auswehten und flatterten. Die leere Fläche vor dem Reichstag, ein wichtiger Faktor in dem Zusammenspiel von leerem und gestaltetem Raum mit Bewegung, Licht und Schatten und damit der Vergegenwärtigung von Zeitlichkeit, füllte sich von Tag zu Tag mehr mit Besuchern. Am letzten Tag, dem 7. Juli, waren es allein 500.000, insgesamt in den zwei Wochen fünf Millionen Menschen. Über der Menge lag eine friedliche und freudige Stimmung, manche

Besucher nahmen sich Stunden oder einen halben Tag Zeit, junge Leute breiteten eine Decke aus und genossen das Schauspiel zwischen Bewegung und großer Ruhe mit einem Picknick und einem Glas Wein oder Sekt. Die Christos hatten in und für Berlin, aber auch für das ganze vereinigte Deutschland ein vierzehntägiges Fest der Sinne und der politischen Ordnung in Szene gesetzt, in dem die Besucher als Genießende und die Ordnung des Zusammenlebens Bekräftigende aktiv, aber entspannt teilnahmen.

Wie man sich selbst verwaltet: Das Professorium

Die Lage am Institut für Geschichtswissenschaft an der HU war insofern besonders, als die Neuberufenen anfangs gegenüber den Alt-Humboldtianern noch in der Minderheit, dabei aber im Besitz aller Korporationsrechte waren. Demgegenüber hing der Rechtsstatus der schon Evaluierten und noch zu Evaluierenden bis zur Klärung ihres Status in der Schwebe. Diese Entscheidung konnte sich trotz der zügigen Arbeit der SBK angesichts der langsamen und manchmal auch fehlerhaften Arbeit der Universitätsverwaltung sowie der notwendigen Zustimmung der Senatsverwaltung monatelang hinziehen. Die Neuberufenen wiederum bewegten sich anfangs sowohl im Institut wie auch vis-à-vis dem Akademischen Senat und auch zumindest Teilen der Verwaltung in einem ihnen – um das Wenigste zu sagen – nicht eben freundlich gesonnenen Umfeld. Mit der Verwaltung, die sich durch zahlreiche Entlassungen in einem tiefgreifenden Umbruch befand und zumindest bis zur Mitte der 90er-Jahre noch weithin desorientiert war, hatte jeder zu kämpfen. Noch auf Jahre hinaus musste mit Hindernissen und Widerständen bei den noch anstehenden Neuberufungen, bei der Nutzung der zugesagten Mittel etwa für die Bibliothek und bei den Berufungszusagen, bei Stellenbesetzungen im Mittelbau gerechnet werden. Bei alledem war es dringend geboten, dass die West-Professoren geschlossen hinter den Evaluierungsentscheidungen standen, an denen sie beteiligt gewesen waren. Die Situation im Institut verlangte also, dass sich die Neuberufenen in der Reform- und Aufbauphase intensiv berieten und gemeinsame Entscheidungen trafen, die dann auch einheitlich nach außen vertreten wurden.

Irgendeine Form von Jour fixe, regelmäßige gemeinsame Mittag- oder Abendessen oder nach Bedarf anberaumte inoffizielle Treffen aller oder eines Teils der Professoren zur Vorbereitung wichtiger Entscheidungen, gibt es in vielen Instituten und Fakultäten. Aber in unserem Fall war eine vergleichsweise verbindliche Absprache und Planung zwischen den Neuberufenen unabdingbar. In organisatorischer Hinsicht bestand die SBK auch nach dem Ausscheiden Ritters und Oexles zum Ende des Sommersemesters 1993 bis zum Ende des Sommersemesters 1994 fort. Seit Dezember 1991 trafen sich die Neuberufenen zu gesonderten Beratungen, die seit dem Januar 1992 eine regelmäßige und feste Form annahmen. Man traf sich mindestens zweimal im Semester an einem Dienstag oder Mittwoch um 18.15 Uhr in einem der Büros und später, als der endgültige Personalstand erreicht war, in einem kleinen Hörsaal und arbeitete eine vom jeweiligen Geschäftsführenden Direktor vorgegebene Tagesordnung ab. In den ersten Jahren verabredeten wir uns zusätzlich je nach Bedarf mehrmals im Semester, ebenso wie später, wenn wichtige Haushaltsentscheidungen, Evaluierungen und Ähnliches anstanden. Schon in einer der ersten Sitzungen einigte man sich darauf, dass Entscheidungen in diesem „Professorium" für die West-Professoren verbindlich sein sollten – obwohl es sich um ein in der Universitätsverfassung nicht vorgesehenes informelles Gremium handelte.

Das kollegiale Miteinander im „Professorium" war intensiv, jeder einzelne Neuberufene war sich der Besonderheit der Situation und der Notwendigkeit eines möglichst solidarischen Verhaltens bewusst, die „Chemie" im Kreis stimmte in erstaunlichem Maß. Die Geschäftsführenden Direktoren bereiteten die Diskussionen effizient vor. Die Sitzungsdauer von in der Regel zwei bis drei Stunden war infolge straffer Gesprächsleitung auch nach einem intensiven Arbeitstag im Institut gut zu verkraften. Man trennte sich in der Regel in gutem Einvernehmen – bis gegen Ende des Jahrzehnts die dramatische Haushaltslage Berlins und der HU Einschnitte auch in die Personalstruktur des IfG verlangte, die über die Opferung bereits bewilligter, aber noch nicht besetzter Stellen hinausgingen. Jetzt traten erstmals Verteilungskämpfe auf, die zu Friktionen führten. Seit 1998 war die Atmosphäre im Gremium eine andere als in den vom Schwung des Neubeginns getragenen Anfangsjahren. Das Gemeinschaftsgefühl und die durchweg guten, manchmal auch freundschaftlichen Beziehungen zwischen den Kollegen schwanden nicht einfach, auch nicht die Momente solidarischen Gelächters, sie wurden aber fragmentarischer und hingen jetzt stärker von wechselnden Situationen ab als zuvor. Der „Spirit" des gemeinsamen Neuanfangs in einer fremden Umgebung wich der Normalität des kollegial-unkollegialen Umgangs der Professoren im Alltagsbetrieb langjährigen institutionell vorgegebenen Zusammenwirkens. Mit der Ost-West-Spaltung hatte das nichts mehr zu tun. Die vier gleichgestellten Alt-Humboldtianer waren im Oktober 1994 offiziell zur Teilnahme am Professorium eingeladen worden. Konrad Canis und Laurenz Demps nutzten die Gelegenheit hie und da, wenn ihre Interessen in irgendeiner Weise ausdrücklich berührt waren, die anderen „Gleichgestellten" hielten sich grundsätzlich fern.

Ein Dauerthema in den Jahren 1992/93 bildeten die Entscheidungen über die Kündigung, Weiterbeschäftigung bzw. Verlängerung der Alt-Humboldtianer aufgrund von Vergleichen und gegebenenfalls dem Stand der gerichtlichen Auseinandersetzungen zwischen der Universität bzw. der Senatsverwaltung und den Gekündigten. Nachdem die SBK – seit Beginn des Jahres 1992 zusammen mit den Neuberufenen – die Evaluierungsprozeduren abgeschlossen hatte, lag die weitere Abwicklung in der Hand der Universitätsverwaltung, sodass wir über den Stand der Dinge jeweils nur noch durch die Mitteilung des Institutsdirektors informiert waren.

Viele Beispiele zeigen, wie komplex und fluid die Rechts- und Finanzlage bei den Alt-Humboldtianern noch auf Jahre hinaus war. Der Westeuropahistoriker Siegfried Bünger ging 1994 turnusgemäß in den Ruhestand. Der Frühneuzeitler Klaus Vetter war von der SBK zur Übernahme empfohlen worden, erhielt jedoch aufgrund von Erkenntnissen der Senatsverwaltung und einer universitätsinternen Untersuchung die Kündigung und einigte sich nach einem für ihn günstigen Gerichtsentscheid mit der Universität auf eine Weiterbeschäftigung bis zum Jahr 1996. Canis schied regulär 2003 aus, nachdem er im Sommersemester 2001 noch eine Vertretung meines Lehrstuhls und davor ein Gastsemester in Wien wahrgenommen hatte. Demps lehrte bis zu seinem altersentsprechenden Ausscheiden 2005, 2001 betrieb er die Einrichtung eines kostenpflichtigen Ergänzungsstudiengangs zur berlin-brandenburgischen Kulturgeschichte hauptsächlich für Seniorenstudierende und mit Lehrpersonal aus den Museen und Archiven der Region. Das Professorium machte sich das Projekt zu eigen, doch musste es schon zum Wintersemester wegen mangelnder Nachfrage wieder eingestellt werden. Für die Finanzierung der Stellen der Alt-Humboldtianer nutzten Universitätsleitung und Institut den Stellenfundus der bereits bewilligten, aber noch nicht besetzten Stellen aus Ritters zweitem Strukturplan und die finanzielle Manövriermasse der Universität in Gestalt etatisierter, aber offener Stellen. Keine dieser Professuren und Mitarbeiterstellen aus dem zweiten Strukturplan konnte noch regulär besetzt werden, sie fielen den bereits 1994 einsetzenden Sparplänen der

Universität zum Opfer. Soweit „Überhangstellen" bei der Universitätsleitung zur Verfügung standen, beantragte das Institut jeweils – mit Erfolg – die Zuteilung eines gewissen Kontingents. Über den Stand der Anfragen bei der Gauck-Behörde wurden wir informiert, die Vorgänge selbst behandelte die Universitätsleitung jedoch vertraulich und teilte nur noch die Ergebnisse mit. Die universitätsweit zuständige offizielle „Personalkommission" entschied auch, dass die negativ Evaluierten, aber noch nicht endgültig Entlassenen auch in der Zwischenzeit nicht in der Lehre eingesetzt werden dürften.

Im Juli 1993 hörte die SBK ohne die inzwischen ausgeschiedenen Ritter und Oexle, aber in Anwesenheit des Institutsdirektors Wilfried Nippel noch Siegfried Prokop. Er hatte sich zunächst einer Evaluierung verweigert, unterzog sich ihr dann aber doch, nachdem er mit seiner Klage gegen die die ursprüngliche Kündigung vor Gericht Recht bekommen hatte. Prokop gab einen Überblick über seine allgemeinen Forschungsschwerpunkte in der DDR, außerdem machte er Aussagen über seine wissenschaftliche Neuorientierung in den vergangenen vier Jahren. Das Votum der SBK über die wissenschaftliche Qualifikation Prokops fiel jedoch negativ aus. Gleichwohl gab die SBK noch ein auswärtiges wissenschaftliches Gutachten in Auftrag, das der Mannheimer Kommunismus- und DDR-Spezialist Hermann Weber Ende Dezember 1993 lieferte und das Prokop bündig völlig zu Recht die „Eignung als Hochschullehrer" in der Bundesrepublik absprach.

Ständigen Diskussionsstoff im Professorium bot ferner die Raumverteilung. Die HU mit ihrem Hauptgebäude auf teuerstem Boden in Berlin-Mitte litt an eklatantem Raummangel für ihre Institute und die Verwaltung. Das IfG konnte erst dann mit den weiteren Lehrstühlen aus der Ziegelstraße ins ehemalige Prinz-Heinrich-Palais nachziehen, als im Zuge einer Neuverteilung der Räume dort nach und nach Platz frei wurde. Der Universität blieb nichts anderes übrig, als für ihre Institute zahlreiche Immobilien zum Teil weit verstreut in Berlin-Mitte für sehr teures Geld anzumieten. So bezogen etwa die Ethnologen erst in der Friedenstraße und dann am Schiffbauerdamm und die Germanisten im „Mossehaus" in der Schützenstraße ihre Büros. Einige Institute waren seit eh und je oder wurden jetzt in ehrwürdigen nahegelegenen Lokalitäten untergebracht, so die Juristen in der Kommode, die Sozialwissenschaften an der Ecke Dorotheen-/Universitätsstraße, die Kunsthistoriker in einem schönen Gründerzeitbau nahe dem Hauptgebäude in der Dorotheenstraße und die Theologen in einem der Türme des wilhelminischen Doms. Auch für die Lehrveranstaltungen waren die Räume äußerst knapp und vielfach noch in dem desolaten Zustand der unmittelbaren Nachkriegsjahre. Der Zug durch verzogene Fensterstöcke oder nicht schließende Fenster machte sich besonders im Winter bei dicht gefüllten Reihen in völlig überheizten Sälen unerfreulich bemerkbar. In den Jahren 1992/93 war man auch noch gehalten, sich die Schlüssel für die Hörsäle von den demonstrativ widerwilligen und unfreundlichen Hausmeistern im Hauptgebäude, in der Kommode am Bebelplatz und im ebenfalls arg ruinösen Hörsaalgebäude am Hegelplatz aushändigen zu lassen. Später schufen der Auszug der Philologen aus dem Westflügel des Hauptgebäudes, der Abriss des alten und die Errichtung eines neuen, sehr viel geräumigeren Hörsaalgebäudes am Hegelplatz und der schrittweise Wegzug der Naturwissenschaften auf den neuen universitär-privatwirtschaftlichen Campus Adlershof weit im Süden der Stadt eine gewisse Entlastung. Aber die um 2008 einsetzende Generalsanierung des Hauptgebäudes führte dann doch zum Umzug des gesamten IfG in die oberen Stockwerke eines Bürohauses an der Ecke Friedrich-/Leipzigerstraße, wo aus dem „provisorischen" längst ein endgültiger Standort geworden ist. Viele der Veränderungen im Gefüge der gesamtuniversitären Platzierung in Berlin-Mitte berührten auch den Raumbedarf des IfG und führten zu anhaltendem Besprechungsbedarf – auch deshalb, weil mit dem rapiden Anstieg der Stipendien und Drittmittelprojekte des Instituts auch immer mehr Büros für Doktoranden und Postdocs benötigt wurden.

Notorisch beschäftigte das Professorium auch weiterhin die Situation der Bibliothek. Sie befand sich mit ihrer Platzkapazität, ihrer Unterbringung und dem Buchbestand in einem bejammernswerten Zustand. Seit 1933 und verstärkt nach 1948 waren die Käufe zunächst unter politischen Gesichtspunkten gesteuert und insgesamt heruntergefahren worden. In der DDR kam zu der politischen Zensur die Devisennot hinzu, sodass die Forschungsliteratur der westlichen Welt weitgehend fehlte, die Literatur zur Bundesrepublik äußerst lückenhaft und die westdeutsche und sonstige westliche Literatur zur deutschen Geschichte in der Frühen Neuzeit und im 19. und 20. Jahrhundert nur in Spuren vorhanden war. Eine Ausnahme machte nur die Geschichtsschreibung zur Organisations-, Sozial- und Ideologiegeschichte der sozialistischen Arbeiterschaft, aber selbst da gab es große weiße Flecken. Ostdeutsche Kollegen erzählten dazu auch immer wieder gerne, dass neue Bücher zur Wirtschafts- und Sozialgeschichte, soweit sie überhaupt angeschafft wurden, aufgrund der guten Beziehungen Jürgen Kuczinskis zu Erich Honecker zunächst im Arbeitszimmer Kuczynskis landeten und erst nach Monaten oder Jahren allgemein zugänglich wurden.

Der Ankaufsbedarf an aktueller Forschungsliteratur sowie zur Rückergänzung der westlichen Literatur seit 1945 war gewaltig. Eine gewisse Erleichterung hätte die Überführung der entsprechenden Bestände aus der Bibliothek der Akademie der Wissenschaften bedeutet, aber daraus wurde nichts. Noch im Auftrag der SBK sichtete ich die Regale der Bibliothek in der Prenzlauer Allee, sah mich aber schnell in meinen Erwartungen enttäuscht. Zudem entspann sich 1992 zwischen Ritter als SBK-Vorsitzendem an der HU, Wolfgang Mommsen als SBK-Vorsitzendem der neugegründeten Uni Potsdam und Jürgen Kocka als Direktor des ebenfalls neugegründeten „Zentrums für zeitgeschichtliche Forschung" in Potsdam ein erbittertes Tauziehen um diesen Bestand. Am Ende unterlag Ritter, der in dieser Frage nicht nur die eigene Universitätsleitung, sondern auch die Senatsverwaltung gegen sich hatte.

Ein Anfang mit dem Neuaufbau der Bibliothek wurde mit einer Rufzusage von 30.000 Euro für jeden Lehrstuhl gemacht. In den ersten Monaten konnte man Professoren und Mitarbeitende beim Mittagessen in der Mensa immer wieder dabei beobachten, wie sie sich neben dem Essen über Kataloge und Listen beugten und darin Vermerke notierten. Als nützlich erwies sich auch, dass ständige Arbeitskreise und wissenschaftliche Kommissionen wie etwa die Parlamentarismuskommission, die Historische Kommission bei der Bayerischen Akademie der Wissenschaften und die West-Berliner Historische Kommission in Dahlem, die Parteistiftungen und auch einzelne Verlage aus ihren Publikationsreihen übrige Exemplare schenkten. Der normale jährliche Bibliotheksetat aus Universitätsmitteln für das IfG belief sich 1998 auf rund 50.000 Euro. Von Beginn an beantragten aber auch mehrere Kollegen wie auch ich selbst bei den wissenschaftlichen Stiftungen mit beachtlichem Erfolg zusätzliche Bibliotheksmittel für ihren Lehrstuhlbedarf. Am stärksten ins Gewicht fiel, dass vor allem die Siemens Stiftung immer wieder mit sehr großen Beträgen einsprang. Ohne diese Unterstützung wäre die Rückergänzung, die ohnehin lückenhaft bleiben musste, von vornherein zum Scheitern verurteilt gewesen. Außerdem gelang es nur mit solchen Subventionen, die Folgen der Sparmaßnahmen abzumildern, die schon seit Mitte der 1990er-Jahre auf die HU hereinbrachen. So konnten aus Universitätsmitteln schon im Sommersemester 1995, ähnlich wie acht Jahre später wieder, keine Neuerscheinungen mehr angeschafft und nicht mehr alle abonnierten Zeitschriften weitergeführt werden.

Die desaströse Bibliothekssituation belastete die Etats der Lehrstühle zusätzlich auf zweifache Weise: Jahrelang fraß das Suchen und Herbeischaffen der Literatur für die Forschung, vielfach aber auch für die Lehre aus der Staatsbibliothek West und von Fall zu Fall auch aus dem weit entfernten Friedrich-Meinecke-Institut der FU in Dahlem viel Zeit und Energie der studentischen Hilfskräfte auf. Und um den Arbeitsanfall bei der Inventarisierung und EDV-mäßigen Erfassung der Neuanschaffungen zu bewältigen, blieb anfangs nichts anderes übrig, als Lehrstuhlhilfskräfte für Bibliotheksarbeiten abzustellen. Die unzureichende Personalausstattung der Institutsbibliothek bildete über Jahre hinweg ein immer wieder neu zu besprechendes Problem.

Meine eigene Rolle in der Selbstverwaltung des Instituts war eher bescheiden – mit Ausnahme der Organisation und Reorganisation der Lehre, die in den Diskussionen des Professoriums allerdings einen immer breiteren Raum beanspruchte.

Sie konzentrierte sich auf einzelne Initiativen zur Verbesserung der Lehre. Ich betrieb die Einrichtung eines Mentorenmodells zur Betreuung der Anfangssemester durch die Professoren und nicht nur durch die Mitarbeitenden im Rahmen ihrer Lehrveranstaltungen. Allerdings nahmen die Studierenden das Programm nicht an, sodass es nach einigen Semestern wieder eingestellt wurde. Mit einer eigenen „Ausbildungskommission“ aus Professoren, Mitarbeitenden und Vertretern der Studierenden kümmerte ich mich um die Pflege des Kontakts der Lehrenden zu den Studierenden, der von den ersten Tagen des reformierten Instituts an bemerkenswert gut verlief. Speziell ging es dabei vor allem um die Gestaltung des kommentierten Vorlesungsverzeichnisses, in dem Studierende die angebotenen Lehrveranstaltungen analysierten und bewerteten – eine tiefgreifende und, wie ich meine, auch erfolgreiche Neuerung im System der akademischen Lehre.

Der härteste Brocken war die Durchführung des „Bologna-Prozesses“, in dem sich die Bundesrepublik dem in Europa vorherrschenden Bachelor-Master-System anschloss anstelle des in Deutschland gängigen Studiensystems mit dem Magister als erstem Abschluss, sofern nicht der Weg der Lehrerausbildung zum Staatsexamen gewählt worden war. Diese hart umstrittene Reform auch am IfG der HU einzuführen, war unumgänglich, da per Bundesgesetz von 1998 vorgegeben. Aber die Verleugnung dieses Zwangs und die daraus folgenden bewussten und unbewussten Widerstände gegen diese umfassende – und auch wirklich in einigen Aspekten hochproblematische – Neuordnung und Straffung des Studiengangs waren am Institut weit verbreitet. Wir – ein von mir mit der Basisarbeit betrauter Mitarbeiter und ich – fühlten uns im Verlauf des jahrelangen Diskussionsprozesses immer wieder auch persönlich angegangen, als seien wir die Erfinder dieser neuen unangenehmen Realität.

Angesichts der Studierendenmassen gewann nun auch wieder einmal eine Debatte an Schärfe, die die Universität in Deutschland schon seit langem begleitete und weiterhin begleiten wird, jedenfalls in den Geistes- und Kulturwissenschaften. Was wird aus den vielen Absolventen, die den Weg in das Lehramt nicht anstreben oder nicht schaffen? Anders als der traditionsbewusste Teil der akademischen Bildungsschicht ebenso wie die radikalen Progressisten in Politik und Wissenschaft in den 60er- und frühen 70er-Jahren erwartet hatten, verlor seit Ende der 70er-Jahre die Konjunktur vergangenheitskritischer Sozialwissenschaften an Schwung und eine breite kulturelle Rückbesinnung auf den Wert des historischen Erkenntnisinteresses setzte ein – und zwar auf allen Ebenen der entstehenden Wissens- und Erlebnisgesellschaft. Die Bezeichnung „Public History“ war damals in Deutschland noch nicht im Umlauf, sie setzte gerade erst zum Sprung aus der angelsächsischen in die mitteleuropäische Welt an. Sie zielt auf ein breites Publikum und meint einen inhaltlich und methodisch erweiterten Zugang zur Geschichte im Zeichen der Interessenlage der heutigen Erlebnisgesellschaft mit ihren neuen medialen Möglichkeiten. Sie benötigt neben der Grundausstattung an Geschichtswissen, wie sie ein normales Geschichtsstudium bereitstellt, zusätzliche Kompetenzen in den Bereichen des Print-, TV- und Digitaljournalismus, in Gebrauchstextproduktion, Verlags- und Museumswesen, der „Visual History“, des Kulturmanagements. Und wenn sich alle diese Kompetenzen in Rahmen eines acht- oder zehnsemestrigen Studiums auch nicht wirklich gründlich aneignen ließen, so sollte man doch gelernt haben können, wie man sich in sie einarbeiten kann.

Nachdem sich der normale Studienbetrieb am IfG in vollem Umfang konsolidiert hatte, empfahl ich daher 1999 im

Professorium, einen zusätzlichen Studiengang einzurichten, der dieses Ausbildungsbedürfnis befriedigen konnte. Der Standort Berlin-Mitte schien mir dafür besonders geeignet, weil hier auf engstem Raum die einschlägigen Kompetenzen – im Journalismus, im Museums- und Ausstellungswesen, in den diversen politischen Institutionen der Hauptstadt – in Fülle versammelt war. Über die anzusprechenden Lehrenden in all diesen Einrichtungen ließe sich, so dachte ich, die Einführung in die Praxis dieser Berufsfelder an Ort und Stelle gut organisieren. Ich schrieb dazu eine Projektskizze und arbeitete den Entwurf eines Studienplans in „Public History" aus, der Vorschlagscharakter hatte und offen war für vielerlei Variationen und Vorschläge. Um es kurz zu machen: Von der ersten Kenntnisnahme des Projektes im Professorium und ersten Einzelgesprächen mit einigen Kollegen an war klar, dass es von den meisten von Grund auf abgelehnt wurde. Der eine oder andere Kollege hielt sich mit offener Kritik erst einmal zurück, aus Höflichkeit und/oder in der Annahme, dass die üblichen Wortführer im Professorium schon dafür sorgen würden, dieses Ärgernis aus der Welt zu schaffen. So war es denn auch: Alle Vertreter der Geschichtsepochen vor dem 19. Jahrhundert waren sich einig in der Befürchtung, dass der Studiengang ihre jeweils speziellen Zuständigkeiten inakzeptabel beschneiden würde. Die Vertreter der „Profil-Professoren" teilten diese Besorgnis. Ein Studiengang mit Modulen für Journalismus und Verlagswesen, Museum, Ausstellungen oder Kulturmanagement ging – das war auch nicht zu bestreiten – auf Kosten der älteren, allerdings auch der Neuesten Geschichte und schien daher verwerflich. Nach diversen Kostproben in der Formulierung der Ablehnung war mir die Chancenlosigkeit des Vorhabens im IfG der HU klar, und ich zog das Projekt zurück, ohne es noch auf eine aussichtslose Abstimmung im Professorium ankommen zu lassen. In meinem Frust zog ich die einschlägigen Papiere auch aus den Akten zurück. Ein Weiterbetreiben hätte mich dem Verdacht des Geschichtsverrats ausgesetzt. Es hat mich dann aber auch nicht weiter erstaunt, dass wenige Jahre später die FU Berlin und zahlreiche andere Geschichtsinstitute der Republik stark nachgefragte und erfolgreiche Studiengänge und eigene Professuren zur Public History einrichteten.

Wie man den Mangel verwaltet: Der Akademische Senat

Vom Herbst 1995 bis zum Sommer 2004 gehörte ich dem Akademischen Senat (AS) und damit automatisch auch dem Konzil an – einer Erweiterung dieses Gremiums mit der Zuständigkeit für die Universitätsverfassung und die Präsidiumswahl. In der Selbstverwaltung der Universität fungiert der AS als das parlamentarische Gremium gegenüber der Universitätsleitung und repräsentiert die Statusgruppen. Ich schloss mich der Liste „Neue Humboldt-Universität" an, die für einen strikten Erneuerungskurs eintrat. Ihre Wortführer waren zunächst Heinrich August Winkler, der Alt-Humboldtianer Konrad Gröger und dann vor allem der Philosoph Volker Gerhard und der ostdeutsche Theologe Richard Schröder. Ihr stand die Liste „Pro (später Mit) Humboldt" gegenüber, in der sich kooperationsbereite Alt-Humboldtianer und die im Erneuerungskurs zurückhaltenderen Neuberufenen aus dem Westen sammelten. Aus der Liste „Neue Humboldt-Universität" heraus bildete sich seit der Mitte der 90er-Jahre eine weitere, zunehmend einflussreiche Liste „Humboldt-Profil", die der Altgermanist Werner Röcke und der Kulturwissenschaftler Hartmut Böhme anführten. Die Mitgliedschaft im Akademischen Senat ergab in den Jahren meiner Tätigkeit dort eine Menge Sinn. Die in den Jahren 1995 bis 2004 fälligen Entscheidungen gingen über die Selbstverwaltungsroutine einer altehrwürdigen Institution weit hinaus – an der HU dramatisiert durch die noch ungesicherte Existenz und Ausstattung der Universität wenige Jahre nach deren Umgründung. Und an der HU wie überall sonst in Deutschland standen umstürzende Reformen der Universitätsverfassung an.

Mit der Neuwahl des AS im Sommer 1995 hatte sich der Übergang von der Vorherrschaft der Alt-Humboldtianer zu den neuberufenen Professoren weitgehend vollzogen. Der erste Senat der Transformationszeit war noch zu DDR-Zeiten gewählt worden, im zweiten, ab 1992, saß schon eine freilich noch sehr kleine Zahl von Neuberufenen. 1995 waren die Alt-Humboldtianer dann schon in der Minderheit, obwohl der große Professorenaustausch nur in den politisch relevanten sechs abgewickelten Fakultäten und Fachbereichen stattgefunden hatte.

Die Mitgliedschaft im AS brachte mir neue und interessante Kontakte, nicht nur notwendigerweise mit den West-Kollegen aus den anderen Fakultäten, sondern auch mit verbliebenen bzw. neuberufenen Ost-Kollegen. Dazu gehörte u.a. der wissenschaftlich hochrenommierte Mathematiker Konrad Gröger, eine anerkannte Autorität in der Liste „Neue Humboldt", ein aufrechter Gelehrtentyp alten Stils mit einem signifikanten DDR-Schicksal. Wegen der Verteilung systemkritischer Flugblätter war er 1960 verhaftet worden und hatte fünf Jahre im Gefängnis gesessen. Der Fürsprache mutiger Kollegen verdankte er die Möglichkeit, dort mathematische Fachliteratur zu übersetzen. 1970 durfte er als wissenschaftlicher Mitarbeiter an die HU zurückkehren und wurde dann dort nach der Wende 1993 auf einen Lehrstuhl berufen. Auf meine Frage hin schilderte er mir das Schicksal eines Fachkollegen, eines Verwandten meiner Frau, Eberhard Kirchberg, der wegen einer flapsigen Bemerkung seine Stelle an der Akademie verloren und sich jahrelang notdürftig durchgeschlagen hatte, ehe er ebenfalls nach der Wende auf eine C3-Stelle an der HU berufen worden war. Zum alt-humboldtianischen Urgestein gehörte auch Karin Hirdina, Professorin für Ästhetik in der kulturwissenschaftlichen Fakultät. Anders als Gröger betrachtete sie ihre Kandidatur und Wahl eingestandenermaßen auch gegen Ende der 90er-Jahre noch hauptsächlich als Auftrag zur Verteidigung der verbliebenen Reste von DDR-Identität in der HU. Ihrer Erzählung zufolge traf sie sich jeden Montag in der Mensa mit meinem Ost-Kollegen Demps zur gemeinsamen, wie sie sagte, „Parteiversammlung". Dazu stieß häufig der frühere Prorektor Reinisch, der freilich kein Parteimitglied gewesen war. Manchmal setzte ich mich auch an diesen Tisch. Anders als bei Hirdina und Demps hörte man bei Reinisch fast bei jedem Satz heraus, wie er an der ganzen Transformationsprozedur gelitten hatte und immer noch litt. Bei der Wahl des Fink-Nachfolgers im Rektoren- bzw. jetzt Präsidentenamt 1992 hatte Reinisch für Peter Glotz plädiert, den ehemaligen SPD-Bundesgeschäftsführer und West-Berliner Senator für Wissenschaft und Forschung. Doch hatte er bei seinen Ost-Kollegen kein Gehör gefunden. Sie hatten Glotz zu westlich, zu Bonn-bezogen und zu sehr ins Establishment integriert befunden und sich lieber unter die Obhut der Soziologin Marlies Dürkop von der Fraktion der Grünen im Hamburger Abgeordnetenhaus begeben, die bei ihrer Vorstellung die Stimmungslage ihrer Wähler vorzüglich getroffen hatte. Aus Ärger hatte Reinisch auf eine Wiederwahl ins Vizepräsidentenamt verzichtet. Von einer wirklichen Versöhntheit der verbliebenen, aber auch mancher neuberufenen Ost-Professoren mit den neuen Zuständen konnte man nach meinem Eindruck auch zehn Jahre nach der Vereinigung schwerlich reden. Ein alt-humboldtianischer Kollege aus der Anglistik, der immer auf dem ersten Stuhl des Karrées im Neunzig-Grad-Winkel zum Präsidium saß, hielt es wie der ältere Cato im alten Rom, der bekanntlich jede seiner Reden mit dem Satz abschloss: „Ceterum censeo, Carthaginem esse delendam" und beendete jeden seiner knurrigen Redebeiträge mit der Forderung, dass die Ost- endlich den Westgehältern angeglichen werden sollten.

Es war auch noch immer nicht leicht – um nicht zu sagen unmöglich –, über die Umbruchsjahre oder gar die DDR-Zeit außer von Dissidenten wie Gröger etwas Genaueres zu erfahren. Klar und deutlich hingegen bekam ich zu hören – freilich wiederum nur auf eine entsprechende Frage hin –, dass sich die Neuberufenen gegenüber den Alt-Humboldtianern als sehr wenig neugierig erwiesen hätten. Das war zweifellos richtig, ungeachtet kleinerer Nuancen von Fall zu Fall. Bei den Historikern lag die Sache freilich etwas anders. Ihre Neugier richtet sich von Berufs wegen auf die Vergangenheit und bei einigen von uns gerade auch auf die jüngste Vergangenheit des Fachs und ihrer Vertreter an der HU. Michael Borgolte hatte im Sommer 1993 eine Tagung über die DDR-Mediävistik veranstaltet, über deren Erkenntnisse die ganze Mediävistenzunft der Ex-DDR in Aufregung geriet. Und ich selbst versammelte – wie oben beschrieben – im Winter 1992/93 in einem Oberseminar systemkonforme und systemkritische Neuzeithistoriker zur Debatte, ausdrücklich zum Problem des Zusammenhangs von Leben und wissenschaftlicher Arbeit in der Ex-DDR. Dass die menschliche und intellektuelle Neugier der verbliebenen oder neuberufenen Ost-Professoren gegenüber den Neuankömmlingen in der Regel ebenfalls eng begrenzt blieb, lag in der Natur der Sache. In den Konfrontationen und Anspannungen der ersten Jahre war die Neugier auf die unterschiedlichen Biografien und Schicksale unter die Räder gekommen, ungeachtet der in den deutsch-deutschen Debatten der frühen 1990er-Jahre gängigen Redensart, man solle „neugierig aufeinander" sein. An der HU war man auf beiden Seiten anderweitig beschäftigt – die einen mit dem strapaziösen Neuaufbau, die anderen mit dem Übermaß an Wandel und notwendiger Selbstbehauptung –, und auf dieser Basis arrangierte man sich schließlich in weitgehendem Schweigen.

Aus der umfangreichen Agenda des AS zwischen 1995 und 2004 will ich im Folgenden nur ein Thema herausgreifen, das für die Universität von besonderer Bedeutung war: die Finanznot des Landes Berlin mit ihren Konsequenzen für den Haushalt der HU, d.h. die über die Jahre sich wiederholenden Etatkürzungen und ihre Rückwirkungen auf die Strukturplanungen der Gesamtuniversität wie auch des Instituts für Geschichtswissenschaften.

Der Neuaufbau der abgewickelten Fachbereiche und Fakultäten war noch nicht abgeschlossen und auch die Existenz der HU in ihrer durch die SBKs geschaffenen Form noch keineswegs gesichert, als die ersten Sparauflagen auf die Universität zukamen. Nach der deutschen Vereinigung waren die Bundessubventionen für Berlin gestrichen worden. In den unmittelbaren Nachkriegsjahren und im Kalten Krieg hatte West-Berlin einen tiefgreifenden Prozess der Deindustrialisierung durchlaufen und verfügte deshalb nur über ein schmales Steueraufkommen, das den Ausgaben der Stadt in keiner Weise gewachsen war, schon gar nicht angesichts der jetzt nötigen Sanierungen in Ost-Berlin. In den Jahrzehnten der Isoliertheit und politischen Vorpostenposition hatte sich West-Berlin an eine dauerhafte großzügige Subventionierung aus Bonn gewöhnt. Dabei hatte sich eine Mentalität entwickelt, die in der Verwaltung weiterlebte, obwohl ihr der Verlust des Frontstadtstatus der Stadt Berlin das Fundament entzog. Auf den Verlust der finanziellen Basis für die Anhäufung teurer Kultureinrichtungen in der ehemaligen Hauptstadt Preußens wurde schon hingewiesen. Damit nicht genug: Nach dem Vereinigungsboom setzte 1993 in ganz Deutschland eine lang anhaltende ökonomische

Wachstumsdelle ein, die auch auf den Landeshaushalt Berlins durchschlug. Ohnehin bildete die Stadt das Schlusslicht der wirtschaftlichen Entwicklung in Deutschland und erreichte Mitte der 1990er-Jahre nur 72 Prozent der durchschnittlichen Finanzkraft aller deutschen Länder. Berlin musste sich auf radikales und schmerzhaftes Sparen einstellen. 1996 gab die Stadt erstmals seit dem Krieg weniger aus als im Jahr zuvor, schloss den Haushalt 1996 aber trotzdem mit einem Defizit von 2,9 Milliarden D-Mark ab.

Die HU sah sich bereits seit Anfang 1994 mit weitreichenden Sparauflagen der Senatsverwaltung konfrontiert. Ein Schreiben des Kanzlers vom 2.2.1994 verlangte, dass nur unbedingt notwendige Ausgaben zur Erhaltung bestehender Einrichtungen, zur Erfüllung gesetzlicher Aufgaben und rechtlicher Verpflichtungen, zur Weiterführung von Baumaßnahmen und zur Aufrechterhaltung einer ordnungsgemäßen Tätigkeit der Verwaltung geleistet werden dürften. Dazu gehörte das Verbot, freie Stellen zu besetzen, soweit sie nicht im Zuge der Neuberufungen bereits angeboten worden waren. Die zuständigen Gremien fühlten sich auch jetzt schon genötigt, grundsätzliche Strukturüberlegungen für das Lehr- und Studienangebot ins Auge zu fassen. So empfahl die universitätsinterne „Kommission für Lehre und Studium" im August 1994 die Streichung von Professuren speziell in der Geschichtswissenschaft. Anfang 1996 ging es dann richtig zur Sache. Erstmals verlangte der Senator von den Universitäten, Immatrikulationsgebühren zu erheben, die aber nicht den Universitäten, sondern dem Ausgleich des Landeshaushalts dienen sollten. Eine „Konsolidierungslast" von mehr als sechs Mio. D-Mark betraf die Personalausgaben für die studentischen Hilfskräfte und außerdem Einstellungen aller Art. Die Tarifauswirkungen aus dem Jahr 1995 wurden nicht nachfinanziert und eine Tarifvorsorge für 1996 war nicht getroffen. Die investiven Ausgaben sollten um zwanzig Prozent gekürzt werden usw. Dagegen machte die HU im März 1996 die grundsätzliche Rechnung auf, was die geforderten Kürzungen, ab 1991 gerechnet, für die Stellenausstattung der Universität bedeuten würden: von 4266 Sollstellen waren bereits 861 gestrichen (wozu allerdings auch Stellen aus der völlig überhöhten Personalausstattung der DDR-Zeit gehörten). Die neuerlichen Sparforderungen würden, vorsichtig gerechnet, weitere 450 Stellen kosten. Damit verliere die HU 1992 bis 1996 ein Drittel ihrer Sollstellen – während sich im gleichen Zeitraum die Zahl ihrer Direktstudenten verdoppelt habe. Es bleibe nichts anderes übrig, als einen grundsätzlichen Einstellungsstopp für das gesamte Personal zu verhängen und die Sachmittel für Bibliothek, Lehre und Forschung, Software und Bauunterhalt um dreißig Prozent zu kürzen. Neben diesen Forderungen wurde das Verlangen, „Mehrfachangebote" der drei Berliner Universitäten zu beseitigen, zu einem Dauerbrenner in dem rund zehn Jahre anhaltenden Kampf zwischen den Sparauflagen und Strukturentscheidungen der Senatsverwaltung und den um ihre Funktionsfähigkeit und Qualitätssicherung kämpfenden drei Berliner Universitäten – und speziell der HU.

Ende April 1996 artikulierten alle drei Berliner Universitäten sowie die sonstigen Hochschulen in der Stadt ihren Protest. An der HU fand eine beredte öffentliche Senatssitzung im überfüllten Audimax und eine schwächere, aber doch auch gut besuchte Podiumsdiskussion am selben Ort mit zwei hilflosen Wissenschaftspolitikern von CDU und SPD statt. Zu meiner Verblüffung löste ich bei den Studierenden einen Sturm der Begeisterung aus mit dem Hinweis, dass eine kreative Bürokratie 1809/10 im Bankrott des Staates das Bildungssystem nicht abgebaut, sondern eine neue Universität gegründet habe – nämlich diese. Die Resolution einer Vollversammlung der Studierenden der HU vom 2. Mai rief zum Streik auf, die Studierenden von FU und TU wollten sich anschließen. In der ganzen Kampagne ging die HU voran, und zwar durch die Initiative von Professoren bzw. der Hochschulleitung! Auf diese Weise kam die Präsidentin Dürkop zu einer starken letzten Amtsphase. Bei ihr schlug jetzt das politische Temperament der Grünen durch, während die Präsidien von FU und TU professoral-legalistischer agierten. Nützlich für die Mobilisierung, aber typisch für die politische Kultur der Stadt und bedauerlich für das offizielle Verhältnis zwischen Macht und Bildungssystem waren die Äußerungen des Kultur- und Wissenschaftssenators Peter Radunski (CDU) im „Tagesspiegel" – zynisch-desinteressiert und voller Arroganz der Macht. Seit Senator Erhardts Rückzug vom Amt 1994 fehlte eine sachlich-engagierte Beziehung des zuständigen Senators zu den Hochschulen.

Am 24. April 1996 kam es dann zu einer großen Demonstration der Berliner Universitäten. Man versammelte sich am Ernst-Reuter-Platz. Dort verkündeten allerdings die studentischen Organisatoren per Lautsprecher, dass die Studierenden einen eigenen Zug bilden und nicht über die Straße des 17. Juni, sondern über den Kurfürstendamm vor das Rote Rathaus ziehen würden. Der Zwist hatte sich schon ein paar Tage vorher angekündigt und war am Vortag im Akademischen Senat der HU bereits diskutiert worden. Eine eloquente Mittelbauvertreterin äußerte sich empört-ironisch, bei den Professoren herrschten Ratlosigkeit und Sichabfinden. Wirkungsvoll empört artikulierte mit leicht übertriebenem Gestus Horst Bredekamp in seiner Eigenschaft als Dekan der Phil. Fak. III das Erstaunen der Professoren. Der Grund für den zumindest optisch unerfreulichen Zerfall der Anti-Radunski-Front in zwei Lager lag in Streitigkeiten der Studierenden an der FU mit ihrem Präsidenten Gerlach; schon im vorletzten Sommer hatte es dort stärkere Spannungen zwischen Studierenden und Hochschulleitung gegeben. Die Kundgebung der von den Professoren angeführten, wie vorgesehen über die Straße des 17. Juni herangerückten Marschsäule vor dem Roten Rathaus wirkte dann auch nicht sehr eindrucksvoll. Das lag aber vor allem daran, dass sich die beachtliche Menschenmenge auf dem riesigen, ungeformten Marx-Engels-Platz vor dem Roten Rathaus ins Unscheinbare verlor. Es sprachen der FU-Präsident Gerlach, die HU-Präsidentin Dürkop sowie ein Fachhochschulpräsident, der sich, teilweise erfolgreich, in großer Rhetorik versuchte. Ein Mittelbauvertreter schloss sich mit einem unnötigen und viel zu langen Sermon an. Den „krönenden" Abschluss bildete dann die Rede eines Studenten, der die Gelegenheit zu einer kontraproduktiven Radikalagitation nutzte, stilistisch an Rudi Dutschke erinnernd, gedanklich sehr viel schlichter: Es gehe darum, Berlin lahmzulegen, eine Front aller von Berliner Sparbeschlüssen Betroffenen aufzubauen, den Kampf gegen die menschenfeindliche Wirtschaftsordnung des Kapitalismus zu führen etc.; zum Schluss kündigte er einen „heißen Sommer" in Berlin an. Er repräsentierte eine Gruppe weit links der strukturkonservativen PDS. Nach dem Ende der Kundgebung ging ich zurück ins Büro. Dort angekommen, sah ich dann vor meinem Fenster die sehr viel größere Marschsäule mit der Mehrzahl der Studierenden vorbeiziehen, die den Weg über den Kurfürstendamm genommen hatte.

Am 6. September 1997 beriet der Akademische Senat erstmals über die in Nachverhandlungen mit der Senatsverwaltung modifizierten Kürzungsvorschläge der Universitätsleitung. Bis zum Jahr 2000 mussten demnach rund 52 Mio. D-Mark eingespart werden – zusätzlich zu den bereits genau zwei Jahre zuvor beschlossenen ebenfalls fünfzig Mio. D-Mark. Haushaltswirksam könnten diese Einsparungen allerdings erst später werden, bei Auslaufen der gestrichenen, aber keineswegs sofort freiwerdenden Stellen bzw. Umsetzungen bei einem Abgleich der Berliner Universitäten. Zur Verteidigung bzw. zum Gegenangriff aufmarschiert waren vor allem die von völliger oder weitgehender Streichung bedrohten Fächer bzw. Institute: die Landwirtschaftlich-Gärtnerische Fakultät, die Rehabilitationswissenschaften, die Asien- und Afrika-Wissenschaften, die Pharmazie, die Bibliothekswissenschaft, die Erziehungswissenschaften mit der Lehrerbildung (mit Ausnahme des Studienrats) und der Sport. Alle hatten gute Gründe. Der Saal war bis zum letzten Platz gefüllt, die bedrohten Fächer hatten ihre Studierenden mobilisiert, die links und rechts an den Wänden hockten und standen. Die Stimmung war von Anfang an hochgradig erregt, doch verlief die Diskussion erstaunlich sachlich und kultiviert. Den einzigen Niveaubruch leistete sich ein Bibliothekswissenschaftler aus dem Westen, der die Wissenschaft insgesamt mit einer Thüringer Wurst und sein Fach mit dem dazugehörigen Curry gleichsetzte.

Die Strukturentscheidungen sollten rund dreißig Mio. D-Mark einsparen, der Rest von zwanzig Mio. D-Mark ergab sich durch die mehr oder weniger gleichmäßige Belastung aller übrigen Fächer. Am günstigsten kamen die kleinen Institute mit drei oder vier Professuren weg. Ihnen konnte man nichts mehr nehmen, ohne sie als Institut zu zerstören.

Eine wesentliche Frontlinie verlief zwischen den Natur- und Geisteswissenschaften. Die Naturwissenschaften mit ihren ohnehin geringen Studentenzahlen waren gerade begünstigt durch positive Evaluationsergebnisse für die Gesamtberliner Naturwissenschaft durch den Wissenschaftsrat und andere Gremien. Diese Frontlinie deckte sich weithin mit der zwischen Fächern mit vielen Studierenden (Geisteswissenschaften, Philologien, Erziehungswissenschaften) und denen mit wenigen (u.a. Physik, Mathematik, Chemie), aber mit verblüffend komfortabler Personalausstattung und Betreuungsrelation. Argumentiert wurde jeweils mit den besonders guten Berufsaussichten der Absolventen eines Fachs (Pharmazie, Bibliothekswissenschaft), mit der Dienstleistungsfunktion für andere Fächer (besonders die Pharmazie), mit der Nähe zur Industrie, die ein Wissenschaftssponsoring ermöglichen sollte, mit positiven Ranking-Wertungen (die Erziehungswissenschaft war so glücklich, soeben vom „Focus" auf Platz eins in Deutschland gesetzt worden zu sein). Es war abzusehen, dass sich die Verteidigung der hauptsächlich Bedrohten zu einer Gefährdung der bisher relativ ungeschoren Gebliebenen auswachsen würde und dass sich diejenigen am besten behaupten würden, die im Kreis der Senatsmitglieder und der Universitätsleitung das erfolgreichste Lobbying betrieben. Fragwürdige Mechanismen der Gruppenuniversität förderten nicht unbedingt die optimale Urteilsbildung. Eine tüchtige Vertreterin des Mittelbaus gewann die Mittelbaustimmen und auch die Stimmen der Studierenden, wahrscheinlich ebenfalls die der Naturwissenschaftler, für ihr eigenes Fach, die Bibliothekswissenschaft. Den nichtwissenschaftlichen Senatsmitgliedern fehlte die Fachkompetenz. Ihre Entscheidungen bildeten einen Zufallsfaktor, sofern sie nicht alle einem kenntnisreichen Vertreter aus der theologischen Fakultät folgten. Für die Historiker wurde das Ressentiment zur Belastung, das durch die besonders rasche und erfolgreiche Arbeit der SBK Geschichte unter Führung von Ritter entstanden war.

Erschwerend kam hinzu, dass das neue Instrument eines Vertrags zwischen Universitäten und dem Land Berlin von der politischen Seite soeben infrage gestellt worden war. Die AS-Mehrheit und der neue, seit 1996 amtierende Präsident Hans Meyer verband damit die Hoffnung auf eine Stabilisierung der Finanzen – auf freilich niedrigem Niveau – und damit zumindest auch auf Planungssicherheit. Der Wissenschaftsausschuss des Abgeordnetenhauses hatte den schon ausgehandelten Vertrag mit einer Mehrheit von elf zu zehn Stimmen abgelehnt und eine stärkere Verschiebung der finanziellen Mittel von den Hochschulen zu den Fachhochschulen gefordert, obwohl sich diese selbst bis zum Jahr 2000 mit dem aktuellen Finanzierungsangebot einverstanden erklärt hatten.

Am 3. Juli 1997 fand eine Sondersitzung des Akademischen Senats in der großen Aula statt. Die ursprünglich für diese Sitzung vorgesehenen Sparbeschlüsse waren von der Tagesordnung genommen worden, stattdessen sollten die Vorschläge und Vorstellungen der Studierenden behandelt werden. Das Ziel des Präsidenten war es offenkundig, zumindest nach außen die Einheitsfront der Professoren und Studierenden im Kampf um die Sparauflagen zu wahren. Ein wenig erinnerte diese Szenerie nun doch an 1968. Der Saal war bis zum letzten Platz gefüllt, die Atmosphäre heizte sich schon nach einigen Minuten erkennbar auf. Je länger die Sitzung dauerte, desto mehr ergriffen studentische Agitatoren und Hysteriker das Wort. Diskutiert wurde über eine studentische Vorlage, die erstens verlangte, mit dem politischen Senat die Sparauflagen nachzuverhandeln, und die zweitens Senatsbeschlüsse zur Streikunterstützung sowie zu zwei großen Demonstrationen forderte; eine dieser beiden Demos sollte nicht speziell universitären Anliegen, sondern dem allgemeinen Kampf gegen den „Sozialabbau" dienen. Die Situation war paradox, aber auch symptomatisch für die aktuellen Kämpfe zwischen Universität und Staatsverwaltung: Die streikenden Studierenden brauchten fassbare Gegner, das waren die Professoren, auch wenn sie bei den universitären Forderungen mit den Studierenden einig waren. Zu dieser Suche nach einem greifbaren Gegner gehörte, dass nun ziemlich plötzlich einigermaßen radikale studentische Forderungen zu einer egalisierenden Universitätsreform wieder aus der Versenkung auftauchten, wie z.B. die paritätische Besetzung aller akademischen Gremien nach den Statusgruppen (Professoren, Studierende, wissenschaftliche und nichtwissenschaftliche Mitarbeitende).

Der Akademische Senat präsentierte sich in wenig rühmlicher Form. Allgemeine und erhellende Beiträge zur Funktion und Aufgabe der Universität und den daraus abzuleitenden Konsequenzen gab es nicht, mein eigener Versuch in der Hektik des Augenblicks blieb unzulänglich. Ein Ost-Kollege verrannte sich in eine an sich nachvollziehbare, in dieser aktuellen Situation aber kontraproduktive, die Konfrontation verschärfende Verteidigung kurzer Studienzeiten. Einem Kollegen von den Reha-Wissenschaften musste ich in den Arm fallen, als er gegen einen Antrag stimmen wollte, den er einige Zeit zuvor selbst eingebracht hatte. Ein Pädagogikkollege fraternisierte in allzu durchsichtiger Weise mit den Studierenden und forderte sie zu mehr Radikalität auf (die Erziehungswissenschaften mussten bei den Streichungen besonders bluten). Bei dem Antrag, den ich selbst gestellt hatte, erwiesen sich die Senatsmitglieder auch nach längerer Diskussion nicht im Bilde und hoben den Arm weder für noch gegen den Antrag noch für Enthaltung; einer der Studentenvertreter, der bei mir magistrierte, schaute mich feixend und halb triumphierend, halb mitleidig an.

Am 13. Januar 1998 fielen dann nach einer abschließenden Beratung die endgültigen Entscheidungen in dieser Sparrunde. Es ging also darum, 62 Professuren in den nichtnaturwissenschaftlichen Fächern zu streichen. Die obligatorische Rhetorik der betroffenen Fakultäten, Institute und Lehrstühle hatte der Senat in seiner letzten Sitzung hinter sich gebracht. Jetzt herrschte eine Stimmung des Überdrusses, der Resignation, des Sichfügens in das Unvermeidliche. Konkret beraten wurden im Grunde nur noch einige Einzelmaßnahmen eher technischer und bürokratischer Natur. Anwesend waren viele Studierende, die der Diskussion im Ganzen konzentriert folgten, nachdem es in der Sondersitzung für die Galerie am 2. Dezember 1997 noch vielfach zu Gebrüll gekommen war. Die tristen Beschlüsse wurden schließlich mit großer Mehrheit angenommen, nur die besonders geschröpften Erziehungswissenschaftler stimmten dagegen. Ein Großteil der Studierenden verließ danach demonstrativ, aber schweigend den Saal. Nur einer rief beim Abgang empört: „Und dafür haben wir gestreikt!" Ein anderer drehte sich nach einem kurzen Wortwechsel mit dem Präsidenten in der Tür um und stieß nur noch hervor: „Das ist der Tod." Es war ein bitterer Moment, gerade für die Studierenden, die mit der Realität des Verhandelns und vielfachen Nachgebenmüssens in einer aussichtslosen Position noch nicht so vertraut waren wie die in den Kämpfen des Universitätslebens schon angegrauten Vertreter der Professoren und Mitarbeiter.

Wer von uns die Hoffnung gehabt hatte, dass die Lage der Berliner Universitäten damit einigermaßen konsolidiert und somit ein Ende der Kämpfe ums Geld in Sicht sei, der hatte sich allerdings getäuscht. Schon bald wurde klar, dass die Hochschulen nicht ohne weitere Kürzungen durchkommen würden. Manche Äußerung aus der Politik weckte zudem Zweifel daran, ob man im Rathaus überhaupt eine Ahnung davon hatte, was eine Universität für die Gesellschaft, speziell aber für die deindustrialisierte Bundeshauptstadt bedeutete. Als der Regierende Bürgermeister Klaus Wowereit (SPD) zwei Jahre nach seinem Amtsantritt erstmals die HU besuchte, sprach er vom „Moloch Uni". Dem Hinweis, dass 130.000 Studierende immerhin auch einen Wirtschaftsfaktor darstellten, begegnete er mit dem Satz: „Das sind doch alles nur Sozialhilfeempfänger." Demgegenüber wirkte Thomas Flierl (PDS), der Kultur- und Wissenschaftssenator der seit 2002 amtierenden rot-roten Regierung, geradezu als Lichtgestalt – ähnlich wie in den wenigen Momenten seiner Amtszeit sein Vorgänger Christoph Stölzl (CDU). Bis Ende 2005 bestand zwar offiziell noch relative Planungssicherheit durch die bestehenden Verträge, doch auch die waren schon gefährdet; die Tarifaufwüchse sollten abgezogen werden, wogegen die Berliner Universitäten gemeinsam Klage erhoben. Die Medizin mit ihren ebenfalls radikalen Kürzungen war bei all diesen Zahlen nicht mitgerechnet.

Das Präsidium der HU legte daraufhin eine Hochrechnung vor, was die neue Sparrunde um die informell bereits als unvermeidlich akzeptierte Kürzung von hundert Mio. Euro für die Gesamtuniversität ohne die Charité pro Jahr bedeuten würde. Im Jahr 2003 könnten nur siebzig Prozent der etatisierten Stellen besetzt werden, von 2004 bis 2009 keine einzige Stelle mehr. Alle freiwerdenden Stellen müssten gestrichen werden. Dementsprechend werde 2009 kein akademischer Nachwuchs auf befristeten Stellen mehr vorhanden sein. Die Zahl der an der HU finanzierten Studienplätze müsse von 16.000 auf 12.000

zurückgehen, in Berlin insgesamt um rund 17.000, von 85.000 auf 67.000 – bei einer realen Studierendenzahl von immer noch 130.000. Da keine Berufungen mehr möglich seien, könnten Studiengänge, bei denen Professorinnen und Professoren ausschieden, nicht regulär weitergeführt werden.

Am 2. November 2003 stand der endgültige Präsidiumsvorschlag auf der Tagesordnung des Senats: Streichung von weiteren neunzig Professuren, unter anderem die Schließung der gesamten Landwirtschaftsfakultät sowie der Bibliothekswissenschaft, die Kürzung der Theologen von fünfzehn auf zehn Professuren, das Streichen von 140 Mitarbeiterstellen und etwa genauso vieler Stellen in den Dienstleistungen (Sprachenschule, Verwaltung). Die Zielzahlen der Strukturplanung sahen für das IfG am Ende für das Jahr 2009 dreizehn Professuren und drei Juniorprofessuren, 21,17 wissenschaftliche und 10,5 nichtwissenschaftliche Mitarbeiter vor. Das IfG konnte seinen Bestand an Professuren vom Ritter-Plan – ohne die spätere Ergänzungsforderung des Jahres 1991 – bis 2009 also einigermaßen halten. Die Zahl der wissenschaftlichen und nichtwissenschaftlichen Mitarbeiter sank dagegen erheblich. Vor Beginn der Sitzung demonstrierten im Hof die Landwirte mit Trommelschlag, Trillerpfeifen und Reden. Der Senatssaal war bis zum letzten Platz gefüllt, an den Wänden standen dicht aufgereiht demonstrierende Studierende. Einige hielten Spruchbänder hoch, die Asien- und Afrika-Wissenschaftler zum Teil mit arabischen und chinesischen Schriftzeichen. Selbst die Naturwissenschaftler hatten Studierende mobilisiert, etwa mit dem Spruchband: „Naturwissenschaften sind Lebenswissenschaften". Die Flügeltüren zum Foyer standen offen, in den Eingängen hingen Trauben von Studierenden (und Professoren). Selbst das Treppenhaus war noch gefüllt. Dabei herrschte große Disziplin, es gab keine

Störung der Sitzung, nur hie und da einen Zwischenruf. Unmittelbar vor Beginn der Sitzung drängte sich ein alter Mann durch die Menge, kam gezielt auf mich zu und stieß empört hervor: „Wie kann man die *Landwirtschaftlich-Gärtnerische Fakultät* schließen! Von Thaer gegründet, von Thaer gegründet!" – was zumindest bei mir Wirkung hinterließ. Albrecht von Thaer war einer der bedeutenden preußischen Reformer des frühen 19. Jahrhunderts gewesen, der mit seinem Mustergut Möglin im Oderbruch und seinen Schriften, vor allem dem Klassiker „Grundsätze der rationellen Landwirtschaft" (1809–12), die Agrarwissenschaft in Deutschland begründet hatte. Tatsächlich blieb die Landwirtschaftlich-Gärtnerische Fakultät am Ende erhalten, wenn auch mit fünfzehn Professuren (statt ursprünglich 22) stark geschrumpft. Die Tagesordnung wurde programmgemäß abgewickelt, aus Termingründen ging es also zuerst um Zulassungszahlen und Studienordnungen. Dies wurde alles geduldig abgearbeitet. Dann kam TOP sechs „Rahmenkonzept des Präsidiums". Nach einer sehr langen Einleitung des Präsidenten Mlynek folgten wie zu erwarten die einschlägigen rhetorischen Empörungen. Mlynek leitete die Diskussion fast unerträglich schleppend, indem er alle immer und immer wieder zu Wort kommen ließ. Am Ende aber hatte er die gewünschte Mehrheit für seinen Antrag und auch die Ablehnung aller Versuche, die Entscheidungen in die Senatsausschüsse abzuschieben.

War dies alles schon deprimierend genug, so kamen jetzt immer noch neue, noch schlimmere Nachrichten. Das Berliner Landesverfassungsgericht erklärte den Doppelhaushalt 2002/03 wegen zu hoher Neuverschuldung für verfassungswidrig, was die Senatsverwaltung für die Jahre ab 2004 noch einmal unter verschärften Sparzwang setzte. Der abendliche Kommentar des

RBB zeigte zu seinem Bericht die Fassade der HU und warf die Frage auf, ob man zu der auch vom Verfassungsgericht als notwendig anerkannten „Mindestversorgung" wirklich drei Universitäten brauche. Ich zählte dann im Veranstaltungskalender in den Programmvorschauen der Opern für den Monat November insgesamt fünfzehnmal „keine Vorstellung" und fand jetzt auch, dass man dann auch eine Oper dichtmachen könne. Die neueste Steuerschätzung versprach Berlin für 2004 zusätzliche Mindereinnahmen von einer halben Milliarde Euro. Gespart wurde jetzt in Berlin wirklich überall. Abends und nachts war nur jede zweite Peitschenlampe eingeschaltet. Wo es zwei Neonröhren gab, glühte nur eine. Die Verfinsterung erinnerte mich an die fast absolute Dunkelheit in den Ost-Berliner Straßen 1991/92. Ende November traten die Studierenden wieder einmal in den Streik, der recht strikt gehandhabt wurde. Beim Betreten des Hauptgebäudes musste ich mich bei den studentischen Streikposten als Professor ausweisen und mir einen Passierschein geben lassen, um zu meiner Vorlesung zu kommen. Zu der erschien dann auch nur ein einziger Student.

Am 23. April 2003 beschloss der Akademische Senat der HU schließlich in einer Sondersitzung einen Stopp für alle Stellenbesetzungen und vor allem keine Neueinschreibungen im Wintersemester 2003/2004 – ein Paukenschlag für Politik und Öffentlichkeit. Die Erklärung wies auch auf den Stellenabbau an der HU von 1992 bis 2002 um 43 Prozent hin, von 4957 auf 2837.

Die Beschlüsse vom 23. April 2003 und die anschließende Pressekonferenz der Berliner Universitätspräsidien zeigten am nächsten Tag immerhin Wirkung in der Berliner Presse. Der Tagesspiegel machte mit dem Titel „Unis drohen: keine neuen Studenten" auf. Wissenschaftssenator Flierl (PDS) veröffentlichte einen Brief an den Finanzsenator Sarrazin (SPD), in dem es hieß: „Eine Schließung und drastische Kapazitätsreduzierung, wie Sie sie vorschlagen, würde geradezu einen barbarischen Akt der Vernichtung kulturellen Potenzials unserer Stadt bedeuten." Ein anderer Autor schrieb über die Diskrepanz von finanzierten und tatsächlichen Studienplätzen. Ein ausführlicher Artikel verglich die Personalausstattung der TU mit anderen Universitäten in Nord- und Süddeutschland und widerlegte die Rede Sarrazins von der überdurchschnittlichen Ausstattung der Berliner Universitäten. Am 25. April 2003 stieg mit einem Tag Verspätung die Berliner Zeitung mit dem Aufmacher „Proteststurm gegen Sarrazin" in das Hochschulthema ein. Die dramatisierende Strategie der HU, einen Einstellungsstopp anzukündigen, hatte sich erst einmal bewährt.

Meine Eindrücke aus den neun Jahren im Akademischen Senat waren widersprüchlich. Manchmal zweifelte ich daran, dass die anstehenden Probleme mit dem Verfassungsmodell der Gruppenuniversität überhaupt gelöst werden könnten. Die Vertreter der wissenschaftlichen Mitarbeitenden verstanden sich zu Recht und natürlicherweise als Verfechter von deren Interessen am Arbeitsplatz und beim Anstreben einer Professur und erwiesen sich als kompetent und kooperativ. Seltsamerweise aber sah ich kaum jemals einen von ihnen im direkten Gespräch mit einem der Professoren. Von denen hätte man in dieser Hinsicht allerdings auch mehr Initiative erwartet, mich selbst eingeschlossen. Ein Meinungsaustausch fand gleichwohl aus gegebenem Anlass immer wieder einmal statt, aber dann mehr in den Instituten und an den Lehrstühlen. Den nichtwissenschaftlichen Mitarbeitenden musste es bei vielen Themen an Kompetenz mangeln, sie schienen mir daher gut beraten, wenn sie sich auf einige alte

Fahrensleute aus ihren Reihen verließen, die im „Dienst“ ergraut und im Einzelfall für manche Belange auch kenntnisreich waren. Bei den studentischen Vertretern gab es große Unterschiede, von sachlicher Kooperationsbereitschaft bei selbstverständlich vorgegebener, aber flexibler Frontstellung gegen Universitätsleitung und Professoren bis zu endlosen Tiraden für die studentische „Galerie“. Und auch bei den professoralen Bekundungen konnte man nicht immer von strenger Sachbezogenheit reden.

Von einer hohen Diskussionskultur bei den regulären vierzehntägigen Sitzungen des Senats und auch bei den Kämpfen um die Stellenstreichungen zu sprechen, wäre deutlich übertrieben. Aber es gab Ausnahmen. Seit der Wahl des Altgermanisten Werner Röcke für die Liste „Profil Humboldt“ hob sich das Debattenniveau deutlich. Der Vertreter der *Landwirtschaftlich-Gärtnerischen Fakultät* lief, als es erstmals um die Existenz des Faches ging, zu großer Form auf, und das Fach behauptete sich dann auch, wenn auch erheblich verkleinert. Im Sitzungsverlauf waren nach dem Bekanntwerden der Kürzungsvorschläge im ersten Anlauf jeweils zuerst die Dekane gefragt, die keinen Sitz, aber nach Aufforderung das Rederecht im Gremium besaßen und dann gelegentlich die Bedeutung ihres Fachs bzw. ihrer Fächer im Universitätsganzen und für die Öffentlichkeit beredt verteidigten.

Eine Sternstunde erlebte der Senat regelmäßig, wenn es um den Bestand der sogenannten „kleinen Fächer“ ging. Sie waren an der HU vor allem im Bereich der Regionalwissenschaften besonders stark vertreten, mit sechzehn Professuren gegenüber neun an der FU sowie in den Altertumswissenschaften mit jeweils zwei Professuren für Ägyptologie und Klassische Archäologie gegenüber jeweils einer an der FU. Die Regionalwissenschaften (Afrikanistik, Sinologie, Japanologie, Zentralasien, Südasien/Indologie und Südostasien) waren in der DDR wegen deren außenpolitischen Interessen besonders gepflegt worden, und die Archäologie zehrte noch vom kulturellen Erbe des Kaiserreichs. Wenn die Juristen von 32 Professuren vier opfern mussten oder die Theologen acht von ursprünglich achtzehn, so machten die Monofakultäten die prekäre Auswahlprozedur jeweils intern ab, nach außen eher geräuschlos, weil das Fach als solches nicht gefährdet war. Aber bei den „kleinen Fächern" ging es um die Existenz und damit für die Universität um ihr Profil und also auch um ihr Selbstverständnis: Für welche Segmente aus dem Wissenskosmos stand sie, und inwiefern repräsentierte sie noch eine „Universitas" im Sinne der 800-jährigen Tradition dieser europäischen Institution? Am längsten und intellektuell am anspruchsvollsten wurde daher bezeichnenderweise darüber diskutiert, ob man die Sudanarchäologie an der HU aufgeben oder verteidigen sollte.

Forschen und Organisieren

Die Forschungs- und die Vortragstätigkeit eines deutschen Professors ist – jedenfalls in den kultur- und sozialwissenschaftlichen Fächern – in der Regel weniger kontinuierlich oder auch sachlich auf ein Thema konzentriert, als man sich das gerne vorstellt. Das mag in Frankreich oder den angelsächsischen Ländern anders sein, wo die akademische Laufbahn nicht von einer Habilitation abhängig ist – oder zumindest bis vor kurzem war – wie in Deutschland. Hierzulande herrschte bis vor kurzem und teilweise auch heute noch das Prinzip vor, das Professorenamt von zwei Büchern mit eigenständiger Forschungsleistung abhängig zu machen, wobei sich die Themen deutlich unterscheiden müssen. Daraus folgt eine Diversifizierung der Forschungsfelder von Anfang an. Ist das Amt erst erreicht, bringt es eine Reihe neuer Aufgaben in Forschung und Lehre mit sich: die Teilnahme an wissenschaftlichen Arbeitskreisen und Kommissionen und seit ein paar Jahrzehnten immer dringlicher die Einwerbung von Drittmitteln, möglichst in größeren Forschungsverbünden; dafür wird die Fähigkeit zur Kooperation über die Grenzen der eigenen Spezialisierung hinaus verlangt. In den kulturwissenschaftlichen Fächern ist es zudem üblich oder erwünscht, mit Vorträgen und Publikationen auch ein breiteres „gebildetes" Publikum jenseits der Experten des eigenen Fachs anzusprechen. Und, am wichtigsten, das Fach und die Fakultät/der Fachbereich erwarten seit jeher, dass die Amtsinhaber im Rahmen der traditionell weitgefassten Denomination ihrer Professur kompetent Überblicksvorlesungen halten können, die den Studierenden ein stabiles Gerüst von Wissen in der Breite und in der chronologischen Tiefe des Faches vermitteln. Hier, wie auch in der Forschung, nimmt zwar die Spezialisierung notorisch zu, aber die Anforderung, nicht nur Spezialist oder Fachidiot zu sein, bleibt zumindest hierzulande in Lehre und Forschung bestehen, mit guten Gründen. Hinzu kommt die Vielzahl der Ausbildungs- bzw. Bildungsziele im Spektrum der akademischen Berufe zwischen Lehramt, Vermittlung kultureller Kompetenz etwa für Journalisten, höhere Beamte oder angehende Politiker, Dienstleistungen für den Kulturkonsum, aber, am anderen Ende des Spektrums, eben auch die Spezialforschung.

Als Historiker Erinnerungen zu schreiben, ohne auf die eigenen Forschungen einzugehen, wäre ein Unding. Das kann aber natürlich nur kursorisch und selektiv geschehen. Hier seien die Themen aufgegriffen, die mir im Blick auf das Amt und auf meine persönlichen Erkenntnisinteressen relevant erscheinen und die auch Ausblicke auf die zwischen 1991 und heute aktuellen Arbeitsfelder und Kontroversen des Fachs erlauben. Auf den

Bei einem Vortrag im Bundeswirtschaftsministerium 2014

ersten Blick mögen sie einigermaßen heterogen erscheinen. Das Fach, die Nachbardisziplinen und der Ort verlangten Vorträge, die ich freilich nur übernehmen und liefern konnte, wenn sie entweder an Fragestellungen anknüpften, die ich zuvor schon verfolgt hatte, oder wenn sich daraus ein weitergehendes Interesse zu entwickeln versprach. Dabei spielten auch Zufälle, Netzwerke und das ausufernde Jubiläumswesen eine Rolle, für das die Historiker als professionelle Verwalter der Vergangenheit nun einmal zuständig sind. Es gibt das Gewirr der äußeren Anlässe, aber dieses ordnet sich doch auf der Basis der Kompetenzen, die man sich im Lauf der Zeit aneignet, sodass man meint, auch etwas Sinnvolles zum Thema sagen und die einschlägige Forschung damit auch ein wenig fördern zu können. Und daneben, oder damit verflochten, gibt es die Hauptthemen, die ihre eigene Dynamik und Motivationskraft entwickeln.

Zu den üblichen Aufgaben des Historikers gehört es, zu bestimmten Jahrestagen und Jubiläen einen „Fest"-Vortrag zu halten oder an einer jubiläumsbedingten Konferenz oder Vortragsreihe teilzunehmen und damit an Ereignisse oder Leistungen in der Geschichte zu erinnern, die auch für die Gegenwart noch bedeutsam sind. Es kann sich dabei um einen kulturellen oder politischen Gründungsakt, einen Moment positiver Traditionsstiftung, aber auch der Niederlage oder Katastrophe handeln, den im Gedächtnis zu halten für das politisch-kulturelle Selbstverständnis eines Staates oder einer einzelnen gesellschaftlichen Gruppe wichtig ist. An solchen Anlässen fehlte es an einem Ort wie Berlin und an einer so traditionsgesättigten Universität wie der HU nicht, und ich nahm sie gerne wahr. Die kritische Prüfung einer Überlieferung gehört ebenso wie das Wahren einer produktiven Tradition und das Feiern herausragender Leistungen zu den Kernaufgaben des Historikers. Immer geht es dabei darum, die Relevanz des Ereignisses für die gegenwärtige kulturell-politische Bedürfnislage und Aufgabenstellung festzuhalten, seine Überlieferung je nach Situation kritisch zu sichten oder positiv zu würdigen und auf seine Bedeutung für die Gestaltung der Zukunft hin zu befragen.

Allein in den Jahren zwischen 1995 und 2008 fielen fünf solcher Anlässe an. 1998 galt es, an das 150-jährige „Jubiläum" der deutschen Revolution von 1848/49 zu erinnern. Sie war in ihren unmittelbaren politischen Zielen, der Vereinigung Deutschlands in einem republikanischen Nationalstaat, gescheitert – mit fatalen langfristigen Folgen. Sie hatte aber bei genauerem Hinsehen langfristig mehr an nationalpolitischer Aktivierung und demokratischen Teilhaberechten erreicht, als es kurzfristig den Anschein hatte. Berlin war einer der entscheidenden Handlungsorte des Revolutionsgeschehens und der einsetzenden konservativen Reaktion. Das Jubiläum bot für die reformierte einstige Friedrich-Wilhelms-Universität eine willkommene Gelegenheit, die inhaltliche Spannbreite und die Leistungsfähigkeit des erneuerten Instituts für Geschichtswissenschaft unter Beweis zu stellen. In einer Ringvorlesung boten die Professoren im Bereich der Neueren Geschichte (19. und 20. Jahrhundert) zusammen mit den ihnen sachlich nahestehenden Ethnologen aus ihrer jeweils spezifischen Kompetenz heraus Beiträge zu einem Gesamtbild der Revolution in national- und europageschichtlicher, gesellschafts-, kultur- und religionsgeschichtlicher Perspektive.

Im Dezember 1995 jährte sich zum 200. Mal die Geburt Leopold von Rankes, des Lehrmeisters der historisch-kritischen Methode und der modernen Staatengeschichtsschreibung. Er vor allem hatte den Ruhm der Friedrich-Wilhelms-Universität als eines

Zentrums der modernen Geschichtswissenschaft begründet. FU und HU begingen den Tag gemeinsam mit einem Festakt und Vorträgen des historiografiegeschichtlich engagierten Althistorikers Alexander Demandt (FU) und mir. Da Rankes historisch-politisches Weltbild und seine Vorreiterrolle bei Quellenkritik und Methodik in den vergangenen hundert Jahren hinreichend behandelt waren, konzentrierte ich mich darauf, Rankes Erzähltechnik zu analysieren. Sie ist subtiler, als der Anschein verrät, und hat ihn zu einem der wenigen vielgelesenen akademischen historischen Schriftsteller in Deutschland gemacht.

Vier Jahre später stand das 300-jährige Jubiläum der Gründung der Preußischen Akademie der Wissenschaften durch den ersten Hohenzollernkönig Friedrich I. und Gottfried Wilhelm Leibniz, den Präzeptor der gesamteuropäischen Akademiebewegung, an. Für die von der Nachfolgeakademie veranstaltete Tagung hatte man mich um einen Vortrag über die Akademiehistoriker in den Jahren der Weimarer Republik gebeten. Die Quellenlektüre verriet, wie sehr sich auch die in der Akademie vertretenen prominenten Wissenschaftler in den Polarisierungen dieser Jahre politisch entzweiten. Friedrich Meinecke erzählt in seiner Autobiografie, wie die „Gemüter kühl gegeneinander" wurden. Gemäßigte Liberale wie Meinecke und auch der politisch eher konservative Hohenzollern-Geschichtsschreiber und überragende Verfassungs- und Verwaltungshistoriker Otto Hintze teilten mit deutschnationalen Hardlinern wie dem Altphilologenpapst Ulrich von Wilamowitz-Moellendorff und dem Neuzeithistoriker Dietrich Schäfer eine aus heutiger Sicht nationalistische Grundhaltung. Gegenüber der vor allem bei einzelnen Juristen und Naturwissenschaftlern vordringenden NS-Ideologie erwiesen sich die Historiker dagegen insgesamt als resistent. Zwar hinterfragte keiner der illustren Köpfe die nationalliberale oder konservative Gesinnungsgrundlage. Vor allem an dem Umgang der Akademie bzw. des „Sekretars" (nicht Sekretärs!) der naturwissenschaftlichen Sektion, Max Planck, mit Albert Einstein irritierte mich zutiefst, gerade angesichts der unbedingten Hochschätzung Plancks für den Wissenschaftler Einstein. Trotzdem geriet mir dieser Vortrag wider Erwarten zu einer gewissen Ehrenrettung der Historiker. Zumindest hielten sie der Intention nach am methodischen Prinzip der „Objektivität" gegenüber den neuen radikalen Politisierungstendenzen fest.

Das gleiche Jahr der zweiten Jahrtausendwende wollte der einstige Fraktionsvorsitzende der SPD in der freigewählten Volkskammer 1990, Theologe, Mitstreiter im Akademischen Senat und scharfsinnige, unbestechliche publizistische Kommentator der deutschen Einigungsprobleme, Richard Schröder, nicht vorübergehen lassen, ohne in Form einer Ringvorlesung nach dem Erbe von „2000 Jahren Christentum" zu fragen. Da es dabei um sehr viel Geschichte gehen musste, galt es, die Vortragsfolge gemeinsam zu planen und schließlich auch selbst ein Vortragsthema anzubieten. Seit langem schon beschäftigte mich die Frage, warum und in welchen Formen sich das Christentum im 19. und 20. Jahrhundert national so stark politisiert hatte, dass der gestandene rheinische Politologe und Philosoph Eric Vögelin in der Emigration schließlich den Begriff der „politischen Religion" schuf, mit dem er die totalitären und terroristischen Großweltanschauungen des 20. Jahrhunderts, Marxismus und Faschismus, zu erfassen versuchte. Nach den personen-, geistes-, struktur- und organisationsgeschichtlichen Deutungen der totalitären Systeme waren seit den 1980er-Jahren das politische Fest, der Kult und die religionsartigen Glaubensformen im

NS stärker ins Zentrum des Interesses gerückt. Diese Forschung wollte ich resümieren und, wenn möglich, auch weiter fördern. Es entstand dabei einer meiner – wie mir scheint – ergiebigsten Vorträge, der auch in englischer Fassung am Deutschen Historischen Institut in Washington D.C. vorgetragen wurde und gedruckt vorliegt, doch blieb er wohl der wirkungsloseste.

2008 hieß es, den 200. Geburtstag von Johann Gustav Droysen zu feiern – auch er, wie Ranke, ein bedeutender Historiker und Geschichtstheoretiker sowie nationalliberaler Abgeordneter in der Frankfurter Paulskirche 1848/49. Als Begründer der bewusst politisch parteilichen „borussianischen Schule" gerierte er sich seit seiner Berufung an die Friedrich-Wilhelms-Universität 1859 als Gegenspieler Rankes, dessen Stern in den letzten Jahrzehnten seines langen Lebens allmählich sank. Ich veranstaltete eine Tagung, die sich – ausgehend von Droysens frühen Hellenismus-Studien – der „Weltgeschichtsschreibung" an der Berliner Universität widmete. Das Thema Universal- oder Weltgeschichte hatte seit der Mitte des 19. Jahrhunderts und insbesondere im Zeitalter des Imperialismus allmählich die Aufmerksamkeit der deutschen Historiker auf sich gezogen. Sie wurde flankiert von Ansätzen in anderen, systematischen Disziplinen, die diese Perspektive jetzt aus den Fragestellungen ihrer eigenen Fächer heraus wichtig fanden. So reichte das Spektrum der untersuchten Forscher und Geschichtsschreiber vom Althistoriker Eduard Meier über Johann Gustav Droysen zu Ranke mit seinem unvollendeten Alterswerk der „Universalgeschichte", zu dem mit Ranke befreundeten Geografen Heinrich Ritter und dem ungemein einflussreichen evangelischen Theologen und Kirchenhistoriker Alfred Harnack, der auch 1911 die Gründung der Kaiser-Wilhelm-Gesellschaft anstieß, der heutigen Max-Planck-

Gesellschaft. Zu den behandelten Autoren gehörten auch der Kunsthistoriker, Freund und Präzeptor Jacob Burckhardts in den 1840er-Jahren, Franz Kugler, der originelle, aber gedanklich undisziplinierte Außenseiter Kurt Breysig, der deutschnationale, gleichwohl als Historiker lesenswerte Dietrich Schäfer, der politisch und publizistisch aktive Herausgeber der einflussreichen liberalkonservativen „Preußischen Jahrbücher" und Verfasser einer „Weltgeschichte des Krieges" Hans Delbrück, der Geschichtsschreiber des modernen Kapitalismus Werner Sombart sowie Otto Hintze mit seinen großen späten Studien zur Entstehung der europäischen Repräsentativverfassung. Herausgekommen ist dabei eine Reihe lohnender resümierender oder auch in Neuland vorstoßender Einzelbeiträge. Doch der eigentliche Ausgangspunkt des Tagungskonzepts, die Frage nach einem inneren Zusammenhang von lokalem Arbeitsmilieu – dem Wissenschaftsstandort Berlin – und der Konzeptionalisierung wissenschaftlicher Fragestellungen blieb weitgehend unbearbeitet. Das lag zum einen an Inkonsistenzen und Aporien der Fragestellung selbst; einige der Gelehrten hatten ihre universalgeschichtlichen Ideen entwickelt, bevor sie nach Berlin gerufen wurden, und verfolgten sie hier nur weiter oder ließen sie nach ihrem Frühwerk auch fallen, so wie Droysen selbst. Zum anderen ist es kaum möglich, bei der bloßen Vorbereitung eines Tagungsbeitrags eine so fragile Perspektive gründlich zu erarbeiten. Schließlich greifen bei einer solchen Tagung die bereits etablierten älteren Gelehrten gern auf den Fundus ihres bisherigen Werks zurück – auf dessen Grundlage sie ja auch angefragt worden sind – und lassen sich auf eine neuartige Fragestellung nur ein, wenn sie mit wenig Aufwand verfolgt werden kann; und gerade das ist nur ausnahmsweise möglich. Dass sich das Tagungsthema zudem noch im altehrwürdigen Paradigma der jüdisch-christlich-europäischen Vorstellung von Universalgeschichte bewegte, lag in der Natur der Sache, verlieh ihm aber doch einen etwas antiquarischen Zug. So fiel das Ergebnis der Tagung zwiespältig aus; manche lohnende Einzelbefunde bei einer nur sehr partiellen Bearbeitung der – vielleicht allzu situationsgebundenen und auch anspruchsvollen – eigentlichen Fragestellung.

Zurück in das Jahr 1992. Wenige Wochen nach meiner Ankunft erhielt ich einen Anruf von Eberhard Roters, dem Direktor der Berlinischen Galerie. Roters lud meine Frau und mich zu einem Abendessen bei sich zu Hause ein und kam dann im Gespräch rasch auf den eigentlichen Grund seiner Einladung zu sprechen. Ein guter Freund von ihm, Günther Braun, ehemaliger Geschäftsführer der Industrie- und Handelskammer Berlin, bereite eine Vortragsreihe zum Thema „Stifter- und Mäzenatentum in Berlin“ vor. Er beabsichtige damit, Traditionen des Mäzenatentums in Berlin in Erinnerung zu rufen, an die heute wieder angeknüpft werden könne und – angesichts der finanziellen Notlage der Berliner Museen – auch müsse. Die neue Bundeshauptstadt brauche ein kulturell engagiertes und gemeinwohlorientiertes Bürgertum. Im Kaiserreich hätten der Generaldirektor der Staatlichen Museen, Wilhelm Bode, durch die Gründung des Museumsvereins und die von ihm beratenen Großbürger meist jüdischer Herkunft durch den Kauf bzw. die Stiftung bedeutender Kunstwerke den Ruf Berlins als Kulturstadt wesentlich mitbegründet. Dergleichen müsse nun auch im vereinigten Berlin in Gang gebracht werden. Mit leiser Ironie in der Stimme ließ der Kunsthistoriker Roters durchblicken, es solle sich bei diesen Vorträgen um ein gesellschaftliches Ereignis handeln, nicht um ein wissenschaftliches. Der Empfang für die Gäste aus dem gehobenen Berliner Kulturestablishment war demnach ebenso wichtig wie der Vortrag selbst.

Die Vorträge illustrer Redner wie des Präsidenten der Stiftung Preußischer Kulturbesitz, Werner Knopp, des Generaldirektors der Staatlichen Museen, Wolf-Dieter Dube, des Generaldirektors der Daimler Benz AG, Edzard Reuter, und anderer fanden in der repräsentativen Villa von der Heydt am Rand des Tiergartens statt, errichtet 1862 durch den Elberfelder liberalkonservativen Politiker Großbankier, Wuppertaler Museumsgründer und Mäzen August von der Heydt. Die Vortragsreihe erzielte den erhofften gesellschaftlichen Erfolg. Wissenschaftlich bot sie überwiegend lohnende Studien zur Geschichte des Berliner Museumswesens, die in einem informativen Sammelband unter dem Titel „Mäzenatentum in Berlin" 1993 erschienen. Mein eigener Vortrag behandelte „Drei Berliner Porträts: Wilhelm von Bode, Eduard Arnhold und Harry Graf Kessler". Mit diesem Thema konnte ich mich einer Fragestellung zuwenden, die mich seit der Dissertation über Jacob Burckhardt immer wieder beschäftigt hat, der Schnittstelle zwischen den historischen Bedingungen von Kunstproduktion und dem Werk als ästhetischem Artefakt. Diese Fragestellung galt es nun auf die Berliner Kunst- und Kulturszene der großen Reformer und Künstler zu übertragen, u.a. auf Wilhelm von Humboldt, Friedrich Schinkel, Franz Kugler, Christian Daniel Rauch, Adolph Menzel, Max Liebermann sowie Mäzene und Stifter wie James Simon und Eduard Arnhold.

1996 veranstaltete ich thematisch daran anschließend auf dem Münchner Historikertag eine Sektion über „Kunst und Geschichte". Das Podium war u.a. mit Werner Busch, Horst Bredekamp und Martin Warnke hochkarätig besetzt. Die Kurzvorträge gingen mit einer Mischung aus prägnanten Fallbeispielen und theoretischen Überlegungen präzise zur Sache. Allerdings tat sich bei dieser Gelegenheit eine überraschende Front auf – überraschend jedenfalls für mich und andere Verfechter einer stärkeren Annäherung von Geschichts- und Kunstwissenschaft wie die Mediävisten Klaus Schreiner und Otto Gerhard Oexle. Vor allem Warnke, weithin bekannt als brillanter, aber auch konzilianter Wortführer einer stark gesellschaftsgeschichtlich und somit im gängigen Kategoriensystem tendenziell „linker" Kunstgeschichte, plädierte in seinem Schlussvortrag anstatt für das erwartete „Miteinander" der Fächer plötzlich für ein „friedliches Gegeneinander". Damit markierte er eine tiefgehende Wende im langen, diskontinuierlich verlaufenen und auch eher an den Rändern als im Zentrum der beiden Disziplinen verlaufenden Annäherungsprozess. Sie hat aber eine ehrwürdige Tradition, die mit den Namen Jacob Burckhardt, Johan Huizinga und den Anfängen einer spezifischen „Bildwissenschaft" bei Aby Warburg und seinen Freunden und Schülern wie Ernst Kantorowicz verbunden ist. Dass sich die etablierte Geschichtswissenschaft nach der polemischen Abgrenzung von kulturgeschichtlichen Ansätzen im 19. und frühen 20. Jahrhundert primär als Machtgeschichte verstanden hatte, stand außer Frage. Seit den 1960er-Jahren definierten die „progressiven" Historiker in Deutschland ihr Fach zudem vorzugsweise als „Historische Sozialwissenschaft" und suchten daher die Nähe zu den Wirtschafts-, Sozial- und Politikwissenschaften. Ebenso offenkundig war aber auch eine seit den späten 1960er-Jahren vor allem in Westeuropa und den USA aufkommende Gegenbewegung – der „Cultural Turn".

Noch ganz unklar aber war uns Historikern in der Münchner Sektion, welche Gefahr nun ausgerechnet viele Kunsthistoriker mit dem Siegeszug des „Cultural Turn" heraufziehen sahen: dass das Spezifikum des Kunstwerks, seine ästhetische Qualität, im Theorem einer allgemeinen kulturellen Produktivität unterzugehen drohte. Es waren die Jahre des Siegeszugs der Bildmedien, in denen sich die kulturelle Wende vom Primat von Wort und Begriff hin zum Primat des Visuellen durchzusetzen begann. Damit war die differentia specifica der Kunstwissenschaft, die inkomparable Qualität der Artefakte als „Kunstwerk" bedroht. Nach der Erfahrung auf dem Historikertag dauerte es nicht lange, bis ich begriff, mit wie guten Argumenten Warnke hinter dem Pult das Schild „Halt! Bis hierher und nicht weiter!" geschwenkt hatte. Gleichwohl hätte es sich wirklich gelohnt, die Kurzvorträge zur Affinität der Disziplinen auf bestimmten Forschungsfeldern zu publizieren – zusammen mit Warnkes Plädoyer für ihre letztliche Unvereinbarkeit. Aber Warnke wollte seinen Redebeitrag nicht zum Druck freigeben – und damit verlor der geplante hochkarätige, wenngleich schmale Sammelband seine Pointe, und das Vorhaben verschwand in der Versenkung – wie mir scheint ein echter Verlust, wie er im Wissenschaftsbetrieb eben manchmal passiert.

Mein eigenes Interesse am Thema der Kulturgeschichte konnte dieser Akt quasioffizieller disziplinärer Abgrenzung nicht erschüttern. Auf einer von Thomas Gaehtgens und anderen 1997 veranstalteten Menzel-Tagung hielt ich einen Vortrag über Menzels außergewöhnliche Illustrationen in Franz Kuglers Volksbuch-Bestseller „Friedrich der Große" von 1840, der 1999 im „Jahrbuch der Berliner Museen" zusammen mit den anderen Tagungsbeiträgen publiziert wurde. Ich hätte das Thema gern mit einer Studie über sonstige Illustrationen historischer Werke weiterverfolgt, fand aber nicht die Zeit dazu. In der Zeitschrift der Historischen Sozialwissenschaft, „Geschichte und Gesellschaft", schrieb ich eine Besprechung über das kapitale späte Hauptwerk des Oxforder Historikers Francis Haskell „Die Geschichte und ihre Bilder“ (München 1995). 2016 versuchte ich mich auf einer von Dietrich Erben und Christine Tauber veranstalteten Tagung über „Politikstile und die Sichtbarkeit des Politischen in der Frühen Neuzeit“ an einem Überblick zu der Frage, in welcher Weise in Deutschland in den politischen Systemen von Monarchie, Demokratie und Diktatur 1800–1945 die Kunst in den Dienst der jeweiligen Herrschaft gestellt wurde und wie sich diese jeweilige Dienstbarkeit in der anschaulichen Gestalt der Werke abbildete. Wie viel ästhetische Autonomie wahrte die Kunst oder gab sie auf – und was ergab sich daraus für ihre ästhetische Qualität? Diese Grundfragen gingen schließlich noch in einen ausführlichen Forschungsbericht über die Bildkultur im „Dritten Reich“ ein, das heißt über die Entstehungsbedingungen, die Themen und die Formen der Bildproduktion sowohl in der offiziellen Staatskunst wie im Bildbedürfnis und Geschmack von politischen Bonzen wie auch der Privatleute in der Ära des „Künstler-Diktators“ Adolf Hitler. Dabei zeigte sich, wie weitgehend die Kunstszene 1933 bis 1945 unterhalb der faschistischen Repräsentationsarchitektur und Plastik vom traditionalistischen Geschmack einer idyllischen Heimatverklärung spätnaturalistischen, neoromantischen Zuschnitts, aber auch von Anflügen von Impressionismus und Neuer Sachlichkeit beherrscht war. Das „Dritte Reich“ adelte insofern die provinziell-konservative ästhetische Opposition gegen die Moderne zum ästhetischen Leitbild der „Volksgemeinschaft“. Diese selbst blieb dabei wesentlich ein vorpolitisch-konventionelles Phantasma und wurde nur in wenigen Bildern explizit politisiert. Dieser Befund ist für die Geschichte der elaborierten Kunst nur insofern erheblich, als er die Beharrungskraft eines kulturellen Konservativismus in den (Klein-)Bürgerstuben der 1930-, 40er- und vielfach auch noch in den 1950er-Jahren aufzeigt. Für die geschichtswissenschaftliche Deutung des „Dritten Reichs“ zeigt sie aber, wie gut bis in die Wohnungsausstattung, also bis in die Sphäre intimer Privatheit hinein, der unpolitische Konservativismus einer großen Mehrheit des deutschen Bürgertums und das Weltbild der NS-Herrschaft zusammenpassten.

Nach der Publikation der Dissertation über Jacob Burckhardt hatte ich zunächst gedacht, ich hätte mit diesem Thema abgeschlossen. Aber eine Festschrift für Theodor Schieder und mehrere Tagungen, zu denen ich Beiträge liefern sollte, hatten mich schon in Erlangen eines anderen belehrt. Anfang der 1990er-Jahre erhielt ich dann eine Einladung von Marc Sieber, Historiker und Industrieller in Basel, in seiner Eigenschaft als Vorsitzender der Jacob-Burckhardt-Stiftung, an einer Vorbereitungstagung zu einer neuen, großangelegten Gesamtausgabe der Jacob-Burckhardt-Werke teilzunehmen. Ich erklärte mich bereit, die Edition der Vorlesung Burckhardts über „Die Geschichte des Revolutionszeitalters“ zu übernehmen. Aus einer Reihe unterschiedlicher Gründe zog sich die Sache hin, bis ich mich 1999 entschloss, nun doch einen Finanzierungsantrag bei der DFG zu stellen. Das Vorhaben war aufwendig und verlangte die Beschäftigung mehrerer Mitarbeiter über zunächst drei Jahre. Mit von der Partie war Ernst Ziegler, ein Basler Studienkollege, der mit einer Edition der Vorlesungsnachschriften zum „Revolutionszeitalter“ einiger Burckhardt-Hörer promoviert hatte und jetzt als Stadtarchivar in St. Gallen amtierte. Nach rätselhaften Verzögerungen im Bewilligungsprozess und einem ebenso energischen wie erfolgreichen Einsatz der Fachkollegin im Hauptausschuss der DFG traf dann doch noch der positive Förderbescheid ein.

Diese Arbeit, kurz nach der Jahrhundertwende begonnen, beschäftigte vier hauptamtliche Mitarbeiter über mehrere Jahre und führte zu einer Berlin-Schweizerischen Zusammenarbeit sowohl am Text wie am Ende auch bei den Finanzspritzen für den Druck durch Schweizer Stiftungen. Meine Aufgabe bei dem Gesamtprojekt bestand vor allem darin, passende Mitarbeiter zu finden, Verlängerungsanträge zu stellen und eine Art Oberaufsicht zu führen. Die ungemein komplexe Arbeit der Textrekonstruktion leistete ein Mitarbeiter, Philipp Müller. Es galt, aus der großen Masse von Exzerpten, unterschiedlich gewichtigen Notizen und Merkblättern, aus fertigen und provisorischen Passagen und Randbemerkungen einen Fließtext zu erstellen, der nur authentische Burckhardt-Sätze und -Worte enthalten, gleichwohl aber laut den Editionsgrundsätzen gut lesbar sein sollte. Die Masse des Materials war übergroß und teilweise in Unordnung, Blätter mussten an ihren richtigen Platz gebracht oder auch aussortiert werden – wobei diese Arbeitsprozesse in einem speziellen Anmerkungsapparat nachzuweisen waren. Ein weiterer, eigenständiger Anmerkungsapparat leistete die sachliche Kommentierung (Simon Kießling und Bernd Klesmann). Sie war möglichst knapp zu halten, trotzdem umfassten am Ende beide Apparate 234 Druckseiten, der gesamte Band kam schließlich auf 1683 Dünndruckseiten.

Wie immer man über solch aufwendige Editionsprojekte denken mag, auf diese Weise tauchte aus dem Nachlass ein neues Hauptwerk des Basler Historikers auf, des zweifellos bedeutendsten europäischen Geschichtsschreibers der letzten zwei Jahrhunderte – und die Disziplin hat in ihrer Hoch-Zeit weiß Gott herausragende Gelehrte in großer Zahl hervorgebracht. Man mag gegenüber dieser Edition über die europäische Geschichte 1763 bis 1815 manche Vorbehalte geltend machen. Aber die Lektüre des Originaltextes ist eben doch durch nichts zu ersetzen, selbst wenn er zum größten Teil nur aus Exzerpten aus den breit und akribisch gelesenen und intellektuell verarbeiteten zeitgenössisch bereits publizierten Quellen und der vorliegenden Literatur besteht. Aber wie sich Burckhardt mit diesen Exzerpten den Stoff angeeignet, ihn verarbeitet und dargestellt hat, das ist schon eine auch heute noch gewinnbringende und vielfach auch intellektuell wie ästhetisch genussreiche Lektüre.

1991 heuerte mich die Zeitschrift „Geschichte und Gesellschaft" als Mitherausgeber an. Sie war 1975 gegründet worden und verstand sich als Organ einer „kritischen Geschichtswissenschaft" im Gegensatz zu dem, was ihren Schöpfern Hans-Ulrich Wehler und Jürgen Kocka als überholter und auch politisch diskreditierter „Historismus" galt. Sie diente einer bewussten Schulbildung, nach dem Sitz der Initiatoren und Präzeptoren alsbald die „Bielefelder Schule" genannt. Politisch links der Mitte angesiedelt und thematisch auf das 19. und 20. Jahrhundert konzentriert, forcierte sie eine politische Sozial- und Wirtschaftsgeschichte, die damals vor allem den Weg der deutschen Geschichte in die Katastrophen des 20. Jahrhunderts mit modernen sozialwissenschaftlichen Methoden analysieren und kritisieren sollte. Der Kreis der etwa zwanzig Herausgeber, aus dem jeweils drei Historiker die Geschäftsführung übernahmen, war illuster und auch zwanzig Jahre nach der Gründung immer noch vergleichsweise jung. Spiritus rector und führende Herausgeberinstanz war Hans-Ulrich Wehler mit seiner ungeheuren Arbeitskraft, aber auch seiner Lust an Kontroverse und polemischer Zuspitzung bis hin zur Vernichtung des wissenschaftlichen Gegners – und sei es auch nur ein tüchtiger vietnamesischer Doktorand, der dem Selbstbild des Gesellschaftshistorikers in die Quere gekommen war. Wehlers Kampfschrift zum Historikerstreit mit dem Titel „Entsorgung der deutschen Vergangenheit“ (1988) legt davon beredtes Zeugnis ab, ist aber keineswegs das einzige Beispiel für diese überschießende und bedenkenlose Aggressivität. Alle zwei Jahre traf sich die Herausgeberrunde und diskutierte einen Nachmittag lang ein für die Linie der Zeitschrift als wichtig erachtetes Thema und am nächsten Vormittag aktuelle Belange und die Programmplanung der Zeitschrift.

Dass mich diese Runde von „progressiven“ Historikern zur Mitarbeit einlud, wunderte mich, erfreute mich aber auch. Sie suchte wohl nach einem jüngeren Kollegen mit einer gewissen geschichtstheoretischen und historiografiegeschichtlichen Kompetenz, die aber mit realgeschichtlichen Arbeitsfeldern verbunden sein sollte. Viele Anwärter dieses Zuschnitts gab es nicht (genau genommen nur einen), und man hielt mich wohl trotz der politischen Einschätzung als „liberalkonservativ“ für hinreichend kooperationsfähig und -willig. Dabei wurde ich in den damals gängigen Kategorien politisch-wissenschaftlicher Schulbildung als „Schüler“ von Fritz Wagner und Thomas Nipperdey eher dem gegnerischen Lager zugerechnet. Mich lockte gerade die Aufgabenstellung jenseits der Lagerbildung und die Mitarbeit in einem Kreis, in dem ich mich mit meinen eigenen Interessen und Fragestellungen heimisch fühlen konnte. Und natürlich reizte mich auch die Möglichkeit, für meine eigenen Interessen einer sozialgeschichtlich fundierten Ideen- und Kulturgeschichte und die Selbstreflexion der Geschichtswissenschaft ein publizistisches Forum zu finden.

Die Arbeit lief allerdings nur langsam an. Anfangs schickte mir Wehler unbrauchbare Manuskripte zur Begutachtung. Sie boten mir Anlass zu einigem Staunen darüber, was für Manuskripte von ihren Autoren für publizierbar gehalten wurden. Also ersuchte ich Wehler, mich mit besseren Manuskripten zu versorgen. Die bekam ich auch, aber nun zeigte sich das Bielefelder Orakel unzufrieden mit meiner Redigierarbeit. In der Tat hatte ich anfangs die oft tiefgehenden Eingriffe in die Texte vermieden, wie sie bei den Heftherausgebern weithin Praxis waren, sah mich dann aber eines Besseren belehrt. Nach Jahren bloßer Anwärterschaft im Kreis bot ich 1995 die Herausgabe eines Sonderheftes „Kulturgeschichte heute" an, das dann auch wirklich mit einer Reihe innovativer Beiträge einen Querschnitt durch die im „Cultural Turn" stark gewordenen Fragestellungen und Methodendiskussionen erschien. Im Lauf der Jahre folgten dann Themenhefte zur Kulturgeschichte und zu einer erneuerten Ideen- und zur Intellektuellengeschichte. Es schien mir, dass ich meine wohl vor allem selbst gestellte Aufgabe, das Spektrum der Zeitschrift ein wenig zu erweitern, erfüllen konnte. Das galt dann auch für die beiden weiteren Sonderhefte zur „Politischen Kulturgeschichte der Zwischenkriegszeit" und zur „Aufklärung und ihrer Weltwirkung".

Dass das Thema „Intellektuelle" jetzt stark in den Vordergrund rückte, hatte mehrere Gründe. Mit dem (vermeintlichen) Ende des „Zeitalters der Ideologien" schien auch das Ende dessen gekommen zu sein, was man „Intellektuellenpolitik" nennen kann. Gemäß der Theorie von Rainer M. Lepsius (1964) waren unter Intellektuellen Gebildete zu verstehen, die ohne spezifische politische Fachkenntnis oder „Kompetenz", aber mit den Gaben der Kritikfreudigkeit und Beredsamkeit ausgestattet, die bestehenden Zustände kritisierten und für diese Kritik Anhänger zu mobilisieren suchten. Pierre Bourdieu (1992) definierte den Intellektuellen ebenfalls als Kritiker, der aber in einem Beruf mit hohen Bildungsvoraussetzungen besondere Kompetenz und damit auch Autorität erworben hatte, auf deren Basis er dann im „Namen universalistischer Ziele“ in das politische Feld interveniert.

Lepsius, Bourdieu und dann in prominenter Rolle auch Ralf Dahrendorf führten mit ihren Definitionen und Beschreibungen eine Debatte weiter, die mit dem Aufkommen der Soziologie als Wissenschaft um 1900 begonnen hatte. In ihr war es darum gegangen, Strukturmerkmale der politischen Diskursivität in ihrer von Bildungsexpansion, Demokratisierungstendenzen, aber auch neuartiger politischer Agitation und Gefolgschaftsbildung geprägten Gegenwart zu erfassen. Man kann – nach einer langen Vorgeschichte dieser Sozialfigur seit der Aufklärung – das ausgehende 19. und das 20. Jahrhundert als die eigentliche Ära der Intellektuellen und ihres politischen Einflusses begreifen. Wie sich die Sozialfigur in der vermeintlich „postideologischen“ Epoche nach dem Ende von Faschismus und Kommunismus und im Zeichen der neuen Medien verwandelt und sich den neuen Gegebenheiten anpasst, wird sich zeigen.

Für meine eigenen Forschungsinteressen waren schon seit den 1980er-Jahren weniger die „Links“- als die „Rechtsintellektuellen“ in Deutschland wichtiger geworden – ausgehend noch von Fritz Sterns bahnbrechender Studie über den „Kulturpessimismus als politische Gefahr“ (zuerst englisch 1961). Für das Studienjahr 2000/01 bewilligte mir das Historische Kolleg in München ein Forschungsjahr in der dortigen Villa des Malers Friedrich August von Kaulbach aus dem späten 19. Jahrhundert – ein ideales Refugium für intensive Arbeit, aber auch zwischenzeitliche Erholung, mit Staatsbibliothek, Universität, Englischem Garten und den zahlreichen Münchner Kulturinstitutionen in unmittelbarer Nähe. Die Jahresstipendien des Kollegs sollten Nachwuchshistoriker auf dem Weg zur Professur unterstützen und etablierten Wissenschaftlern eine Auszeit vom Betrieb ermöglichen, um ein „Opus magnum" fertigzustellen. Dies kam in meinem Fall leider nicht zustande – womit ich allerdings auch nicht der Einzige bin – deshalb schweigt der Chronist auch über den Arbeitstitel und den Fortgang der Arbeit. Immerhin lässt sich so viel sagen, dass Intellektuellen des Lepsius- wie des Bourdieu-Typus eine zentrale Stelle im Buch zukommen sollte. Unmittelbar aus diesem Arbeitsfeld entstanden zumindest zwei kleinere Publikationen, ein Vortrag und ein Tagungsband. Der Vortrag über die „Krise des Geschichtsbewusstseins in Kaiserreich und Weimarer Republik und der Aufstieg des Nationalsozialismus" erweiterte noch einmal meine Perspektive auf das Geschichtsbewusstsein des 19. und 20. Jahrhunderts. Er untersuchte die innere Erosion des liberalen Geschichtsnarrativs, das eine mehr oder weniger kontinuierliche Aufwärtsbewegung der ganzen Menschheit angenommen hatte, herbeigeführt durch fortschreitende Disziplinierung, Zivilisierung, Verwissenschaftlichung und die Einhegung von Gewalt und Macht durch politische Gewaltenteilung und Rechtsstaatlichkeit. Und er verfolgte den damit einhergehenden Aufstieg eines neuartigen Konservativismus, der das Fortschrittsparadigma verwarf, mythomanisch die politischen Prozesse personalisierte und simplifizierte und vielfach auch die grundsätzliche Überlegenheit der „germanischen Rasse" postulierte. Es ging dabei um die Übernahme der Rassentheorien u.a. von Gobineau, um antiliberale Kampfschriften wie H.S. Chamberlains „Mythos des 20. Jahrhunderts", um Moeller van den Bruck, Oswald Spengler und insgesamt um ein Denken, das der NS-Ideologie als Grundlage und intellektuelle Rechtfertigung diente, ohne dass alle diese „Rechtsintellektuellen" mit einer solchen Realisierung ihrer „Visionen" nahtlos einverstanden gewesen wären.

In einer Art spiegelbildlichen Entsprechung zum Aufstieg eines neuen nationalistischen Radikalismus und zum Teil in Überschneidung damit erlebte seit der Jahrhundertwende das utopische Denken eine Konjunktur, das in den Künsten, aber auch in der Philosophie (Ernst Bloch) und auf vielen Feldern der Humanwissenschaften um sich griff – von den eigentlichen politischen Theorien über die Pädagogik bis zur Medizin und von der Demografie bis zur Agrarwissenschaft – und dabei zwischen links und rechts zu oszillieren begann. Sogleich wandte sich die Soziologie, besonders in der Form der Wissenssoziologie, diesem Phänomen zu und brachte es schon zeitgenössisch zum Teil bewundernswert kenntnisreich und scharfsinnig auf den Begriff, wie etwa in dem Meisterwerk „Ideologie und Utopie" (Bonn 1929) des damals erst 33-jährigen Karl Mannheim.

Wie der antiliberale Kulturpessimismus und die „konservative Revolution" gingen auch die von links nach rechts gewanderten Theoreme dieser förmlich bis zu einer „Mentalität" verfestigten Denkweise in eine empirisch nicht zu rechtfertigende und intellektuell brüchige „Weltanschauung" ein. Attraktiv war sie nicht nur für die Viertel- und Halbgebildeten, sondern auch für große Teile des Bildungsbürgertums, die sich davon neue Geltungs- und Statuschancen versprachen. Ein Ziel des „Opus magnum" wäre es gewesen, die „Bahnung" beziehungsweise Duldung der nationalsozialistischen Weltanschauung in diesen kultur- und ideengeschichtlichen Prozessen und ihren unmittelbaren Handlungsfolgen zu erfassen und darzustellen. Ein gewisses Surrogat dieser Deutungskonzepte bot dann 2007 die Publikation eines Tagungsbands mit dem Titel „Ordnungen in der Krise. Zur politischen Kulturgeschichte Deutschlands 1900–1933" (München 2007).

Bei den zahlreichen institutionellen Anlässen und Anstößen für die eigene Arbeit passte es gut, dass ich mich seit 1998 für einige Jahre mit einem bürgerlichen „Intellektuellen der politischen Mitte" zu befassen hatte. Diese Benennung ist kein Widerspruch in sich, wie man auf den ersten Blick meinen könnte. Mit einem Intellektuellen verband und verbindet die politische Sprache in Deutschland vorzugsweise und mit leicht oder stark verächtlichem oder kritischem Unterton ein radikales Individuum, vorzugsweise auf der Linken, also in Gesinnung und Habitus unbürgerlich, im herkömmlichen Sinne „heimatlos" und realitätsfern. Dies alles war nun Theodor Heuss nicht, gleichwohl aber zu Beginn seiner Laufbahn ein „Intellektueller" im Sinne stringenter soziologischer Theorie und Definition, als Mann des Worts, als „Kritiker" schon von journalistischem Berufs wegen, mit erheblicher kultureller Kompetenz, mit der er seit dem ausgehenden Kaiserreich im politischen Feld agierte. Die bundesrepublikanische Politik hatte für die großen politischen Strömungen des christlichen Konservativismus, der Sozialdemokratie und des Liberalismus, später auch für die Grünen, politische Stiftungen eingerichtet, aber auch je eine Gedenkstätte, für Konrad Adenauer (Rhöndorf), Friedrich Ebert (Heidelberg) und Theodor Heuss (Stuttgart). Sie haben den Auftrag, den Nachlass ihrer Namensgeber zu bewahren und zu edieren und, wie die eigentlichen Parteistiftungen, politische Bildungsarbeit zu leisten. Die „Stiftung Theodor-Heuss-Haus" wählte mich in ihren Beirat, wohl ohne zu ahnen, dass sich für mich – über meinen Großvater Eduard Hamm, einem Partei- und persönlichen Freund von Heuss – von jeher persönliche Erinnerungen mit dessen Namen verbanden.

In diesem Gremium ging es darum, an der Konzeption der ersten Dauerausstellung in der Gedenkstätte – dem Wohnhaus des Bundespräsidenten in Stuttgart – mitzuarbeiten. Vor allem aber sollte das umfangreiche und weitgehend noch unbekannte Briefwerk des bürgerlichen Literaten und Politikers in einer soliden, aber auch gut lesbaren Gesamtedition von acht Bänden zugänglich gemacht werden (erschienen 2007–2014). Das war eine erfreuliche und auch überschaubare Aufgabe. Die eigentliche Mühe, aber auch eine wissenschaftliche Profilierungschance hatten die jungen Bearbeiter, die auch als Bandherausgeber figurierten. Zudem bot die Stiftung die Möglichkeit, eine Tagung mit engem Bezug zur Geschichte des Liberalismus und zur Person von Heuss selbst auszurichten. Ich entschied mich für ein Thema, das Intellektuellengeschichte und Geschichte der Geschichtsschreibung zusammenbrachte: Autoren und Formen einer „populären" Geschichtsschreibung, „Geschichte für Leser" sozusagen – Leser nicht nur im kleinen Kreis der Fachkollegen, sondern für ein breiteres „gebildetes" oder bildungswilliges Publikum. Hier ging es auch nicht nur um einstige Größen auf dem literarischen Markt wie Oswald Spengler oder Emil Ludwig, sondern – neben dem veritablen Autor Heuss selbst – um bekannte Namen der aktuellen Publizistik wie Golo Mann sowie um etwas exzentrische Gestalten wie Egon Friedell mit seiner „Kulturgeschichte der Neuzeit" und die Autoren archäologischer Bestseller in den 1950er-Jahren C.W. Ceram, Werner Keller und Rudolf Pörtner. Beiträge zu wirkungsreichen Autoren wie Sebastian Haffner und Friedrich Sieburg scheiterten am Starrsinn des akademischen Betreuers eines jungen Forschers bzw. eines Nachlassverwalters. Besonderen Wert legte ich aber auch auf die im allgemeinen Bewusstsein wenig präsenten, aber meist auflagenstarken Verfasser von „Traditionshistoriografie", also einer Geschichtsschreibung, die sich – primär aus der Innensicht – einem relativ klar umrissenen sozialmoralischen

Milieu widmet, hier der Arbeiterbewegung, des politischen Katholizismus und des völkischen Lagers. Untersuchungen zur Kriegsberichterstattung, Sachberichte und autobiografische Literatur von Überlebenden der Konzentrationslager, die populäre Darstellung der Kriegsgefangenschaft deutscher Soldaten und überhaupt populäre Kriegsdarstellungen warfen neues Licht auf die Bearbeitung von Krieg und Gewalt in der Presse und auf dem Buchmarkt der jungen Bundesrepublik. Ich selbst steuerte eine Untersuchung über die Tagebücher von Literaten als historische Quelle zum Zweiten Weltkrieg bei, in der ganzen Spannbreite von den durchstilisierten Eintragungen von Ernst Jünger in seinen Pariser Tagebüchern bis zu dem Bericht der „Anonyma von Berlin" über Frauenschicksale bei der Eroberung Berlins durch die Rote Armee.

Diese Fragestellung verlangte neben geschichtswissenschaftlicher auch literaturwissenschaftliche Kompetenz. Daher tat ich mich mit dem ebenfalls an der HU tätigen Kollegen Erhart Schütz zusammen, dessen zahlreiche Arbeiten zu kulturgeschichtlichen Themen des 20. Jahrhunderts diese Wahl nahelegten. Die Zusammenarbeit bewährte sich so, dass ich eine weitere gemeinsame Tagung anregte, die auch wieder in den Räumen und mit der finanziellen Unterstützung des Deutschen Literaturarchivs Marbach stattfinden konnte. Das Thema war diesmal die Bearbeitung geschichtlicher Themen in der „schönen" beziehungsweise fiktionalen Literatur seit 1939, wobei diese Etikettierung die Sache nicht ganz trifft. Die Berichte aus den Konzentrationslagern und Tagebüchern aus Krieg und unmittelbarer Nachkriegszeit nähern sich ungeachtet ihrer bewusst literarischen Gestaltung dem Tatsachenbericht an, ohne in ihm aufzugehen. Diese Art von zeitgenössischen, subjektiv wahrnehmenden und kommentierenden Texten wie auch entsprechende

Briefe, von den Tagebüchern Thomas Manns, Ernst Jüngers und Jochen Kleppers bis zu den selteneren, aber umso aufschlussreicheren tagebuchartigen Berichten von Margret Boveri und Ursula von Kardorff sind Quellen historischen Ranges, deren literarische Gestaltung bei ihrer Auswertung und Interpretation allerdings angemessen berücksichtigt werden muss. Ego-Dokumente erfreuten sich auf dem literarischen Markt gerade besonderer Aufmerksamkeit, weil das gewaltige Werk dieser Großdiaristen in diesen Jahren publiziert wurde, vorab die Tagebücher Thomas Manns, gefolgt von den Furore machenden Tagebüchern Viktor Klemperers und Harry Graf Kesslers mit ihrer oft unmittelbar ins dramatische Geschehen des 20. Jahrhunderts involvierten Zeitgenossenschaft über viele Jahrzehnte und unterschiedliche politische Systeme hinweg. Auch der kauzig-aggressive Diarist Walter Kempowski ist zu erwähnen. Ich lud ihn für eine Abendveranstaltung im Literaturarchiv ein. Er zeigte sich brieflich auch interessiert, reagierte aber nicht mehr, nachdem ich ihm auf seine Anfrage hin unser für ihn speziell schon stark aufgestocktes Honorarangebot mitgeteilt hatte. Überhaupt scheint der Umgang mit Literaten für literarisch interessierte, aber berufsbedingt auch pedantische Historiker nicht leicht zu sein. Ich erinnerte mich daran, dass Erich Loest 1992/93 auf meine Einladung zu einem Vortrag in der Reihe „Wahrnehmungen" an der HU gar nicht und Christoph Hein mit einem ablehnenden Einzeiler reagiert hatten, dass sich Monika Maron für dieselbe Reihe eine – wie erwähnt recht kapriziös ausfallende – Lesung aus einem Romanmanuskript ausbedungen hatte und dass sich außer Kempowski auch die historischen Bestsellerautoren Wolfgang Schivelbusch (u.a. „Geschichte der Eisenbahnreise", 1977; „Kultur der Niederlage, 2001) und Jörg Friedrich („Der Brand – Deutschland im Bombenkrieg

1940–1945“, München, 7. Aufl. 2002) nach anfänglichen Zusagen zurückzogen. Und erst kürzlich kam mir die erbitterte, schwer betrunkene Philippika gegen „einen Professor Hardtwig“ vor Augen, die Michael Rutschky, der Autor des Beitrags über Egon Friedell, nach der Tagung in sein Tagebuch hämmerte. Ich hatte ihn in sehr höflichen Wendungen darum gebeten, seinen amüsanten, aber keineswegs besonders tiefschürfenden Essay wenigstens formal – nicht etwa inhaltlich, das hätte ich nicht gewagt – den Verlagsvorgaben für den Druck anzupassen. Diese Zumutung versetzte ihn in einen wahrhaft unverhältnismäßigen Zustand maßloser Wut und Verachtung gegenüber dem unverständigen und pedantischen „Wissenschaftler“.

Über Klemperer schrieb ich dann später aus Anlass einer Bochumer Konferenz über Tagebücher noch einen Aufsatz. Er analysiert Klemperers Niederschriften aus der Weimarer Republik und den Jahren nach 1945 unter dem russischen Besatzungsregime in Dresden und als Parteigänger und Volksabgeordneter der SED auf ihren biografischen und zeitgeschichtlichen Gehalt hin, thematisiert aber auch seine – wie ich finde – nicht unproblematische Stellung in der deutschen Erinnerungskultur seit dem Erscheinen dieser Bücher ab 1995. Die Niederschriften über das Leben als Jude im „Dritten Reich“ wurden und werden völlig zu Recht als ebenso erschütternde wie genaue Dokumente bewundert. Übergangen wird dabei aber sein weitgehendes politisches Desinteresse in der Weimarer Republik und vor allem sein unerfreulich anzusehender ausufernder Karrierismus in der DDR. Seine Außenseiterposition als Jude in der Gesellschaft und vor allem seine Ausgrenzungserfahrung im „Dritten Reich“ machen diesen einigermaßen verständlich. Eine Erinnerungskultur, die ein möglichst unverzerrtes Bild der Vergangenheit bieten möchte, muss jedoch beides zeigen, die glänzende Vorder-, aber auch die abgedunkelte Kehrseite der Medaille.

Das Themenfeld, in dem ich mein Forscherleben begonnen hatte, Historiografiegeschichte und Geschichtstheorie, erweiterte sich über die Jahrzehnte hinweg kontinuierlich mit Studien zur Geschichts- und Erinnerungskultur, die meistens auf äußere Anstöße zurückgingen, mir aber von der Motivations- und Interessenlage her immer willkommen waren. So war es auch bei den Debatten um die Sammelbegriffe Geschichtskultur und Erinnerungskultur. Diese überschneiden sich, sind aber keineswegs deckungsgleich. Geschichtliche Überlieferung und Wissen über die Geschichte treten in modernen Gesellschaften in den vielfältigsten Formen auf, sei es als Resultat historischer Forschung in der Wissenschaft, als Argument in der gesellschaftlich-politischen Selbstverständigung, als Überlieferung der materiellen Kultur oder auch als gestaltete Umwelt der sozialen Räume. Geschichtskultur – das ist ein Terminus für höchst unterschiedliche, sich ergänzende oder überlagernde, jedenfalls direkt oder indirekt aufeinander bezogene Formen der Präsentation von Vergangenheit in einer Gegenwart. Sie ist nichts Statisches, sondern permanent im Wandel und entsteht als Ergebnis einer Vielzahl von Bedingungsfaktoren.

Der Thyssen-Projektkreis zu Kunst und Kunstpolitik im Kaiserreich hatte mich schon in den 1980er-Jahren zur Beschäftigung mit der deutschen Denkmalskultur im 19. und 20. Jahrhundert animiert. Die wichtigste Basis dafür bot Nipperdeys kapitaler Aufsatz über die deutschen Nationaldenkmäler im 19. Jahrhundert (1968). Mich reizte es aber, lokale Denkmalskulturen zu erschließen. Das Ziel war, die politische Topografie ganzer

Stadträume zu erfassen. Das ließ sich natürlich nur fragmentarisch und exemplarisch durchführen: zuerst im Rahmen der geplanten Stadtgeschichte einer großen Residenzstadt (München), dann mit Hilfe der monarchisch-bildungsbürgerlichen Denkmalsetzungen der kleinen Dichter-Residenzstadt Weimar; und schließlich am Beispiel der ehemaligen Freien Reichsstadt Nürnberg seit ihrer Eingliederung in den monarchischen Territorialstaat Bayern und ins Deutsche Kaiserreich. Damit war auch das Spannungsverhältnis von Regionalismus und Zentralismus angeschnitten, das für die Neuere deutsche Geschichte bis in die Weimarer Republik und bis in unsere unmittelbare Gegenwart eine überragende, aber auch gern übersehene oder unterschätzte Bedeutung hat. In Berlin schwebte mir vor, eine breitere Forschung zur Denkmals- und politischen Kultur überhaupt in Gang zu bringen. Doch machte mir die nicht mehr aus dem Gedächtnis zu löschende schlechte Erfahrung mit einem Hauptseminar zur Berliner Denkmalskultur im Wintersemester 1993 einen Strich durch die Rechnung. Es kam im Umbruch dieser Jahre zu früh, um qualifizierte Studierende in größerer Zahl zu Magister- und Doktorarbeiten anzuregen. Ein kluger und engagierter Student aus der Ex-DDR gab mir später die verblüffend einfache Erklärung dafür: „Denkmäler waren damals das Letzte, für das ich mich interessiert habe."

1990 hatte ich im dtv-Verlag einen Reader mit klassischen Aufsätzen unter dem Titel „Über das Studium der Geschichte" publiziert. 2013 rundete ein weiterer Sammelband über „Deutsche Geschichtskultur im 19. und 20. Jahrhundert" (Oldenbourg) den Themenkomplex ab. Er enthält u.a. einen zusammenfassenden Vortrag für die Stiftung Theodor-Heuss-Haus über die „Vergangenheitsbewältigung" in der Bundesrepublik bis zur neuen und alsbald auch modischen „Erinnerungskultur“ seit Beginn der 1990er-Jahre. Der Band schließt ab mit einem Vortrag, den ich am IfG der HU zur Abschlussfeier des Sommersemesters 2009 gehalten habe über das Thema „Verlust der Geschichte – oder wie unterhaltsam ist die Vergangenheit?“ Er griff eine Fragestellung auf, welche die Historiker in den 1970er-Jahren intensiv beschäftigt hatte: die Verdrängung der Geschichte aus dem öffentlichen Bewusstsein und aus dem Schulunterricht durch „fortschrittliche“, auf eine vermeintlich glückspendende Zukunft hin orientierte Gesellschaftstheorie. Diese vielfach euphorische Zukunftserwartung und die mit ihr verbundene Abwertung aller Geschichte hat seit den späten 1970er-Jahren zwar einer unerwarteten Konjunktur von Geschichte in allen Medien Platz gemacht; doch hat sich dabei die Qualität des Geschichtsbewusstseins auch vielfach verändert, und zwar, wie mir scheint, nicht zum Besseren. Auf der Rückseite einer forcierten staatlichen Erinnerungskultur hat sich eine massenhafte Präsentation von Geschichte im Unterhaltungsformat breitgemacht, die von der Trivialisierung des Mittelalters in Gestalt von Tourismus fördernden Ritterspielen bis zu televisionären Dauerschleifen von Dokumentationen zum „Dritten Reich“ mit reichlicher Bebilderung in der verführerischen NS-Ästhetik reicht. Hier bahnte sich seit den 1990er-Jahren ein Umgang mit der Vergangenheit an, der, wie mir scheint, dem Ernst der Geschichte nicht gerecht wurde und wird. Damit soll nicht gesagt sein, dass die unterhaltsamen Seiten von Geschichte nicht auch gezeigt werden könnten. Golo Mann sprach gelegentlich vom „tief unterhaltenden Charakter der Geschichte“. Aber Sendungen wie das Wallenstein-Drama nach Golo Manns Biografie und von ihm selbst beraten, blieben eben die große Ausnahme.

Aus diesem Themenkreis ging etwa gleichzeitig mit dem Vortrag auch eine Buchpublikation hervor, die auf eine lebhafte Nachfrage stieß und rasch vergriffen war: „History Sells. Angewandte Geschichte als Wissenschaft und Markt". Der Anstoß dazu ging von einem ehemaligen Doktoranden aus, Alexander Schug. Er hatte über das Vordringen amerikanischer Werbeagenturen in Deutschland in der Weimarer Republik promoviert, danach als „Public Historian" Publikationsprojekte zur Berliner Geschichtskultur betrieben und sein Know-how auf diesem Feld mit Hilfe eines Lehrauftrags am IfG weitergegeben. Er regte einen Sammelband an, in dem Funktionen und Perspektiven einer angewandten Geschichte als Entsprechung oder auch Gegenentwurf zur amerikanischen Public History vorgestellt und ihr komplexes Verhältnis zur etablierten Geschichtswissenschaft diskutiert und an nationalen wie internationalen Beispielen exemplifiziert werden sollten. Ich schloss mich dem Vorhaben als Mitherausgeber an. Auf eine Ausschreibung des Projekts hin ging eine Fülle von Beiträgen ein: Aufsätze zur Geschichte der Popularisierung von Geschichte, Praxisbeispiele wie ein Schulprojekt zu Erinnerungsorten in einer deutschen Stadt (Ingolstadt), Studien zur Geschichtsvermittlung in Museen und sonstigen Formen außeruniversitärer Geschichtspraxis und schließlich Diskussionen über Chancen und Risiken von neuen Formen der Geschichtsvermittlung in dem ganzen Spektrum zwischen Ritter- und Computerspielen. Eine Verstetigung des Lehrauftrags für diesen unternehmungsfreudigen jungen Historiker scheiterte wie schon mein Vorschlag eines „Public History"-Studiengangs zehn Jahre zuvor am Desinteresse und an der Ablehnung der Kollegen im IfG. Der persönliche Arbeitszusammenhang indessen hat sich über die Jahre erhalten, sodass ich meine beiden Erinnerungsbände in Schugs Vergangenheitsverlag publiziert habe.

Chronologisch am Ende meiner eigentlichen Forschungsarbeit war es mir vergönnt, noch ein Buch über meinen Großvater Eduard Hamm zu schreiben. Wer er war, was er geleistet hat und welches Schicksal ihm beschieden war, ist im ersten Band dieser Erinnerungen schon behandelt worden. Er vertrat im deutschen Bürgertum zwischen dem späten Kaiserreich und dem Ende des „Dritten Reichs" die Stimme der politischen Vernunft, der Mäßigung und Toleranz, aber auch der unbedingten politisch-moralischen Integrität und bezahlte diese Einstellung als einziger Minister der Weimarer Republik nach dem 20. Juli 1944 mit dem Tod. Die familiäre Erzählung über ihn hatte mich in den Kindheits- und Jugendjahren tief beeindruckt und sicherlich dazu beigetragen, dass ich mich für den Historikerberuf entschied. Auch andere Prägungen in den frühen Jahren und die Umstände meiner Berufslaufbahn brachten es mit sich, dass sich mein Interessen- und Arbeitsschwerpunkt im Lauf der Jahre immer mehr von der Frühneuzeit zum 19. Jahrhundert und schließlich zum 20. Jahrhundert verschob – wobei das Großvaterthema im Hintergrund immer präsent war. Nach dem Ausscheiden aus dem Amt 2010, von meiner Dienstpflicht, der Lehre über die Geschichte des „langen 19. Jahrhunderts", befreit, konnte ich endlich eine Biografie Hamms in Angriff nehmen. Gelegenheitsarbeiten zu wichtigen Aspekten der Weimarer Republik, wie über die „Visualisierung des Politischen in Deutschland, 1871–1936", die „Gewalt in der Stadt 1918–1933" sowie über die Erfindung und die Karriere des Fahnenworts „Volksgemeinschaft" in den Jahren zwischen Weltkrieg und Machtübertragung 1933 festigten das Vertrauen in meine Kompetenz auf einem Feld, in das ich mich teilweise jetzt erst gründlich einarbeiten konnte. Der Untergang Weimars – glaubte ich jetzt zu erkennen – war sehr viel weniger zwangsläufig, als es die Forschung der vergangenen sechzig Jahre nahegelegt hatte. Betrachtet man die Weimarer Jahre von einer zum Positiven hin revidierten Sicht auf das Kaiserreich aus, wie sie sich seit den 1980er-Jahren herauskristallisiert hatte, zeigt sich deutlich mehr Demokratiepotenzial als lange angenommen. Die Demokratiekritik der 20er-Jahre speiste sich vielfach weniger aus Demokratiefeindschaft denn aus dem Leiden an einer als defizitär empfundenen Praxis einer prinzipiell gut geheißenen Staatsform. Überlegungen zu einer Stärkung der Exekutive und einer Modifikation des Repräsentativsystems deuten nicht von vornherein auf eine Affinität zum autoritären Staat hin, sondern konnten auch die Schlussfolgerung aus den Aporien sein, in die das über viele Jahrzehnte hinweg tragfähige deutsche Parteiensystem in der Weimarer Republik geraten war. Dieser Zusammenbruch wiederum kann nicht erstaunen, wenn man den ungeheuren Druck in Rechnung stellt, den vielfach nicht selbstverschuldete Faktoren in der umfassenden ökonomischen, sozialen und außenpolitischen Krisenlage zwischen 1918 und 1933 auf das politische System ausübten. Keinesfalls unterschätzt werden darf freilich auch, welche Bedeutung dem borniert-interessengeleiteten, engstirnigen und persönlich egoistischen Intrigenspiel einiger führender Akteure im Umkreis des senilen Reichspräsidenten Hindenburg zukam. Diese Feststellungen enthalten keine Generalrevision der Sicht auf die Weimarer Republik, aber doch eine deutliche Korrektur. Am wichtigsten aber scheint mir der fundamentale Stadt-Land-Gegensatz, der sich, schon seit Jahrzehnten angebahnt, unter dem Druck der wirtschaftlichen Notlage in der Weltwirtschaftskrise noch einmal verhängnisvoll verschärfte. Er trieb nicht nur im industriellen und gewerblichen Sektor, sondern auch in der Landwirtschaft die Wählerschaft und ihre Interessenverbände und damit auch die Politik in die Radikalisierung und in die breite Wendung zum nationalsozialistischen Extremismus. Diese Diagnose drängte sich mir gerade am Beispiel des Scheiterns der Positionen auf, die Eduard Hamm als Minister in Bayern, als Reichstagsabgeordneter, Staatssekretär und Reichswirtschaftsminister sowie seit 1925 als Geschäftsführender Vorstand des Deutschen Industrie- und Handelstags vertrat. Zwischen Industrie- und Gewerbeverbänden auf der einen und der Agrarlobby auf der anderen Seite war schon 1924 kein Ausgleich mehr möglich, wie ihn Hamm umsichtig anstrebte. Seit 1930 trugen dann vor allem die selbstständigen Gewerbetreibenden und die Klein- und Großlandwirtschaft den gewaltigen und – scheinbar – unwiderstehlichen Aufschwung der NSDAP. Als ich diese Befunde

Vorstellung der Eduard-Hamm-Biografie mit Wirtschaftsminister Peter Altmaier, 2018

zwischen 2015 und 2017 niederschrieb, standen die Zeichen für eine weiterhin funktionierende Demokratie in Deutschland bei weitem noch nicht auf Sturm. Heute, zu Anfang des Jahres 2024, erscheinen sie mir als wirklich bedrohliches Menetekel.

Schluss

Die lebensgeschichtliche Zäsur im Jahr 1964, mit der dieses Buch begonnen hat, brachte den Wechsel von der Schule zur Universität, vom Dorf in den Bergen zum Stadtleben, vom Jugend- zum Erwachsenenalter, von der ländlichen Nachbarschaft zum städtischen Akademikermilieu, vom „Vorspiel des Lebens" zur Lebensarbeit auf ihren verschiedenen Feldern und zu den Kämpfen um das Erreichen der eigenen Ziele. Basel als erster Studienort lag aus finanziellen Gründen nahe. Und der Studieneinstieg in einer kleinen, überschaubaren, aber hochangesehenen Universität bot viele Vorteile. Der Wechsel zu Beginn des vierten Semesters nach München bedeutete einen erheblichen Einschnitt, war aber bei beruflichem Ehrgeiz in Deutschland jetzt auch angesagt. In München durchlief das Historische Seminar gerade einen tiefgreifenden Wandel von einem altehrwürdigen, aber unhaltbar gewordenen Zustand zu einem hochdifferenzierten, auf den Massenzustrom von Studierenden eingestellten Institut, das auch gute Chancen zu einem Einstieg in eine Berufslaufbahn des Historikers bot. Der Wechsel fiel allerdings in eine Zeit raschen, vielfach als „revolutionär" empfundenen kulturellen, gesellschaftlichen und politischen Wandels, der in der Studentenrevolte von 1967/8 kulminierte und schließlich in die bleierne Zeit des RAF-Terrors mündete. Gleichzeitig lief die kulturell-gesellschaftliche Transformation von den beiden Nachkriegsjahrzehnten in die Ära sozialliberaler intellektueller Meinungsführerschaft weiter und beschleunigte sich. Ich hatte das Glück, von einer vorläufig gesicherten Stelle an der Universität aus den zeitgeschichtlichen Wandel aus der Nahperspektive beobachten und mich gleichzeitig in einer akademischen Laufbahn etablieren zu können.

Nach Privatdozenten- und ersten Professorenjahren in München, Tübingen und Erlangen verschlug es mich im Dezember 1991 auf den Lehrstuhl für Neuere Geschichte (Schwerpunkt 19. Jahrhundert) an der Humboldt-Universität zu Berlin. Die berühmte, 1810 in der preußischen Reformzeit unter Federführung von Wilhelm von Humboldt gegründete Friedrich-Wilhelms-Universität war 1945 unter dem russischen Besatzungs- und beginnenden SED-Regime in Humboldt-Universität umbenannt worden. Sie liegt nur eine Straßenlänge östlich der – damals erst zwei Jahre zuvor – geöffneten Mauer. Die West-Berliner Politik unterwarf sie gerade einer schmerzhaften Reform, nachdem die einst hochberühmte und weit ausstrahlende Universität in den letzten Jahrzehnten zum willfährigen Instrument der SED-Herrschaft geworden war. Das Wort „unterwarf" ist bewusst gewählt, denn aus der Sicht ihres bisherigen Personals und mancher Beobachter von außen handelte es sich tatsächlich um einen „Prozess der Unterwerfung" durch „Sieger" im Systemkonflikt des „Kalten Krieges" zwischen 1948 und 1989. Als einer der ersten neu aus dem Westen berufenen Professoren in einem politisch sensiblen und für die öffentliche Meinungsbildung relevanten Fach befand ich mich mit einigen Kollegen rasch in einer prekären Situation. Wir sahen uns in ein Konfliktfeld hineinversetzt, das geprägt war von Animosität und Widerstand der „Alt-Humboldtianer" gegen die Neuberufenen, von heftigen Kontroversen über die Legitimität des Vorgehens der West-Berliner Bildungs- und Forschungspolitik gegenüber den östlichen Einrichtungen, vom Aufeinanderprallen DDR-sozialisierter und bundesrepublikanischer Studierender, vom Arbeiten im desolaten baulichen Erbe der DDR-Misswirtschaft und vom Leben in einem sehr eigentümlichen West-Berliner Milieu. Der etwas aufgedonnerte Glanz einer hochsubventionierten Frontstadtkonjunktur, ein sehr aktives kulturelles und subkulturelles Leben und eine durch die jahrzehntelange Insellage der Stadt tief eingewurzelte Provinzialität existierten unvermittelt nebeneinander. Das Leben inmitten dieser Widersprüche und disparaten Ansprüche strengte an. Aber es bot eine Fülle neuer und stimulierender Beobachtungen und Erfahrungen. Die Humboldt-Universität stellte sich in den 1990er-Jahren als ein Experimentier-, man könnte auch sagen: Kampffeld zwischen Diktaturerbe und freier Gesellschaft dar, wobei über beide Attribute, das „Diktatorische" und die „Freiheit", gestritten werden konnte und wurde. In den Instituten und Hörsälen zumindest der Fächer mit expliziter Anfälligkeit für politisch-weltanschauliche Aufladung vollzog sich die konfliktgeladene deutsche Vereinigung konzentriert wie durch ein Brennglas gebündelt und ließ sich hier auch wie unter der Lupe in all ihren Formen und Verwerfungen beobachten. Berlin in den 1990er-Jahren und noch nach der Jahrhundertwende – das war aber auch ein Stadterlebnis eigener Art. Nach dem Vereinigungsrausch mit seinen Verbrüderungsszenen rückten die zwei Teile der Stadt wieder auseinander. Die allgemeine neue „deutsche Entfremdung" ergriff, wie nicht anders zu erwarten, Berlin besonders heftig. Die Wahlergebnisse der postkommunistischen PDS im Ostteil sprachen eine deutliche Sprache. Zwischen Dahlem und Weißensee lagen Welten, nicht in Kilometern gemessen, sondern in den Wohlstands- und Armutsindizes und in der Mentalität. Dass die Spannungen nicht nachließen, lag aber auch daran, dass jetzt West-Berliner Problembezirke wie Wedding oder Neukölln unter das Wohlstandsniveau von Lichtenberg und Friedrichsfelde fielen.

Trotzdem, die Stadt wuchs zusammen, wenn auch vorläufig vor allem architektonisch. Mit dem Hauptstadtbeschluss vom Sommer 1991 kam die Planung für ein neues Regierungsviertel im Umkreis des alten Reichstags. Auf der Brache des ehemaligen Potsdamer Platzes wirkten Berlin-Nostalgie, großunternehmerischer Ehrgeiz und eine in den neuen Verhältnissen noch nicht recht angekommene West-Berliner Verwaltung zusammen beim Hochziehen eines neuen Stadtteils. Über dessen urbanistische Qualität kann man auch heute noch sehr geteilter Meinung sein. Die Bauten und ihre glänzenden Materialien wollen einfach keine Patina ansetzen. Und an den Straßen von Berlin-Mitte im Ostteil der Stadt begann ein „Reconstruction"-Fieber, über das man sich freuen, dessen Ergebnisse man aber auch recht fragwürdig finden kann. Auch beim Blick auf die Wiederherstellung einer Stadt, die in ihrem östlichen Teil noch von den Brachen des Bombenkriegs, aber auch vom Erscheinungsbild einer aus ökonomischem Mangel verfallenden Bausubstanz gezeichnet war, geriet ich in die Rolle eines allerdings stark involvierten teilnehmenden Beobachters. Täglich auf der S-Bahnstrecke zwischen West und Ost pendelnd, konnte ich aber auch der Renovierung des Reichstags und der Entstehung der neuen Bürobauten ebenso wie dem Bau des neuen Kanzleramtes auf dem „Band des Bundes" zusehen. Und bei meinen Gängen über die Straßen und Plätze der alten „Mitte" zwischen Charité und Leipziger Straße, zwischen Brandenburger Tor und Alexanderplatz hätte ich die Position des Benjamin'schen Flaneurs einnehmen können, wenn mich das Geschehen nicht so häufig in heftige Regungen des Zorns, gelegentlich aber auch der Freude versetzt hätte.

Seit 2010, meinem Abschied vom Amt, hat sich erneut viel verändert. Die „Gründergeneration" von West-Professoren am IfG der HU ist im sogenannten „Ruhestand" oder verstorben. Das anfängliche Defizit an Professorinnen ist behoben. Im Zeichen der „Bologna"-Studienordnungen hat sich die Lehre

Feier zum 65. Geburtstag im Senatssaal 2009, Zuhörer v. l. Alexander Nützenadel, Barbara und Wolfgang Hardtwig, Wolfgang Kaschuba, Heinz-Elmar Tenorth

Mit den Mitarbeitern Martin Baumeister, Philipp Müller und Moritz Föllmer vor dem Senatssaal

drastisch verändert – aus der Sicht der Kulturwissenschaften insgesamt zum Schlechteren. Die Zahl der etatisierten Mitarbeiter ist stark gesunken, ebenso wie die Sekretärinnenstunden an den Lehrstühlen. Die Professoren und Professorinnen schreiben ihre Texte jetzt selbst, gern auch gleich englisch und/oder französisch in den PC, statt sie vom Band oder nach der Handschrift von der Sekretärin schreiben zu lassen. Der Zudrang von Studierenden und Absolvierenden zum Fach ist geringer geworden.

Neue Fragestellungen treten in den Vordergrund – ein Prozess, der sich seit Beginn der 90er-Jahre bereits erheblich beschleunigt hat. Die Gründe dafür liegen zum einen in der Dynamik des innerwissenschaftlichen Fortschrittsprozesses. Der zeitweilige Primat der Sozialgeschichte lief langsam aus und wurde abgelöst von dem einer neuen Kulturgeschichte. Dazu passt, dass die großen nationalgeschichtlichen Synthesen zur Geschichte des 19. und 20. Jahrhunderts (u.a. Thomas Nipperdey, Hans-Ulrich Wehler, Wolfgang und Hans Mommsen, Heinrich August Winkler), die die Erkenntnisfortschritte der vergangenen dreißig Jahre zusammengefasst präsentiert hatten, faktisch oder zumindest schon konzeptionell abgeschlossen waren. Zum anderen kam seit dem Zusammenbruch des „Ostblocks" eine neue weltgeschichtliche Dynamik in Gang, die niemand erwartet hatte und die längerfristig auf die Fragestellung und Methodenwahl der Geschichtswissenschaft zurückwirkte. Was vor 35 Jahren noch „Zeitgeschichte" war, die Jahre seit 1917, ist von heute so weit entfernt, wie es 1990 das Jahr 1883 war. Die Zäsuren dieser heutigen „Zeitgeschichte" als – nach der Definition von Hans Rothfels – der Geschichte der heute Lebenden sind nicht zwei Weltkriege und die Jahre von ideologischer Verführung und Gewalt wie im Stalinismus und dem „Dritten Reich", sondern die Ölkrise 1973, Gorbatschows Perestroika, der Zusammenbruch des „Ostblocks“ und die Transition, das Massaker auf dem Tian’anmen-Platz und der Aufstieg Chinas, die Irakkriege und die Nahostkrisen, die neuen Balkankriege, „Nine-Eleven“, die Amtszeit Putins mit dem Übergang zur Diktatur, Terror und neoimperialistischer Kriegsführung, der Aufstieg des globalen Südens und die neue Teilung der Welt. Eine singuläre erdumfassende Bedrohung der herkömmlichen Lebensformen ist durch die Umwelt- und Klimakrise des „Anthropozäns“ hinzugekommen oder bewusst geworden und grundiert zunehmend alle Ereignisgeschichte. Auf der Ebene des Wissens, des Wissenstransfers und der Kommunikation transformieren die Digitalisierung der Welt und die Einführung der künstlichen Intelligenz die bisherigen Praktiken und Organisationsformen.

Eklatant macht sich die Verschiebung der Erkenntnisinteressen bei der Gewichtung der Epochen bemerkbar. Die Zeitgeschichte bekommt immer mehr Aufmerksamkeit, bei den Studierenden wie bei den Forschenden und Lehrenden. Die alljährlichen Abschlussfeiern boten dafür schon in meinen letzten Universitätsjahren reichhaltiges Anschauungsmaterial. Der Institutsdirektor verliest bei der Verleihung der Urkunden und der Preise jeweils auch das Thema der Arbeit. In den Jahren 2009/10 entfielen auf die Epochen vor 1918 von zehn Arbeiten allenfalls zwei, höchstens drei auf den gesamten Zeitraum von der Antike bis 1918. Alle anderen betrafen das letzte Jahrhundert, mit deutlichem Schwergewicht auf der Zeit nach 1945. Diese Epoche der – von heute aus gesehen – eigentlichen Zeitgeschichte spielte um 1990 noch eine marginale Rolle. Die Auszehrung aller älteren Geschichte spiegelt einen innerfachlichen Bewusstseinswandel wider, aber auch eine gesamtgesellschaftliche Verschiebung und Abschwächung des ernsthaften Geschichtsinteresses, das nicht allein am Unterhaltungsfaktor der Geschichte interessiert ist.

Auf der politischen Handlungsebene macht sie sich in lebensgefährlichen Fehleinschätzungen und -entscheidungen bemerkbar: So etwa, wenn die historisch-politische Perspektive in der Russlandpolitik nicht mehr weiter zurückreicht oder ernst genommen wird als bis zu Gorbatschows Perestroika; oder wenn in der westlichen Welt nicht bekannt ist oder in Rechnung gestellt wird, wie machtvoll sich der politische Islamismus schon seit den 1920er-Jahren entwickelt hat.

Zu den positiven Veränderungen im professionellen Geschichtsbewusstsein würde ich dagegen das neue Interesse an der Erfahrungs- und handlungsgeschichtlichen Dimension zählen, kurz gesagt am Menschen, wie er, anders als Jacob Burckhardt und seine Zeitgenossen und Nachfahren noch lange dachten, nicht „immer war und sein wird". Bei aller Geltung existenzieller anthropologischer Konstanten über alle bekannte Geschichte hinweg haben Fragestellungen der historischen Anthropologie, unter welchen Begriffen sie auch benannt sein mögen, machtvolle Erfahrungs-, Deutungs-, Handlungs- und Verhaltensmuster herausgearbeitet, die einem mehr oder weniger raschen Wandel unterliegen. Gleichzeitig ist – nur scheinbar paradox – der „Eigensinn" der Menschen, ihres Fühlens, Denkens und Handelns, ernster genommen worden, als es die seit den 1950er-Jahren aufstrebende Strukturgeschichte getan hat. Anders als im klassischen Historismus richtet sich die Aufmerksamkeit jetzt auf die Individualität *aller* Menschen unabhängig von Stand und Klasse, nicht nur auf die gestaltenden Akteure im Geschehen, sondern auch auf die „Duldenden und Leidenden" (Burckhardt). Dabei tritt auch die komplexe Handlungs- und Entscheidungsstruktur zwischen „Agieren" und „Dulden" deutlicher hervor. So ist auch die Biografie in der Fachwissenschaft wieder zu Ehren gekommen, die beim Interesse des Lesepublikums immer ganz oben rangierte, weil sie der Komplexität des rätselhaften Wesens Mensch am nächsten kommt und damit den Leser in seiner eigenen Komplexität und Widersprüchlichkeit anspricht.

Im überschaubaren Bereich der universitären Ausbildung und Bildung lässt sich absehen, dass sich der Wandel der Arbeits- und Lebensbedingungen, so wie er seit Beginn des 20. Jahrhunderts in Gang ist, noch einmal beschleunigen wird. Um auf den Erlebnis- und Erfahrungshorizont eines heute 79-jährigen Professors der Neueren Geschichte zurückzukommen: Was hier an Soziabilität und Berufsprägungen und -vorstellungen beschrieben wurde, nimmt sich in den Augen der Heutigen wohl recht befremdlich aus. So zum Beispiel die Bildungsmacht der Nationalkulturen des 19. und 20. Jahrhunderts (ungeachtet aller derzeitigen Renationalisierungstendenzen); der Glaube an einen unaufhaltsamen menschlichen Fortschritt an Disziplinierung

Auf der Treppe im Foyer der HU mit Karl Marx-Zitat

und Zivilisierung in Richtung Weltkultur und „ewigem Frieden“ (der, so vermute ich, ungeachtet aller Skeptizismen untergründig in den Aufbaugenerationen nach den Katastrophen der ersten Jahrhunderthälfte wirksam war). Im beschränkten Raum der Universitätskultur dürfte die Macht von Herkommen und Tradition in Form von „Schul-“ und Lagerbildung weiter schwinden. Die mitunter starke Bindung an „charismatische“ akademische Lehrer oder an eine Universität („Universitätspatriotismus“) dürfte sich noch weiter abschwächen.

Zum Abschluss liegt es nahe, noch einmal auf jene „Lehrer-Schüler“-Beziehung zurückzukommen, die oben schon behandelt worden ist, bei der Generationenfolge der seit 1945 Lehrenden. Meine eigene Lehrergeneration hat ihre Einführung in die Geschichtswissenschaft und die maßgeblichen Weichenstellungen durch Professoren erhalten, die bereits im „Dritten Reich“ aktiv gewesen waren und deren einflussreichste Vertreter sich der NS-Ideologie verschrieben hatten.

Manchmal frage ich mich angesichts dieser Tatsache, ob meine Generation ihre Aufgabe als kritische Forscher, akademische Lehrer und als Bürger wirklich besser erfüllt hat als der Mainstream unserer Vorgänger in früheren Generationen. Trotz gewisser Einschränkungen glaube ich, diese Frage bejahen zu können. Das ist bei weitem nicht nur unser Verdienst. Die politischen, gesellschaftlichen, ideologisch-ideengeschichtlichen und die persönlichen Erfahrungsvoraussetzungen waren und sind für die Nachfahren der Kriegs- und der Flakhelfergeneration und ihre geschichtswissenschaftliche Urteilsfindung ungleich günstiger – um nicht zu sagen bequemer – als die unserer Vorgänger seit dem Beginn des „Revolutionszeitalters“ in der späten Aufklärung. Aber man wird auch fragen müssen, ob die – geschichtswissenschaftlich mehr oder weniger „objektivierte“ –

Erinnerung an die Vergangenheit in Zukunft noch eine so große Rolle spielen wird, wie sie es – zum Guten oder zum Schlechten – in diesem vergangenen Zeitalter getan hat.

Nachwort und Dank

Dieses Buch ist als Autobiografie konzipiert, mit bestimmten allgemein- und universitätsgeschichtlichen Schwerpunkten. Diese betreffen die Jahre des Neuaufbaus des Instituts für Geschichtswissenschaft an der LMU in München, die Studentenrevolte 1968/69 und vor allem die Reform der HU zu Berlin in den Jahren seit 1990. Es geht um persönliche Erinnerungen, quellenmäßig gestützt auf meine privaten Unterlagen, das heißt seit meiner Berufung nach Berlin im Dezember 1991 vorwiegend mein Tagebuch. Hinzu kommen die Protokolle des „Professoriums" 1991–2010 sowie für meine Amtszeit im Akademischen Senat die Beschlussvorlagen und Protokolle dieses Gremiums und der Schriftwechsel zwischen Universitätsleitung und Senatsverwaltung. Die inzwischen erschienene Spezialliteratur zur Geschichte der HU einschließlich der Ego-Dokumente seit 1990 habe ich mit einigen Ausnahmen bewusst nicht konsultiert, um meine Erinnerung nicht zu verfälschen. Diese Ausnahmen sind für den Bereich der Gesamtuniversität: Konrad Jarausch, Wandlungen des Selbstverständnisses der Berliner Universität, in: Jahrbuch der Universitätsgeschichte 2 (199), S. 121–135; Sven Vollrath, Zwischen Selbstbestimmung und Invention – Der Umbau der Humboldt Universität, Berlin 2008; Heinz-Elmar Tenorth, Selbstbehauptung einer Vision. Zur Einleitung, in: Rüdiger vom Bruch, Heinz-Elmar Tenorth (Hg.), Geschichte der Universität Unter den Linden 1810–2010, Bd. 6, S. 9–46. Für die Geschichte des Instituts für Geschichtswissenschaft seit 1945 benutzte ich die Beiträge von Winfried Nippel, Michael Borgolte und Wolfgang Hardtwig/Alexander Thomas für die Alte, die Mittelalter- und die Neuzeitgeschichte, ebd., S. 361–374,

S. 375–388 und S. 333–360. Meine Darstellung in diesem Buch bezieht sich abgesehen von reinen Personenangaben und den Informationen aus dem Professorium ausschließlich auf die Professoren für Neuere und Neueste Geschichte 1500–2010.

Für die Vorgänge an der „Sektion für Geschichtswissenschaft" 1990–1993 habe ich mich, soweit nicht meine eigenen Erinnerungen bestimmend waren, auf Manuskripte von Krijn Thijs stützen können, der eine umfassende, auf den relevanten Nachlässen und der Auswertung der publizistischen Quellen beruhende Darstellung des Umbruchs in den Geisteswissenschaften 1990–1993 an der HU vorbereitet. Sie sind mit Ausnahme des Aufsatzes „Die ‚Ritter-Kommission' und ihre Mitglieder. Asymmetrische Erinnerungspraktiken am Geschichtsinstitut der Humboldt-Universität (1991–1993)", in: die hochschule 1 (2024), S. 82–96, noch unpubliziert, der Druck ist für 2025 vorgesehen. Ich bin Thijs sehr zu Dank verpflichtet, dass er sie mir zur Verfügung gestellt hat. Darüber hinaus danke ich ihm für intensiven Gespräche, die wir über den gesamten Themenkomplex geführt haben.

Mit der ihm eigenen konzentrierten und nüchternen Sachlichkeit, aber auch aus der Position eines vielfach angefeindeten, gleichwohl am Ende sehr erfolgreichen SBK-Vorsitzenden berichtete Ritter in einem Artikel der Zeitschrift „Geschichte in Wissenschaft und Unterricht" 1993 über die Arbeit der SBK und ihre Rechtsgrundlagen. Dieser Artikel bildet die wichtigste Grundlage der vorliegenden Darstellung.

Thijs hat Ritters Bericht mit den archivalischen Quellen zur Arbeit der SBK abgeglichen und kritisiert, dass „diese recht beschönigende Selbsterklärung" das „Wunschbild einer unter sehr widrigen Umständen doch geglückten, integrativen und dialogbereiten Aufbauarbeit" geworden sei (S. 83). Er hält ihm aber zugute, bei der Niederschrift unter starkem Rechtfertigungsdruck gestanden zu haben. Bei der Beurteilung von Ritters Intentionen, Vorgehensweise und Ergebnissen ist Thjis sichtlich bemüht, dessen schwierige Position zwischen West- und Ost-Professoren und Mitarbeitern, Senatsverwaltung und SBK sowie zwischen SBK und dem aktivistischen ersten Direktor des neuen Instituts, H.A. Winkler, zu berücksichtigen. Er kommt aber am Ende doch zu dem Schluss, dass Ritter als Vorsitzender der SBK nolens volens mehr polarisiert als integriert habe – entgegen seiner ursprünglichen Absicht, eine „mittlere Linie" zwischen westlichen Hardlinern in und außerhalb der HU einzuhalten und so weit wie möglich integrierend vorzugehen. Dieses Urteil hat viel für sich. Es hält Abstand zu den Kampfparolen und Schutzbehauptungen auf westlicher wie östlicher Seite; es trägt auch der Tatsache Rechnung, dass sich die SBK unerwartet mit vielen Komplikationen und Erschwernissen konfrontiert sah, die sie einerseits zu Forcierungen, andererseits zu unbefriedigenden Kompromissen zwangen. Doch scheint es mir sowohl aus der Sicht des Zeitgenossen der Ost-West-Konfrontation bis 1989 wie auch des „Zeitzeugen" als Teilnehmer am Geschehen seit Anfang Dezember 1991 nötig, die politisch-ideologischen Vorprägungen in Ost und West, die spezielle Situation in Berlin und an der HU sowie vor allem auch die Frage nach der Qualität der wissenschaftlichen Arbeit und Lehrtätigkeit der beteiligten Historiker in Ost und West zu berücksichtigen, die Thjis weitgehend ausklammert.

Mein besonderer Dank gilt Martin Baumeister, Philipp Cassier, Moritz Föllmer, Alexa Geisthövel, Rüdiger Graf, Anna Karla, Per Leo, Philipp Müller, Daniel Siemens und Jens Thiel. Sie haben die Jahre in Berlin zwischen 1993 und 2010 als Studierende beziehungsweise Mitarbeiter selbst erlebt und aus ihrer Zeitzeugenschaft heraus die Berlin-Passagen meines Buches in sehr hilfreicher Weise kritisch gelesen und kommentiert. Von Christine Tauber erhielt ich dankenswerte Hinweise zu den Kapiteln über die Basler und Münchner Jahre.

Zu danken habe ich auch Alexander Schug, der die Entstehung und die Publikation des Buches mit großem Engagement und mit Sachkenntnis (nicht zuletzt aus seiner eigenen Studienzeit an der HU) betreut hat. Danken möchte ich auch Frau Aleksandra Pawliczek vom Archiv der Humboldt-Universität zu Berlin, die mir bei der Beschaffung der archivalischen Unterlagen behilflich war.

Das Buch ist meinen Mitarbeitern und Mitarbeiterinnen sowie den über die Jahre an meinem Forschungskolloquium Teilnehmenden gewidmet. Ihnen habe ich für ihre kritische Aufmerksamkeit, ihre zahlreichen Denkanstöße und für die Freude zu danken, die mir die akademische Lehre bis zuletzt bereitet hat.

Last but not least gilt mein herzlicher Dank einmal mehr meiner Frau, ohne deren unermüdliche Unterstützung dieses Buch nicht entstanden wäre.

Abkürzungsverzeichnis

AS	Akademischer Senat
FU	Freie Universität Berlin
HRG	Hochschulrahmengesetz (West)
HU	Humboldt-Universität zu Berlin
IfG	Institut für Geschichtswissenschaft, HU
LMU	Ludwig-Maximilians-Universität München
OVG	Oberverwaltungsgericht Berlin
PSK	Personal- und Strukturkommission (Ost)
SBK	Struktur- und Berufungskommission (West)
TU	Technische Universität Berlin
UHV	Unabhängiger Historiker-Verband (Ost)
WIP	Wissenschaftler-Integrations-Programm
ZK	Zentralkomitee

Abbildungsverzeichnis

S. 14 Staatsarchiv Basel-Stadt, AL 45, 6-98-3
S. 19 Staatsarchiv Basel-Stadt, AL 45, 9-20-1
S. 24 UB Basel, Portr BS Muschg W 1898, 1a
S. 41 UB Basel, Portr BS Kaegi W 1901, 5a
S. 57 Universitätsarchiv München (UAM), Foto-AB-723
S. 61 Privatarchiv Wolfgang Hardtwig
S. 66 Stadtarchiv München, FS-NL-RD-0076R14
S. 69 oben: Stadtarchiv München, FS-NL-NEUW-1968-1-083a17
unten: Stadtarchiv München FS-NLRD-0076N07
S. 86 Isolde Ohlbaum, Artikelnummer 896, www.ohlbaum.de
S. 169 Privatarchiv Wolfgang Hardtwig
S. 176 Bundesarchiv, Bild 183-1990-0410-011/CC-BY-SA 3.0, https//creativecommons.org/licenses/by-sa/3.0/de/deed.de
S. 192 Privatarchiv Ilko-Sascha Kowalczuk, Fotograf: unbekannt
S. 193 Privatarchiv Ilko-Sascha Kowalczuk, Fotograf: unbekannt
S. 216 oben: Privatarchiv Wolfgang Hardtwig, Foto Barbara Hardtwig
unten: Vergangenheitsverlag
S. 217 Vergangenheitsverlag
S. 267 Privatarchiv Wolfgang Hardtwig
S. 315 akg-images/Dieter E. Hoppe, AKG111466
S. 360 Bundesministerium für Wirtschaft und Klimaschutz.
S. 391 Bundesministerium für Wirtschaft und Klimaschutz.
S. 397 oben Privatarchiv Wolfgang Hardtwig
unten Privatarchiv Wolfgang Hardtwig
S. 401 Vergangenheitsverlag